Deep Learning generativo

Cómo enseñar a las máquinas a dibujar, escribir, componer y reproducir música

SEGUNDA ACTUALIZACIÓN

Deep Learning generativo

Cómo enseñar a las máquinas a dibujar, escribir, componer y reproducir música

SEGUNDA ACTUALIZACIÓN

David Foster
Prólogo de Karl Friston

O'REILLY

Título de la obra original: *Generative Deep Learning. Teaching Machines to Paint, Write, Compose, and Play*

Traductor: Virginia Aranda González

Responsable editorial: Eugenio Tuya Feijoó

Revisión: Lidia Señarís Cejas

Maquetación: OkDesignforLife.com

Adaptación de cubierta: Celia Antón Santos

Edición española:

© EDICIONES ANAYA MULTIMEDIA (GRUPO ANAYA, S.A.), 2023
Valentín Beato, 21. 28037 Madrid
Depósito legal: M-31966-2023
ISBN: 978-84-415-4906-7
Impreso en España

PAPEL DE FIBRA
CERTIFICADA

Para Alina, el vector de ruido más bonito de todos.

Agradecimientos

Hay muchas personas a quienes me gustaría dar las gracias por ayudarme a escribir este libro.

En primer lugar, quiero agradecer a todos los que se han tomado tiempo para revisarlo técnicamente, en especial a Vishwesh Ravi Shrimali, Lipi Deepaakshi Patnaik, Luba Elliot y Lorna Barclay. Gracias también a Samir Bico por su ayuda en la revisión y prueba del código que acompaña a este libro. Tu aportación ha sido inestimable.

Muchas gracias igualmente a mis colegas de Applied Data Science Partners (https://adsp.ai): Ross Witeszczak, Amy Bull, Ali Parandeh, Zine Eddine, Joe Rowe, Gerta Salillari, Aleshia Parkes, Evelina Kireilyte, Riccardo Tolli, Mai Do, Khaleel Syed y Will Holmes. Valoro enormemente vuestra paciencia conmigo mientras me tomaba tiempo para terminar el libro, y espero con ganas todos los proyectos de machine learning que realizaremos juntos en el futuro. Doy especialmente las gracias a Ross, si no hubiéramos decidido empezar un negocio juntos, este libro nunca habría tomado forma; gracias por creer en mí como socio empresarial.

Quiero también agradecer a todos los que me han enseñado matemáticas; he sido extremadamente afortunado por tener fantásticos profesores de matemáticas en el colegio, que desarrollaron mi interés en el tema y me animaron a continuar en la universidad. Me gustaría daros las gracias por vuestro compromiso y por tomaros la molestia de compartir vuestro conocimiento del tema conmigo.

Un enorme agradecimiento al personal de O'Reilly, por guiarme a lo largo del proceso de escritura de este volumen, especialmente a Michele Cronin, quien ha estado ahí en cada paso, ofreciendo información útil y enviándome amables recordatorios para que siguiera terminando capítulos. También a Nicole Butterfield, Christopher Faucher, Charles Roumeliotis y Suzanne Huston, por poner esta edición en producción, y a Mike Loukides, por ser el primero en preguntarme si estaba interesado en escribir un libro. Has apoyado totalmente este proyecto desde su inicio, y quiero darte las gracias por ofrecerme una plataforma para escribir sobre algo que me encanta.

A lo largo del proceso de escritura, mi familia ha sido una fuente constante de aliento y apoyo. Le agradezco de corazón a mi madre, Gillian Foster, la revisión de todas y cada una de las líneas de texto en busca de errores tipográficos, aunque, para empezar, deba darle las gracias por enseñarme a sumar. Tu atención a los detalles ha sido extremadamente útil en la corrección de los textos, y os estoy realmente agradecidos a ti y a papá por todas las oportunidades que me habéis proporcionado. Mi padre, Clive Foster, fue quien me enseñó a programar un ordenador (este libro está repleto de ejemplos, y eso debo agradecerlo a su paciencia en mi época de adolescente, en la que me manejaba torpemente con BASIC tratando de crear juegos de fútbol). Mi hermano, Rob Foster, es el genio más modesto que conozco, especialmente en lingüística; chatear con él sobre IA y el futuro del machine learning basado en textos ha sido sorprendentemente útil. Por último, quisiera dar las gracias a mi Nana, que siempre fue una fuente constante de inspiración y diversión para todos nosotros. Su amor por la literatura fue una de las razones por las que decidí que escribir un libro podría ser una experiencia emocionante.

También quiero dar las gracias a mi mujer, Lorna Barclay. Además de ser un apoyo infinito y ofrecerme incontables tazas de té durante el proceso de escritura, has revisado cada palabra de este libro con rigor y meticuloso detalle. No podría haberlo hecho sin ti. Gracias por estar siempre ahí para mí, y por hacer que este viaje haya sido tan agradable. Te prometo que no hablaré de IA generativa a la hora de la cena, al menos hasta que transcurran unos días desde la publicación del libro.

Para terminar, quiero agradecer a nuestra preciosa hija Alina por ofrecerme un entretenimiento sin fin durante las largas noches en vela escribiendo. Tus adorables risitas han sido la música de fondo perfecta para mi teclear. Gracias por ser mi inspiración y mantenerme siempre concentrado. Eres el auténtico cerebro de esta operación.

Sobre el autor

David Foster es científico de datos, empresario y educador especializado en aplicaciones de inteligencia artificial en ámbitos creativos. Como socio fundador de la consultoría ADSP (Applied Data Science Partners), inspira y ayuda a las organizaciones a aprovechar el poder transformador de los datos y la IA, y proporciona soluciones a medida de ciencia de datos e inteligencia artificial. Tiene un máster en Matemáticas por el Trinity College de Cambridge y otro en Investigación Operativa por la Universidad de Warwick, es miembro del Machine Learning Institute, y su trabajo se centra en las aplicaciones prácticas de la IA y la resolución de problemas reales. Entre sus intereses en investigación se incluyen la mejora de la transparencia y capacidad de interpretación de los algoritmos de inteligencia artificial. Ha publicado literatura sobre machine learning explicable en el sector de la salud.

Sobre la imagen de cubierta

El animal de la portada es un perico pintado (*Pyrrhura picta*). La especie *Pyrrhura* se incluye en la familia *Psittacidae*, una de las tres familias de loros existentes. Dentro de su subfamilia *Arinae* hay varias especies de guacamayos y periquitos del hemisferio occidental. El perico pintado, conocido generalmente como cotorra pintada, habita en los bosques tropicales costeros y en las montañas del nordeste de Sudamérica.

Está cubierto en su mayoría por plumas de color verde brillante, aunque son azules por encima del pico, marrones en la cara y rojizas en el pecho y en la cola. Resulta sorprendente observar que las plumas del cuello del perico pintado tienen un efecto escalado distintivo; la parte central de color marrón va difuminándose hasta un tono blanquecino grisáceo. Esta combinación de colores permite a estos pájaros camuflarse en la selva.

Las cotorras pintadas se alimentan en las copas de los árboles del bosque tropical, donde su plumaje verde les permite ocultarse mejor. Buscan en bandadas de entre 5 y 12 aves una amplia variedad de frutas, semillas y flores. En ocasiones comen también algas de los charcos del suelo. Alcanzan una longitud máxima de unos 22 cm y viven entre 13 y 15 años. Una nidada de polluelos de cotorra pintada (que mide cada uno menos de 3 cm al nacer) suele componerse de unos cinco huevos.

Muchos de los animales de las portadas de la editorial están en peligro de extinción; todos ellos son importantes para el mundo.

La ilustración de la portada es de Karen Montgomery, y está basada en un grabado en blanco y negro tomado de la obra *Shaw's Zoology*.

Elogios para Deep Learning generativo

«Deep Learning generativo es una introducción accesible a las herramientas de aprendizaje profundo para el modelado generativo. Si es usted un profesional creativo a quien le encanta jugar con el código y desea aplicar deep learning en su trabajo, este libro es ideal para usted».

David Ha, director de estrategia de Stability AI.

«Un libro excelente que se sumerge en todas las técnicas más importantes que están detrás del deep learning generativo de vanguardia. Una emocionante exploración de uno de los campos de aplicación más fascinantes de la inteligencia artificial».

François Chollet, creador de Keras.

«Las explicaciones de David Foster sobre conceptos complejos son claras y concisas, enriquecidas con imágenes intuitivas, ejemplos de código y ejercicios. Un recurso excelente para estudiantes y profesionales».

Suzana Ilić, directora del programa de IA responsable, Microsoft Azure OpenAI.

«La IA generativa es el siguiente paso revolucionario en la tecnología de la inteligencia artificial que tendrá un impacto de gran calado en el mundo. Este libro ofrece una fantástica introducción a este campo, a su impresionante potencial y a los posibles riesgos».

Connor Leahy, CEO en Conjecture y cofundador de EleutherAI.

«Predecir el mundo significa comprenderlo, en todas sus modalidades. En ese sentido, la IA generativa está descifrando la verdadera esencia de la inteligencia».

Jonas Andrulis, fundador y CEO de Aleph Alpha.

«La IA generativa está transformando innumerables sectores e impulsando una nueva generación de herramientas creativas. Este libro es la forma perfecta de iniciarse en el modelado generativo y empezar a construir utilizando esta revolucionaria tecnología».

Ed Newton-Rex, vicepresidente de audio de Stability AI y compositor.

«David me enseñó todo lo que sé de machine learning y tiene un don para explicar los conceptos esenciales. Deep Learning generativo es mi recurso de cabecera para IA generativa, y tiene su hueco en una estantería junto a mi mesa de trabajo, entre mi pequeña colección de libros técnicos favoritos».

Zack Thoutt, director de producto en AutoSalesVelocity.

«Es muy probable que la IA generativa tenga un profundo impacto en la sociedad. Este libro ofrece una introducción accesible a este campo, sin escatimar al mismo tiempo detalles técnicos».

Raza Habib, cofundador de Humanloop.

«Cuando la gente me pregunta cómo empezar con la IA generativa, siempre les recomiendo el libro de David. La segunda edición es impresionante porque habla sobre los modelos más fuertes, como los de difusión y los Transformers. Un libro imprescindible para todo el que esté interesado en la creatividad computacional».

Dr. Tristan Behrens, experto en IA y artista residente de música IA en KI Salon Heilbronn.

«Repleto de conocimientos técnicos, es mi libro de cabecera cuando tengo ideas sobre IA generativa. Debería estar en la estantería de cualquier científico de datos».

Martin Musiol, fundador de generativeAI.net.

«El libro abarca toda la taxonomía de los modelos generativos con un excelente detalle. Una de las mejores cosas que he descubierto en el libro es que trata la importante teoría que respalda los modelos, además de consolidar la comprensión del lector con ejemplos prácticos. Debo señalar que el capítulo sobre las redes GAN es una de las mejores explicaciones que he leído, y ofrece unos medios muy intuitivos para ajustar los modelos. El libro aborda una amplia gama de modalidades de IA generativa, como texto, imagen y música. Un estupendo recurso para cualquiera que se inicie con la IAG».

Aishwarya Srinivasan, científica de datos, Google Cloud.

Índice de contenidos

Prólogo

Este libro se está convirtiendo en parte de mi vida. Al encontrar una copia en el salón de mi casa le pregunté a mi hijo: «¿de dónde has sacado esto?». Él contesto: «me lo diste tú», desconcertado por mi momento «tercera edad». Después de leer juntos varias secciones, llegué a considerar este volumen como la *Anatomía de Gray* de la IA generativa.

El autor disecciona la anatomía de la IA generativa con una increíble claridad y una autoridad tranquilizadora. Ofrece un relato verdaderamente notable de un campo en constante y vertiginoso cambio, respaldado por prácticos ejemplos, una narrativa cautivadora y referencias tan actuales, que se lee como una historia viva.

Durante sus deconstrucciones, el autor mantiene una sensación de maravilla y emoción sobre el potencial de la IA generativa, algo especialmente evidente en el convincente desenlace del libro. Habiendo dejado al descubierto la tecnología, nos recuerda que estamos en los albores de una nueva era de inteligencia, en la cual la IA generativa muestra un fiel reflejo de nuestro lenguaje, arte y creatividad, como evidencia no solo de lo que hemos creado, sino también de lo que podríamos crear (en el futuro y en el presente), con el único límite «nuestra propia imaginación».

El tema central de los modelos generativos en inteligencia artificial resuena profundamente en mí, porque veo surgir exactamente los mismos temas en ciencias naturales; es decir, una visión de nosotros mismos como modelos generativos de nuestro mundo vivido. Sospecho que, en la próxima edición de este libro, leeremos sobre la confluencia de la inteligencia artificial y natural. Hasta entonces, mantendré esta edición cerca de mi copia de la *Anatomía de Gray* y otros tesoros de mi biblioteca.

—Karl Friston,
profesor de neurociencia de la Universidad College de Londres
y miembro de la Royal Society.

Prefacio

«Lo que no puedo crear, no lo entiendo».
—Richard Feynman

La inteligencia artificial generativa (IAG) es una de las tecnologías más revolucionarias de nuestros tiempos, porque transforma el modo en que interactuamos con las máquinas. Su capacidad para revolucionar nuestra forma de vivir, trabajar y jugar ha sido el tema de incontables conversaciones, debates y predicciones. Pero, ¿y si esta poderosa tecnología tuviera un potencial aún mayor? ¿Qué pasaría si las posibilidades de la IA generativa fueran más allá de nuestra imaginación? Quizá el futuro de la IAG sea más emocionante de lo que jamás habíamos pensado que fuera posible.

Desde el principio de los tiempos hemos buscado oportunidades para generar creaciones originales y bellas. Para los primeros humanos tenían la forma de pinturas rupestres, que representaban animales y dibujos abstractos y se creaban con pigmentos cuidadosa y metódicamente aplicados sobre rocas. La época romántica nos permitió disfrutar la maestría de las sinfonías de Tchaikovsky, con su habilidad para inspirar sentimientos de triunfo y tragedia mediante ondas sonoras, entrelazadas para formar preciosas melodías y armonías. Y, en los últimos tiempos, nos hemos descubierto corriendo a las librerías a medianoche para comprar historias sobre un mago ficticio, porque la combinación de letras empleada en ellas crea una narrativa que nos obliga a pasar página tras página para averiguar qué le ocurre a nuestro héroe.

Por tanto, no resulta sorprendente que la humanidad haya empezado a formularse la pregunta definitiva sobre la creatividad: ¿podemos crear algo que sea en sí mismo creativo?

Esta es la pregunta que la IA generativa pretende responder. Con los recientes avances en metodología y tecnología, ahora podemos construir máquinas capaces de pintar obras de arte originales en un determinado estilo, escribir bloques de texto coherentes con una estructura a largo plazo, componer música de agradable escucha y desarrollar estrategias ganadoras para juegos complejos generando futuros supuestos imaginarios. Esto es solo el principio de una revolución generativa, que nos dejará con la única opción de encontrar respuestas a algunas de las preguntas más importantes sobre la mecánica de la creatividad y, en última instancia, a lo que significa ser humano.

En resumidas cuentas, nunca ha habido un momento mejor para aprender sobre la inteligencia artificial generativa, así que, ¡allá vamos!

Objetivo y enfoque

Este libro asume que no se tiene conocimiento previo de IAG. Iremos desarrollando todos los conceptos principales desde cero, de una forma que resulte intuitiva y fácil de seguir. Por ello, no hay que preocuparse si se carece de experiencia con la IA generativa. ¡Este es el lugar perfecto!

En vez de tratar únicamente las técnicas actualmente más en boga, este volumen sirve como guía completa para el modelado generativo, pues incluye una amplia gama de familias de modelos. No hay una sola técnica objetivamente mejor o peor que otra; en realidad, ahora hay muchos modelos de última generación que combinan ideas sobre modelado generativo de todo el espectro de métodos existentes. Por esta razón, es importante mantenerse actualizado sobre los desarrollos que se produzcan en todas las áreas de la IA generativa, en lugar de centrarse en un determinado tipo de técnica. Una cosa es segura: el campo de la IAG se mueve rápidamente, y nunca se sabe de dónde va a proceder la siguiente idea innovadora.

Teniendo esto en mente, el enfoque que emplearé será enseñar cómo entrenar modelos generativos propios con datos de manufactura también propia, en lugar de basarme en modelos preentrenados y prefabricados. Aunque ahora existen impresionantes modelos generativos de código abierto que se pueden descargar y ejecutar con unas cuantas líneas de código, el objetivo de este libro es profundizar en su arquitectura y diseño desde sus principios básicos, de forma que el lector pueda comprender total y perfectamente cómo funcionan y pueda escribir ejemplos de cada técnica desde cero utilizando Python y Keras.

En resumen, este volumen podría ser el equivalente a un mapa del actual panorama de la IAG, que aborda tanto la teoría como las aplicaciones prácticas, incluyendo ejemplos completamente funcionales de modelos claves. Nos adentraremos paso a paso en el código de cada uno, ubicando indicadores claros que muestren cómo implementa el código la teoría subyacente de cada técnica. Este volumen puede leerse de principio a fin o utilizarse como libro de consulta. Lo más importante: espero que resulte una lectura útil y entretenida.

 El libro está salpicado de historias cortas alegóricas que permiten explicar con claridad los mecanismos de algunos de los modelos que crearemos. Creo que una de las mejores maneras de enseñar una nueva teoría abstracta es convertirla en algo no tan abstracto, como, por ejemplo, una historia, antes de entrar en aclaraciones técnicas. La historia y la explicación del modelo no son más que la misma mecánica explicada en dos ámbitos distintos, por lo que tal vez resulte de utilidad hacer referencia a la historia asociada mientras se aprenden los detalles técnicos de cada modelo.

Requisitos previos

Este libro asume una experiencia previa en Python. Si el lector no está familiarizado con este lenguaje de programación, el mejor lugar para empezar es LearnPython.org. Existen muchos recursos gratuitos en Internet con los que es posible desarrollar un conocimiento de Python suficiente como para trabajar con los ejemplos de este libro.

Además, como algunos de los modelos se describen utilizando notación matemática, será útil disponer de una buena comprensión de álgebra lineal (por ejemplo, multiplicación de matrices) y de teoría general de la probabilidad. Un recurso práctico es el libro *Mathematics for Machine Learning*, de Deisenroth *et al.* (https://mml-book.com), disponible de manera gratuita. El libro supone que no se tiene conocimiento previo de modelado generativo (veremos los conceptos básicos en el capítulo 1) o de TensorFlow y Keras (librerías que se introducirán en el capítulo 2).

Guía de referencia

El libro está dividido en tres partes.

La parte I es una introducción general al modelado generativo y al deep learning, donde exploramos los conceptos fundamentales que sustentan todas las técnicas de las siguientes partes.

- En el capítulo 1, «Modelado generativo», definimos el modelado generativo y vemos un ejemplo de prueba útil para comprender algunos de los conceptos esenciales importantes para todos los modelos generativos. También se presenta la taxonomía de las familias de modelos generativos que exploraremos en la parte II de este volumen.

- En el capítulo 2, «Deep learning», iniciamos nuestra exploración del aprendizaje profundo y las redes neuronales, y creamos nuestro primer ejemplo de un perceptrón multicapa utilizando Keras. Después lo adaptaremos para incluir capas convolutivas y otras mejoras, y observar así la diferencia en rendimiento.

La parte II recorre las seis técnicas más importantes que utilizaremos para crear modelos generativos, con ejemplos prácticos para cada una de ellas.

- En el capítulo 3, «Autocodificadores variacionales», hablaremos del autocodificador variacional o VAE (*Variational Autoencoder*) y veremos cómo se utiliza para generar imágenes de caras y transformar una cara en otra en el espacio latente del modelo.

- En el capítulo 4, «Redes generativas adversativas», exploramos las redes generativas adversativas o GAN (*Generative Adversarial Networks*) para la generación de imágenes, incluyendo las GAN convolucionales profundas, las GAN condicionales y mejoras como la GAN de Wasserstein, que ayudan a estabilizar el proceso de entrenamiento.

- En el capítulo 5, «Modelos autorregresivos», dirigimos nuestra atención a los modelos autorregresivos, comenzando con una introducción a las redes neuronales recurrentes, como las de memoria a corto plazo de larga duración (LSTM, *Long Short-Term Memory*) para generación de textos y PixelCNN para generación de imágenes.

- En el capítulo 6, «Modelos de flujo de normalización», nos centramos en los flujos de normalización, incluyendo una intuitiva exploración teórica de la técnica y un ejemplo práctico de cómo crear un modelo RealNVP para generar imágenes.

- En el capítulo 7, «Modelos basados en energía», hablamos de los modelos basados en energía, incluyendo importantes métodos, como entrenamiento con divergencia contrastiva y muestreos mediante la dinámica de Langevin.

- En el capítulo 8, «Modelos de difusión», nos sumergimos en una guía práctica para crear modelos de difusión, que impulsan muchos modelos de generación de imágenes de vanguardia, como DALL.E 2 y Stable Diffusion.

Para terminar, en la parte III nos basaremos en estos fundamentos que hemos establecido y exploraremos con su ayuda el funcionamiento interno de modelos de vanguardia para generación de imágenes, escritura, composición de música y aprendizaje por refuerzo basado en modelos.

- En el capítulo 9, «Transformers», exploramos la genealogía y los detalles técnicos de los modelos StyleGAN, así como otras redes GAN de vanguardia para generación de imágenes, como VQ-GAN.

- En el capítulo 10, «Redes GAN avanzadas», veremos la arquitectura Transformer, con un recorrido práctico que nos permitirá crear una versión propia de GPT para generación de textos.

- En el capítulo 11, «Generación de música», dirigimos nuestra atención a la generación de música, con una guía para trabajar con datos musicales y aprender a aplicar técnicas como transformers y MuseGAN.

- En el capítulo 12, «Modelos reales», exploramos la utilización de los modelos generativos en el contexto del aprendizaje reforzado, con la aplicación de modelos reales y métodos basados en Transformer.

- En el capítulo 13, «Modelos multimodales», explicamos el funcionamiento interno de cuatro modelos multimodales de última generación, que incorporan más de un tipo de datos: DALL.E 2, Imagen y Stable Diffusion para generación de texto a imagen y Flamingo, un modelo de lenguaje visual.

- En el capítulo 14, «Conclusión», recapitulamos los principales hitos de la IA generativa hasta la fecha y hablamos de las formas en las que la IAG revolucionará nuestras vidas diarias en los próximos años.

Cambios en la segunda edición

Gracias a todos los lectores de la primera edición de este libro. Estoy muy contento de que a tantas personas les haya parecido un recurso útil, y de que hayan hecho comentarios sobre lo que les gustaría que incluyera la segunda edición. El campo del deep learning generativo ha progresado notablemente desde que se publicó la primera edición de este volumen en 2016, de modo que, además de actualizar el contenido existente, he añadido varios capítulos nuevos para que el material se corresponda con el estado actual de las cosas.

Este es un resumen de las principales actualizaciones en los capítulos individuales y a nivel general en todo el libro:

- El capítulo 1 incluye ahora una sección sobre las distintas familias de modelos generativos y una taxonomía de cómo están relacionados.
- El capítulo 2 contiene diagramas mejorados y explicaciones más detalladas de conceptos fundamentales.
- El capítulo 3 se ha actualizado con un nuevo ejemplo y explicaciones adicionales.
- El capítulo 4 incorpora una explicación de las arquitecturas GAN condicionales.
- El capítulo 5 incluye ahora una sección sobre modelos autorregresivos para imágenes (por ejemplo, PixelCNN).
- El capítulo 6 es un capítulo totalmente nuevo, que describe el modelo RealNVP.
- El capítulo 7 también es nuevo, y se centra en técnicas como la dinámica de Langevin y la divergencia contrastiva.
- El capítulo 8 es un capítulo nuevo sobre los modelos de difusión, que impulsan muchas de las aplicaciones actuales de última generación.
- El capítulo 9 es una ampliación del material incluido en la conclusión de la primera edición, que profundiza más en las arquitecturas de los distintos modelos StyleGAN y ofrece material nuevo sobre VQ-GAN.
- El capítulo 10 es un nuevo capítulo que explora la arquitectura de los Transformers con detalle.
- El capítulo 11 incluye las arquitecturas de Transformers modernos, para reemplazar a los modelos LSTM de la primera edición.
- El capítulo 12 ofrece diagramas y descripciones actualizadas, con una sección sobre cómo este método está conformando hoy en día el aprendizaje por refuerzo de última generación.
- El capítulo 13 es un nuevo capítulo que explica en detalle el funcionamiento de impresionantes modelos como DALL.E 2, Imagen, Stable Diffusion y Flamingo.
- El capítulo 14 se ha actualizado para reflejar el espectacular progreso experimentado por este ámbito desde la primera edición, y ofrece una vista más completa y detallada de la dirección que está tomando la IA generativa en el futuro.
- Todos los comentarios recibidos a la primera edición y los errores tipográficos identificados han sido resueltos (hasta donde yo sé).
- Al principio de cada capítulo se han añadido sus objetivos concretos, de modo que el lector pueda ver los temas esenciales abordados en él antes de empezar a leer.

- Algunas de las historias alegóricas se han reescrito para que sean más concisas y claras. Me alegra mucho que hayan ayudado a tantos lectores a entender mejor los conceptos básicos.
- Los títulos y subtítulos de cada capítulo se han uniformizado para que resulte más claro qué partes del capítulo se centran en dar explicaciones y qué partes en la creación de modelos.

Otros recursos

Recomiendo los siguientes libros como introducción general para machine learning y deep learning:

- *Aprende Machine Learning con Scikit-Learn, Keras y TensorFlow: Conceptos, herramientas y técnicas para construir sistemas inteligentes*, de Aurélien Géron (Anaya Multimedia).
- *Deep Learning con Python*, de François Chollet (Anaya Multimedia)

La mayoría de los artículos y documentos mencionados en este libro se han obtenido de arXiv (`https://arxiv.org`), un repositorio gratuito de documentos de investigación científica. Ahora es habitual que los autores suban sus documentos a arXiv antes de que los lean sus colegas. Examinar los documentos más recientes de este sitio web es una estupenda forma de mantenerse informado sobre los desarrollos más recientes en este campo.

También recomiendo el sitio web Papers with Code (`https://paperswithcode.com`), donde se pueden encontrar los resultados más recientes y actualizados en distintas tareas de aprendizaje automático, junto con enlaces a los documentos y a los repositorios de GitHub oficiales. Es un recurso excelente para cualquiera que desee averiguar rápidamente qué técnicas están logrando las mayores puntuaciones en una serie de tareas, y sin duda me ha ayudado a decidir qué técnicas incluir en este volumen.

Convenios utilizados en el libro

Existen varios convenios de texto que se emplean a lo largo del libro.

- *Cursiva*: Es un tipo que se emplea para diferenciar términos anglosajones o de uso poco común. También se usa para destacar algún concepto.
- **Negrita**: Le ayudará a localizar rápidamente elementos como las combinaciones de teclas.
- Fuente especial: Nombres de botones y opciones de programas. Por ejemplo, Aceptar para hacer referencia a un botón con ese nombre.
- `Monoespacial`: Utilizado para el código, y dentro de los párrafos para hacer referencia a elementos como nombres de variables o funciones.
- También encontrará a lo largo del libro recuadros con elementos destacados sobre el texto normal, comunicándole de manera breve y rápida algún concepto relacionado con lo que está leyendo, un truco o advirtiéndole de algo.

 Este elemento significa un truco o sugerencia.

 Este elemento significa una nota.

 Este elemento significa una advertencia o precaución.

Uso de los códigos de ejemplo

Los ejemplos de código se pueden encontrar en la página web de Anaya Multimedia en `http://www.anayamultimedia.es`. Vaya al botón **Selecciona Complemento** de la ficha del libro, donde podrá descargar el contenido para utilizarlo directamente. Se puede descargar este mismo material y más material adicional de la página web del libro original en `https://github.com/davidADSP/Generative_Deep_Learning_2nd_Edition`.

Me he asegurado deliberadamente de que ninguno de los modelos requiera cantidades prohibitivas de recursos informáticos para su entrenamiento, de modo que el lector pueda empezar a entrenar sus modelos sin tener que emplear demasiado tiempo o gastar mucho dinero en hardware caro. Junto con los ejemplos se incluye una guía para aprender cómo empezar con Docker y configurar recursos en la nube con GPU de Google Cloud, si fuera necesario.

Los códigos de ejemplo han sufrido los siguientes cambios desde la primera edición:

- Todos los ejemplos se pueden ejecutar ahora desde dentro de un solo *notebook* de Jupyter, en lugar de tener que importar parte del código de distintas carpetas del repositorio, con el objetivo de que se pueda ejecutar cada ejemplo celda por celda y profundizar exactamente en la creación de cada modelo fragmento a fragmento.

- Las secciones de cada *notebook* se han uniformizado para todos los ejemplos.

- Muchos de los ejemplos de este libro utilizan fragmentos de código del repositorio de código abierto de Keras (`https://keras.io/examples/generative/`), con el fin de evitar la creación de un repositorio similar independiente, cuando ya tenemos a nuestra disposición excelentes implementaciones en este estupendo sitio web. Tanto en el libro como en el repositorio se han añadido referencias y enlaces a los autores originales del código empleado del sitio web de Keras.

- En esta nueva edición se han añadido nuevos orígenes de datos y se ha mejorado el proceso de recogida de datos con respecto a la anterior. Ahora el lector dispone de *scripts* de código que puede ejecutar fácilmente desde los orígenes correspondientes, para así entrenar los ejemplos del libro con herramientas como la API de Kaggle (`https://www.kaggle.com/docs/api`).

PARTE I

Introducción al deep learning generativo

La parte I es una introducción general al modelado generativo y al deep learning, es decir, los dos campos que necesitamos comprender para empezar con el aprendizaje profundo generativo.

En el capítulo 1 definiremos el modelado generativo y veremos un ejemplo de prueba, que usaremos para entender algunos de los conceptos clave importantes para todos los modelos generativos. También estableceremos la taxonomía de las familias de modelos generativos que exploraremos en la parte II del libro.

El capítulo 2 ofrece una guía de las herramientas y técnicas de deep learning necesarias para empezar a construir modelos generativos más complejos. En particular, crearemos nuestro primer ejemplo: una red neuronal profunda (un perceptrón multicapa) utilizando Keras. Después lo adaptaremos para que incluya capas convolucionales y otras mejoras, y poder así observar la diferencia en rendimiento.

Al final de la parte I el lector tendrá una buena comprensión de los conceptos básicos que sustentan todas las técnicas usadas en posteriores partes del libro.

CAPÍTULO 1

Modelado generativo

En este capítulo conseguiremos:

- Aprender las diferencias entre los modelos generativo y discriminativo.
- Comprender las propiedades que debe tener un modelo generativo mediante un sencillo ejemplo.
- Conocer los conceptos probabilísticos básicos de los modelos generativos.
- Explorar las distintas familias de modelos generativos.
- Clonar el código que acompaña a este libro, de forma que sea posible empezar a crear modelos generativos desde el primer minuto.

Este capítulo es una introducción general al campo del modelado generativo.

Empezaremos con una introducción teórica ligera al modelado generativo, y veremos que es el equivalente natural del modelado discriminativo, mucho más estudiado. Después estableceremos una estructura para describir las propiedades que un buen modelo generativo debería tener. Expondremos los conceptos probabilísticos básicos que conviene conocer para apreciar por completo el modo en que los distintos enfoques enfrentan el desafío del modelado generativo.

Todo esto nos llevará de forma natural a la penúltima sección, que explica las seis familias de modelos generativos que dominan este campo hoy en día. La sección final detalla cómo empezar con el código que acompaña a este libro.

¿Qué es el modelado generativo?

El modelado generativo puede definirse en términos generales de la siguiente manera:

El modelado generativo es una rama del machine learning que implica el entrenamiento de un modelo para que produzca nuevos datos similares a un determinado conjunto de datos.

¿Qué significa esto en la práctica? Supongamos que tenemos un conjunto de datos integrado por fotos de caballos. Podemos entrenar un modelo generativo con estos datos para capturar las reglas que controlan las complejas relaciones entre píxeles en imágenes de caballos. Después podemos utilizar este modelo como muestra (muestrear) para crear imágenes nuevas y realistas de caballos, que no existían en el conjunto de datos original. Este proceso se ilustra en la figura 1.1.

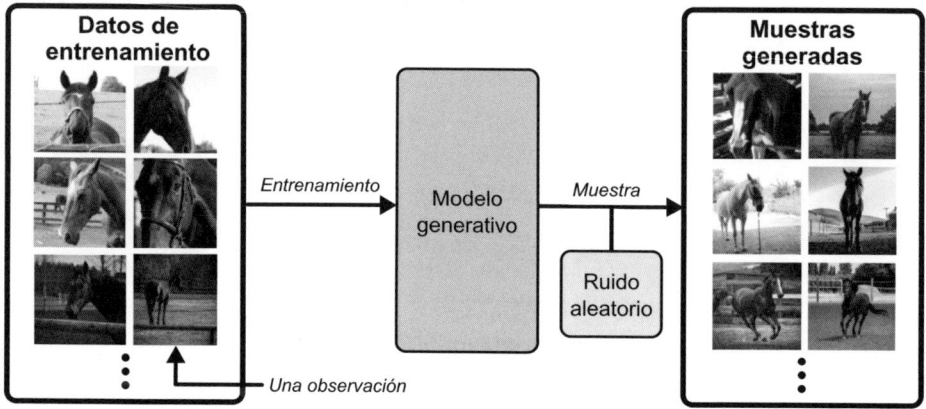

Figura 1.1. Un modelo generativo entrenado para generar fotos realistas de caballos.

Para crear un modelo generativo, necesitamos un conjunto de datos formado por muchos ejemplos de la entidad que estamos tratando de generar. Esto se conoce como datos de entrenamiento, y un determinado punto de datos de este tipo se denomina observación.

Cada observación consta de muchas características o propiedades. Para un problema de generación de imágenes, las características suelen ser valores de píxeles individuales; en el caso de un problema de generación de texto, podrían ser palabras o grupos de letras. Nuestro objetivo es crear un modelo capaz de generar nuevos conjuntos de propiedades que parezcan haber sido creados utilizando las mismas reglas que los datos originales. Teóricamente, para la generación de imágenes es una tarea increíblemente difícil, teniendo en cuenta la gran cantidad de formas existentes de asignar valores de píxeles individuales y el número relativamente pequeño de tales disposiciones, que constituyen una imagen de la entidad que deseamos generar.

Un modelo generativo debe ser probabilístico en lugar de determinista, porque queremos ser capaces de probar muchas variaciones del resultado, en vez de obtener el mismo resultado en cada ocasión. Si nuestro modelo es meramente un cálculo fijo, como, por ejemplo, obtener el promedio de cada píxel del conjunto de datos de entrenamiento, no es generativo. Un modelo generativo debe incluir un componente aleatorio que influya en las muestras individuales generadas por el modelo.

En otras palabras, podemos imaginar que existe una cierta distribución probabilística desconocida que explica por qué es más probable encontrar unas imágenes en el conjunto de datos de entrenamiento y otras no. Nuestro trabajo es crear un modelo que se parezca en todo lo posible a esta distribución, y obtener después muestras a partir de él para generar observaciones nuevas y distintivas que parezcan proceder del conjunto de datos original.

Modelado generativo frente a discriminativo

Para entender realmente lo que el modelado generativo intenta conseguir y por qué esto es importante, resulta útil compararlo con su equivalente, el modelo discriminativo. Si el lector ha estudiado machine learning, la mayoría de los problemas con los que se habrá enfrentado habrán sido probablemente discriminativos por naturaleza. Para comprender la diferencia, veamos un ejemplo.

Supongamos que tenemos un conjunto de datos de cuadros, algunos de ellos pintados por Van Gogh y otros por otros artistas. Con los datos suficientes, podemos entrenar un modelo discriminativo para que prediga si un determinado cuadro fue pintado por Van Gogh. Nuestro modelo aprendería que determinados colores, formas y texturas indican con mayor probabilidad que el cuadro fue pintado por el maestro neerlandés, y en el caso de los cuadros con tales características, el modelo ponderaría su predicción en consecuencia. La figura 1.2 muestra el proceso del modelo discriminativo que, como se puede observar, es distinto del proceso del modelo generativo mostrado en la figura 1.1.

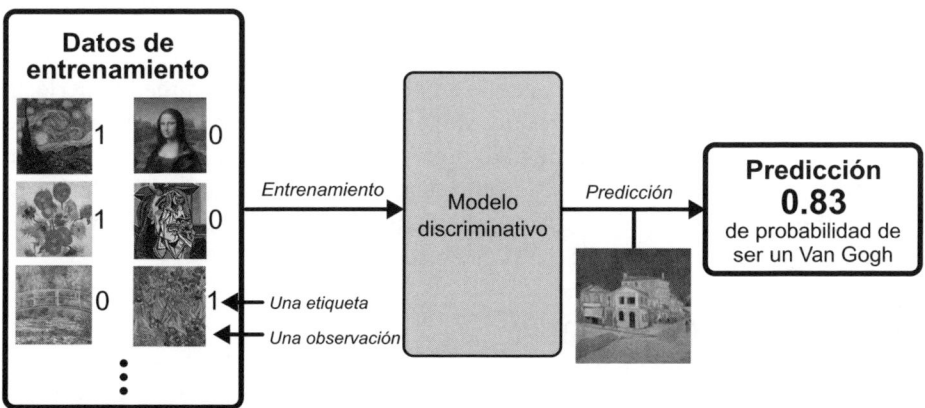

Figura 1.2. Un modelo discriminativo entrenado para predecir si una cierta imagen fue pintada por Van Gogh.

En el modelado discriminativo, cada observación realizada en los datos de entrenamiento tiene una etiqueta. En el caso de un problema de clasificación binario, como es el de nuestro discriminador de pintores, los cuadros de Van Gogh llevarían la etiqueta 1, y los que no son de Van Gogh llevarían una etiqueta con un 0. Entonces, nuestro modelo aprende cómo discriminar entre estos dos grupos y da como resultado la probabilidad de que una nueva observación tenga la etiqueta 1 (es decir, que haya sido pintado por Van Gogh).

Por el contrario, el modelo generativo no requiere que el conjunto de datos sea etiquetado, porque su única preocupación es generar imágenes totalmente nuevas, en vez de tratar de predecir la etiqueta de una determinada imagen.

Definamos formalmente estos tipos de modelado utilizando notación matemática.

El modelado discriminativo calcula $p(y|\mathbf{x})$

Es decir, el objetivo del modelado discriminativo es modelar la probabilidad de una etiqueta y dada una cierta observación $\mathbf{x}$.

El modelado generativo calcula $p(\mathbf{x})$

Es decir, el objetivo del modelado generativo es ajustar la probabilidad de detectar una observación $\mathbf{x}$. A partir de esta observación podemos generar otras nuevas.

Modelos generativos condicionales

Tengamos en cuenta que también es posible crear un modelo generativo para configurar la probabilidad condicional $p(\mathbf{x}|y)$, es decir, la probabilidad de ver una observación $\mathbf{x}$ con una determinada etiqueta y. Por ejemplo, si nuestro conjunto de datos contiene distintos tipos de frutas, podríamos decirle a nuestro modelo generativo que genere de manera específica la imagen de una manzana.

Es importante destacar que si fuéramos capaces de crear un modelo discriminativo perfecto para identificar cuadros de Van Gogh, seguiríamos sin tener ni idea de cómo crear una pintura que parezca un Van Gogh. Solamente puede dar como resultado probabilidades basadas en imágenes existentes, porque esto es lo que ha sido entrenado para hacer. Lo que necesitaríamos en realidad sería entrenar un modelo generativo y generar después imágenes que tengan muchas posibilidades de pertenecer al conjunto de datos de entrenamiento original.

La ascensión del modelado generativo

Hasta hace poco, el modelado discriminativo ha sido la fuerza motriz de la mayoría de los progresos obtenidos en machine learning. Esto se debe a que, para cualquier problema discriminativo, el problema correspondiente de modelado generativo suele ser mucho más difícil de abordar. Por ejemplo, es mucho más sencillo entrenar un modelo para predecir si un cuadro es de Van Gogh que entrenarlo para generar una pintura de estilo Van Gogh desde cero.

De forma similar, es mucho más fácil entrenar un modelo para predecir si una página de texto fue escrita por Charles Dickens que crearlo para generar una serie de párrafos con el estilo de este escritor. Hasta hace poco, la mayoría de los desafíos generativos eran simplemente imposibles de alcanzar, y muchos dudaban de que alguna vez pudieran ser resueltos. La creatividad se consideraba una capacidad puramente humana que no podía tener a la inteligencia artificial como rival.

No obstante, a medida que han madurado las tecnologías de machine learning, esta afirmación se ha ido debilitando gradualmente. En los últimos diez años, muchos de los avances más interesantes en este campo han sido desde novedosas aplicaciones de aprendizaje automático hasta tareas de modelado generativo. Por ejemplo, la figura 1.3 muestra el impresionante progreso experimentado por la generación de imágenes faciales desde 2014.

Figura 1.3. La generación de caras utilizando modelado generativo ha mejorado notablemente en la pasada década (adaptado de Brundage et al., 2018).[1]

Además de ser más fácil de abordar, históricamente ha sido más sencillo aplicar el modelado discriminativo que el generativo a problemas prácticos de todo tipo. Por ejemplo, un doctor podría beneficiarse de un modelo que predijera si la imagen de una retina muestra signos de glaucoma, pero no necesariamente de otro que pudiera generar imágenes nuevas del interior de un ojo.

Sin embargo, eso está también empezando a cambiar, con la proliferación de empresas que ofrecen servicios generativos destinados a resolver problemas específicos. Por ejemplo, ahora es posible acceder a API que generan *posts* de blogs originales a partir de un determinado tema, producir distintas imágenes de un producto en cualquier configuración deseada, o escribir contenido para redes sociales y textos para anuncios que coincidan con un cierto mensaje y marca. La IA generativa tiene también aplicaciones claramente positivas en industrias como el diseño de juegos y la cinematografía, donde los modelos entrenados para suministrar vídeo y música están empezando a aportar valor añadido.

Modelado generativo e inteligencia artificial

Además de los usos prácticos del modelado generativo (muchos de los cuales están aún por descubrir), hay tres razones de peso por las que se le puede considerar la llave para desbloquear una forma mucho más sofisticada de inteligencia artificial, que va más allá de lo que el modelado discriminativo por sí solo puede conseguir.

En primer lugar, desde un punto de vista puramente teórico, no tendríamos que limitar nuestro entrenamiento a la simple categorización de los datos. Para que sea más completo, también deberíamos preocuparnos de entrenar modelos que capturen una comprensión más completa de la distribución de datos, más allá de cualquier etiqueta específica. Este es sin duda un problema más difícil de resolver, debido a la elevada dimensionalidad del espacio de posibles resultados y al número relativamente pequeño de creaciones que se podrían clasificar como pertenecientes al conjunto de datos. No obstante, como veremos, muchas de las mismas técnicas que han dirigido el desarrollo en modelado discriminativo, como el deep learning, se pueden usar también en modelos generativos.

En segundo lugar, como veremos en el capítulo 12, el modelado generativo se está utilizando ahora para impulsar el progreso en otros campos de la IA, como el aprendizaje por refuerzo (el estudio de educadores para optimizar un objetivo en un entorno mediante prueba y error). Supongamos que queremos entrenar un robot para que camine por un determinado terreno. Un método tradicional sería realizar muchos experimentos en los que el agente prueba distintas estrategias en el terreno, o una simulación informatizada del mismo. Con el tiempo, el robot aprendería qué estrategias son más exitosas y, por lo tanto, iría mejorando gradualmente. Un desafío de este enfoque es su falta de flexibilidad, porque está entrenado para optimizar la norma para una determinada tarea. Un método alternativo que ha ganado fuerza recientemente es entrenar al agente para que aprenda un modelo real del entorno mediante un modelo generativo, independiente de cualquier tarea. El agente puede adaptarse rápidamente a nuevas tareas probando estrategias en su propio modelo del mundo, en vez de en el entorno real, lo cual suele ser más eficiente informáticamente hablando y no requiere volver a entrenar desde cero para cada nueva tarea.

Finalmente, si de verdad queremos decir que hemos creado una máquina que ha adquirido una forma de inteligencia comparable a la de un humano, sin duda el modelado generativo debe ser parte de la solución. Uno de los mejores ejemplos de un modelo generativo en el mundo real es la persona que lee este libro. Considere por un momento el increíble modelo generativo que es usted. Puede cerrar los ojos e imaginar el aspecto de un elefante desde cualquier posible ángulo. Puede imaginar distintos finales válidos para su serie de televisión favorita y puede planear su semana con antelación pensando en los variados eventos que pueden ocurrir en el futuro y tomar acción en consecuencia. Las teorías neurocientíficas actuales sugieren que nuestra percepción de la realidad no es un modelo discriminativo de gran complejidad que trabaja con nuestra información sensorial para producir predicciones de lo que estamos experimentando, sino que es un modelo generativo entrenado desde su nacimiento para producir simulaciones de nuestro entorno que coincidan con exactitud con el futuro. Algunas teorías sugieren incluso que el resultado de este modelo generativo es lo que percibimos directamente como realidad. Sin duda, tener un conocimiento más profundo de cómo podemos construir máquinas para que adquieran esta habilidad será esencial para seguir comprendiendo el funcionamiento del cerebro y de la inteligencia artificial en general.

Nuestro primer modelo generativo

Teniendo esto presente, iniciemos nuestro viaje por el apasionante mundo del modelado generativo. Para empezar, veremos un ejemplo básico de un modelo generativo e introduciremos algunas de las ideas que nos permitirán abrirnos paso por las arquitecturas más complejas que encontraremos más adelante en este volumen.

¡Hola, mundo!

Empecemos jugando a un juego de modelado generativo de solo dos dimensiones. He elegido una regla utilizada para generar el conjunto de puntos **X** de la figura 1.4. Llamemos a esta regla p_{datos}. El desafío es elegir un punto $\mathbf{x} = (x_1, x_2)$ en el espacio que parezca haber sido generado por la misma regla.

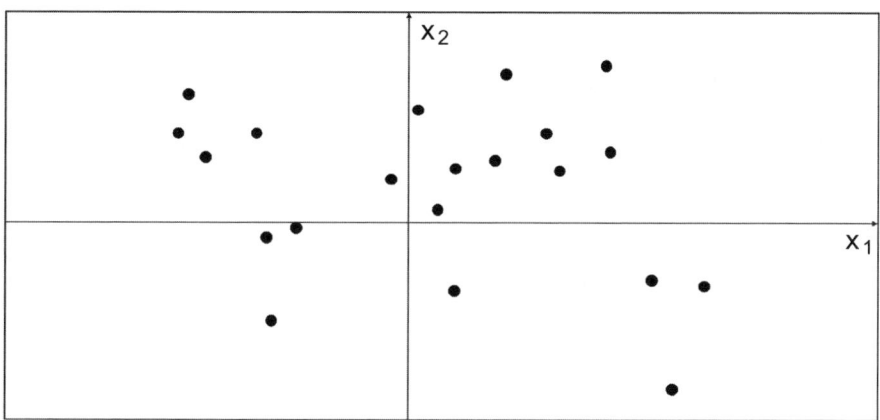

Figura 1.4. Un conjunto de puntos en dos dimensiones, generados por una regla p_{datos} desconocida.

¿Dónde elegiríamos? Lo más probable es que aplicáramos nuestro conocimiento de los puntos de datos existentes para construir un modelo mental, p_{modelo}, de los lugares del espacio en los que es más probable que se encuentre el punto. A este respecto, p_{modelo} es una estimación de p_{datos}. Quizá haya decidido que p_{modelo} deba parecerse más a la figura 1.5, es decir, una caja rectangular dentro de la que están los puntos, y una zona fuera de ella en la que no hay posibilidad alguna de encontrar puntos.

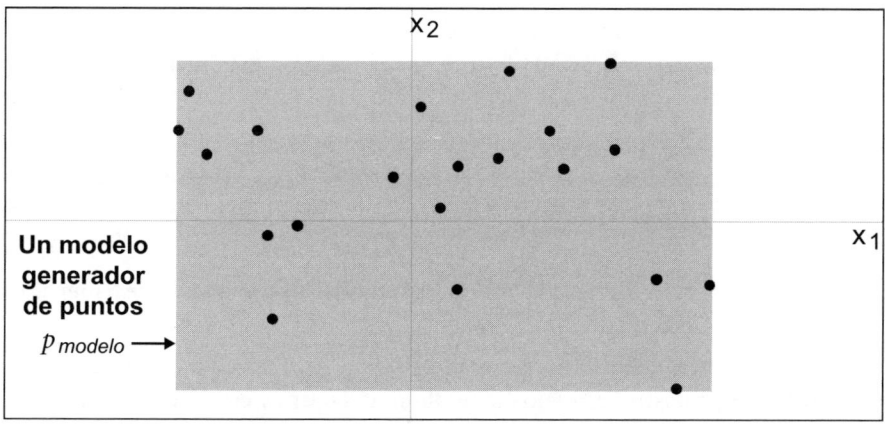

Figura 1.5. El rectángulo, p_{modelo}, es una estimación de la verdadera distribución generadora de datos, p_{datos}.

Para generar una nueva observación, basta con elegir un punto aleatorio dentro del rectángulo o, dicho más formalmente, una muestra del p_{modelo} de distribución. Enhorabuena, acaba de crear su primer modelo generativo, utilizando los datos de entrenamiento (los puntos negros) para construir un modelo (la región rectangular) que se pueda muestrear fácilmente para generar otros puntos que parezcan pertenecer al conjunto de entrenamiento.

Demos forma ahora a esta idea en una estructura que facilite la comprensión de lo que está tratando de lograr el modelado generativo.

La estructura del modelado generativo

Podemos reunir nuestras motivaciones y objetivos para crear un modelo generativo en la siguiente estructura.

La estructura del modelado generativo

- Tenemos un conjunto de datos de observaciones **X**.
- Suponemos que las observaciones se han generado de acuerdo con una distribución desconocida, p_{datos}.
- Queremos crear un modelo generativo p_{modelo} que imite a p_{datos}. Si lo logramos, podemos obtener muestras de p_{modelo} para generar observaciones que parezcan haber sido extraídas de p_{datos}.
- Por lo tanto, las propiedades que nos interesaría que tuviera p_{modelo} son las siguientes:
  - Precisión: Si p_{modelo} es alto para una observación generada, debería parecer que ha sido extraído de p_{datos}. Pero si p_{modelo} es bajo, no debería parecer que ha sido extraído de p_{datos}.
  - Generación: Se debería poder obtener fácilmente una nueva observación de p_{modelo}.
  - Representación: Se debería poder entender cómo representa p_{modelo} las distintas propiedades generales.

Revelemos ya la verdadera distribución generadora de datos, p_{datos}, y veamos cómo se aplica la estructura a este ejemplo. Como muestra la figura 1.6, la regla de generación de datos es simplemente una distribución uniforme en la masa terrestre del mundo, sin la posibilidad de encontrar un punto en el mar.

Sin duda, nuestro modelo p_{modelo} es una simplificación excesiva de p_{datos}. Echemos un vistazo a los puntos A, B y C para comprender los aciertos y fallos de nuestro modelo en lo referido a la precisión con la que imita a p_{datos}:

- El punto A es una observación generada por nuestro modelo, pero no parece haber sido generada por p_{datos}, pues está en medio del mar.
- El punto B nunca podría haber sido generado por p_{modelo} puesto que está fuera del rectángulo. Por tanto, nuestro modelo tiene algunas lagunas en su capacidad para producir observaciones en todo el rango de posibilidades.

- El punto C es una observación que podría haber sido generada tanto por p_{modelo} como por p_{datos}.

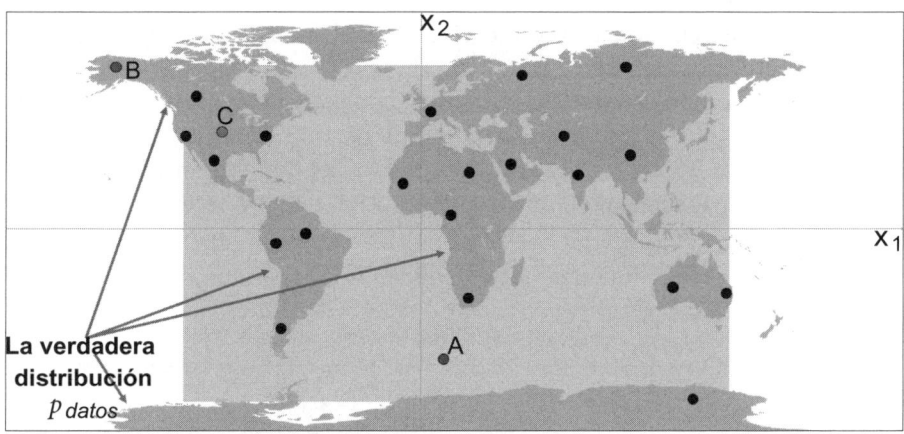

Figura 1.6. El rectángulo, p_{modelo}, es una estimación de la verdadera distribución generadora de datos, p_{datos} (la zona gris).

A pesar de sus defectos, es fácil tomar muestras del modelo, porque es simplemente una distribución uniforme sobre el rectángulo. Podemos elegir sin problema un punto aleatorio del interior de este rectángulo para obtener una muestra de él.

Además, podemos decir indudablemente que nuestro modelo es una sencilla representación de la compleja distribución subyacente que capta parte de las características generales. La distribución real está separada en áreas con mucha masa terrestre (continentes) y con ninguna (el mar). Esta es una característica general que se aplica a nuestro modelo, excepto porque tenemos un solo continente grande, en lugar de muchos.

Este ejemplo ha demostrado los conceptos fundamentales del modelo generativo. Los problemas a los que nos enfrentaremos en este volumen serán mucho más complejos y con muchas dimensiones, pero la estructura básica mediante la que abordamos el problema será la misma.

Aprendizaje de representación

Como el tema aparecerá continuamente en el libro, vale la pena profundizar un poco más en lo que significa aprender mediante una representación de los datos con muchas dimensiones.

Supongamos que queremos describir nuestro aspecto a alguien que nos estaba buscando en una multitud de personas y no nos conoce personalmente. No empezaríamos estableciendo el color del píxel 1 de una foto nuestra, después del píxel 2, luego del 3, etc. La realidad es que haríamos la suposición razonable de que la otra persona tiene una idea general del aspecto de una persona, y después modificaríamos esta base con características que describen grupos de píxeles, como por ejemplo, que mi pelo es rubio o que llevo gafas. Más o menos con 10 propiedades como estas, la persona sería capaz de mapear la descripción en píxeles para generar una imagen nuestra en su cabeza. La imagen no sería perfecta, pero se acercaría bastante a nuestro aspecto real, para que esa persona nos pudiera localizar entre cientos de otras personas, incluso aunque no nos hubiera visto nunca.

Esta es la idea esencial del aprendizaje de representación (también llamado significativo). En lugar de intentar configurar directamente el espacio de muestreo de muchas dimensiones, describimos cada observación del conjunto de entrenamiento utilizando una parte del espacio latente de pocas dimensiones, y aprendemos después una función de asignación que pueda tomar un punto del espacio latente y asignarlo a un punto del dominio original. En otras palabras, cada punto del espacio latente es una representación de una cierta observación de muchas dimensiones.

¿Qué significa esto en la práctica? Supongamos que tenemos un conjunto de entrenamiento consistente en imágenes en escala de grises de cajas de galletas (ver figura 1.7).

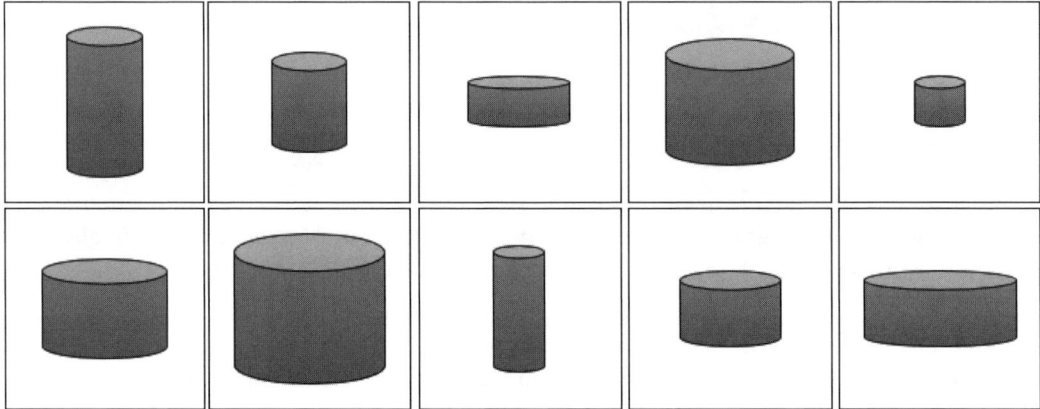

Figura 1.7. El conjunto de datos de cajas de galletas.

Para nosotros, resulta obvio que hay dos características que pueden representar de manera única cada una de estas cajas: su altura y anchura. Es decir, podemos convertir cada imagen de una caja en un punto del espacio latente de solo dos dimensiones, incluso aunque el conjunto de entrenamiento de imágenes se haya suministrado en el espacio de píxeles de muchas dimensiones. En particular, esto significa que también podemos producir imágenes de cajas que no existen en el conjunto de entrenamiento, aplicando una función de asignación adecuada *f* a un nuevo punto del espacio latente, como muestra la figura 1.8.

No es tan fácil para una máquina darse cuenta de que el conjunto de datos original se puede describir utilizando el espacio latente más sencillo; primero tendría que establecer que la altura y anchura son las dos dimensiones del espacio latente que mejor describen este conjunto de datos, y después debería aprender la función de asignación *f*, que puede tomar un punto de este espacio y asignarlo a la imagen en tonos de gris de una de las cajas de galletas. El machine learning (y, en específico, el deep learning) nos ofrece la posibilidad de entrenar máquinas capaces de averiguar estas complejas relaciones sin ayuda humana.

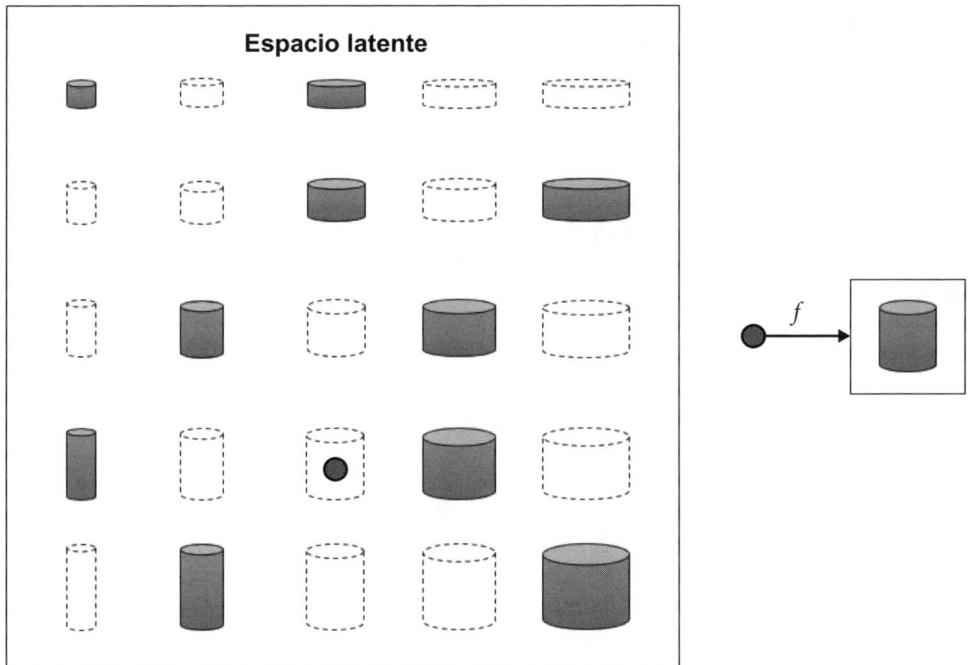

Figura 1.8. El espacio latente 2D de cajas de galletas y la función f que asigna un punto del espacio latente al dominio original de la imagen.

Uno de los beneficios de entrenar modelos que utilizan un espacio latente es que podemos realizar operaciones relativas a las propiedades generales de la imagen manipulando su vector de representación dentro del espacio latente, que es más manejable. Por ejemplo, no resulta obvio cómo ajustar el sombreado de cada píxel para que la imagen de una de las cajas de galletas sea más alta. Sin embargo, en el espacio latente, es simplemente cuestión de aumentar la dimensión latente de la altura, y aplicar después la función de asignación para volver al dominio de la imagen. Veremos un ejemplo explícito de esto en el siguiente capítulo, no aplicado a cajas de galletas, sino a caras.

El concepto de codificar el conjunto de datos de entrenamiento en un espacio latente, de forma que podamos muestrearlo y decodificar de nuevo el punto al dominio original, es común a muchas técnicas de modelado generativo, como veremos en capítulos posteriores. Matemáticamente hablando, las técnicas de codificador y decodificador intentan transformar la variedad altamente no lineal en la que se encuentran los datos (por ejemplo, en el espacio de píxeles) en un espacio latente más sencillo, desde el que se puedan obtener muestras, para posibilitar que cualquier punto del espacio latente sea la representación de una imagen bien formada, como muestra la figura 1.9.

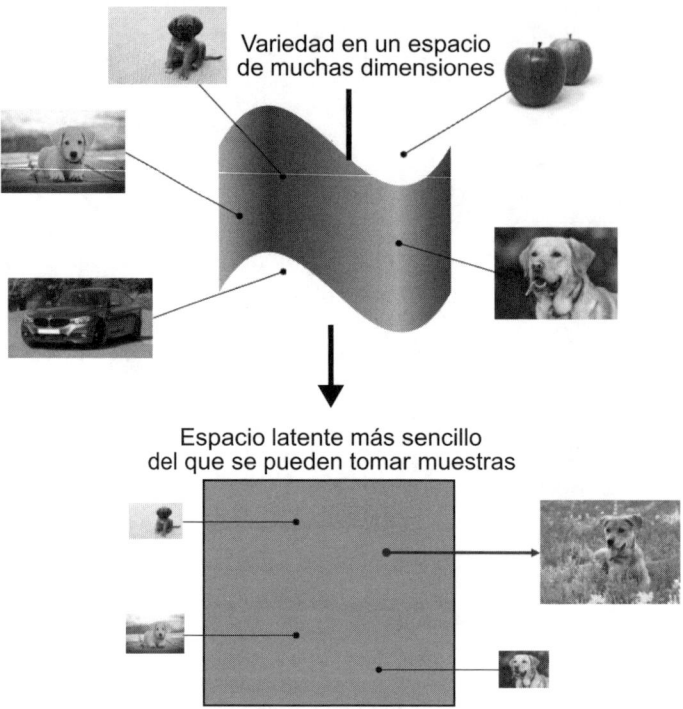

Figura 1.9. La variedad de perros en el espacio de píxeles de muchas dimensiones se asigna a un espacio latente más sencillo desde el que se pueden tomar muestras.

Teoría de la probabilidad

Ya hemos visto que el modelado generativo está estrechamente conectado con el modelado estadístico de las distribuciones probabilísticas. Por esa razón, ahora tiene sentido introducir algunos conceptos básicos de probabilidad y estadística, que se utilizarán en todo el libro para explicar los fundamentos teóricos de cada modelo.

Si nunca ha estudiado probabilidad o estadística, no se preocupe. Para crear muchos de los modelos de deep learning que veremos más adelante en el libro, no es esencial tener un conocimiento profundo de teoría estadística. Pero, para apreciar plenamente la tarea que queremos abordar, sí conviene intentar comprender con una cierta solidez la teoría probabilística. De esta forma, habremos puesto las bases para entender las distintas familias de modelos generativos que se presentarán más tarde en este capítulo.

Como primer paso, definiremos cinco términos esenciales, enlazando cada uno de ellos con nuestro ejemplo anterior del modelo generativo que configura el mapa del mundo en dos dimensiones:

- **Espacio de muestreo o espacio muestral:** El espacio muestral es el conjunto de todos los valores que una observación x puede tomar.

 En nuestro ejemplo anterior, el espacio de muestreo está formado por todos los puntos de latitud y longitud $\mathbf{x} = (x_1, x_2)$ del mapa del mundo. Por ejemplo, $\mathbf{x} = (40.7306, -73.9352)$ es un punto del espacio de muestreo (Nueva York) que pertenece a la distribución generadora de datos verdadera. Pero $\mathbf{x} = (11.3493, 142.1996)$ es un punto del espacio muestral que no pertenece a dicha distribución (está en el mar).

- **Función de densidad de probabilidad:** Una función de densidad de probabilidad (o simplemente función de densidad) es una función $p(\mathbf{x})$ que asigna un punto $\mathbf{x}$ del espacio muestral a un número entre 0 y 1. Para que la distribución de probabilidad esté bien definida, la integral de la función de densidad sobre todos los puntos del espacio de muestreo debe ser igual a 1.

 En el ejemplo del mapa del mundo, la función de densidad de nuestro modelo generativo es 0 fuera del rectángulo y constante dentro de él, de manera que la integral de la función de densidad sobre el espacio muestral completo es igual a 1.

Aunque solo hay una verdadera función de densidad $p_{datos}(\mathbf{x})$ que se supone ha generado el conjunto de datos observable, hay infinitas funciones de densidad $p_{modelo}(\mathbf{x})$ que podemos usar para estimar $p_{datos}(\mathbf{x})$.

- **Modelado paramétrico:** El modelado paramétrico es una técnica que se emplea para estructurar el método de localizar un $p_{modelo}(\mathbf{x})$ adecuado. Un modelo paramétrico es una familia de funciones de densidad $p_\theta(\mathbf{x})$ que se pueden describir utilizando un número finito de parámetros, θ.

 Si suponemos una distribución uniforme como familia de modelos, entonces el conjunto de todas las posibles cajas que podemos dibujar de la figura 1.5 es un ejemplo de modelo paramétrico. En este caso, hay cuatro parámetros: las coordenadas de las esquinas inferior izquierda (θ_1, θ_2) y superior derecha (θ_3, θ_4) de la caja.
Así, cada función de densidad $p_\theta(\mathbf{x})$ de este modelo paramétrico (es decir, cada caja) solo puede estar representada de manera única por cuatro números, $\theta = (\theta_1, \theta_2, \theta_3, \theta_4)$.

- **Verosimilitud:** La verosimilitud $\mathscr{L}(\theta|\mathbf{x})$ de un conjunto de parámetros θ es una función que mide la plausibilidad de θ, dado un cierto punto observado $\mathbf{x}$. Se define de la siguiente manera:

$$\mathscr{L}(\theta|\mathbf{x}) = p_\theta(\mathbf{x})$$

Es decir, la verosimilitud de θ dado un cierto punto observado $\mathbf{x}$ se define como el valor de la función de densidad parametrizada por θ, en el punto $\mathbf{x}$. Si tenemos un conjunto de datos entero $\mathbf{X}$ de observaciones independientes, entonces podemos escribir:

$$\mathscr{L}(\theta|\mathbf{X}) = \prod_{\mathbf{x} \in \mathbf{X}} p_\theta(\mathbf{x})$$

En el ejemplo del mapa del mundo, un rectángulo que solo cubriera la mitad izquierda del mapa tendría una verosimilitud de 0 (posiblemente no habría generado el conjunto de datos, porque hemos observado puntos en el lado derecho del mapa). El rectángulo de la figura 1.5 tiene una verosimilitud positiva, porque la función de densidad es positiva para todos los puntos de datos de este modelo.

Como trabajar con el producto de un gran número de términos entre 0 y 1 puede ser bastante difícil computacionalmente hablando, a menudo usamos en su lugar la log-verosimilitud ℓ:

$$\ell(\theta \mid \mathbf{X}) = \sum_{\mathbf{x} \in \mathbf{X}} \log p_\theta(\mathbf{x})$$

Existen razones estadísticas por las cuales la verosimilitud se define de este modo, pero también podemos comprobar de manera intuitiva que esta definición tiene sentido. La verosimilitud de un conjunto de parámetros θ se define como la probabilidad de ver los datos si la distribución generadora de datos real fuera el modelo parametrizado por θ.

Tengamos en cuenta que la verosimilitud es función de los parámetros, no de los datos. No se debería interpretar como la probabilidad de que un determinado conjunto de parámetros sea correcto; en otras palabras, no es una distribución de probabilidad sobre el espacio de parámetros (es decir, no suma o integra a 1, con respecto a los parámetros).

Es intuitivo que el objetivo del modelado paramétrico deba ser encontrar el valor óptimo $\hat{\theta}$ del conjunto de parámetros que maximiza la verosimilitud de observar el conjunto de datos $\mathbf{X}$.

- **Estimación por máxima verosimilitud:** Es la técnica que nos permite estimar $\hat{\theta}$, es decir, el conjunto de parámetros θ de una función de densidad $p_\theta(x)$ que es más probable que explique ciertos datos observados X. De una manera más formal:

$$\hat{\theta} = \arg_{\mathbf{x}} \max \ell(\theta \mid \mathbf{X})$$

$\hat{\theta}$ se denomina también estimación por máxima verosimilitud o EMV.

En el ejemplo del mapa del mundo, la EMV es el rectángulo más pequeño que sigue conteniendo todos los puntos del conjunto de entrenamiento.

Las redes neuronales suelen minimizar una función de pérdida, de modo que podemos hablar de una forma equivalente de encontrar el conjunto de parámetros que minimizan la log-verosimilitud negativa:

$$\hat{\theta} = \arg_\theta \min(-\ell(\theta \mid \mathbf{X})) = \arg_\theta \min\left(-\log p_\theta(\mathbf{X})\right)$$

Se puede pensar en el modelado generativo como en una forma de estimación por máxima verosimilitud, donde los parámetros θ son los pesos de las redes neuronales contenidas en el modelo. Estamos intentando encontrar los valores de estos parámetros que maximizan la verosimilitud de observar los datos dados (o, lo que es equivalente, minimizar la log-verosimilitud negativa).

No obstante, para problemas de muchas dimensiones, normalmente no es posible calcular directamente $p_\theta(\mathbf{x})$, porque es irresoluble. Como veremos en la próxima sección, las distintas familias de modelos generativos usan diferentes métodos para abordar este problema.

Taxonomía del modelo generativo

Aunque todos los tipos de modelos generativos tienen como objetivo final resolver la misma tarea, todos ellos utilizan métodos distintos para modelar la función de densidad $p_\theta(\mathbf{x})$. Hablando en general, hay tres posibles enfoques:

1. Modelar de manera explícita la función de densidad, pero limitar de algún modo el modelo, de manera que la función de densidad sea resoluble (es decir, se pueda calcular).
2. Ajustar de manera explícita una aproximación resoluble de la función de densidad.
3. Configurar de forma implícita la función de densidad, mediante un proceso estocástico que genera datos directamente.

Los tres se muestran en la figura 1.10 como una taxonomía, junto con las seis familias de modelos generativos que exploraremos en la parte II de este volumen. Conviene tener en cuenta que estas familias no son mutuamente exclusivas, sino que hay muchos ejemplos de modelos híbridos entre dos tipos de enfoques. Debemos pensar en las familias como en métodos generales diferentes de abordar el modelado generativo, en lugar de como arquitecturas de modelo explícitas.

La primera división que podemos hacer es entre modelos en los que la función de densidad de probabilidad $p(\mathbf{x})$ está configurada de manera explícita y en los que lo está de forma implícita.

Los modelos de densidad implícita no tienen como objetivo estimar la densidad de probabilidad, sino que se proponen únicamente producir un proceso estocástico que genere directamente datos. El ejemplo más conocido de un modelo generativo implícito es una red generativa adversativa. Podemos dividir aún más los modelos de densidad explícita entre los que optimizan directamente la función de densidad (modelos resolubles) y los que solamente optimizan una aproximación de ella.

Los modelos resolubles plantean limitaciones en la arquitectura del modelo, de manera que la función de densidad tiene una forma que facilita su cálculo. Por ejemplo, los modelos autorregresivos imponen un orden en las funciones de entrada, de modo que la salida se pueda generar secuencialmente (por ejemplo, palabra por palabra o píxel a píxel). Los modelos de flujo de normalización aplican a una distribución sencilla una serie de funciones invertibles y resolubles, con el fin de generar distribuciones más complejas.

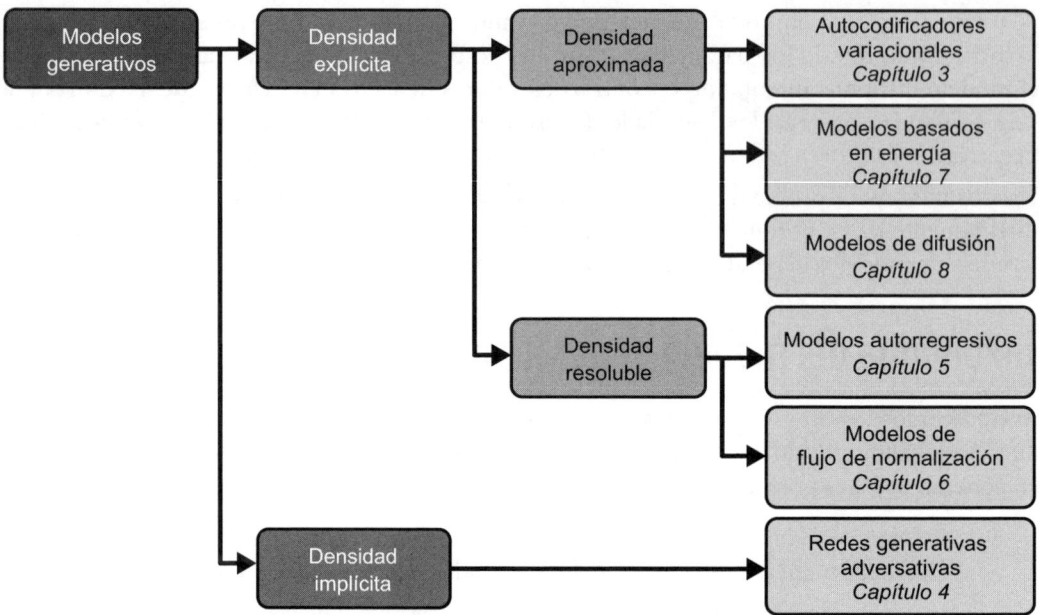

Figura 1.10. Una taxonomía de los métodos de abordar el modelado generativo.

Los modelos de densidad aproximada incluyen autocodificadores variacionales, que introducen una variable latente y optimizan una aproximación de la función de densidad conjunta. Los modelos basados en energía también usan métodos aproximados, pero lo hacen mediante muestreo de cadenas de Markov, en vez de usando métodos variacionales. Los modelos de difusión aproximan la función de densidad entrenando un modelo para eliminar gradualmente el ruido de una imagen que ha resultado dañada con anterioridad.

Un denominador común de todos los tipos de familias de modelos generativos es el deep learning. Casi todos los modelos generativos sofisticados se basan en una red neuronal profunda, pues se les puede entrenar desde cero para que aprendan las complejas relaciones que gobiernan la estructura de los datos, en lugar de tener que codificar todo anticipadamente y de manera definitiva con información. Exploraremos el deep learning en el capítulo 2, con ejemplos prácticos de cómo empezar a crear redes neuronales profundas propias.

Los códigos para deep learning generativo

La sección final de este capítulo le ayudará a empezar a crear modelos generativos de deep learning gracias a los códigos que acompañan a este libro.

 Muchos de los ejemplos de este libro están adaptados de las excelentes implementaciones de código abierto disponibles en el sitio web de Keras (`https://keras.io/examples/generative/`). Recomiendo encarecidamente evaluar este recurso, pues incorpora constantemente nuevos modelos y ejemplos.

Cómo clonar el repositorio

Para empezar, lo primero es clonar el repositorio Git. Git es un sistema de control de versiones de código abierto que permite copiar el código de manera local, para así poder ejecutar los *notebooks* en máquinas propias, o bien en un entorno basado en la nube. Para instalarlo hay que seguir las instrucciones según el sistema operativo de que se disponga (`https://git-scm.com/download`).

Para clonar el repositorio de este libro, debe acceder a la carpeta en la que se deseen almacenar los archivos y escribir lo siguiente en la línea de comandos:

```
git clone https://github.com/davidADSP/Generative_Deep_Learning_2nd_Edition.git
```

Una vez hecho, los archivos ya se tendrían que poder ver en una carpeta de la máquina local.

Cómo utilizar Docker

Los códigos de este libro están destinados a ser utilizados con Docker, una tecnología gratuita de contenedores de software, con la cual es posible empezar a manejar nuevos códigos con gran facilidad, sin tener en cuenta la arquitectura o el sistema operativo que se maneje. El archivo README de la página web del libro incluye una descripción de cómo empezar a utilizarlo.

Cómo poner todo en marcha en una GPU

Si no tiene acceso a su propia GPU, tampoco tiene por qué preocuparse. Todos los ejemplos de este libro se entrenarán en una CPU, aunque ello lleve más tiempo que si se utilizara una máquina válida para GPU. El archivo README antes mencionado ofrece también una sección sobre la configuración de un entorno de Google Cloud que proporciona acceso a una GPU de pago por uso.

Resumen

Este capítulo ha presentado el campo del modelado generativo, una importante rama del machine learning que complementa el modelado discriminativo, mucho más estudiado. Hemos comentado que el modelado generativo es en la actualidad una de las áreas más activas y apasionantes de la investigación en IA, con muchos avances recientes, tanto en teoría como en aplicaciones.

Empezamos con un sencillo ejemplo y hemos visto cómo el modelado generativo se centra en última instancia en configurar la distribución subyacente de los datos. Esto presenta muchos desafíos complejos e interesantes, que hemos resumido en una estructura para comprender las propiedades que debe tener cualquier modelo generativo.

A continuación hemos repasado los conceptos clave que ayudarán a comprender a la perfección los fundamentos teóricos de cada enfoque al modelado generativo, y también hemos hablado de las seis familias de modelos generativos que exploraremos en la parte II de este libro. Además, hemos visto cómo empezar con los códigos de este volumen, clonando el repositorio.

En el capítulo 2 iniciaremos nuestra exploración del deep learning y veremos cómo usar Keras para crear modelos que pueden realizar tareas de modelado discriminativo. Este proceso pondrá las bases necesarias para abordar los problemas de deep learning generativo presentados en los siguientes capítulos.

Referencias

1. «*The Malicious Use of Artificial Intelligence: Forecasting, Prevention, and Mitigation*», Miles Brundage *et al.*, 20 de febrero de 2018, `https://www.eff.org/files/2018/02/20/malicious_ai_report_final.pdf`.

CAPÍTULO 2

Deep learning

Objetivos del capítulo

En este capítulo conseguiremos:

- Aprender los distintos tipos de datos no estructurados que se pueden modelar con deep learning.
- Definir una red neuronal profunda y comprender cómo se puede utilizar para configurar conjuntos de datos complejos.
- Crear un perceptrón multicapa para predecir el contenido de una imagen.
- Mejorar el rendimiento del modelo mediante capas convolucionales, de *dropout* y de normalización por lotes.

Empecemos por una definición básica de deep learning:

> El deep learning o aprendizaje profundo es una clase de algoritmos de machine learning (o aprendizaje automático) que utiliza varias capas apiladas de procesamiento para aprender representaciones avanzadas de datos no estructurados.

Para comprender bien el deep learning, es necesario desmenuzar más esta definición. Primero, echaremos un vistazo a los tipos de datos no estructurados que el deep learning utiliza para modelar, y después entraremos en el detalle de la mecánica de la creación de varias capas apiladas de procesamiento para resolver tareas de clasificación. Todo esto pondrá las bases para capítulos posteriores, en los que nos centraremos en el deep learning para tareas generativas.

Datos para deep learning

Muchos tipos de algoritmos de machine learning requieren datos estructurados en forma de tabla como entrada, ordenados en columnas de propiedades o características que describen cada observación. Por ejemplo, la edad de una persona, sus ingresos y el número de visitas a sitios web el mes pasado son todas propiedades que permiten predecir si la persona se suscribirá a un determinado servicio en línea el mes siguiente. Podríamos usar una tabla estructurada de estas características para entrenar un modelo de regresión logística, un bosque aleatorio o un modelo XGBoost para predecir la variable de respuesta binaria (¿se suscribió la persona (1) o no se suscribió (0)?). En este caso, cada propiedad contiene una información sobre la observación, y el modelo aprendería cómo interactúan estas propiedades para influir en la respuesta.

Los datos no estructurados son datos que no están organizados en columnas de propiedades, como las imágenes, el audio y el texto. Por supuesto, una imagen puede tener una estructura espacial, una grabación o un fragmento de texto puede tenerla temporal, y los datos de vídeo pueden tener ambos tipos, tanto espacial como temporal. Como los datos no llegan en columnas de propiedades, se consideran no estructurados, como muestra la figura 2.1.

N.º	Edad	Género	Altura (cm)	Ubicación
0001	54	M	186	Londres
0002	35	F	166	Nueva York
0003	62	F	170	Amsterdam
0004	23	M	164	Londres
0005	25	M	180	El Cairo
0006	29	F	181	Pekín
0007	46	M	172	Chicago

Figura 2.1. Diferencia entre datos estructurados y no estructurados.

Cuando los datos no están estructurados, los píxeles, las frecuencias o los caracteres carecen casi por completo de información. Por ejemplo, saber que el píxel 234 de una imagen es de un tono de marrón no ayuda a identificar si la imagen es de una casa o un perro, o saber que el carácter 24 de una frase es una letra e no permite predecir si el texto es sobre política o fútbol.

En realidad, los píxeles o caracteres no son más que los hoyuelos del lienzo en el que están incrustadas características informativas complejas, como una imagen de una chimenea o la palabra gol. Si la chimenea de la imagen estuviera colocada en el otro extremo de la casa, la imagen seguiría conteniendo una chimenea, pero esta información ahora sería transportada por píxeles totalmente distintos. Si la palabra gol apareciera un poco antes o después en el texto, este seguiría tratando sobre fútbol, pero otras posiciones de caracteres serían las que proporcionarían esta información. La granularidad de los datos, combinada con el alto grado de dependencia espacial, destruye el concepto del píxel o carácter como elemento informativo por derecho propio.

Por esta razón, si entrenamos modelos de regresión logística, bosques aleatorios o XGBoost con valores de píxeles sin procesar, el modelo entrenado no funcionará como es debido en la mayoría de las tareas de clasificación, excepto en las más sencillas. Estos modelos dependen de que las propiedades de entrada sean informativas y no dependan del espacio. Un modelo de deep learning, por otra parte, puede aprender cómo crear propiedades informativas generales por sí mismo, partiendo directamente de los datos no estructurados.

El deep learning puede aplicarse a datos estructurados, pero su verdadero poder, especialmente en lo referente al modelado generativo, procede de su capacidad para trabajar con datos no estructurados. Lo más habitual es que prefiramos generar este último tipo de datos, como, por ejemplo, imágenes nuevas o cadenas de texto originales, razón por la cual el deep learning ha tenido un impacto tan importante en el campo del modelado generativo.

Redes neuronales profundas

La mayoría de los sistemas de deep learning son redes neuronales artificiales (RNA, o simplemente redes neuronales) con varias capas apiladas ocultas. Por esta razón, el deep learning es ahora casi sinónimo de las redes neuronales profundas. No obstante, cualquier sistema que emplee muchas capas para aprender representaciones detalladas de los datos de entrada es también una forma de deep learning (por ejemplo, las redes de creencia profunda).

Empecemos por desglosar exactamente lo que entendemos por red neuronal, y veamos después cómo se pueden usar para aprender características avanzadas a partir de datos no estructurados.

¿Qué es una red neuronal?

Una red neuronal consiste en una serie de capas apiladas. Cada capa contiene unidades que se conectan a las unidades de la capa anterior mediante una serie de pesos. Como veremos, hay muchos tipos distintos de capas, pero una de las más habituales es la capa totalmente conectada (o capa densa), que conecta todas sus unidades directamente con cada unidad de la capa anterior.

Las redes neuronales en las que todas las capas adyacentes están totalmente conectadas se denominan perceptrones multicapa (MLP, *Multilayer Perceptron*). Este es el primer tipo de red neuronal que estudiaremos. La figura 2.2 muestra un ejemplo de MLP.

La entrada (por ejemplo, una imagen) va siendo transformada por cada capa, en lo que se conoce como propagación hacia adelante por la red, hasta que alcanza la capa de salida. Dicho con más detalle, cada unidad aplica una transformación no lineal a una suma ponderada de sus entradas y pasa la salida a la capa siguiente. La capa de salida final es la culminación de este proceso, en el cual cada unidad da como resultado una probabilidad de que la entrada original pertenezca a una determinada categoría (en este caso, sonreír).

La magia de las redes neuronales profundas reside en encontrar el conjunto de pesos para cada capa que dé como resultado las predicciones más precisas. El proceso de hallar estos pesos es lo que conocemos como entrenar la red.

Durante el proceso de entrenamiento, grupos de imágenes se pasan por la red, y la predicción resultante se compara con la verdad fundamental. Por ejemplo, la red podría dar como resultado una probabilidad del 80 % para una imagen de alguien que realmente está sonriendo y una probabilidad del 23 % para una imagen de alguien que no está sonriendo. La predicción perfecta sería 100 % y 0 % para estos ejemplos, de modo que hay una pequeña cantidad de error. El error en la predicción se propaga entonces hacia atrás por la red, ajustando cada conjunto de pesos una pequeña cantidad en la dirección que mejore la predicción de un modo más significativo. Este proceso se denomina, con bastante acierto, propagación hacia atrás o retropropagación (del inglés *backpropagation*). Gradualmente, cada unidad adquiere la habilidad de identificar una determinada propiedad que, en última instancia, ayuda a la red a realizar mejores predicciones.

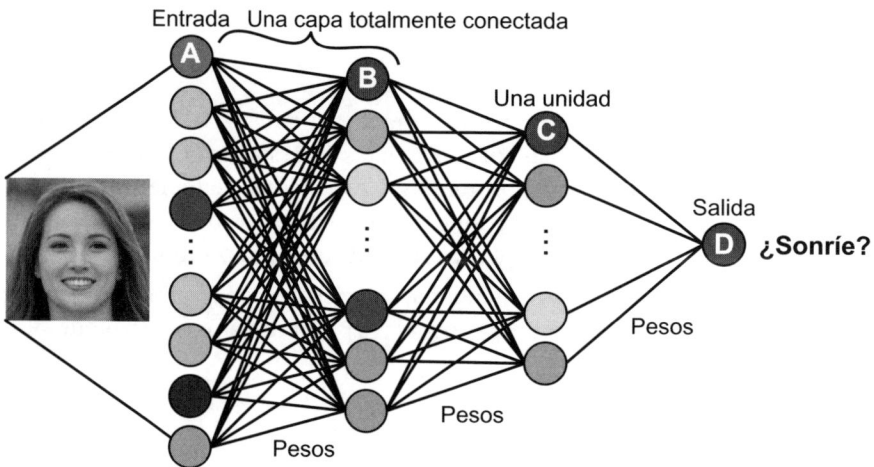

Figura 2.2. Un ejemplo de perceptrón multicapa que predice si una cara está sonriendo.

Aprendiendo sobre las características avanzadas

La cualidad esencial que hace a las redes neuronales tan potentes es su capacidad para aprender características o propiedades de los datos de entrada sin indicaciones humanas. En otras palabras, no es necesario hacer ingeniería de características, razón por la cual las redes neuronales son tan útiles. Podemos dejar que el modelo decida cómo quiere organizar sus pesos, guiado únicamente por su deseo de minimizar el error en sus predicciones.

Por ejemplo, recorramos la red mostrada en la figura 2.2, suponiendo que ya ha sido entrenada para predecir con precisión si una determinada cara está sonriendo.

1. La unidad A recibe el valor de un canal individual de un píxel de entrada.
2. La unidad B combina sus valores de entrada, de manera que se activa al máximo cuando está presente una determinada característica básica, como, por ejemplo, una arista.
3. La unidad C combina las características básicas, de forma que se active al máximo cuando se vea en la imagen una característica más avanzada, como, por ejemplo, los dientes.
4. La unidad D combina las características avanzadas, de forma que se activa al máximo cuando la persona de la imagen original está sonriendo.

Las unidades de cada capa subsiguiente son capaces de representar aspectos cada vez más sofisticados de la entrada original, combinando las características básicas de la capa anterior. Resulta sorprendente que esto surja de forma natural del proceso de entrenamiento, pues no es necesario decirle a todas y cada una de las unidades qué tienen que buscar, o si deben buscar propiedades avanzadas o básicas.

Las capas situadas entre las capas de entrada y salida se denominan capas ocultas. Nuestro ejemplo tiene solamente dos capas ocultas, pero las redes neuronales profundas pueden tener muchas más. Apilar grandes cantidades de capas permite a la red neuronal aprender progresivamente características avanzadas construyendo gradualmente la información a partir de las características básicas de capas anteriores. Por ejemplo, ResNet,[1] diseñada para reconocimiento de imágenes, contiene 152 capas.

A continuación entraremos de lleno en el lado práctico del deep learning y nos pondremos en marcha con TensorFlow y Keras, para que el lector pueda empezar a crear sus propias redes neuronales profundas.

TensorFlow y Keras

TensorFlow (`https://www.tensorflow.org`) es una librería de Python de código abierto para machine learning, desarrollada por Google. Es una de las estructuras más utilizadas para crear soluciones de machine learning, y pone especial énfasis en la manipulación de tensores (de ahí su nombre). Ofrece la funcionalidad básica necesaria para entrenar redes neuronales, como el cálculo del gradiente de expresiones diferenciables arbitrarias y la ejecución eficaz de operaciones tensoriales.

Keras (`https://keras.io`) es una API avanzada para crear redes neuronales, construida sobre TensorFlow (figura 2.3). Es extremadamente flexible y muy fácil de manejar, lo cual la convierte en una opción ideal para que los inicios con el deep learning sean más llevaderos. Es más, Keras ofrece numerosos bloques de construcción de gran utilidad que se pueden conectar unos con otros para crear arquitecturas de deep learning muy complejas mediante su API funcional.

Figura 2.3. TensorFlow y Keras son herramientas excelentes para crear soluciones de deep learning.

Si el lector está empezando con el aprendizaje profundo, le recomiendo que utilice TensorFlow y Keras. Esta configuración le permitirá crear cualquier red que se le ocurra en un entorno de producción, y disponer al mismo tiempo de una API muy sencilla con la que desarrollará rápidamente nuevas ideas y conceptos. Empecemos viendo lo fácil que es crear un perceptrón multicapa con Keras.

Perceptrón multicapa

En esta sección entrenaremos un perceptrón multicapa o MLP (*Multilayer Perceptron*) para clasificar una imagen dada utilizando aprendizaje supervisado. El aprendizaje supervisado es un tipo de algoritmo de machine learning en el que el ordenador es entrenado con un conjunto de datos etiquetado. En otras palabras, el conjunto de datos empleado para el entrenamiento incluye datos de entrada con las etiquetas de salida correspondientes. El objetivo del algoritmo es aprender la correspondencia entre los datos de entrada y las etiquetas de salida, de manera que pueda realizar predicciones con datos completamente nuevos.

El MLP es un modelo discriminativo (en lugar de generativo), pero el aprendizaje supervisado seguirá teniendo importancia en muchos tipos de modelos generativos que exploraremos en posteriores capítulos de este libro, por lo que es un buen punto de partida para nuestro viaje.

Código para este ejemplo

El código para este ejemplo se puede encontrar en el *notebook* de Jupyter ubicado en `notebooks/02_deeplearning/01_mlp/mlp.ipynb`, en la página web del libro.

Preparación de los datos

Para este ejemplo utilizaremos el conjunto de datos CIFAR-10 (`https://www.cs.toronto. edu/~kriz/cifar.html`), una colección de 60 000 imágenes en color de 32 × 32 píxeles que viene incluida con Keras. Cada imagen está clasificada exactamente dentro de una de 10 clases, como muestra la figura 2.4. De forma predeterminada, los datos de imagen están formados por enteros entre 0 y 255 por cada canal de píxel. Debemos procesar previamente las imágenes, ajustando estos valores para que estén entre 0 y 1, porque las redes neuronales funcionan mejor cuando el valor absoluto de cada entrada es menor que 1.

También es necesario cambiar el entero que etiqueta las imágenes por vectores de codificación *one-hot*, porque la salida de la red neuronal será una probabilidad de que la imagen pertenezca a cada clase. Si la etiqueta entera de clase de una imagen es i, entonces su codificación *one-hot* es un vector de longitud 10 (el número de clases) con ceros en todos sus elementos excepto el i-ésimo, que es 1. Estos pasos se muestran en el ejemplo 2.1.

Ejemplo 2.1. Procesado previo del conjunto de datos CIFAR-10.

```
import numpy as np
from tensorflow.keras import datasets, utils

(x_train, y_train), (x_test, y_test) = datasets.cifar10.load_data() ❶
NUM_CLASSES = 10

x_train = x_train.astype('float32') / 255.0 ❷
x_test = x_test.astype('float32') / 255.0

y_train = utils.to_categorical(y_train, NUM_CLASSES) ❸
y_test = utils.to_categorical(y_test, NUM_CLASSES)
```

❶ Carga el conjunto de datos CIFAR-10. x_train y x_test son arrays numpy de forma [50000, 32, 32, 3] y [10000, 32, 32, 3], respectivamente. y_train e y_test son arrays numpy de forma [50000, 1] y [10000, 1], respectivamente, que contienen las etiquetas enteras del rango 0 a 9 para la clase de cada imagen.

❷ Modifica cada imagen de forma que los valores de canal de píxel estén entre 0 y 1.

❸ Aplica codificación *one-hot* a las etiquetas, así, las nuevas formas de y_train e y_test son [50000, 10] y [10000, 10], respectivamente.

Figura 2.4. Imágenes de ejemplo del conjunto de datos CIFAR-10 (fuente: Krizhevsky, 2009).[2]

Se puede observar que los datos de imagen de entrenamiento (x_train) se almacenan en un tensor de forma [50000, 32, 32, 3]. En este conjunto de datos no hay columnas ni filas; realmente se trata de un tensor de cuatro dimensiones. Un tensor es un array multidimensional (la extensión natural de una matriz a más de dos dimensiones). La primera dimensión de este tensor hace referencia al índice de la imagen del conjunto de datos, la segunda y la tercera están asociadas al tamaño de la imagen, y la última es el canal (por ejemplo, rojo, verde o azul, ya que son imágenes RGB).

El ejemplo 2.2 muestra cómo podemos hallar el valor de canal de un determinado píxel de una imagen.

Ejemplo 2.2. El valor del canal verde (1) del píxel en la posición (12,13) de la imagen 54.

```
x_train[54, 12, 13, 1]
# 0,36862746
```

Creación del modelo

En Keras se puede definir la estructura de una red neuronal como modelo `Sequential` o bien utilizar la API funcional.

Un modelo `Sequential` es útil para definir rápidamente una pila de capas lineal (es decir, donde una capa va directamente después de la anterior sin ramificaciones). Podemos definir nuestro modelo MLP utilizando la clase `Sequential`, como muestra el ejemplo 2.3.

Ejemplo 2.3. Creación de nuestro MLP utilizando un modelo `Sequential`.

```
from tensorflow.keras import layers, models

model = models.Sequential([
    layers.Flatten(input_shape=(32, 32, 3)),
    layers.Dense(200, activation = 'relu'),
    layers.Dense(150, activation = 'relu'),
    layers.Dense(10, activation = 'softmax'),
])
```

Muchos de los modelos de este libro requieren que la salida de una capa se pase a varias capas posteriores o, a la inversa, que una capa reciba entrada de varias capas anteriores. Para estos modelos, la clase `Sequential` no es adecuada, por lo que tendríamos que usar en su lugar la API funcional, que es mucho más flexible.

 Incluso aunque el lector esté empezando a crear modelos lineales con Keras, recomiendo usar la API funcional en lugar de los modelos `Sequential`. Servirá mejor a largo plazo, pues las redes neuronales son cada vez más complejas arquitectónicamente hablando. La API funcional dará completa libertad a la hora de realizar el diseño de la red neuronal profunda.

El ejemplo 2.4 muestra el mismo MLP codificado usando la API funcional. En este caso utilizamos la clase `Model` para definir las capas generales de entrada y salida del modelo.

Ejemplo 2.4. Creando nuestro MLP con la API funcional.

```
from tensorflow.keras import layers, models

input_layer = layers.Input(shape=(32, 32, 3))
x = layers.Flatten()(input_layer)
x = layers.Dense(units=200, activation = 'relu')(x)
x = layers.Dense(units=150, activation = 'relu')(x)
output_layer = layers.Dense(units=10, activation = 'softmax')(x)
model = models.Model(input_layer, output_layer)
```

Ambos métodos producen modelos idénticos; la figura 2.5 muestra un diagrama de la arquitectura.

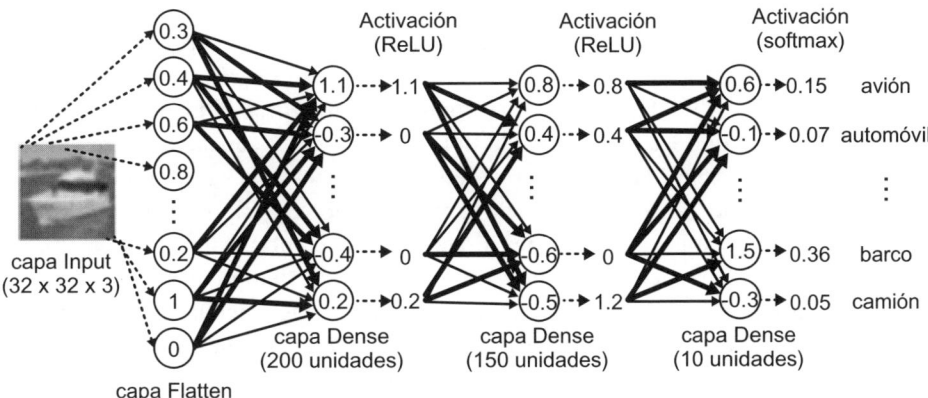

Figura 2.5. Un diagrama de la arquitectura MLP.

Veamos con más detalle las distintas capas y funciones de activación empleadas dentro del MLP.

Capas

Para crear nuestro MLP, usamos tres tipos de capas: Input, Flatten y Dense.

La capa Input es un punto de entrada a la red. Le indicamos a la red la forma de cada elemento de datos para que lo espere como una tupla. No especificamos el tamaño del lote; no es necesario, puesto que podemos pasarle cualquier número de imágenes a la capa Input simultáneamente. No necesitamos afirmar de manera explícita el tamaño del lote en la definición de la capa Input.

Después aplanamos esta entrada para darle forma de vector, usando una capa Flatten, lo que da como resultado un vector de longitud 3 072 (= 32 × 32 × 3). La razón por la que hacemos esto es que la capa Dense subsiguiente requiere que su entrada sea plana, en lugar de un array multidimensional. Como veremos más tarde, otros tipos de capas requieren arrays multidimensionales como entrada, de forma que es necesario conocer la forma requerida de la entrada y salida de cada tipo de capa para entender cuándo es necesario usar Flatten.

La capa Dense es uno de los bloques de construcción fundamentales de una red neuronal. Contiene un determinado número de unidades que están densamente conectadas a la capa anterior; es decir, cada unidad de la capa está conectada a cada unidad de la capa anterior, mediante una única conexión que lleva un peso (que puede ser positivo o negativo). La salida de una determinada unidad es la suma ponderada de las entradas que recibe de la capa anterior, que después se pasa a través de una función de activación no lineal antes de ser enviada a la capa siguiente. La función de activación es crítica para asegurar que la red neuronal sea capaz de aprender funciones complejas y no solo obtener una combinación lineal de sus entradas.

Funciones de activación

Hay muchos tipos de funciones de activación, pero tres de los más importantes son ReLU, sigmoide y softmax.

La función de activación ReLU (*Rectified Linear Unit*, unidad lineal rectificada) se define como 0 si la entrada es negativa e igual a la entrada en caso contrario. La función de activación LeakyReLU es muy similar a ReLU, con una diferencia clave: mientras ReLU devuelve 0 para valores de entrada menores que 0, la función LeakyReLU devuelve un pequeño número negativo proporcional a la entrada. Las unidades ReLU pueden morir en ocasiones si siempre dan como resultado 0, debido a una enorme tendencia hacia la preactivación de valores negativos. En este caso el gradiente es 0 y, por lo tanto, no se propaga ningún error hacia atrás a través de esta unidad. Las activaciones LeakyReLU resuelven este problema asegurando siempre que el gradiente no sea cero. Las funciones basadas en ReLU se encuentran entre las activaciones más fiables que se pueden utilizar entre las capas de una red profunda para favorecer un entrenamiento estable.

La activación sigmoide es útil si se desea que la salida de la capa esté entre 0 y 1; por ejemplo, para problemas de clasificación binarios con una sola unidad de salida, o para problemas de clasificación con múltiples etiquetas, en los que cada observación puede pertenecer a más de una clase. En la figura 2.6 se pueden ver las funciones de activación ReLU, LeakyReLU y sigmoide juntas a modo de comparación.

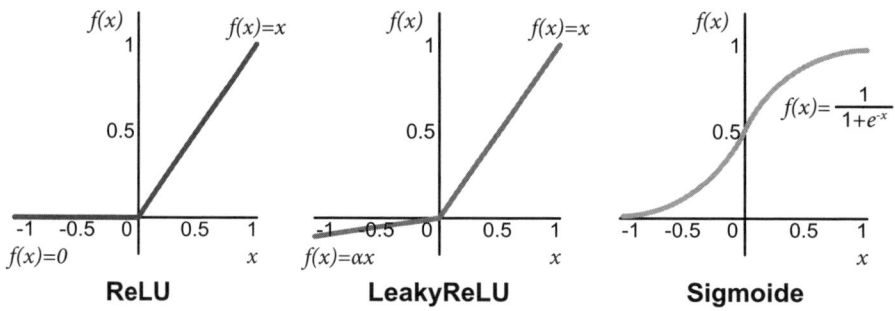

Figura 2.6. Las funciones de activación ReLU, LeakyReLU y sigmoide.

La función de activación *softmax* es útil si se desea que la suma total de la salida de la capa sea igual a 1, por ejemplo, para problemas de clasificación de varias clases en los que cada observación solo pertenece exactamente a una única clase. Se define como:

$$y_i = \frac{e^{x_i}}{\sum_{j=1}^{J} e^{x_j}}$$

Aquí, J es el número total de unidades de la capa. En nuestra red neuronal, usamos una activación *softmax* en la capa final para asegurarnos de que la salida sea un conjunto de 10 probabilidades que suman 1, lo que se puede interpretar como la probabilidad de que la imagen pertenezca a cada clase.

En Keras, las funciones de activación se pueden definir dentro de una capa (ejemplo 2.5) o como una capa separada (ejemplo 2.6).

Ejemplo 2.5. Una función de activación ReLU definida como parte de una capa `Dense`.

```
x = layers.Dense(units=200, activation = 'relu')(x)
```

Ejemplo 2.6. Una función de activación ReLU definida como su propia capa.

```
x = layers.Dense(units=200)(x)
x = layers.Activation('relu')(x)
```

En nuestro ejemplo, pasamos la entrada a través de dos capas `Dense`, la primera con 200 unidades y la segunda con 150, ambas con funciones de activación ReLU.

Inspeccionar el modelo

Podemos usar el método `model.summary()` para inspeccionar la forma de la red en cada capa, como muestra la tabla 2.1.

Tabla 2.1. Resultado del método `model.summary()`.

Capa (tipo)	Forma de la salida	N.º de parámetros
InputLayer	(None, 32, 32, 3)	0
Flatten	(None, 3072)	0
Dense	(None, 200)	614 600
Dense	(None, 150)	30 150
Dense	(None, 10)	1510

Parámetros totales	646 260	
Parámetros entrenables	646 260	
Parámetros no entrenables	0	

Podemos observar que la forma de nuestra capa `Input` coincide con la de `x_train` y la forma de nuestra capa `Dense` coincide con la de `y_train`. Keras usa `None` como marcador de la primera dimensión para indicar que todavía no conoce el número de observaciones que se pasarán a la red. En realidad, no lo necesita; podríamos pasar a través de la red una sola observación con la misma facilidad que 1000, y esto es debido a que las operaciones tensoriales se realizan a lo largo de todas las observaciones al mismo tiempo utilizando álgebra lineal (la parte de la que se encarga TensorFlow). Es también la razón por la que se obtiene una mejora en el rendimiento al entrenar redes neuronales profundas con GPU en lugar de CPU; las GPU están optimizadas para grandes operaciones tensoriales, ya que estos cálculos son también necesarios para la manipulación de gráficos complejos.

El método `summary` proporciona, además el número de parámetros (pesos) que se entrenarán en cada capa. Si alguna vez descubrimos que nuestro modelo está entrenando demasiado despacio, basta con revisar el resumen para ver si hay capas que contienen una gran cantidad de pesos. Si es así, habría que pensar en la posibilidad de reducir el número de unidades de la capa para acelerar el entrenamiento.

 Conviene estar bien seguros de comprender cómo se calcula el número de parámetros de cada capa. Es importante recordar que, de forma predeterminada, cada unidad de una determinada capa está también conectada con una unidad de sesgo (*bias*) adicional que siempre da como resultado 1. Así se asegura que la salida de la unidad puede seguir siendo no cero incluso cuando todas las entradas de la capa anterior son 0.

Por lo tanto, el número de parámetros de la capa `Dense` de 200 unidades es 200 * (3 072 + 1) = 614 600.

Compilar el modelo

En este paso, compilamos el modelo con un optimizador y una función de pérdida, como muestra el ejemplo 2.7.

Ejemplo 2.7. Definiendo el optimizador y la función de pérdida.

```
from tensorflow.keras import optimizers

opt = optimizers.Adam(learning_rate=0.0005)
model.compile(loss='categorical_crossentropy', optimizer=opt,
              metrics=['accuracy'])
```

Veamos ahora con más detalle lo que entendemos por funciones de pérdida y optimizadores.

Funciones de pérdida

La red neuronal utiliza la función de pérdida para comparar el resultado previsto con la verdad fundamental. Devuelve un solo número por cada observación; cuanto mayor es este número, peor ha funcionado la red para esta observación.

Keras ofrece muchas funciones de pérdida integradas entre las que elegir, permitiendo también crear funciones propias. Tres de las más utilizadas son error cuadrático medio, entropía cruzada categórica y entropía cruzada binaria. Es importante comprender cuándo es apropiado utilizar cada una de ellas.

Si la red neuronal que estamos creando está diseñada para resolver un problema de regresión (es decir, la salida es continua), entonces podríamos usar el error cuadrático medio. Es el promedio de la diferencia elevada al cuadrado entre la verdad fundamental y_i y el valor previsto p_i de cada unidad de salida, donde el promedio se toma con respecto a las n unidades de salida:

$$\text{MSE} = \frac{1}{n} \sum_{i=1}^{n} \left(y_i - p_i \right)^2$$

Si estamos trabajando en un problema de clasificación, en el que cada observación solo pertenece a una clase, entonces la entropía cruzada categórica es la función de pérdida correcta. Se define del siguiente modo:

$$- \sum_{i=1}^{n} y_i \log \left(p_i \right)$$

Por último, si nuestro problema es de clasificación binaria con una unidad de salida, o es un problema de varias etiquetas, en el cual cada observación puede pertenecer a varias clases al mismo tiempo, deberíamos utilizar la entropía cruzada binaria:

$$-\frac{1}{n}\sum_{i=1}^{n}\left(y_i \log\left(p_i\right) + \left(1 - y_i\right) \log\left(1 - p_i\right)\right)$$

Optimizadores

El optimizador es el algoritmo utilizado para actualizar los pesos de la red neuronal basándose en el gradiente de la función de pérdida. Uno de los optimizadores más utilizados y estables es Adam (*Adaptive Moment Estimation*, estimación de momento adaptativo).[3] En la mayoría de los casos, no debería ser necesario ajustar los parámetros predeterminados del optimizador Adam, excepto la velocidad de aprendizaje. Cuanto mayor sea la velocidad de aprendizaje, mayor es el cambio en los pesos en cada paso del entrenamiento. Aunque el entrenamiento sea en un principio más rápido con una velocidad de aprendizaje más alta, el inconveniente es que puede dar como resultado un entrenamiento menos estable y puede ser que no encuentre el mínimo global de la función de pérdida. Es un parámetro que probablemente convenga modificar durante el entrenamiento.

Otro optimizador habitual que es posible encontrar es RMSProp (*Root Mean Square Propagation*, propagación de raíz cuadrada media). En este caso tampoco debería hacer falta ajustar demasiado los parámetros de este optimizador, pero vale la pena leer la documentación de Keras (`https://keras.io/optimizers`) para entender la misión de cada parámetro.

Pasamos la función de pérdida y el optimizador al método `compile` del modelo, además de un parámetro `metrics` en el que podemos especificar cualquier medición adicional que queramos informar durante el entrenamiento como, por ejemplo, la precisión.

Entrenar el modelo

Hasta ahora no le hemos mostrado al modelo dato alguno. Simplemente hemos configurado la arquitectura y compilado el modelo con una función de pérdida y un optimizador.

Para entrenar el modelo con los datos, llamamos simplemente al método `fit`, como muestra el ejemplo 2.8.

Ejemplo 2.8. Llamando al modelo `fit` *para entrenar el modelo.*

```
model.fit(x_train  ❶
        , y_train  ❷
        , batch_size = 32  ❸
        , epochs = 10  ❹
        , shuffle = True  ❺
        )
```

❶ Los datos de la imagen sin procesar.

❷ Las etiquetas de clase con codificación *one-hot*.

❸ El parámetro `batch_size` determina cuántas observaciones se pasarán a la red en cada paso del entrenamiento.

❹ El parámetro `epochs` determina cuántas veces mostrará la red los datos totalmente entrenados.

❺ Si `shuffle = True`, en cada paso del entrenamiento los lotes se extraerán de una forma aleatoria y sin reemplazo de los datos de entrenamiento.

Con esto empezaremos a entrenar una red neuronal profunda para que nos ofrezca la predicción de la categoría de una imagen del conjunto de datos CIFAR-10. A continuación explicamos el proceso de entrenamiento.

Primero, los pesos de la red se inicializan a valores pequeños aleatorios. Después la red realiza una serie de pasos de entrenamiento. En cada uno de ellos, un lote de imágenes se pasa por la red y los errores se propagan hacia atrás para actualizar los pesos. El parámetro `batch_size` determina cuántas imágenes hay en el lote en cada paso del entrenamiento. Cuanto mayor es el tamaño del lote, más estable es el cálculo del gradiente, pero más lento es cada paso del entrenamiento.

 Utilizar el conjunto de datos entero para calcular el gradiente en cada paso del entrenamiento llevaría demasiado tiempo y requeriría demasiados cálculos, de modo que, en general, se utiliza un tamaño de lote de entre 32 y 256. Ahora también es una práctica recomendada aumentar el tamaño del lote a medida que el entrenamiento progresa.[4]

Este proceso continúa hasta que todas las observaciones del conjunto de datos se han visto una vez y con ello se completa el primer *epoch*. Los datos se vuelven a pasar a continuación por la red en lotes como parte del segundo *epoch*. Este proceso se repite hasta que ha transcurrido el número especificado de *epochs*.

Durante el entrenamiento, Keras muestra el progreso del procedimiento, como muestra la figura 2.7. Se puede comprobar que el conjunto de datos de entrenamiento ha sido dividido en 1 563 lotes (conteniendo cada uno 32 imágenes) y ha sido mostrado a la red 10 veces (es decir, durante 10 *epochs*), a una velocidad de aproximadamente 2 milisegundos por lote. La pérdida de entropía cruzada categórica ha bajado de 1,8377 a 1,3696, dando como resultado un aumento de la precisión de un 33,69 % tras el primer *epoch* a un 51,67 % después del décimo.

Evaluar el modelo

Sabemos que el modelo alcanza una precisión del 51,9 % con el conjunto de entrenamiento, pero ¿qué tal lo hará con datos que nunca ha visto? Para responder a esta pregunta, podemos emplear el método `evaluate` ofrecido por Keras, como muestra el ejemplo 2.9.

Ejemplo 2.9. Evaluando el rendimiento del modelo con el conjunto de prueba.

```
model.evaluate(x_test, y_test)
```

La figura 2.8 muestra el resultado de este método.

```
model.fit(x_train, y_train, batch_size=32, epochs=10, shuffle=True)    ⊡ ↑ ↓ ± ⊊ ■
Epoch 1/10
1563/1563 [==============================] - 3s 2ms/step - loss: 1.8377 - accuracy: 0.3369
Epoch 2/10
1563/1563 [==============================] - 3s 2ms/step - loss: 1.6552 - accuracy: 0.4076
Epoch 3/10
1563/1563 [==============================] - 3s 2ms/step - loss: 1.5743 - accuracy: 0.4396
Epoch 4/10
1563/1563 [==============================] - 3s 2ms/step - loss: 1.5288 - accuracy: 0.4549
Epoch 5/10
1563/1563 [==============================] - 3s 2ms/step - loss: 1.4888 - accuracy: 0.4706
Epoch 6/10
1563/1563 [==============================] - 2s 2ms/step - loss: 1.4542 - accuracy: 0.4851
Epoch 7/10
1563/1563 [==============================] - 3s 2ms/step - loss: 1.4332 - accuracy: 0.4908
Epoch 8/10
1563/1563 [==============================] - 2s 2ms/step - loss: 1.4094 - accuracy: 0.4992
Epoch 9/10
1563/1563 [==============================] - 2s 2ms/step - loss: 1.3896 - accuracy: 0.5045
Epoch 10/10
1563/1563 [==============================] - 3s 2ms/step - loss: 1.3696 - accuracy: 0.5167
```

Figura 2.7. El resultado del método fit.

```
10000/10000 [==============================] - 1s 55us/step

[1.4358007415771485, 0.4896]
```

Figura 2.8. El resultado del método evaluate.

El resultado es una lista de las mediciones que estamos monitorizando: la entropía cruzada categórica y la precisión. Podemos ver que la precisión del modelo sigue siendo del 49,0 %, incluso en imágenes que nunca ha visto antes. Tengamos en cuenta que si el modelo estuviera adivinando al azar, lograría aproximadamente un 10 % de precisión (porque hay 10 clases), de modo que un 49,0 % es un buen resultado, pues hemos utilizado una red neuronal muy básica.

Podemos ver algunas de las predicciones con el conjunto de prueba utilizando el método predict, como puede verse en el ejemplo 2.10.

Ejemplo 2.10. Visualizando las predicciones con el conjunto de prueba mediante el método predict.

```
CLASSES = np.array(['airplane', 'automobile', 'bird', 'cat', 'deer', 'dog'
                    , 'frog', 'horse', 'ship', 'truck'])
preds = model.predict(x_test) ❶
preds_single = CLASSES[np.argmax(preds, axis = -1)] ❷
actual_single = CLASSES[np.argmax(y_test, axis = -1)]
```

❶ preds es un array de forma [10000, 10], es decir, un vector de 10 probabilidades de clase por cada observación.

❷ Reconvertimos este array de probabilidades a una sola predicción mediante la función argmax de numpy. En este caso, axis = -1 le dice a la función que colapse el array sobre la última dimensión (la dimensión classes), de manera que la forma de preds_single es entonces [10000, 1].

Podemos ver algunas de las imágenes junto con sus etiquetas y predicciones en el código del ejemplo 2.11. Como era de esperar, más o menos la mitad son correctas.

Ejemplo 2.11. Mostrando las predicciones del MLP frente a las etiquetas reales.

```python
import matplotlib.pyplot as plt

n_to_show = 10
indices = np.random.choice(range(len(x_test)), n_to_show)

fig = plt.figure(figsize=(15, 3))
fig.subplots_adjust(hspace=0.4, wspace=0.4)
for i, idx in enumerate(indices):
img = x_test[idx]
ax = fig.add_subplot(1, n_to_show, i+1)
ax.axis('off')
ax.text(0.5, -0.35, 'pred = ' + str(preds_single[idx]), fontsize=10
    , ha='center', transform=ax.transAxes)
ax.text(0.5, -0.7, 'act = ' + str(actual_single[idx]), fontsize=10
    , ha='center', transform=ax.transAxes)
ax.imshow(img)
```

La figura 2.9 muestra una selección elegida aleatoriamente de predicciones realizadas por el modelo, junto con las etiquetas reales.

Figura 2.9. Algunas predicciones realizadas por el modelo, junto con las etiquetas reales.

¡Felicidades! Acabamos de construir un perceptrón multicapa utilizando Keras, y lo hemos usado para realizar predicciones con datos nuevos. Aunque se trate de un problema de aprendizaje supervisado, cuando llegue el momento de crear modelos generativos en futuros capítulos, muchas de las ideas esenciales abordadas aquí (como la función de pérdida, las funciones de activación y la comprensión de las formas de las capas) serán muy importantes. A continuación veremos formas de mejorar este modelo, con la ayuda de varios tipos nuevos de capa.

Red neuronal convolucional

Una de las razones por la que nuestra red no funciona tan bien como debería es porque no hay nada en ella que tenga en cuenta la estructura espacial de las imágenes de entrada. No en vano nuestro primer paso es aplanar la imagen para convertirla en un solo vector, de forma que se pueda pasar a la primera capa Dense.

Para lograrlo, necesitamos emplear una capa convolucional.

Capas convolucionales

Primero necesitamos comprender qué se entiende por convolución en el contexto del deep learning.

La figura 2.10 muestra dos porciones distintas de $3 \times 3 \times 1$ de una imagen en escalas de gris convolucionadas con un filtro (o *kernel*) de $3 \times 3 \times 1$. La convolución se lleva a cabo multiplicando el filtro píxel a píxel por la porción de la imagen, y sumando los resultados. El resultado es más positivo cuanto más coincide la porción de la imagen con el filtro y más negativo cuando la porción de la imagen es el inverso del filtro. El ejemplo de arriba se asemeja mucho al filtro, de modo que produce un valor positivo grande, pero el ejemplo de abajo no se parece tanto, así que produce un valor próximo a cero.

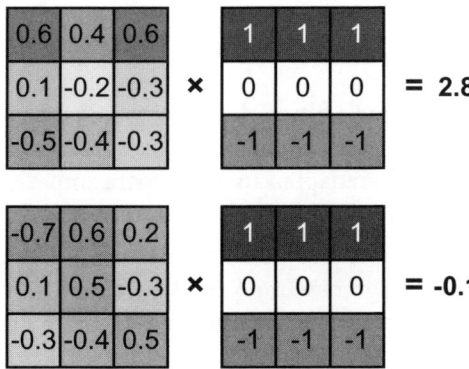

Figura 2.10. Un filtro convolucional de 3×3 aplicado a las dos porciones de una imagen en escalas de gris.

Si movemos el filtro por toda la imagen de izquierda a derecha y de arriba abajo, grabando la salida convolucional a medida que avanzamos, obtenemos un nuevo array que elige una determinada propiedad de la entrada, dependiendo de los valores del filtro. Por ejemplo, la figura 2.11 muestra dos filtros distintos que resaltan las aristas horizontal y vertical.

Código para este ejemplo

Se puede observar este proceso convolucional realizado manualmente en el *notebook* de Jupyter ubicado en `notebooks/02_deeplearning/02_cnn/convolutions.ipynb`, en la página web del libro.

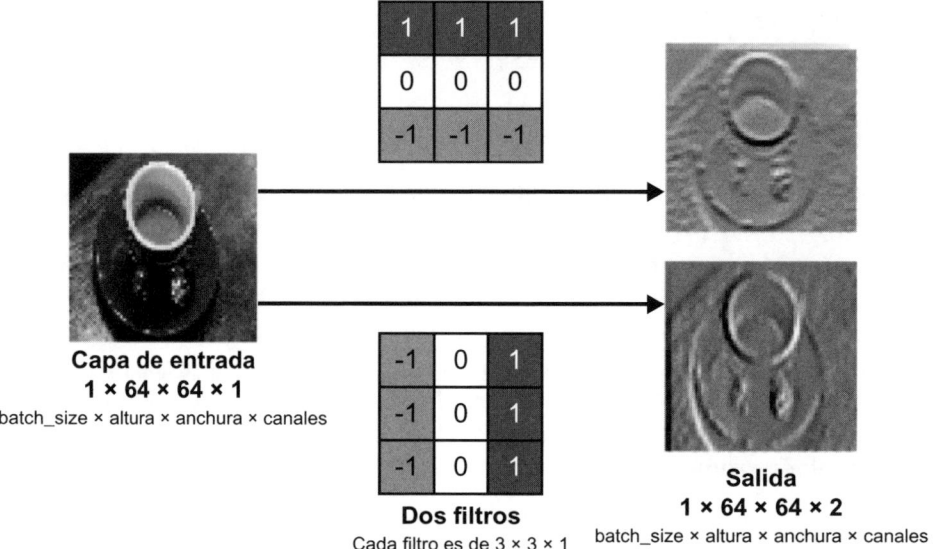

Figura 2.11. Dos filtros convolucionales aplicados a una imagen en escalas de gris.

Una capa convolucional es simplemente una colección de filtros, donde los valores almacenados en los filtros son los pesos que aprende la red neuronal mediante el entrenamiento. En un principio son aleatorios, pero gradualmente los filtros adaptan sus pesos para empezar a elegir propiedades interesantes, como las aristas o combinaciones específicas de colores.

En Keras, la capa `Conv2D` aplica convoluciones a un tensor de entrada con dos dimensiones espaciales (como una imagen). Por ejemplo, el código mostrado en el ejemplo 2.12 crea una capa convolucional con dos filtros, para que coincida con el ejemplo de la figura 2.11.

Ejemplo 2.12. Una capa `Conv2D` *aplicada a imágenes de entrada en escalas de gris.*

```
from tensorflow.keras import layers

input_layer = layers.Input(shape=(64,64,1))
conv_layer_1 = layers.Conv2D(
    filters = 2
    , kernel_size = (3,3)
    , strides = 1
    , padding = "same"
    )(input_layer)
```

A continuación, veamos con detalle `strides` y `padding`, dos de los argumentos de la capa `Conv2D`.

Stride

El parámetro `strides` es el tamaño de paso empleado por la capa para mover los filtros por la entrada. Aumentar el *stride* reduce por tanto el tamaño del tensor de salida. Por ejemplo, cuando `strides` = 2, la altura y anchura del tensor de salida serán la mitad del tamaño del tensor de entrada. Esto es útil para reducir el tamaño espacial del tensor cuando pasa por la red, aumentando al mismo tiempo el número de canales.

Padding

El parámetro de entrada `padding = "same"` rellena los datos de entrada con ceros, de manera que el tamaño de salida de la capa sea exactamente igual que el tamaño de entrada cuando `strides = 1`.

La figura 2.12 muestra un *kernel* de 3 × 3 que se pasa por una imagen de entrada de 5 × 5, con `padding = "same"` y `strides = 1`. El tamaño de salida de esta capa convolucional sería también 5 × 5, ya que el *padding* permite al *kernel* extenderse por el borde de la imagen, de forma que encaje cinco veces en ambas direcciones. Sin *padding*, el *kernel* solo podría encajar tres veces en cada dirección, dando un tamaño de salida de 3 × 3.

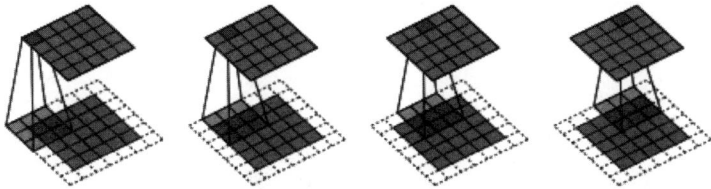

Figura 2.12. Un kernel de 3 × 3 × 1 que se pasa por una imagen de entrada de 5 × 5 × 1, con `padding = "same"` *y* `strides = 1`, *para generar la salida de 5 × 5 × 1 (fuente: Dumoulin y Visin, 2018).*[5]

Configurar `padding = "same"` es una buena forma de asegurarse de que es posible controlar el tamaño del tensor cuando pasa por muchas capas convolucionales. La forma de la salida de una capa convolucional con `padding = "same"` es:

$$\left(\frac{altura\ entrada}{stride}, \frac{anchura\ entrada}{stride}, filtros \right)$$

Apilar capas convolucionales

La salida de una capa `Conv2D` es otro tensor de cuatro dimensiones, ahora con la forma (`batch_size`, `height`, `width`, `filters`), de modo que podemos apilar capas `Conv2D` una sobre otra para aumentar la profundidad de nuestra red neuronal y hacerla más potente. Para demostrar esto, imaginemos que estamos aplicando capas `Conv2D` al conjunto de datos CIFAR-10 y deseamos predecir la etiqueta de una determinada imagen. En esta ocasión, en lugar de un solo canal de entrada (escalas de gris) tenemos tres (rojo, verde y azul).

El ejemplo 2.13 muestra cómo crear una sencilla red neuronal convolucional que podemos entrenar para que lograr esta tarea.

Ejemplo 2.13. Código para crear un modelo de red neuronal convolucional usando Keras.

```
from tensorflow.keras import layers, models

input_layer = layers.Input(shape=(32,32,3))
conv_layer_1 = layers.Conv2D(
    filters = 10
    , kernel_size = (4,4)
    , strides = 2
    , padding = 'same'
    )(input_layer)
conv_layer_2 = layers.Conv2D(
    filters = 20
    , kernel_size = (3,3)
    , strides = 2
    , padding = 'same'
    )(conv_layer_1)
flatten_layer = layers.Flatten()(conv_layer_2)
output_layer = layers.Dense(units=10, activation = 'softmax')(flatten_layer)
model = models.Model(input_layer, output_layer)
```

Este código corresponde al diagrama mostrado en la figura 2.13.

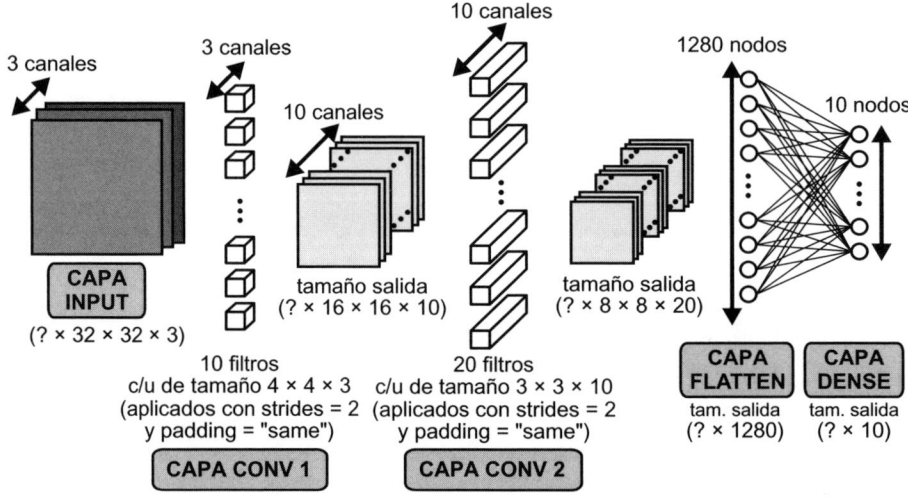

Figura 2.13. Un diagrama de una red neuronal convolucional.

Ahora que estamos trabajando con imágenes en color, cada filtro de la primera capa convolucional tiene una profundidad de 3 en lugar de 1 (es decir, la forma de cada filtro es 4 × 4 × 3, en lugar de 4 × 4 × 1). Esto es así para coincidir con los tres canales (rojo, verde, azul) de la imagen de entrada. La misma idea se aplica a los filtros de la segunda capa convolucional que tienen una profundidad de 10, para coincidir con los 10 canales emitidos por la primera capa convolucional.

En general, la profundidad de los filtros de una capa es siempre igual al número de canales emitidos por la capa anterior.

Inspeccionar el modelo

Es realmente informativo observar cómo cambia la forma del tensor a medida que los datos fluyen de una capa convolucional a la siguiente. Podemos usar el método `model.summary()` para inspeccionar la forma del tensor a medida que pasa por la red (tabla 2.2).

Tabla 2.2. Resumen de un modelo de red neuronal convolucional

Capa (tipo)	Forma de la salida	N.º de parámetros
InputLayer	(None, 32, 32, 3)	0
Conv2D	(None, 16, 16, 10)	490
Conv2D	(None, 8, 8, 20)	1820
Flatten	(None, 1280)	0
Dense	(None, 10)	12 810

Parámetros totales	15 120
Parámetros entrenables	15 120
Parámetros no entrenables	0

Recorramos nuestra red capa por capa, observando la forma del tensor a medida que avanzamos:

1. La forma inicial es `(None, 32, 32, 3)`; Keras usa `None` para representar el hecho de que podemos pasar cualquier cantidad de imágenes por la red simultáneamente. Como la red está realizando simplemente álgebra tensorial, no necesitamos pasar imágenes por la red de manera individual, sino que podemos pasarlas juntas como un lote.

2. La forma de cada uno de los 10 filtros de la primera capa convolucional es $4 \times 4 \times 3$, porque hemos elegido que cada filtro tenga una altura y anchura de 4 (`kernel_size = (4,4)`) y hay tres canales en la capa anterior (rojo, verde y azul). Por lo tanto, el número de parámetros (o pesos) de la capa es $(4 \times 4 \times 3 + 1) \times 10 = 490$, donde el + 1 se debe a la inclusión de un término de sesgo (*bias*) unido a cada uno de los filtros. La salida de cada filtro será la multiplicación píxel a píxel de los pesos del filtro y la sección $4 \times 4 \times 3$ de la imagen a la que está cubriendo. Como `strides = 2` y `padding = "same"`, la anchura y altura de la salida se reducen ambas a la mitad a 16, y como hay 10 filtros, la salida de la primera capa es un lote de tensores, cada uno de ellos con una forma de `[16, 16, 10]`.

3. En la segunda capa convolucional, elegimos que los filtros sean de 3×3, y ahora tienen profundidad 10, para coincidir con el número de canales de la capa anterior. Como hay 20 filtros en esta capa, tenemos un número total de parámetros (pesos) de

$(3 \times 3 \times 10 + 1) \times 20 = 1820$. De nuevo usamos `strides = 2` y `padding = "same"`, de manera que la anchura y altura se reducen a la mitad. Ello nos da una forma de salida global de (`None, 8, 8, 20`).

4. Ahora aplanamos el tensor usando la capa `Flatten` de Keras, lo que da como resultado un conjunto de $8 \times 8 \times 20 = 1280$ unidades. Tengamos en cuenta que no hay parámetros que aprender en una capa `Flatten`, ya que la operación es simplemente una restructuración del tensor.

5. Finalmente conectamos estas unidades a una capa `Dense` de 10 unidades con activación *softmax*, que representa la probabilidad de cada categoría en una tarea de clasificación de 10 categorías. Esto crea unos $1280 \times 10 = 12\,810$ parámetros (pesos) adicionales que aprender.

Este ejemplo demuestra cómo podemos encadenar las capas convolucionales para crear una red neuronal convolucional. Antes de ver cómo se compara esto en precisión con nuestra red neuronal densamente conectada, examinemos dos técnicas más que también pueden mejorar el rendimiento: la normalización por lotes y el *dropout*.

Normalización por lotes

Un problema habitual al entrenar una red neuronal es asegurarse de que los pesos de la red se mantengan dentro de un rango razonable de valores; si empiezan a ser demasiado grandes, es un signo de que la red está sufriendo el llamado problema del gradiente explosivo. A medida que los errores se propagan hacia atrás por la red, el cálculo del gradiente en las capas anteriores puede crecer en ocasiones exponencialmente, y causar fluctuaciones incontrolables en los valores de los pesos.

 Si la función de pérdida empieza a devolver `NaN`, hay muchas posibilidades de que los pesos hayan crecido lo suficiente como para provocar un error de desbordamiento.

Esto no tiene por qué ocurrir inmediatamente cuando se empieza a entrenar la red. A veces es posible estar entrenando tranquilamente durante horas, cuando de repente la función de pérdida devuelve `NaN` y la red ha explotado, lo cual puede fastidiar bastante. Para evitarlo, hay que entender el origen del problema del gradiente explosivo.

Desplazamiento de covariables

Una de las razones por las que se ajustan los datos de entrada de una red neuronal es asegurarse un comienzo estable para entrenar en las primeras iteraciones iniciales. Como los pesos de la red son en un principio aleatorios, una entrada no ajustada podría crear valores de activación enormes que darían lugar inmediatamente a gradientes explosivos. Por ejemplo, en lugar de pasarle valores de píxel de 0-255 a la capa de entrada, normalmente modificamos estos valores para que estén entre -1 y 1.

Como la entrada se modifica, es natural esperar que también las activaciones de todas las capas futuras estén también relativamente bien ajustadas. En un principio esto podría ser cierto, pero a medida que la red es entrenada y los pesos se alejan de sus valores iniciales aleatorios, esta suposición puede empezar a desmoronarse. Este fenómeno se conoce como desplazamiento de covariables.

Analogía del desplazamiento de covariables

Imaginemos que estamos transportando una gran pila de libros y nos golpea una ráfaga de viento. La reacción normal es mover los libros en la dirección opuesta al viento para compensar pero, cuando lo hacemos, algunos de los libros se desplazan de su sitio, de manera que la torre es un poco más inestable que antes. En principio podemos seguir llevando los libros, pero con cada nueva ráfaga la pila es cada vez más inestable, hasta que al final los libros se han desplazado tanto que la pila se derrumba. Esto es el desplazamiento de covariables.

Relacionando esto con las redes neuronales, cada capa es como un libro de la pila. Para permanecer estable, cuando la red actualiza los pesos, cada capa asume de manera implícita que la distribución de su entrada procedente de la capa de debajo es más o menos consistente a lo largo de las iteraciones. No obstante, como no hay nada que impida a alguna de las distribuciones de activación desplazarse de manera significativa en una determinada dirección, esto puede provocar en ocasiones valores desbocados de los pesos y el colapso general de la red.

Entrenar usando normalización por lotes

La normalización por lotes es una técnica que reduce este problema de una manera drástica. La solución es sorprendentemente sencilla. Durante el entrenamiento, una capa de normalización por lotes calcula la media y la desviación estándar de cada uno de sus canales de entrada a lo largo del lote y normaliza restando la media y dividiendo por la desviación estándar. Hay entonces dos parámetros aprendidos por cada canal: la escala o ajuste (gamma) y el desplazamiento (beta). La salida es simplemente la entrada normalizada, ajustada por gamma y desplazada por beta. La figura 2.14 muestra el proceso completo.

Podemos colocar capas de normalización por lotes después de capas densas o convolucionales para normalizar la salida.

Haciendo referencia a nuestro ejemplo anterior, sería algo parecido a conectar las capas de libros con pequeños conjuntos de muelles ajustables, que asegurarían que no produjeran importantes desplazamientos en sus posiciones con el paso del tiempo.

Predicción usando la normalización por lotes

Quizá se esté preguntando cómo funciona esta capa en el momento de la predicción. Cuando se trata de predecir, es posible que solo queramos hacerlo con una única observación, de manera que no hay lote con el cual calcular la media y la desviación estándar. Para solventar este problema, durante el entrenamiento una capa de normalización por lotes calcula también el promedio móvil de la media y la desviación estándar de cada canal, y almacena este valor como parte de la capa para utilizarlo en el momento de la prueba.

Entrada: Valores de x sobre un minilote: $\mathcal{B} = \{x_{1...m}\}$;
Parámetros a aprender: γ, β
Salida: $\{y_i = \text{BN}_{\gamma, \beta}(x_i)\}$

$$\mu_{\mathcal{B}} \leftarrow \frac{1}{m} \sum_{i=1}^{m} x_i \qquad \text{// media del minilote}$$

$$\sigma_{\mathcal{B}}^2 \leftarrow \frac{1}{m} \sum_{i=1}^{m} (x_i - \mu_{\mathcal{B}})^2 \qquad \text{// varianza del minilote}$$

$$\widehat{x}_i \leftarrow \frac{x_i - \mu_{\mathcal{B}}}{\sqrt{\sigma_{\mathcal{B}}^2 + \epsilon}} \qquad \text{// normalizar}$$

$$y_i \leftarrow \gamma \widehat{x}_i + \beta \equiv \text{BN}_{\gamma, \beta}(x_i) \quad \text{// escala y desplazamiento}$$

Algoritmo 1: Transformación de normalización por lotes aplicada a activación x en un mini-lote.

Figura 2.14. El proceso de normalización por lotes (fuente: Ioffe y Szegedy, 2015).[6]

¿Cuántos parámetros contiene una capa de normalización por lotes? Por cada canal de la capa anterior, se necesitan aprender dos pesos: la escala o ajuste (gamma) y el desplazamiento (beta). Estos son los parámetros entrenables. La media y la desviación estándar móviles también tienen que calcularse para cada canal, pero como derivan de los datos que pasan por la capa, en lugar de ser entrenados mediante retropropagación, se denominan parámetros no entrenables. En total, esto nos da cuatro parámetros por cada canal en la capa anterior, de los cuales dos son entrenables y dos son no entrenables.

En Keras, la capa `BatchNormalization` implementa la funcionalidad de la normalización por lotes, como muestra el ejemplo 2.14.

Ejemplo 2.14. Una capa `BatchNormalization` en Keras.

```
from tensorflow.keras import layers
layers.BatchNormalization(momentum = 0.9)
```

El parámetro `momentum` es el peso dado al valor anterior al calcular la media y la desviación estándar móviles.

Dropout

Cuando se estudia para un examen, lo normal es que los estudiantes utilicen exámenes anteriores y preguntas de prueba para mejorar y afianzar sus conocimientos de la asignatura. Algunos intentan memorizar las respuestas a esas preguntas, pero entonces se quedan bloqueados en el examen, porque realmente no han entendido la materia de estudio. Los mejores alumnos usan el material práctico para mejorar su comprensión general, de manera que puedan responder correctamente a preguntas nuevas que nunca se habían encontrado antes.

El mismo principio se aplica al machine learning. Cualquier algoritmo de aprendizaje automático debe garantizar que generaliza a datos no vistos, en lugar de recordar simplemente el conjunto de datos de entrenamiento. Si un algoritmo funciona bien con el conjunto de datos de entrenamiento, pero no con el de prueba, decimos que sufre de sobreajuste. Para contrarrestar este problema, empleamos técnicas de regularización, que aseguran que el modelo sea penalizado si empieza a sobreajustar.

Hay muchas formas de regularizar un algoritmo de machine learning pero, para el deep learning, una de las más habituales es utilizar capas de *dropout* o dilución. Esta idea fue introducida por Hinton *et al.* en 2012[7] y presentada en un documento de 2014 por Srivastava y otros.[8]

Las capas de *dropout* son muy sencillas. Durante el entrenamiento, cada capa de dilución elige un conjunto aleatorio de unidades de la capa anterior y establece su salida en 0, como muestra la figura 2.15.

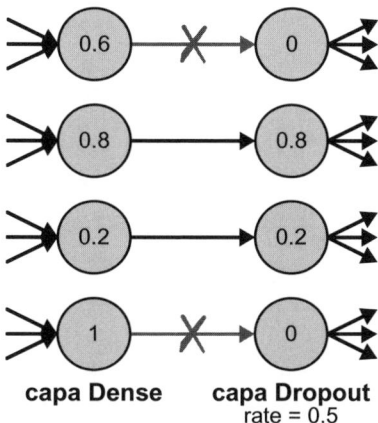

Figura 2.15. Una capa de dropout.

Resulta increíble que esta sencilla incorporación reduzca de manera drástica el sobreajuste, al garantizar que la red no dependa excesivamente de determinadas unidades o grupos de unidades que, en efecto, tan solo recuerdan observaciones del conjunto de entrenamiento. Si usamos capas de *dropout*, la red no puede depender demasiado de una sola unidad y, por tanto, el conocimiento se reparte de forma más uniforme por toda la red.

Esto logra que el modelo sea mucho mejor a la hora de generalizar datos no vistos, porque la red ha sido entrenada para producir predicciones precisas incluso en condiciones desconocidas, como las causadas por la eliminación de unidades aleatorias. No hay pesos que aprender dentro de una capa de *dropout*, ya que las unidades a eliminar se deciden estocásticamente. En el momento de la predicción, la capa de dilución no elimina ninguna unidad, de manera que se utiliza toda la red para efectuar predicciones.

Analogía del *dropout*

Volviendo a nuestra analogía, es algo parecido a un estudiante de matemáticas que utiliza exámenes anteriores para practicar con una selección aleatoria de fórmulas clave no incluidas en su libro de fórmulas. De esta forma, aprenden cómo responder a preguntas entendiendo los principios básicos, en lugar de consultar siempre las fórmulas en los mismos lugares del libro. Cuando llegue el momento del examen, encontrarán mucho más sencillo responder a preguntas que nunca han visto antes, debido a su habilidad para generalizar más allá del material de estudio.

La capa `Dropout` en Keras implementa esta funcionalidad, donde el parámetro `rate` especifica la proporción de unidades a eliminar de la capa anterior, como se muestra en el ejemplo 2.15.

Ejemplo 2.15. Una capa `Dropout` *en Keras.*

```
from tensorflow.keras import
layers layers.Dropout(rate = 0.25)
```

Las capas de dilución se utilizan principalmente después de las capas densas, ya que estas son las que más tendencia tienen a sobreajustar debido al elevado número de pesos, aunque también se pueden utilizar después de capas convolucionales.

La normalización por lotes también ha demostrado reducir el sobreajuste; por esta razón cuando se trata de regularizar, muchas arquitecturas de deep learning modernas no utilizan el *dropout*, sino únicamente la normalización por lotes. Como con la mayoría de los principios de deep learning, no hay una regla de oro que se pueda aplicar en cada situación; el único modo de saber seguro qué es mejor es probar distintas arquitecturas y ver qué funciona mejor en un conjunto de datos de prueba.

Creando la red neuronal convolucional

Ya hemos visto tres nuevos tipos de capas de Keras: `Conv2D`, `BatchNormalization` y `Dropout`. Combinemos estas piezas en un modelo de red neuronal convolucional y veamos cómo funciona con el conjunto de datos CIFAR-10.

Código para este ejemplo

Se puede ejecutar el siguiente ejemplo en el notebook de Jupyter ubicado en **notebooks/02_deeplearning/02_cnn/cnn.ipynb**, en la página web del libro.

La arquitectura del modelo que probaremos aparece en el ejemplo 2.16.

Ejemplo 2.16. Código para crear un modelo de red neuronal convolucional usando Keras.

```
from tensorflow.keras import layers, models

input_layer = layers.Input((32,32,3))

x = layers.Conv2D(filters = 32, kernel_size = 3
        , strides = 1, padding = 'same')(input_layer)
```

```
x = layers.BatchNormalization()(x)
x = layers.LeakyReLU()(x)

x = layers.Conv2D(filters = 32, kernel_size = 3, strides = 2, padding = 'same')(x)
x = layers.BatchNormalization()(x)
x = layers.LeakyReLU()(x)

x = layers.Conv2D(filters = 64, kernel_size = 3, strides = 1, padding = 'same')(x)
x = layers.BatchNormalization()(x)
x = layers.LeakyReLU()(x)
x = layers.Conv2D(filters = 64, kernel_size = 3, strides = 2, padding = 'same')(x)
x = layers.BatchNormalization()(x)
x = layers.LeakyReLU()(x)

x = layers.Flatten()(x)

x = layers.Dense(128)(x)
x = layers.BatchNormalization()(x)
x = layers.LeakyReLU()(x)
x = layers.Dropout(rate = 0.5)(x)

output_layer = layers.Dense(10, activation = 'softmax')(x)

model = models.Model(input_layer, output_layer)
```

Utilizamos cuatro capas Conv2D apiladas, cada una de ellas seguida de una capa BatchNormalization y otra LeakyReLU. Tras aplanar el tensor resultante, pasamos los datos por una capa Dense de tamaño 128, seguida de nuevo por una capa BatchNormalization y otra LeakyReLU. Todo ello va inmediatamente seguido de una capa Dropout para regularización, y la red finaliza con una capa Dense de salida de tamaño 10.

El orden en el que utilizamos las capas de normalización por lotes y activación es una cuestión de preferencia. Normalmente, las capas de normalización por lotes se colocan antes de la activación, pero algunas arquitecturas de éxito utilizan estas capas al revés. Si elegimos utilizar normalización por lotes antes de activación, podemos recordar el orden utilizando el acrónimo BAD (de los términos en inglés *Batch normalization, Activation, Dropout*).

El resumen del modelo se muestra en la tabla 2.3.

Tabla 2.3. Resumen del modelo de la red neuronal convolucional para CIFAR-10.

Capa (tipo)	Forma de la salida	N.º de parámetros
InputLayer	(None, 32, 32, 3)	0
Conv2D	(None, 32, 32, 32)	896
BatchNormalization	(None, 32, 32, 32)	128
LeakyReLU	(None, 32, 32, 32)	0
Conv2D	(None, 16, 16, 32)	9248
BatchNormalization	(None, 16, 16, 32)	128
LeakyReLU	(None, 16, 16, 32)	0

Capa (tipo)	Forma de la salida	N.º de parámetros
Conv2D	(None, 16, 16, 64)	18496
BatchNormalization	(None, 16, 16, 64)	256
LeakyReLU	(None, 16, 16, 64)	0
Conv2D	(None, 8, 8, 64)	36 928
BatchNormalization	(None, 8, 8, 64)	256
LeakyReLU	(None, 8, 8, 64)	0
Flatten	(None, 4096)	0
Dense	(None, 128)	524 416
BatchNormalization	(None, 128)	512
LeakyReLU	(None, 128)	0
Dropout	(None, 128)	0
Dense	(None, 10)	1290

Parámetros totales	592 554
Parámetros entrenables	591 914
Parámetros no entrenables	640

 Antes de continuar, conviene asegurarse de ser capaz de calcular la forma de la salida y el número de parámetros de cada capa a mano. Es un buen ejercicio demostrarse a uno mismo que se ha entendido perfectamente cómo se construye cada capa y cómo se conecta con la capa anterior. No hay que olvidarse de incluir los pesos de sesgo (*bias*) incorporados como parte de las capas Conv2D y Dense.

Entrenar y evaluar la red neuronal convolucional

Compilamos y entrenamos el modelo exactamente igual que antes, y llamamos al método evaluate para determinar su precisión en el conjunto de datos de prueba (figura 2.16).

Como podemos observar, este modelo está logrando ahora una precisión del 71,5 %, mayor que el 49,0 % anterior, lo que por supuesto es mucho mejor. La figura 2.17 muestra algunas predicciones de nuestro nuevo modelo convolucional.

Esta mejora se ha logrado cambiando sencillamente la arquitectura del modelo para que incluya capas convolucional, de normalización por lotes y de *dropout*. Tengamos en cuenta que en nuestro modelo nuevo, el número de parámetros es en realidad menor que en el anterior, incluso aunque el número de capas fuera mucho mayor. Esto demuestra la importancia de ser experimental con el diseño del modelo y estar cómodos con el modo en que los distintos tipos de capas se pueden utilizar para nuestra ventaja. Al crear modelos generativos, resulta aún más importante comprender el funcionamiento interno del modelo, ya que son las capas medias de la red las que capturan las propiedades avanzadas que más nos interesan.

```
model.evaluate(x_test, y_test, batch_size=1000)
```

```
10000/10000 [==============================] - 15s 1ms/step
```

```
[0.8423407137393951, 0.7155999958515167]
```

Figura 2.16. Rendimiento de la red neuronal convolucional.

Figura 2.17. Predicciones de la red neuronal convolucional.

Resumen

Este capítulo ha introducido los conceptos básicos de deep learning que necesitaremos para empezar a crear modelos generativos profundos. Empezamos creando un perceptrón multicapa utilizando Keras y hemos entrenado el modelo para predecir la categoría de una determinada imagen del conjunto de datos CIFAR-10. Después, mejoramos esta arquitectura introduciendo capas convolucional, de normalización por lotes y de *dropout* para crear una red neuronal convolucional.

Un aspecto muy importante de este capítulo es que las redes neuronales profundas son totalmente flexibles en su diseño, y en realidad no hay reglas fijas en lo que a arquitectura del modelo se refiere. Existen directrices y buenas prácticas, pero el lector debe sentirse libre de experimentar con las capas y el orden en el que aparecen. No hay que limitarse a usar únicamente las arquitecturas tratadas en este libro o en otros. Como un niño jugando con bloques de construcción, el diseño de una red neuronal solo está limitado por nuestra imaginación.

En el próximo capítulo, veremos cómo podemos usar estos bloques de construcción para diseñar una red capaz de generar imágenes.

Referencias

1. «*Deep Residual Learning for Image Recognition*», Kaiming He *et al.*, 10 de diciembre de 2015, https://arxiv.org/abs/1512.03385.

2. «*Learning Multiple Layers of Features from Tiny Images*», Alex Krizhevsky, 8 de abril de 2009, https://www.cs.toronto.edu/~kriz/learning-features-2009-TR.pdf.

3. «*Adam: A Method for Stochastic Optimization*», Diederik Kingma y Jimmy Ba, 22 de diciembre de 2014, https://arxiv.org/abs/1412.6980v8.

4. «*Don't Decay the Learning Rate, Increase the Batch Size*», Samuel L. Smith *et al.*, 1 de noviembre de 2017, https://arxiv.org/abs/1711.00489.

5. «*A Guide to Convolution Arithmetic for Deep Learning*», Vincent Dumoulin y Francesco Visin, 11 de enero de 2018, https://arxiv.org/abs/1603.07285.

6. «*Batch Normalization: Accelerating Deep Network Training by Reducing Internal Covariate Shift*», Sergey Ioffe y Christian Szegedy, 2 de marzo de 2015, https:// arxiv.org/ abs/1502.03167.

7. «*Improving Neural Networks by Preventing Co-Adaptation of Feature Detectors*», Hinton *et al.*, 3 de julio de 2012, https://arxiv.org/abs/1207.0580.

8. «*Dropout: A Simple Way to Prevent Neural Networks from Overfitting*», Nitish Srivastava *et al.*, Journal of Machine Learning Research 15 (2014): 1929-1958, https://jmlr.org/ papers/volume15/srivastava14a/srivastava14a.pdf.

PARTE II

Métodos

En la parte II profundizaremos en las seis familias de modelos generativos y abordaremos tanto la teoría de su funcionamiento como algunos ejemplos prácticos para crear cada tipo de modelo.

En el capítulo 3 examinaremos nuestro primer modelo generativo de deep learning, el autocodificador variacional. Esta técnica nos permitirá no solamente generar caras realistas, sino también modificar imágenes ya existentes, por ejemplo, añadiendo una sonrisa o cambiándole a alguien el color del pelo.

El capítulo 4 explora una de las técnicas de modelado generativo más exitosa de los últimos años, la red generativa adversativa o GAN (*Generative Adversarial Network*). Veremos las formas en las que el entrenamiento de redes GAN ha sido modificado y adaptado para superar continuamente los límites de las capacidades del modelado generativo.

En el capítulo 5 ahondaremos en varios ejemplos de modelos autorregresivos, incluidos los LSTM y PixelCNN. Esta familia de modelos trata el proceso de generación como un problema de predicción de secuencia, respaldan los avanzados modelos de generación de textos de hoy en día y se utilizan, además, para generar imágenes.

En el capítulo 6 estudiaremos la familia de modelos de flujo de normalización, incluyendo RealNVP. Este modelo se basa en una fórmula de cambio de variables que permite la transformación de una distribución sencilla, como, por ejemplo, la gaussiana, en una más compleja, para preservar así su manejabilidad.

El capítulo 7 presenta la familia de modelos basados en energía. Estos modelos entrenan una función de energía escalar que puntúa la validez de una determinada entrada. Exploraremos una técnica para entrenar este tipo de modelos denominada divergencia contrastiva, y otra técnica para obtener nuevas observaciones, llamada dinámica de Langevin.

Por último, en el capítulo 8 exploraremos la familia de modelos de difusión. Esta técnica se basa en la idea de añadir ruido de manera iterativa a una imagen y entrenar después un modelo para eliminar el ruido, dándonos así la posibilidad de transformar ruido puro en muestras realistas.

Al final de la segunda parte el lector habrá creado ejemplos prácticos de modelos generativos de cada una de las seis familias de modelado generativo, y será capaz de explicar cómo funciona cada una desde un punto de vista teórico.

CAPÍTULO 3

Autocodificadores variacionales

Objetivos del capítulo

En este capítulo conseguiremos lo siguiente:

- Aprender cómo el diseño arquitectónico de los autocodificadores los hace perfectamente adecuados para el modelado generativo.
- Crear y entrenar un autocodificador desde cero utilizando Keras.
- Usar los autocodificadores para generar imágenes nuevas, pero comprendiendo las limitaciones de este enfoque.
- Conocer la arquitectura del autocodificador variacional y cómo resuelve muchos de los problemas asociados a los autocodificadores estándares.
- Crear un autocodificador variacional desde cero con Keras.
- Utilizar autocodificadores variacionales para generar imágenes nuevas.
- Emplear los autocodificadores variacionales para manipular imágenes generadas usando aritmética del espacio latente.

En 2013, Diederik P. Kingma y Max Welling publicaron un artículo que sentaba las bases de un tipo de red neuronal conocida como autocodificador variacional (VAE, *Variational Autoencoder*).[1] En la actualidad, es una de las arquitecturas de deep learning fundamentales y más conocidas para modelado generativo, y un excelente punto de partida para nuestro viaje por el aprendizaje profundo generativo.

En este capítulo empezaremos creando un autocodificador estándar, y después veremos cómo podemos ampliar esta estructura para desarrollar un autocodificador variacional. Por el camino, analizaremos ambos tipos de modelos, para comprender cómo funcionan a nivel básico. Al final del capítulo, el lector comprenderá perfectamente cómo crear y manipular modelos basados en autocodificadores y, en particular, cómo crear un autocodificador variacional desde cero para generar imágenes basadas en conjuntos de datos propios.

Introducción

Comencemos con una historia que ayudará a explicar el problema fundamental que un autocodificador trata de resolver.

Brian, la costura y el armario

Imagínese que, en el suelo frente a usted, hay una pila de ropa (pantalones, camisetas, zapatos y abrigos, de distintos estilos). Su estilista, Brian, se siente cada vez más frustrado por cuánto tarda en encontrar lo que necesita, así que idea un plan inteligente.

Le dice que organice la ropa en un armario infinitamente alto y ancho (figura 3.1). Cuando desee pedir una prenda en particular, bastará con indicarle a Brian su ubicación, y él la coserá desde cero utilizando su fiable máquina de coser. Pronto resulta obvio que es conveniente colocar prendas similares una al lado de la otra, de forma que Brian pueda recrear con precisión cada elemento únicamente a partir de su ubicación.

Figura 3.1. Un hombre colocado delante de un armario infinito en 2D (imagen creada con Midjourney).

Tras varias semanas de práctica, Brian y usted se han adaptado al conocimiento mutuo de la organización del armario. Ahora es posible decirle a Brian la ubicación de cada prenda deseada, y él la puede coser exactamente como es desde cero. Esto le da una idea: ¿qué ocurriría si le diera a Brian una ubicación que estuviera vacía? Para su asombro, descubre que Brian es capaz de generar prendas de ropa totalmente nuevas que nunca habían existido antes. El proceso no es perfecto, pero ahora ofrece opciones ilimitadas para generar ropa nueva, eligiendo simplemente una ubicación vacía en el armario infinito y dejando que Brian haga su magia con la máquina de coser.

Exploremos ahora qué tiene que ver esta historia con la creación de autocodificadores.

Autocodificadores

La figura 3.2 muestra un diagrama del proceso descrito por la historia. Por un lado está el papel del codificador, que mueve cada prenda de ropa a una ubicación en el armario. Este proceso se denomina codificación. Brian hace de decodificador, tomando una ubicación en el armario e intentando recrear la prenda. Este proceso se denomina decodificación.

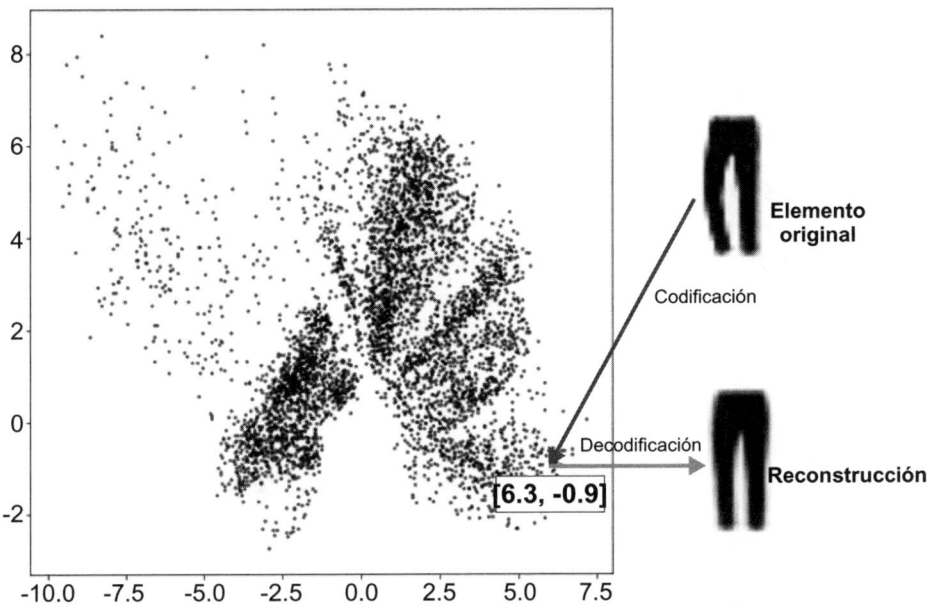

Figura 3.2. Prendas de ropa del armario infinito; cada punto negro representa una prenda.

Cada ubicación en el armario se representa con dos números (es decir, un vector 2D). Por ejemplo, los pantalones de la figura 3.2 están codificados en el punto [6.3, -0.9]. Este vector también se conoce como incrustación, porque el codificador intenta integrar en él tanta información como sea posible, de manera que el decodificador pueda producir una reconstrucción precisa.

Un autocodificador es simplemente una red neuronal entrenada para realizar la tarea de codificar y decodificar un elemento, de manera que el resultado de este proceso sea tan parecido al elemento original como sea posible. Es fundamental que se pueda utilizar como un modelo generativo, porque podemos decodificar cualquier punto del espacio 2D que queramos (en particular, los que no son incrustaciones de elementos originales) para producir una prenda de ropa nueva.

Veamos ahora cómo podemos crear un autocodificador utilizando Keras y aplicarlo a un conjunto de datos real.

Código para este ejemplo

El código de este ejemplo puede encontrarse en el notebook de Jupyter ubicado en notebooks/03_vae/01_autoencoder/autoencoder.ipynb, en la página web del libro.

El conjunto de datos Fashion-MNIST

Para este ejemplo, utilizaremos el conjunto de datos Fashion-MNIST (https://www.tensorflow.org/datasets/catalog/fashion_mnist?hl=es-419). Se trata de una colección de imágenes de prendas de ropa en escalas de gris, cada una con un tamaño de 28 × 28 píxeles. La figura 3.3 muestra algunas imágenes de ejemplo de este conjunto.

Figura 3.3. Ejemplos de imágenes del conjunto de datos Fashion-MNIST.

El conjunto de datos va incluido en TensorFlow, de forma que se puede descargar como se muestra en el ejemplo 3.1.

Ejemplo 3.1. Cargando el conjunto de datos Fashion-MNIST.

```
from tensorflow.keras import datasets
(x_train,y_train), (x_test,y_test) = datasets.fashion_mnist.load_data()
```

Son imágenes en escalas de gris de 28 × 28 (los valores de los píxeles están entre 0 y 255), que hay que procesar para asegurarse de que los valores de los píxeles queden entre 0 y 1. También rellenaremos cada imagen a 32 × 32 para manipular con facilidad la forma del tensor cuando pasa por la red, como se muestra en el ejemplo 3.2.

Ejemplo 3.2. Procesando los datos.

```
def preprocess(imgs):
    imgs = imgs.astype("float32") / 255.0
    imgs = np.pad(imgs, ((0, 0), (2, 2), (2, 2)), constant_values=0.0)
    imgs = np.expand_dims(imgs, -1)
    return imgs

x_train = preprocess(x_train)
x_test = preprocess(x_test)
```

A continuación, necesitamos entender la estructura general de un autocodificador, de forma que podamos codificarlo usando TensorFlow y Keras.

La arquitectura del autocodificador

Un autocodificador es una red neuronal formada por dos partes:

- Una red codificadora, que comprime datos de entrada de muchas dimensiones, como, por ejemplo, una imagen, en un vector de incrustación de pocas dimensiones.
- Una red decodificadora, que descomprime un vector de incrustación dado y lo devuelve a su dominio original (por ejemplo, transformándolo de nuevo en una imagen).

En la figura 3.4 podemos ver un diagrama de la arquitectura de la red. Una imagen de entrada se codifica como un vector de incrustación latente z, para después ser decodificado de nuevo al espacio de píxeles original.

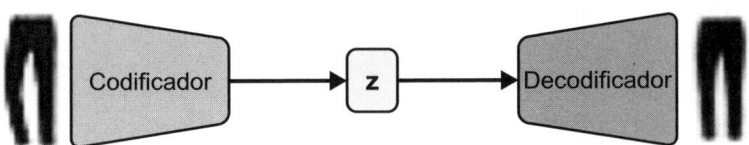

Figura 3.4. Diagrama de la arquitectura del autocodificador.

El autocodificador es entrenado para reconstruir una imagen, una vez que esta ha entrado por el codificador y salido por el decodificador. Quizá esto pueda parecer extraño al principio, pues uno podría preguntarse por qué querríamos reconstruir una serie de imágenes que ya tenemos. Sin embargo, como veremos más adelante, lo interesante del autocodificador es el espacio de incrustación (también llamado espacio latente), porque tomar muestras en este espacio nos permitirá generar nuevas imágenes.

Definamos primero lo que entendemos por incrustación. La incrustación (z) es la compresión de una imagen original en un espacio latente de pocas dimensiones. La idea es que, seleccionando cualquier punto del espacio latente, podemos generar imágenes nuevas pasando este punto por el decodificador, ya que ha aprendido cómo convertir puntos del espacio latente en imágenes viables.

En nuestro ejemplo, incrustaremos imágenes en un espacio latente bidimensional, lo cual nos permitirá visualizar dicho espacio, porque podemos marcar fácilmente puntos en 2D. En la práctica, el espacio latente de un autocodificador tiene más de dos dimensiones, con el fin de tener más libertad para capturar mayor detalle en las imágenes.

Autocodificadores como modelos de eliminación de ruido

Los autocodificadores se pueden utilizar para limpiar imágenes con ruido, pues el codificador aprende que no es útil capturar la posición del ruido aleatorio dentro del espacio latente para reconstruir el original. Para tareas como esta, un espacio latente 2D es probablemente demasiado pequeño para codificar información de la entrada lo bastante relevante. Sin embargo, como veremos más adelante, aumentar las dimensiones del espacio latente da problemas enseguida, si queremos usar el autocodificador como modelo generativo.

Veamos ahora cómo crear el codificador y decodificador.

El codificador

En un autocodificador, la tarea del codificador es tomar la imagen de entrada y asignarla a un vector de incrustación en el espacio latente. La arquitectura del codificador que vamos a construir se muestra en la tabla 3.1.

Tabla 3.1. Resumen del modelo del codificador.

Capa (tipo)	Forma de la salida	N.º de parámetros
InputLayer	(None, 32, 32, 1)	0
Conv2D	(None, 16, 16, 32)	320
Conv2D	(None, 8, 8, 64)	18 496
Conv2D	(None, 4, 4, 128)	73 856
Flatten	(None, 2048)	0
Dense	(None, 2)	4098

Parámetros totales	96 770
Parámetros entrenables	96 770
Parámetros no entrenables	0

Para lograr esto, creamos primero una capa `Input` para la imagen y la pasamos por tres capas `Conv2D` en secuencia, cada una de las cuales captura propiedades cada vez más avanzadas. Usamos un *stride* de 2 para reducir a la mitad el tamaño de la salida de cada capa, aumentando al mismo tiempo el número de canales. La última capa convolucional se aplana y conecta con una capa `Dense` de tamaño 2, que representa nuestro espacio latente de dos dimensiones.

El ejemplo 3.3 muestra cómo crear esto en Keras.

Ejemplo 3.3. El codificador.

```
encoder_input = layers.Input(
    shape=(32, 32, 1), name = "encoder_input"
) ❶
x = layers.Conv2D(32, (3, 3), strides = 2, activation = 'relu', padding="same")(encoder_
input
) ❷
x = layers.Conv2D(64, (3, 3), strides = 2, activation = 'relu', padding="same")(x)
x = layers.Conv2D(128, (3, 3), strides = 2, activation = 'relu', padding="same")(x) shape_
before_flattening = K.int_shape(x)[1:]
```

```
x = layers.Flatten()(x) ❸
encoder_output = layers.Dense(2, name="encoder_output")(x) ❹

encoder = models.Model(encoder_input, encoder_output) ❺
```

❶ Define la capa `Input` del codificador (la imagen).

❷ Apila una sobre otra las capas `Conv2D` de manera secuencial.

❸ Aplana la última capa convolucional hasta convertirla en un vector.

❹ Conecta este vector a las incrustaciones 2D con una capa `Dense`.

❺ El `Model` de Keras que define el codificador; un modelo que toma una imagen de entrada y la codifica en una incrustación 2D.

 Animo al lector a que experimente con el número de capas convolucionales y filtros para entender cómo afecta la arquitectura al número total de parámetros del modelo, a su rendimiento y a su tiempo de ejecución.

El decodificador

El decodificador es una imagen reflejada del codificador; en lugar de capas convolucionales normales, usamos capas convolucionales de transposición, como muestra la tabla 3.2.

Tabla 3.2. Resumen del modelo del decodificador.

Capa (tipo)	Forma de la salida	N.º de parámetros
InputLayer	(None, 2)	0
Dense	(None, 2048)	6144
Reshape	(None, 4, 4, 128)	0
Conv2DTranspose	(None, 8, 8, 128)	147 584
Conv2DTranspose	(None, 16, 16, 64)	73 792
Conv2DTranspose	(None, 32, 32, 32)	18 464
Conv2D	(None, 32, 32, 1)	289

Parámetros totales	246 273
Parámetros entrenables	246 273
Parámetros no entrenables	0

Capas convolucionales de transposición

Las capas convolucionales estándares nos permiten reducir a la mitad el tamaño de un tensor de entrada en ambas dimensiones (altura y anchura), configurando `strides` = 2.
La capa convolucional de transposición usa el mismo principio que una capa convolucional estándar (pasar un filtro por la imagen), pero la diferencia es que configurar `strides` = 2 duplica el tamaño del tensor de entrada en ambas dimensiones.

En una capa convolucional de transposición, el parámetro `strides` determina el relleno interno de ceros entre píxeles de la imagen, como muestra la figura 3.5. En ella se está pasando un filtro de 3 × 3 × 1 a una imagen de 3 × 3 × 1 con `strides` = 2, para producir un tensor de salida de 6 × 6 × 1.

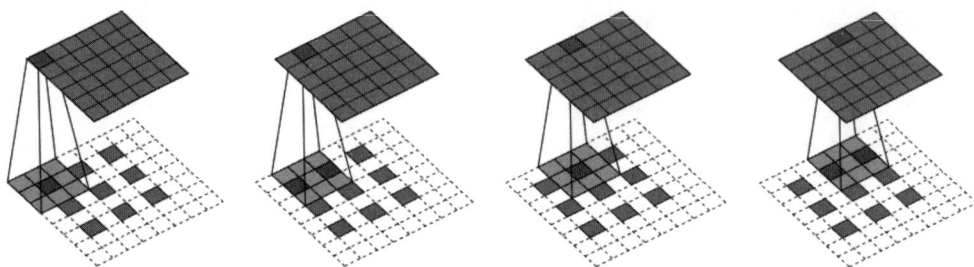

Figura 3.5. Un ejemplo de capa convolucional de transposición (fuente: Dumoulin y Visin, 2018).[2]

En Keras, la capa `Conv2DTranspose` permite realizar operaciones convolucionales de transposición con tensores. Apilando estas capas, ampliamos de manera gradual el tamaño de cada capa, usando *strides* de 2, hasta que volvemos a la dimensión de 32 × 32 de la imagen original.

El ejemplo 3.4 muestra cómo creamos el decodificador en Keras.

Ejemplo 3.4. El decodificador.

```
decoder_input = layers.Input(shape=(2,), name="decoder_input") ❶
x = layers.Dense(np.prod(shape_before_flattening))(decoder_input) ❷
x = layers.Reshape(shape_before_flattening)(x) ❸
x = layers.Conv2DTranspose(
    128, (3, 3), strides=2, activation = 'relu', padding="same"
)(x) ❹
x = layers.Conv2DTranspose(
    64, (3, 3), strides=2, activation = 'relu', padding="same"
)(x)
x = layers.Conv2DTranspose(
    32, (3, 3), strides=2, activation = 'relu', padding="same"
)(x)
decoder_output = layers.Conv2D(
    1,
    (3, 3),
    strides = 1,
    activation="sigmoid",
    padding="same",
    name="decoder_output"
)(x)

decoder = models.Model(decoder_input, decoder_output) ❺
```

❶ Define la capa `Input` del decodificador (la incrustación).

❷ Conecta la entrada con una capa `Dense`.

❸ Cambia la forma de este vector a un tensor que se puede pasar como entrada a la primera capa `Conv2DTranspose`.

❹ Apila las capas `Conv2DTranspose` una sobre otra.

❺ El `Model` de Keras que define el decodificador; un modelo que toma una incrustación del espacio latente y lo decodifica al dominio de la imagen original.

Enlazando el codificador con el decodificador

Para entrenar el codificador y decodificador al mismo tiempo, debemos definir un modelo que represente el paso de una imagen con entrada por el codificador y salida por el decodificador. Con suerte, Keras facilita mucho la realización de este proceso, como se puede observar en el ejemplo 3.5. En él se observa el modo en que especificamos que la salida del autocodificador es simplemente la salida del codificador después de haber sido pasada por el decodificador.

Ejemplo 3.5. El autocodificador completo.

```
autoencoder = Model(encoder_input, decoder(encoder_output)) ❶
```

❶ El `Model` de Keras que define el autocodificador completo, es decir, un modelo que toma una imagen, la pasa por el codificador para después hacerla salir por el decodificador, y generar así una reconstrucción de la imagen original.

Una vez definido nuestro modelo, solo debemos compilarlo con una función de pérdida y un optimizador, como muestra el ejemplo 3.6. La función de pérdida que se suele elegir es el error cuadrático medio o la entropía cruzada binaria entre los píxeles individuales de la imagen original y la reconstrucción.

Ejemplo 3.6. Compilando el autocodificador.

```
# Compila el autocodificador
autoencoder.compile(optimizer="adam", loss="binary_crossentropy")
```

Elegir la función de pérdida

Optimizar con error cuadrático medio significa que el resultado generado estará distribuido de manera simétrica en torno a los valores de píxeles promedio (porque una sobrestimación se penaliza de manera equivalente a una subestimación).

Por otro lado, la pérdida de entropía cruzada binaria es asimétrica, es decir, penaliza más los errores hacia los extremos que hacia el centro. Por ejemplo, si el valor verdadero del píxel es alto (por ejemplo, 0.7), entonces generar un píxel con un valor de 0.8 se penaliza más que generarlo con 0.6. Si el valor verdadero del píxel es bajo (digamos 0.3), entonces se penaliza más generar un píxel con un valor de 0.2 que de 0.4. El efecto de esto es que la pérdida de entropía cruzada binaria produce imágenes un poco más borrosas que la pérdida de error cuadrático medio (porque tiende a empujar a las predicciones hacia 0.5), pero en ocasiones esto es conveniente, puesto que el error cuadrático medio puede dar lugar a bordes obviamente pixelizados.

No hay elección correcta o incorrecta; la cuestión es elegir cuál funciona mejor para la situación en particular una vez se ha experimentado convenientemente.

Ahora podemos entrenar el autocodificador pasando las imágenes como entrada y salida, como muestra el ejemplo 3.7.

Ejemplo 3.7. Entrenando el autocodificador.

```
autoencoder.fit(
    x_train,
    x_train,
    epochs=5,
    batch_size=100,
    shuffle=True,
    validation_data=(x_test, x_test),
)
```

Una vez entrenado nuestro autocodificador, lo primero que debemos comprobar es que sea capaz de reconstruir con precisión las imágenes de entrada.

Reconstruyendo las imágenes

Podemos probar la capacidad de reconstrucción del autocodificador pasándole las imágenes del conjunto de prueba y comparando el resultado con las imágenes originales. El ejemplo 3.8 muestra el código necesario para hacer esto.

Ejemplo 3.8. Reconstruyendo las imágenes con el autocodificador.

```
example_images = x_test[:5000]
predictions = autoencoder.predict(example_images)
```

En la figura 3.6 podemos ver algunos ejemplos de imágenes originales (fila superior), los vectores 2D después de codificar, y las imágenes reconstruidas tras la decodificación (fila inferior).

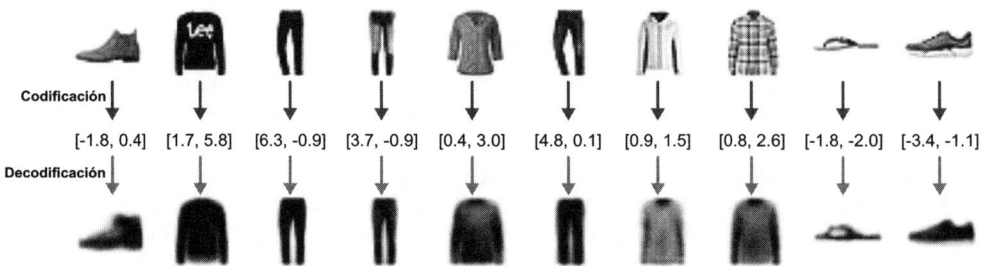

Figura 3.6. Ejemplos de codificación y decodificación de prendas de ropa.

Observamos que la reconstrucción no es perfecta, pues hay detalles de las imágenes originales que no han sido capturados por el proceso de decodificación, como, por ejemplo los logotipos. Esto se debe a que, al reducir cada imagen a tan solo dos números, se pierde sin duda información.

Investiguemos ahora cómo representa el codificador las imágenes en el espacio latente.

Visualizar el espacio latente

Podemos visualizar cómo se incrustan las imágenes en el espacio latente pasando el conjunto de prueba por el decodificador y marcando las incrustaciones resultantes, como muestra el ejemplo 3.9.

Ejemplo 3.9. Incrustando imágenes con el codificador.

```
embeddings = encoder.predict(example_images)

plt.figure(figsize=(8, 8))
plt.scatter(embeddings[:, 0], embeddings[:, 1], c="black", alpha=0.5, s=3)
plt.show()
```

El gráfico resultante es el que muestra la figura 3.2, donde cada punto negro representa una imagen que ha sido incrustada en el espacio latente.

Para entender mejor cómo se estructura este espacio, podemos utilizar las etiquetas que incluye el conjunto de datos Fashion-MNIST, que describen el tipo de elemento que es cada imagen. Hay 10 grupos en total, mostrados en la tabla 3.3.

Tabla 3.3. Las etiquetas Fashion-MNIST.

N.º	Etiqueta de ropa
0	Camiseta/blusa
1	Pantalón
2	Jersey
3	Vestido
4	Abrigo
5	Sandalia
6	Camisa
7	Deportiva
8	Bolso
9	Botín

Podemos colorear cada punto según la etiqueta de la imagen correspondiente para producir el gráfico de la figura 3.7. Aunque las etiquetas de ropa nunca se le mostraran al modelo durante el entrenamiento, el autocodificador ha agrupado de manera natural los elementos de aspecto similar en las mismas partes del espacio latente. Por ejemplo, la nube de puntos de la esquina inferior derecha del espacio latente contiene todas las imágenes de pantalones y la nube más oscura del centro son todos los botines.

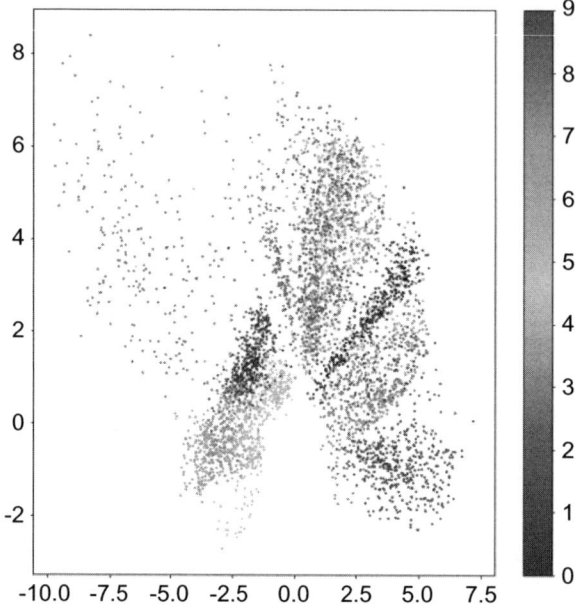

Figura 3.7. Representación del espacio latente, coloreado según la etiqueta de ropa.

Generar nuevas imágenes

Podemos generar imágenes nuevas tomando algunos puntos del espacio latente y empleando el decodificador para convertirlos de nuevo al espacio de píxeles, como se muestra en el ejemplo 3.10.

Ejemplo 3.10. Generando imágenes nuevas con el decodificador.

```
mins, maxs = np.min(embeddings, axis=0), np.max(embeddings, axis=0)
sample = np.random.uniform(mins, maxs, size=(18, 2))
reconstructions = decoder.predict(sample)
```

La figura 3.8 muestra algunos ejemplos de imágenes generadas, junto con sus incrustaciones en el espacio latente.

Cada punto más marcado está asignado a una de las imágenes mostradas a la derecha del gráfico, mostrando debajo el vector de incrustación. Podemos ver que algunos de los elementos generados son más realistas que otros. ¿A qué se debe esto? Para responder a esta pregunta, realizaremos primero algunas observaciones sobre la distribución general de puntos en el espacio latente, volviendo a hacer referencia a la figura 3.7:

- Algunas prendas se representan en una zona muy pequeña y otras en una zona mucho más grande.
- La distribución no es simétrica alrededor del punto (0, 0), o no está acotada en su entorno. Por ejemplo, hay muchos más puntos con valores de eje y positivos que negativos, y algunos puntos incluso alcanzan un valor del eje y superior a 8.
- Hay grandes espacios entre zonas que contienen pocos puntos.

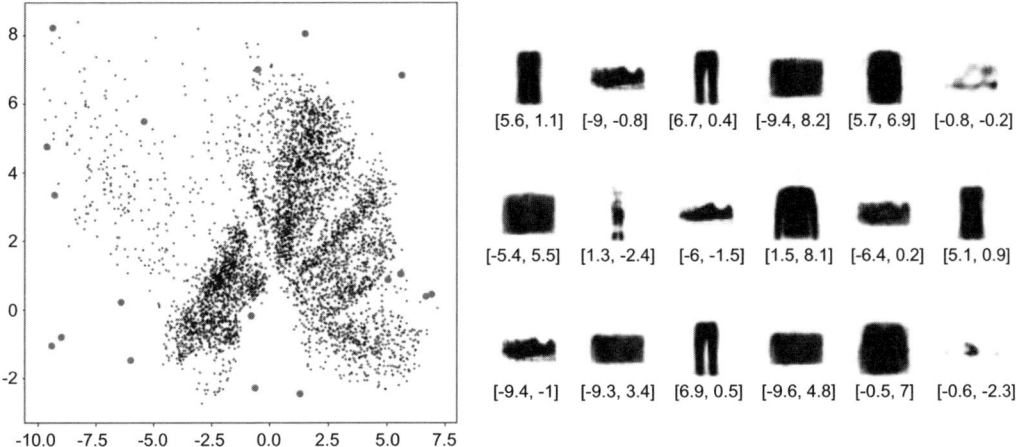

Figura 3.8. Prendas de ropa generadas.

En realidad, estas observaciones dificultan bastante la toma de datos del espacio latente. Si superponemos el espacio latente con imágenes de puntos decodificados en una cuadrícula, como muestra la figura 3.9, empezamos a entender por qué el decodificador no siempre es capaz de generar imágenes con respecto a un estándar satisfactorio.

En primer lugar, podemos ver que si elegimos puntos de manera uniforme en un espacio acotado que definamos, es más probable que obtengamos algo que al ser decodificado parezca más un bolso (n.º 8) que unos botines (n.º 9), porque la parte del espacio latente destinada a los bolsos (abajo a la izquierda) es más grande que la zona de los botines (justo por encima).

En segundo lugar, no es obvio cómo debemos elegir un punto aleatorio en el espacio latente, pues la distribución de estos puntos es indefinida. Técnicamente, estaríamos justificados si eligiéramos cualquier punto del plano bidimensional. Ni siquiera está garantizado que los puntos estén centrados alrededor del (0, 0). Todo ello hace que la toma de datos en nuestro espacio latente sea un problema.

Por último, vemos zonas en el espacio latente en las cuales ninguna de las imágenes originales está codificada. Por ejemplo, hay grandes áreas blancas en los bordes del dominio; el autocodificador no tiene razones para asegurar que aquí los puntos estén decodificados como prendas de ropa reconocibles, porque muy pocas imágenes del conjunto de entrenamiento están codificadas aquí. Incluso los puntos centrales pueden no estar decodificados en imágenes bien formadas. Esto se debe a que el autocodificador no se ve obligado a asegurar que el espacio sea continuo. Por ejemplo, aunque el punto (-1, -1) pueda estar decodificado para dar una imagen satisfactoria de una sandalia, no existe ningún mecanismo que asegure que el punto (-1.1, -1.1) produzca también una imagen satisfactoria de una sandalia.

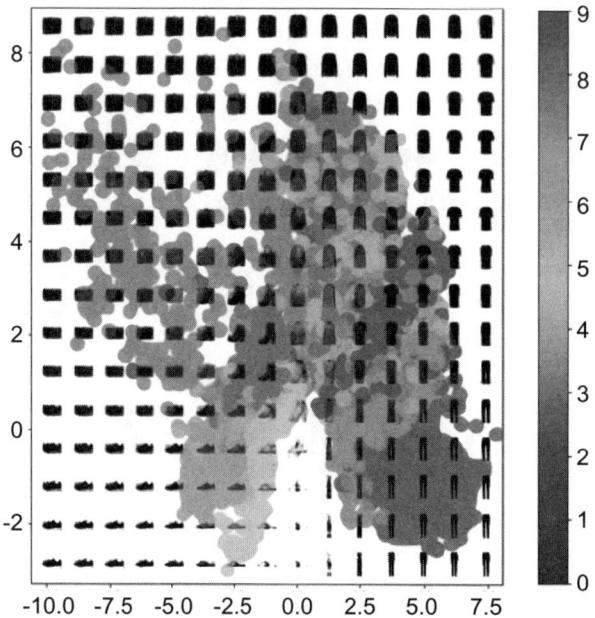

Figura 3.9. Una cuadrícula de incrustaciones decodificadas, superpuesta con las incrustaciones de las imágenes originales del conjunto de datos.

En dos dimensiones este problema es sutil; el autocodificador tiene pocas dimensiones con las que trabajar, por lo que de forma natural tiene que combinar grupos de prendas, lo cual da como resultado que el espacio entre grupos de prendas es relativamente pequeño. No obstante, cuando empezamos a usar más dimensiones del espacio latente para generar imágenes más complejas, como, por ejemplo, caras, este problema se hace aún más aparente. Si le damos rienda suelta al autocodificador sobre cómo usa el espacio latente para codificar imágenes, se producirán enormes huecos entre grupos de puntos similares sin incentivo para que los espacios intermedios generen imágenes bien formadas.

Para resolver estos problemas, necesitamos convertir nuestro autocodificador en un autocodificador variacional.

Autocodificadores variacionales

Para explicarlos, vamos a repasar el armario infinito y a hacer algunos cambios.

Repasando el armario infinito

Suponga que ahora, en lugar de colocar cada prenda de ropa en un solo punto del armario, decide asignar una zona general en la cual es más probable que la prenda se pueda encontrar. Según su razonamiento, este método más relajado de ubicar prendas ayudará a resolver el problema que tiene ahora de las discontinuidades locales del armario.

Además, para asegurar que no se despreocupe demasiado del nuevo sistema de ubicación, acuerda con Brian en que intentará colocar el centro de la zona de cada prenda tan cerca del centro del armario como sea posible, y esa desviación de la prenda del centro debe ser tan próxima a un metro como sea posible (ni menor ni mayor). Cuánto más se aleje de esta norma, más tendrá que pagar a Brian para que haga sus labores de estilista.

Tras varios meses de funcionar con estos dos sencillos cambios, usted retrocede para admirar la nueva disposición del armario, así como algunos ejemplos de nuevas prendas generadas por Brian. Los productos generados ofrecen mucha diversidad, y esta vez no hay ejemplos de ropas de mala calidad. Parece que ambos cambios han marcado una gran diferencia.

Intentemos ahora entender lo que debemos hacerle a nuestro modelo de autocodificador para convertirlo en un autocodificador variacional y, por lo tanto, en un modelo generativo más sofisticado. Las dos partes que debemos cambiar son el codificador y la función de pérdida.

El codificador

En un autocodificador, cada imagen se asigna directamente a un punto único en el espacio latente. Sin embargo, en un autocodificador variacional, cada imagen se asigna a una distribución normal multivariada alrededor de un punto del espacio latente, como muestra la figura 3.10.

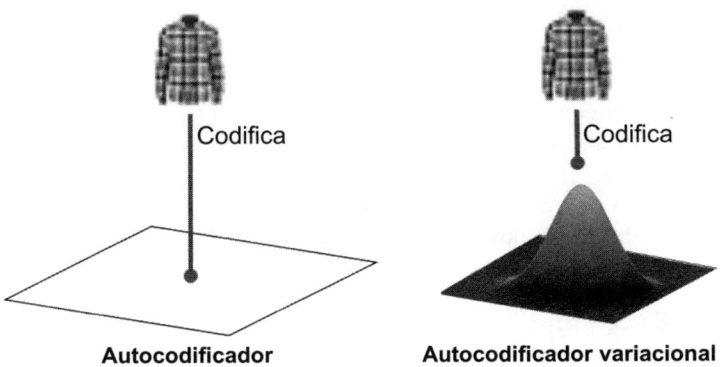

Figura 3.10. La diferencia entre los codificadores de un autocodificador y un autocodificador variacional.

La distribución normal multivariada

Una distribución normal (o distribución gaussiana) $\mathcal{N}(\mu, \sigma)$ es una distribución de probabilidades caracterizada por una forma distintiva de campana, definida por dos variables: la media (μ) y la varianza (σ^2). La desviación estándar (σ) es la raíz cuadrada de la varianza.

La función de densidad de probabilidad de la distribución normal en una sola dimensión es:

$$f\left(x \mid \mu, \sigma^2\right) = \frac{1}{\sqrt{2\pi\sigma^2}} e^{-\frac{(x-\mu)^2}{2\sigma^2}}$$

La figura 3.11 muestra varias distribuciones normales en una sola dimensión, para distintos valores de la media y la varianza. La curva más baja es la normal estándar (o normal unitaria) $\mathcal{N}(0, 1)$, es decir, la distribución normal con media igual a 0 y varianza igual a 1.

Podemos tomar un punto z de una distribución normal con media μ y desviación estándar σ usando la siguiente ecuación:

$$z = \mu + \sigma\epsilon$$

donde ϵ se ha tomado de una distribución normal estándar.

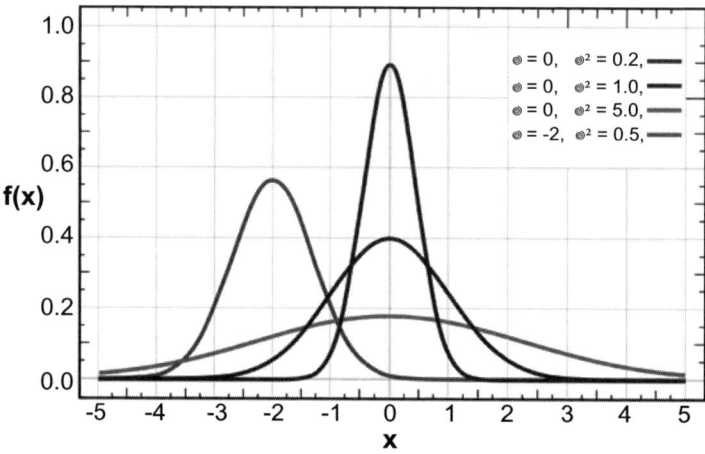

Figura 3.11. La distribución normal en una sola dimensión
(fuente: Wikipedia, `https://en.wikipedia.org/wiki/Normal_distribution`).

El concepto de distribución normal se extiende a más de una dimensión; la función de densidad de probabilidad para una distribución normal multivariada (o distribución gaussiana multivariada) $\mathcal{N}(\mu, \Sigma)$ en k dimensiones con vector promedio μ y matriz de covarianza simétrica Σ es la siguiente:

$$f\left(x_1, ..., x_k\right) = \frac{\exp\left(-\frac{1}{2}(\mathbf{x}-\mu)^{\mathrm{T}}\Sigma^{-1}(\mathbf{x}-\mu)\right)}{\sqrt{(2\pi)^k|\Sigma|}}$$

En este libro, utilizaremos normalmente las distribuciones normales multivariadas isotrópicas, en las que la matriz de covarianza es diagonal. Esto significa que la distribución es independiente en cada dimensión (es decir, podemos tomar como muestra un vector en el que cada elemento esté distribuido normalmente con media y varianza independientes). Es lo que ocurre con la distribución normal multivariada que usaremos en nuestro autocodificador variacional.

Una distribución normal estándar multivariada $\mathcal{N}(0, \mathbf{I})$ es una distribución multivariada con un vector promedio de valor cero y matriz de covarianza identidad.

Normal frente a gaussiano

En este libro, los términos normal y gaussiano se utilizan de manera intercambiable, y la naturaleza isotrópica y multivariada de la distribución suelen estar implícitas. Por ejemplo, «obtenemos una muestra de una distribución gaussiana» se puede interpretar como «obtenemos una muestra de una distribución gaussiana, multivariada e isotrópica».

El codificador solo tiene que asignar cada entrada a un vector promedio y a uno de varianza, y no tiene que preocuparse de la covarianza entre dimensiones. Los autocodificadores variacionales asumen que no hay correlación entre dimensiones en el espacio latente.

Los valores de varianza son siempre positivos, de manera que elegimos realmente asignar al logaritmo de la varianza, pues esto puede tomar cualquier número real del rango (-∞, ∞). De esta forma podemos utilizar una red neuronal como codificador para realizar la asignación de la imagen de entrada a los vectores promedio y de logaritmo de la varianza.

Resumiendo, el codificador tomará cada imagen de entrada y la codificará en dos vectores, que definen juntos una distribución normal multivariada en el espacio latente:

- `z_mean`: El punto medio de la distribución.
- `z_log_var`: El logaritmo de la varianza de cada dimensión.

Podemos tomar como muestra un punto z de la distribución definida por estos valores utilizando la siguiente ecuación:

```
z = z_mean + z_sigma * epsilon
```

donde:

```
z_sigma = exp(z_log_var * 0.5)
epsilon ~ N(0,I)
```

La derivada de la relación entre `z_sigma` (σ) y `z_log_var` ($\log (\sigma^2)$) es la siguiente:

$$\sigma = \exp (\log (\sigma)) = \exp (2 \log (\sigma) /2) = \exp (\log (\sigma^2) /2)$$

El decodificador de un autocodificador variacional es idéntico al decodificador de un autocodificador normal, dando la arquitectura general mostrada en la figura 3.12.

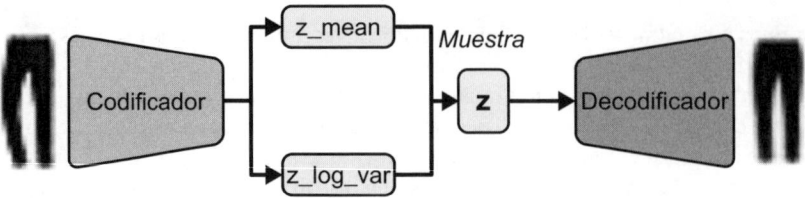

Figura 3.12. Diagrama de la arquitectura de un VAE.

¿Por qué ayuda este pequeño cambio en el codificador?

Anteriormente vimos que no había requisito alguno para que el espacio latente fuera continuo; incluso aunque el punto (-2, 2) se decodifique a una imagen bien formada de una sandalia, no hay ningún requisito para que (-2.1, 2.1) se vea parecido. Ahora, como estamos tomando como muestra un punto aleatorio de un área alrededor de z_mean, el decodificador debe asegurar que, al ser decodificados, todos los puntos de la misma zona próxima produzcan imágenes muy similares, de manera que la pérdida en la reconstrucción sea la mínima posible. Esta es una propiedad muy buena que asegura que, incluso aunque elijamos un punto del espacio latente que nunca haya sido visto por el decodificador, es probable que decodifique a una imagen que esté bien formada.

Creando el codificador del VAE

Veamos ahora cómo crear esta nueva versión del codificador en Keras.

Código para este ejemplo

El código para este ejemplo se puede encontrar en el notebook de Jupyter ubicado en notebooks/03_vae/02_vae_fashion/vae_fashion.ipynb, en la página web del libro. El código ha sido adaptado del excelente tutorial de VAE (https://keras.io/examples/generative/vae/) creado por François Chollet y disponible en el sitio web de Keras.

En primer lugar, necesitamos crear un nuevo tipo de capa Sampling que nos permita tomar muestras de la distribución definida por z_mean y z_log_var, como se especifica en el ejemplo 3.11.

Ejemplo 3.11. La capa Sampling.

```
class Sampling(layers.Layer): ❶
    def call(self, inputs):
        z_mean, z_log_var = inputs
        batch = tf.shape(z_mean)[0]
        dim = tf.shape(z_mean)[1]
        epsilon = K.random_normal(shape=(batch, dim))
        return z_mean + tf.exp(0.5 * z_log_var) * epsilon ❷
```

❶ Creamos una nueva capa subclasificando la clase base Layer de Keras (léase la nota «Subclasificando la clase Layer»).

❷ Utilizamos un truco de reparametrización (ver la nota «El truco de la reparametrización») para crear una muestra de la distribución normal parametrizada por `z_mean` y `z_log_var`.

Subclasificando la clase Layer

Se pueden crear nuevas capas en Keras subclasificando la capa `Layer` abstracta, y definiendo el método `call`, que describe cómo un tensor es transformado por la capa.

Por ejemplo, en el autocodificador variacional, podemos crear una capa `Sampling` que se encargue de tomar la muestra de `z` de una distribución normal con parámetros definidos por `z_mean` y `z_log_var`.

Esto es útil cuando deseamos aplicar una transformación a un tensor que no está ya incluido como uno de los tipos de capas ya existentes de Keras.

El truco de la reparametrización

En lugar de tomar muestras directamente de una distribución normal con parámetros `z_mean` y `z_log_var`, podemos tomar `epsilon` de una normal estándar y después ajustar manualmente la muestra para tener la media y varianza correctas.

Esto se conoce como el truco de la reparametrización, y es importante, porque significa que los gradientes pueden propagarse hacia atrás libremente por la capa. Conservando toda la aleatoriedad de la capa contenida dentro de la variable `epsilon`, la derivada parcial de la salida de la capa con respecto a su entrada puede mostrarse como determinista (es decir, independiente de la `epsilon` aleatoria), lo cual es esencial para que la retropropagación por la capa sea posible.

El código completo del codificador, incluyendo la nueva capa `Sampling`, aparece en el ejemplo 3.12.

Ejemplo 3.12. El codificador.

```
encoder_input = layers.Input(
    shape=(32, 32, 1), name="encoder_input"
)
x = layers.Conv2D(32, (3, 3), strides=2, activation="relu", padding="same")(
    encoder_input
)
x = layers.Conv2D(64, (3, 3), strides=2, activation="relu", padding="same")(x)
x = layers.Conv2D(128, (3, 3), strides=2, activation="relu", padding="same")(x)
shape_before_flattening = K.int_shape(x)[1:]

x = layers.Flatten()(x)
z_mean = layers.Dense(2, name="z_mean")(x)           ❶
z_log_var = layers.Dense(2, name="z_log_var")(x)
z = Sampling()([z_mean, z_log_var])                  ❷
encoder = models.Model(encoder_input, [z_mean, z_log_var, z], name="encoder")  ❸
```

❶ En lugar de conectar la capa `Flatten` directamente con el espacio latente 2D, lo conectamos a las capas `z_mean` y `z_log_var`.

❷ La capa `Sampling` muestrea un punto z en el espacio latente de la distribución normal definido por los parámetros `z_mean` y `z_log_var`.

❸ El `Model` de Keras que define el codificador; un modelo que toma una imagen de entrada y da como salida `z_mean`, `z_log_var` y un punto z tomado como muestra de la distribución normal definida por estos parámetros.

La tabla 3.4 muestra un resumen del codificador.

Tabla 3.4. Resumen del modelo del codificador del VAE.

Capa (tipo)	Forma de la salida	N.º de parámetros	Conectada a
InputLayer (input)	(None, 32, 32, 1)	0	[]
Conv2D (conv2d_1)	(None, 16, 16, 32)	320	[input]
Conv2D (conv2d_2)	(None, 8, 8, 64)	18 496	[conv2d_1]
Conv2D (conv2d_3)	(None, 4, 4, 128)	73 856	[conv2d_2]
Flatten (flatten)	(None, 2048)	0	[conv2d_3]
Dense (z_mean)	(None, 2)	4098	[flatten]
Dense (z_log_var)	(None, 2)	4098	[flatten]
Sampling (z)	(None, 2)	0	[z_mean, z_log_var]

Parámetros totales	100 868
Parámetros entrenables	100 868
Parámetros no entrenables	0

La otra parte del autocodificador original que debemos cambiar es la función de pérdida.

La función de pérdida

Anteriormente, nuestra función de pérdida solo consistía en la pérdida de reconstrucción entre imágenes y sus intentos de copia tras ser pasadas por el codificador y decodificador. La pérdida de reconstrucción también aparece en un autocodificador variacional, pero ahora requerimos un componente adicional: la divergencia de Kullback-Leibler (KL).

La divergencia KL es una forma de medir cuánto difiere una distribución de probabilidad de otra. En un VAE, queremos medir cuánto difiere nuestra distribución normal con parámetros `z_mean` y `z_log_var` de una distribución normal estándar. En este caso especial, se puede ver que la divergencia KL tiene la siguiente forma cerrada:

```
kl_loss = -0.5 * sum(1 + z_log_var - z_mean ^ 2 - exp(z_log_var))
```

o, en notación matemática:

$$D_{KL}[N(\mu, \sigma \parallel N(0,1)] = -\frac{1}{2}\sum\left(1 + log(\sigma^2) - \mu^2 - \sigma^2\right)$$

La suma se toma con todas las dimensiones en el espacio latente. La variable `kl_loss` es minimizada a 0 cuando `z_mean = 0` y `z_log_var = 0` para todas las dimensiones. Cuando estos dos términos empiezan a diferir de 0, `kl_loss` aumenta.

En resumen, la divergencia KL penaliza la red para codificar observaciones a las variables `z_mean` y `z_log_var`, que difieren de forma significativa de los parámetros de una distribución normal estándar, es decir, `z_mean = 0` y `z_log_var = 0`. ¿Por qué ayuda esta incorporación a la función de pérdida?

En primer lugar, ahora tenemos una distribución bien definida que podemos usar para elegir puntos en el espacio latente (la distribución normal estándar). En segundo lugar, como este componente nuevo trata de obligar a todas las distribuciones codificadas a acercarse a la distribución normal estándar, hay menos posibilidad de que se formen grandes huecos entre agrupamientos de puntos. En lugar de ello, el codificador intentará usar el espacio que rodea al origen de manera simétrica y eficiente.

En el artículo original del VAE, la función de pérdida de un VAE era simplemente la suma de la pérdida de reconstrucción y la pérdida de divergencia KL. Una variante de esto (el β-VAE) incluye un factor que sopesa la divergencia KL para asegurar que está bien equilibrada con la pérdida de reconstrucción. Si sopesamos la pérdida de reconstrucción en exceso, la pérdida KL no tendrá el efecto regulatorio deseado y tendremos los mismos problemas experimentados con el autocodificador normal. Si la divergencia KL se sopesa en exceso, la pérdida de divergencia KL dominará, y las imágenes reconstruidas serán de mala calidad. Este parámetro sopesado es uno de los que hay que ajustar al entrenar un VAE.

Entrenar el autocodificador variacional

El ejemplo 3.13 muestra cómo se puede crear el modelo de VAE general como una subclase de la clase `Model` abstracta de Keras, lo que permite incluir el cálculo de la divergencia KL de la función de pérdida en un método `train_step` personalizado.

Ejemplo 3.13. Entrenando el VAE.

```
class VAE(models.Model):
    def __init__(self, encoder, decoder, **kwargs):
        super(VAE, self).__init__(**kwargs)
        self.encoder = encoder
        self.decoder = decoder
        self.total_loss_tracker = metrics.Mean(name="total_loss")
        self.reconstruction_loss_tracker = metrics.Mean(
            name="reconstruction_loss"
        )
        self.kl_loss_tracker = metrics.Mean(name="kl_loss")

@property
def metrics(self):
    return [
        self.total_loss_tracker,
        self.reconstruction_loss_tracker,
```

```
        self.kl_loss_tracker,
    ]

def call(self, inputs): ❶
    z_mean, z_log_var, z = encoder(inputs)
    reconstruction = decoder(z)
    return z_mean, z_log_var, reconstruction

def train_step(self, data): ❷
    with tf.GradientTape() as tape:
        z_mean, z_log_var, reconstruction = self(data)
        reconstruction_loss = tf.reduce_mean(
            500
            * losses.binary_crossentropy(
                data, reconstruction, axis=(1, 2, 3)
            )
        ) ❸
        kl_loss = tf.reduce_mean(
            tf.reduce_sum(
                -0.5
                * (1 + z_log_var - tf.square(z_mean) - tf.exp(z_log_var)),
                axis = 1,
            )
        )
        total_loss = reconstruction_loss + kl_loss ❹

grads = tape.gradient(total_loss, self.trainable_weights)
self.optimizer.apply_gradients(zip(grads, self.trainable_weights))

self.total_loss_tracker.update_state(total_loss) self.reconstruction_loss_tracker.update_
state(reconstruction_loss) self.kl_loss_tracker.update_state(kl_loss)

return {m.name: m.result() for m in self.metrics}

vae = VAE(encoder, decoder)
vae.compile(optimizer="adam")
vae.fit(
    train,
    epochs=5,
    batch_size=100
)
```

❶ Esta función describe lo que nos gustaría que el VAE devolviera según una determinada imagen de entrada.

❷ Esta función describe un paso de entrenamiento del VAE, incluyendo el cálculo de la función de pérdida.

❸ En la pérdida de reconstrucción se usa un valor beta de 500.

❹ La pérdida total es la suma de la pérdida de reconstrucción y la pérdida de divergencia KL.

Cinta de gradiente

La cinta de gradiente o *Gradient Tape* de TensorFlow es un mecanismo que permite el cálculo de gradientes de operaciones ejecutadas durante un paso hacia adelante de un modelo. Para usarlo, hay que envolver el código que realiza las operaciones que se desean diferenciar en un contexto `tf.GradientTape()`. Una vez grabadas las operaciones, se puede calcular el gradiente de la función de pérdida con respecto a algunas variables llamando a `tape.gradient()`. Los gradientes pueden utilizarse entonces para actualizar las variables con el optimizador.

Este mecanismo es útil para calcular el gradiente de las funciones de pérdida personalizadas (como hemos hecho aquí) y también para crear bucles de entrenamiento personalizados, como veremos en el capítulo 4.

Análisis del autocodificador variacional

Una vez entrenado nuestro VAE, podemos usar el codificador para codificar las imágenes del conjunto de prueba y crear un gráfico con los valores z_mean en el espacio latente. También podemos tomar muestras de una distribución normal estándar y generar así puntos en el espacio latente, y usar el decodificador para decodificar estos puntos de nuevo al espacio de píxeles para ver cómo se maneja el VAE.

La figura 3.13 muestra la estructura del nuevo espacio latente, junto con algunos puntos seleccionados y sus imágenes decodificadas. Podemos ver de inmediato varios cambios en el modo en que el espacio latente está organizado.

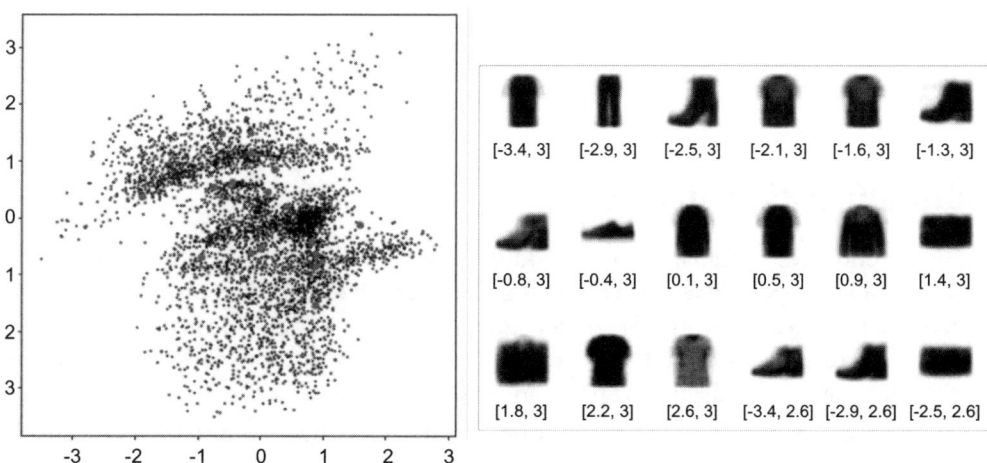

Figura 3.13. El nuevo espacio latente: los puntos negros muestran el valor z_mean *de cada imagen codificada, mientras que los puntos que se ven más marcados en gris claro muestran algunos puntos seleccionados en el espacio latente (con sus imágenes decodificadas a la derecha).*

En primer lugar, la pérdida de divergencia KL asegura que los valores z_mean y z_log_var de las imágenes codificadas no quedan nunca muy alejados de una distribución normal estándar.

En segundo lugar, no hay demasiadas imágenes de baja calidad, puesto que el espacio latente es ahora mucho más continuo, debido a que el codificador es ahora estocástico, en lugar de determinista.

Por último, coloreando los puntos del espacio latente por tipo de prenda (figura 3.14), podemos ver que no hay ningún tipo de tratamiento preferente. El gráfico de la derecha muestra el espacio transformado en valores p (podemos ver que cada color está representado aproximadamente igual). De nuevo es importante recordar que las etiquetas no se utilizaron durante el entrenamiento, porque el VAE ha aprendido las distintas formas de las prendas por sí solo para ayudar a minimizar la pérdida de la reconstrucción.

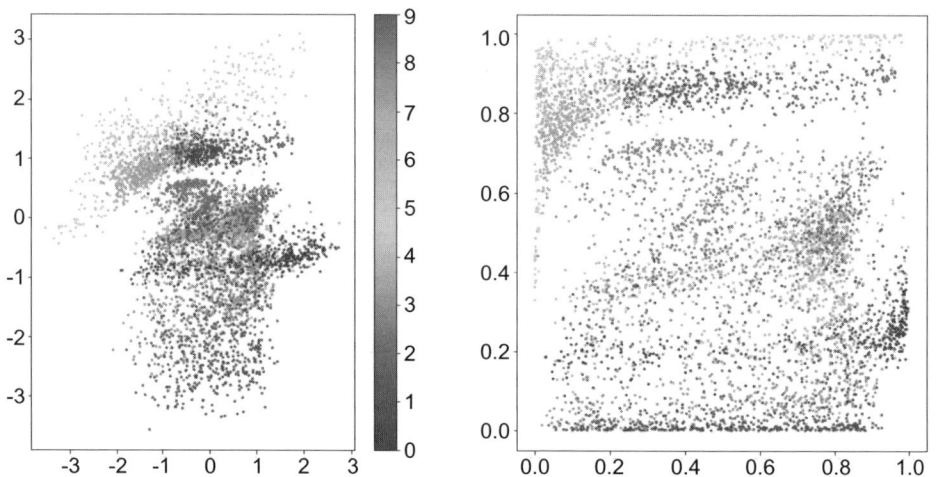

Figura 3.14. El espacio latente del VAE coloreado por tipo de prenda.

Explorando el espacio latente

Hasta ahora, todo nuestro trabajo con autocodificadores y autocodificadores variacionales se ha visto limitado a un espacio latente con dos dimensiones, lo que nos ha permitido visualizar el funcionamiento interno de un VAE en la página y entender por qué los pequeños cambios realizados en la arquitectura del autocodificador han ayudado a transformarlo en una clase de red más potente, que se puede utilizar para modelado generativo.

Volvamos ahora nuestra atención a un conjunto de datos más complejo y veamos las sorprendentes cosas que los autocodificadores variacionales pueden lograr cuando se aumentan las dimensiones del espacio latente.

Código para este ejemplo

El código de este ejemplo puede encontrarse en el notebook de Jupyter ubicado en `notebooks/03_vae/03_faces/vae_faces.ipynb`, en la página web del libro.

El conjunto de datos CelebA

Utilizaremos el conjunto de datos CelebFaces Attributes (CelebA, `http://mmlab.ie.cuhk.edu.hk/projects/CelebA.html`) para entrenar nuestro autocodificador variacional. Se trata de una colección de más de 200 000 imágenes en color de caras de celebridades, cada uno con distintas etiquetas (por ejemplo, llevando sombrero, sonriendo, etc.). La figura 3.15 muestra varios ejemplos.

Figura 3.15. Algunos ejemplos del conjunto de datos CelebA (fuente: Liu et al., 2015).[3]

Por supuesto, no necesitamos las etiquetas para entrenar el VAE, pero serán útiles más tarde, cuando empecemos a explorar cómo se capturan estas propiedades en el espacio latente multidimensional. Una vez entrenado nuestro VAE, podemos tomar muestras del espacio latente para generar nuevos ejemplos de caras de famosos.

El conjunto de datos CelebA está también disponible con Kaggle, por lo que se puede descargar ejecutando el código correspondiente de la página web del libro, como muestra el ejemplo 3.14. Así, las imágenes y los metadatos que los acompañan se guardarán en la carpeta local /data.

Ejemplo 3.14. Descargando el conjunto de datos CelebA.

```
bash scripts/download_kaggle_data.sh jessicali9530 celeba-dataset
```

Utilizamos la función de Keras `image_dataset_from_directory` para crear un Dataset de TensorFlow dirigido al directorio en el que se almacenan las imágenes, como muestra el ejemplo 3.15. Así podemos leer grupos de imágenes en la memoria solo cuando es necesario (por ejemplo, durante el entrenamiento), de forma que podemos trabajar con grandes conjuntos de datos y no preocuparnos de tener que incluir el conjunto de datos entero en la memoria. También redimensiona las imágenes a 64 × 64, interpolando entre valores de píxel.

Ejemplo 3.15. Procesando el conjunto de datos CelebA.

```
train_data = utils.image_dataset_from_directory(
    "/app/data/celeba-dataset/img_align_celeba/img_align_celeba",
    labels=None,
    color_mode="rgb",
    image_size=(64, 64),
    batch_size=128,
    shuffle=True,
    seed=42,
    interpolation="bilinear",
)
```

Los datos originales se dimensionan en el rango [0, 255] para indicar la intensidad del píxel, que redimensionamos al rango [0, 1], como muestra el ejemplo 3.16.

Ejemplo 3.16. Procesando el conjunto de datos CelebA.

```
def preprocess(img):
    img = tf.cast(img, "float32") / 255.0
    return img

train = train_data.map(lambda x: preprocess(x))
```

Entrenando el autocodificador variacional

La arquitectura de la red para el modelo de las caras es similar al ejemplo de Fashion-MNIST, con algunas ligeras diferencias:

- Ahora nuestros datos tienen tres canales de entrada (RGB) en lugar de uno (escalas de gris). Esto significa que necesitamos cambiar a 3 el número de canales de la última capa convolucional de transposición del decodificador.

- Utilizaremos un espacio latente con 200 dimensiones en lugar de 2. Como las caras son mucho más complejas que las imágenes de Fashion-MNIST, aumentamos la dimensionalidad del espacio latente, de forma que la red pueda codificar una cantidad de detalle satisfactoria de las imágenes.

- Hay capas de normalización por lotes después de cada capa convolucional para estabilizar el entrenamiento. Incluso aunque cada lote tarde mucho en ejecutarse, el número de lotes requeridos para alcanzar la misma pérdida se ha reducido enormemente.

- Aumentamos el factor β para la divergencia KL a 2000. Es un parámetro que requiere ajuste; para este conjunto de datos y esta arquitectura, se observó que este valor generaba buenos resultados.

Las arquitecturas completas del codificador y decodificador se muestran en las tablas 3.5 y 3.6, respectivamente.

Tabla 3.5. Resumen del modelo del codificador de caras del VAE.

Capa (tipo)	Forma de la salida	N.º de parámetros	Conectada a
InputLayer (input)	(None, 32, 32, 1)	0	[]
Conv2D (conv2d_1)	(None, 16, 16, 128)	3584	[input]
BatchNormalization (bn_1)	(None, 16, 16, 128)	512	[conv2d_1]
LeakyReLU (lr_1)	(None, 16, 16, 128)	0	[bn_1]
Conv2D (conv2d_2)	(None, 8, 8, 128)	147 584	[lr_1]
BatchNormalization (bn_2)	(None, 8, 8, 128)	512	[conv2d_2]
LeakyReLU (lr_2)	(None, 8, 8, 128)	0	[bn_2]
Conv2D (conv2d_3)	(None, 4, 4, 128)	147 584	[lr_2]
BatchNormalization (bn_3)	(None, 4, 4, 128)	512	[conv2d_3]
LeakyReLU (lr_3)	(None, 4, 4, 128)	0	[bn_3]
Conv2D (conv2d_4)	(None, 2, 2, 128)	147 584	[lr_3]
BatchNormalization (bn_4)	(None, 2, 2, 128)	512	[conv2d_4]
LeakyReLU (lr_4)	(None, 2, 2, 128)	0	[bn_4]
Flatten (flatten)	(None, 512)	0	[lr_4]
Dense (z_mean)	(None, 200)	102 600	[flatten]
Dense (z_log_var)	(None, 200)	102 600	[flatten]
Sampling (z)	(None, 200)	0	[z_mean, z_log_var]

Parámetros totales	653 584
Parámetros entrenables	652 560
Parámetros no entrenables	1024

Tabla 3.6. Resumen del modelo del decodificador de caras del VAE.

Capa (tipo)	Forma de la salida	N.º de parámetros
InputLayer	(None, 200)	0
Dense	(None, 512)	102 912
BatchNormalization	(None, 512)	2048
LeakyReLU	(None, 512)	0
Reshape	(None, 2, 2, 128)	0
Conv2DTranspose	(None, 4, 4, 128)	147 584
BatchNormalization	(None, 4, 4, 128)	512
LeakyReLU	(None, 4, 4, 128)	0
Conv2DTranspose	(None, 8, 8, 128)	147 584
BatchNormalization	(None, 8, 8, 128)	512
LeakyReLU	(None, 8, 8, 128)	0
Conv2DTranspose	(None, 16, 16, 128)	147 584
BatchNormalization	(None, 16, 16, 128)	512
LeakyReLU	(None, 16, 16, 128)	0

Capa (tipo)	Forma de la salida	N.º de parámetros
Conv2DTranspose	(None, 32, 32, 128)	147 584
BatchNormalization	(None, 32, 32, 128)	512
LeakyReLU	(None, 32, 32, 128)	0
Conv2DTranspose	(None, 32, 32, 3)	3459

Parámetros totales	700 803
Parámetros entrenables	698 755
Parámetros no entrenables	2048

Tras unos cinco *epochs* de entrenamiento, nuestro VAE debe poder producir imágenes nuevas de caras de famosos.

Análisis del autocodificador variacional

Primero, veamos una muestra de caras reconstruidas. La fila superior de la figura 3.16 muestra las imágenes originales y la fila inferior muestra las reconstrucciones, una vez que se han pasado por el codificador y el decodificador.

Caras reales de ejemplo

Reconstrucciones

Figura 3.16. Caras reconstruidas, tras pasar por el codificador y el decodificador.

Podemos ver que el VAE ha capturado correctamente las propiedades esenciales de cada cara (el ángulo de la cabeza, el peinado, la expresión, etc.). Falta parte del detalle, pero es importante recordar que el objetivo de la creación de autocodificadores variacionales no es conseguir la pérdida de reconstrucción perfecta. Nuestro objetivo final es obtener muestras del espacio latente para generar nuevas caras.

Para que esto sea posible debemos comprobar que la distribución de los puntos del espacio latente se parezca más o menos a una distribución normal estándar multivariada. Si vemos algunas dimensiones que son muy distintas de una distribución normal estándar, probablemente deberíamos reducir el factor de pérdida de reconstrucción, pues la divergencia KL no está teniendo suficiente efecto.

Las primeras 50 dimensiones de nuestro espacio latente pueden verse en la figura 3.17. No hay ninguna distribución que destaque por ser marcadamente distinta de la normal estándar, de forma que podemos seguir generando caras sin problema alguno.

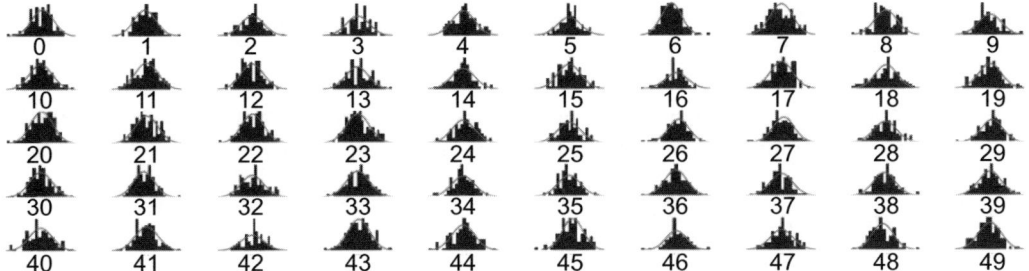

Figura 3.17. Distribuciones de puntos para las primeras 50 dimensiones del espacio latente.

Generar caras nuevas

Para generar caras nuevas, podemos usar el código del ejemplo 3.17.

Ejemplo 3.17. Generando caras nuevas del espacio latente.

```
grid_width, grid_height = (10,3)
z_sample = np.random.normal(size=(grid_width * grid_height, 200)) ❶

reconstructions = decoder.predict(z_sample) ❷

fig = plt.figure(figsize=(18, 5))
fig.subplots_adjust(hspace=0.4, wspace=0.4)
for i in range(grid_width * grid_height):
    ax = fig.add_subplot(grid_height, grid_width, i + 1)
    ax.axis("off")
    ax.imshow(reconstructions[i, :, :]) ❸
```

❶ Toma 30 puntos de una distribución normal estándar multivariada con 200 dimensiones.

❷ Decodifica los puntos tomados como muestra.

❸ Dibuja las imágenes.

El resultado aparece en la figura 3.18.

Figura 3.18. Nuevas caras generadas.

Resulta sorprendente que el VAE sea capaz de tomar este conjunto de puntos tomados de una distribución normal estándar y convertir cada uno de ellos en la convincente imagen de la cara de una persona. Es la primera vez que logramos ver de cerca la verdadera potencia de los modelos generativos. A continuación, vamos a ver si podemos empezar a utilizar el espacio latente para realizar algunas operaciones interesantes con imágenes generadas.

Aritmética del espacio latente

Un beneficio de representar imágenes en un espacio latente de pocas dimensiones es que podemos realizar en este espacio una aritmética de vectores, que tiene un análogo visual cuando se decodifica de nuevo al dominio de la imagen original.

Por ejemplo, supongamos que tenemos una imagen de alguien que parece triste y queremos ponerle una sonrisa. Para ello primero necesitamos encontrar un vector en el espacio latente que apunte en la dirección de la sonrisa. Añadir este vector a la codificación de la imagen original en el espacio latente nos dará un nuevo punto que, cuando se decodifica, debería darnos una versión más sonriente de la imagen original.

Entonces, ¿cómo encontramos el vector de la sonrisa? Cada imagen del conjunto de datos CelebA está etiquetada con atributos, uno de los cuales es Smiling. Si tomamos la posición media de las imágenes codificadas en el espacio latente con el atributo Smiling y restamos la posición media de las imágenes codificadas que no tienen el atributo Smiling, obtendremos el vector que apunta en la dirección de Smiling; exactamente lo que necesitamos.

Teóricamente, estamos realizando la siguiente aritmética de vectores en el espacio latente, donde alpha es un factor que determina cuánto se suma o resta del vector de la propiedad:

```
z_new = z + alpha * feature_vector
```

Veamos esto en acción. La figura 3.19 muestra varias imágenes que han sido codificadas en el espacio latente. A continuación sumamos o restamos múltiplos de un determinado vector (por ejemplo, Smiling, Black_Hair, Eyeglasses, Young, Male, Blond_Hair) para obtener distintas versiones de la imagen, solo con la propiedad relevante cambiada.

Es interesante observar que, incluso aunque estemos moviendo el punto una distancia bastante grande en el espacio latente, la imagen básica sigue siendo aproximadamente la misma, excepto por la propiedad que queremos manipular. Esto demuestra la potencia de los autocodificadores variacionales para capturar y ajustar propiedades avanzadas en imágenes.

Transformación entre caras

Podemos usar una idea similar para transformar una cara en otra. Imaginemos dos puntos en el espacio latente, A y B, que representan dos imágenes. Si empezáramos en el punto A y camináramos hacia B en línea recta, decodificando cada punto en la línea a medida que avanzamos, veríamos una transición gradual desde la cara inicial a la final. Matemáticamente hablando, estamos cruzando una línea recta, que se puede describir con la siguiente ecuación:

```
z_new = z_A * (1- alpha) + z_B * alpha
```

En este caso, `alpha` es un número entre 0 y 1 que determina en qué punto de la línea estamos, desde el punto A.

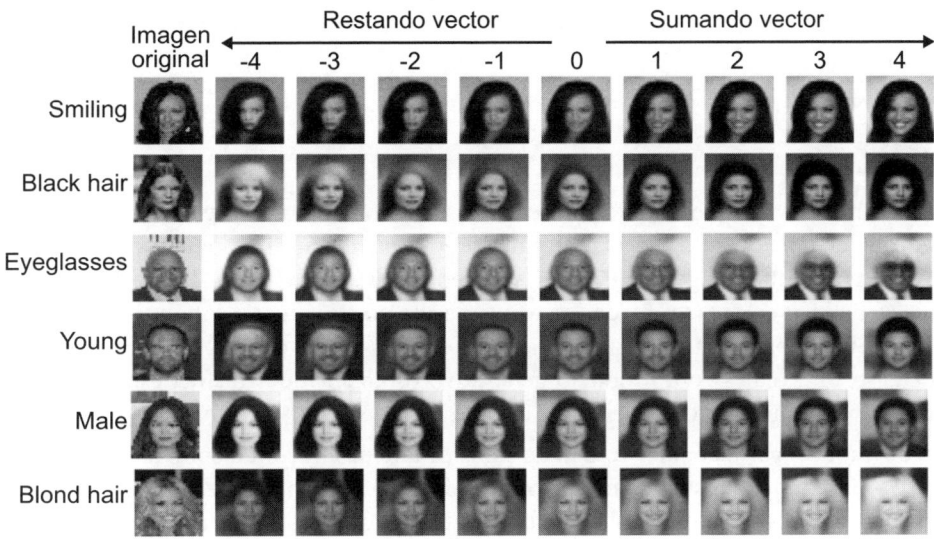

Figura 3.19. Sumando y restando propiedades a caras y de caras.

La figura 3.20 muestra este proceso en acción. Tomamos dos imágenes, las codificamos en el espacio latente, y decodificamos después puntos a lo largo de la línea recta entre ellas a intervalos regulares.

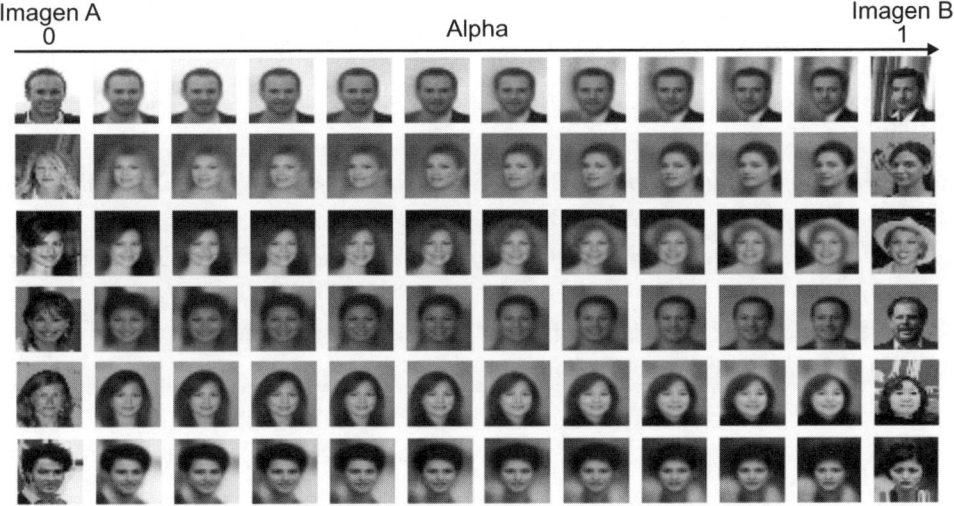

Figura 3.20. Transformación entre dos caras.

Fijémonos en la suavidad de la transición. Aun en el caso de que se deseen cambiar varias propiedades al mismo tiempo (por ejemplo, quitar gafas, el color del pelo, el género), el VAE se las arregla para conseguirlo de manera fluida, demostrando que el espacio latente del VAE es realmente un espacio continuo que se puede cruzar y explorar para generar muchas caras humanas distintas.

Resumen

En este capítulo hemos visto que los autocodificadores variacionales son una potente herramienta de modelado generativo. Empezamos explorando cómo se pueden utilizar los autocodificadores normales para representar imágenes de muchas dimensiones en un espacio latente de pocas, de manera que se puedan extraer propiedades avanzadas de píxeles que no son individualmente informativos. Sin embargo, descubrimos rápidamente los incovenientes de utilizar estos autocodificadores normales como modelo generativo (obtener muestras del espacio latente aprendido resultó problemático, por ejemplo).

Los autocodificadores variacionales resuelven estos problemas introduciendo la aleatoriedad en el modelo y limitando la distribución de los puntos en el espacio latente. Como vimos, con algunos ajustes menores podemos transformar nuestro autocodificador en un autocodificador variacional, y darle así potencia para ser un verdadero modelo generativo.

Por último, hemos aplicado nuestra nueva técnica al problema de la generación de caras y comprobado cómo podemos decodificar fácilmente puntos de una distribución normal estándar para generar caras nuevas. Es más, realizando aritmética de vectores dentro del espacio latente, podemos lograr algunos efectos sorprendentes, como transformación de caras y manipulación de propiedades.

En el siguiente capítulo, exploraremos un tipo diferente de modelo que sigue siendo una elección habitual para el modelado de imágenes generativo: la red generativa adversativa.

Referencias

1. «*Auto-Encoding Variational Bayes*», Diederik P. Kingma y Max Welling, 20 de diciembre de 2013, https://arxiv.org/abs/1312.6114.

2. «*A Guide to Convolution Arithmetic for Deep Learning*», Vincent Dumoulin y Francesco Visin, 12 de enero de 2018, https://arxiv.org/abs/1603.07285.

3. «*Large-Scale CelebFaces Attributes (CelebA) Dataset*», Ziwei Liu *et al.*, 2015, http://mmlab.ie.cuhk.edu.hk/projects/CelebA.html.

CAPÍTULO 4

Redes generativas adversativas

Objetivos del capítulo

En este capítulo conseguiremos:

- Conocer el diseño arquitectónico de una red generativa adversativa o GAN (*Generative Adversarial Network*).
- Crear y entrenar una red GAN convolucional profunda (DCGAN, *Deep Convolutional GAN*) desde cero usando Keras.
- Utilizar la red DCGAN para generar nuevas imágenes.
- Entender algunos de los problemas habituales a los que nos enfrentamos al entrenar una red DCGAN.
- Averiguar cómo resuelve esos problemas la arquitectura GAN de Wasserstein o WGAN (*Wasserstein GAN*).
- Comprender las mejoras adicionales que se pueden aplicar a la red WGAN, como incorporar un término de penalización de gradiente (GP, *Gradient Penalty*) a la función de pérdida.
- Crear una red WGAN-GP desde cero con Keras.
- Emplear la red WGAN-GP para generar caras.
- Profundizar en cómo una GAN condicional (CGAN, *Conditional GAN*) ofrece la capacidad de condicionar la salida generada según una determinada etiqueta.
- Crear y entrenar una red CGAN en Keras y usarla para manipular una imagen generada.

En 2014, Ian Goodfellow y otros presentaron en la conferencia NeurIPS (*Neural Information Processing Systems*) de Montreal un artículo denominado «*Generative Adversarial Nets*».[1] La introducción de las redes generativas adversativas (o GAN, como se conocen más comúnmente) se ve ahora como un punto de inflexión en la historia del modelado generativo, porque las ideas esenciales presentadas en este documento han engendrado algunos de los modelos generativos más exitosos e impresionantes jamás creados.

Este capítulo abordará en primer lugar las bases teóricas de las redes GAN, para después permitirnos aprender cómo crear nuestra propia red GAN con Keras.

Introducción

Empecemos con una historia corta para ilustrar algunos de los conceptos fundamentales empleados en el proceso de entrenamiento de las redes GAN.

Los ladrillos Brickki y los falsificadores

Es el primer día en un nuevo trabajo como jefe de control de calidad para Brickki, una empresa especializada en producir bloques de construcción de alta calidad de todas las formas y tamaños (figura 4.1).

Figura 4.1. La línea de producción de una empresa que fabrica ladrillos de muchas formas y tamaños distintos (imagen creada con Midjourney).

Se avisa inmediatamente de un problema con algunos de los artículos que salen de la línea de producción. Un competidor ha empezado a realizar copias falsificadas de ladrillos Brickki y ha descubierto un modo de añadirlos en las bolsas recibidas por los clientes, mezclados con los originales. El nuevo jefe de control de calidad decide entonces hacerse experto en hallar la diferencia entre los ladrillos falsificados y los reales, de manera que sea posible interceptar los ladrillos falsos en la línea de producción antes de que lleguen a los clientes. Con el tiempo, escuchando los comentarios de los clientes, poco a poco detecta cada vez mejor los ladrillos falsos.

A los falsificadores no les gusta esto, y reaccionan a las habilidades de detección mejoradas del jefe haciendo algunos cambios en su proceso de falsificación, de forma que ahora la diferencia entre los ladrillos reales y los falsos es más difícil de detectar.

No siendo alguien que abandona fácilmente, el nuevo empleado se vuelve a entrenar para identificar los elementos falsos más sofisticados y tratar de ir por delante de los falsificadores. Este proceso continúa y, mientras los falsificadores no paran de actualizar sus tecnologías de creación de ladrillos, el jefe de control de calidad sigue mejorando en la interceptación de los elementos falsos.

A medida que pasan las semanas, cada vez es más difícil detectar la diferencia entre los ladrillos Brickki reales y los creados por los falsificadores. Parece que este simple juego del gato y el ratón es suficiente para provocar una mejora significativa, tanto en la calidad de las falsificaciones como en la de su detección.

Esta historia de los ladrillos Brickki y los falsificadores describe el proceso de entrenamiento de una red generativa adversativa.

Una red GAN es una batalla entre dos adversarios, el generador y el discriminador. El generador intenta convertir ruido aleatorio en observaciones que parecen haber sido obtenidas del conjunto de datos original, y el discriminador trata de predecir si una observación procede del conjunto de datos original o es una de las falsificaciones del generador.

En la figura 4.2 se observan ejemplos de las entradas y salidas de las dos redes.

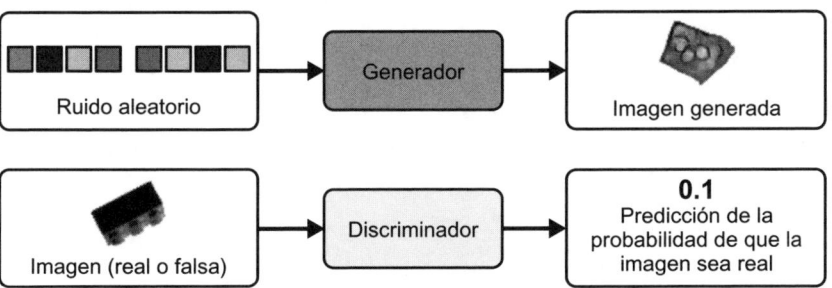

Figura 4.2. Entradas y salidas de las dos redes de una GAN.

Al comienzo del proceso, el generador produce imágenes con ruido y el discriminador predice aleatoriamente. La clave de las redes GAN reside en cómo alternamos el entrenamiento de las dos redes, de forma que el generador sea cada vez más hábil engañando al discriminador, el cual debe adaptarse para mantener su habilidad de identificar correctamente qué observaciones son falsas. Todo esto obliga al generador a buscar nuevas formas de engañar al discriminador, continuando así el ciclo.

Red GAN convolucional profunda (DCGAN)

Para ver esto en acción, empecemos a crear nuestra primera red GAN en Keras para generar imágenes de ladrillos.

Seguiremos de cerca uno de los primeros documentos importantes sobre redes GAN: «*Unsupervised Representation Learning with Deep Convolutional Generative Adversarial Networks*».[2] En este artículo de 2015, los autores muestran cómo crear una red GAN convolucional profunda para generar imágenes realistas a partir de diversos conjuntos de datos. También introducen varios cambios que mejoran de manera significativa la calidad de las imágenes generadas.

Código para este ejemplo

El código de este ejemplo puede encontrarse en el notebook de Jupyter ubicado en notebooks/04_gan/01_dcgan/dcgan.ipynb, en la página web del libro.

El conjunto de datos Bricks

Lo primero que debemos hacer es descargar los datos para el entrenamiento. Utilizaremos el conjunto de datos *Images of LEGO Bricks* (https://www.kaggle.com/datasets/joosthazelzet/lego-brick-images), disponible en Kaggle. Se trata de una colección de 40 000 fotográficas informatizadas de 50 ladrillos de juguete distintos, tomados desde distintos ángulos. La figura 4.3 muestra algunos ejemplos de imágenes de productos Brickki.

Figura 4.3. Ejemplos de imágenes del conjunto de datos Bricks.

Se puede descargar el conjunto de datos ejecutando el código correspondiente de Kaggle que puede encontrarse en la página web del libro, como muestra el ejemplo 4.1. Así se guardarán las imágenes y los metadatos que las acompañan en la carpeta local */data*.

Ejemplo 4.1. Descargando el conjunto de datos Bricks.

```bash
bash scripts/download_kaggle_data.sh joosthazelzet lego-brick-images
```

Utilizamos la función de Keras image_dataset_from_directory para crear un TensorFlow Dataset, dirigido al directorio en el que están almacenadas las imágenes, como muestra el ejemplo 4.2. De este modo podemos leer grupos de imágenes en la memoria solo cuando sea necesario (por ejemplo, durante el entrenamiento), de manera que podamos trabajar con grandes conjuntos de datos y no nos preocupemos de tener que integrar el conjunto de datos entero en la memoria. También redimensiona las imágenes a 64 × 64, interpolando entre valores de píxel.

Ejemplo 4.2. Creando un TensorFlow Dataset a partir de archivos de imágenes de un directorio.

```python
train_data = utils.image_dataset_from_directory(
    "/app/data/lego-brick-images/dataset/",
    labels=None,
    color_mode="grayscale",
    image_size=(64, 64),
    batch_size=128,
    shuffle=True,
    seed=42,
    interpolation="bilinear",
)
```

Los datos originales se dimensionan en el rango [0, 255] para indicar la intensidad de píxel. Al entrenar redes GAN ajustamos los datos al rango [-1, 1], de forma que podamos usar la función de activación tanh (tangente hiperbólica) en la capa final del generador, que tiende a ofrecer gradientes más fuertes que la función sigmoide (ejemplo 4.3).

Ejemplo 4.3. Procesando el conjunto de datos Bricks.

```
def preprocess(img):
    img = (tf.cast(img, "float32") - 127.5) / 127.5
    return img

train = train_data.map(lambda x: preprocess(x))
```

Veamos ahora cómo creamos el discriminador.

El discriminador

El objetivo del discriminador es predecir si una imagen es real o falsa. Es un problema de clasificación de imagen supervisada, por lo que podemos utilizar una arquitectura similar a las empleadas en el capítulo 2: capas convolucionales apiladas, con un solo nodo de salida.

La arquitectura completa del discriminador que crearemos se muestra en la tabla 4.1.

Tabla 4.1. Resumen del modelo del discriminador.

Capa (tipo)	Forma de la salida	N.º de parámetros
InputLayer	(None, 64, 64, 1)	0
Conv2D	(None, 32, 32, 64)	1024
LeakyReLU	(None, 32, 32, 64)	0
Dropout	(None, 32, 32, 64)	0
Conv2D	(None, 16, 16, 128)	131 072
BatchNormalization	(None, 16, 16, 128)	512
LeakyReLU	(None, 16, 16, 128)	0
Dropout	(None, 16, 16, 128)	0
Conv2D	(None, 8, 8, 256)	524 288
BatchNormalization	(None, 8, 8, 256)	1024
LeakyReLU	(None, 8, 8, 256)	0
Dropout	(None, 8, 8, 256)	0
Conv2D	(None, 4, 4, 512)	2 097 152
BatchNormalization	(None, 4, 4, 512)	2048
LeakyReLU	(None, 4, 4, 512)	0
Dropout	(None, 4, 4, 512)	0
Conv2D	(None, 1, 1, 1)	8192
Flatten	(None, 1)	0

Parámetros totales	2 765 312
Parámetros entrenables	2 763 520
Parámetros no entrenables	1792

El código de Keras para crear el discriminador se ofrece en el ejemplo 4.4.

Ejemplo 4.4. El discriminador.

```
discriminator_input = layers.Input(shape=(64, 64, 1)) ❶
x = layers.Conv2D(64, kernel_size=4, strides=2, padding="same", use_bias = False)(
    discriminator_input
) ❷
x = layers.LeakyReLU(0.2)(x)
x = layers.Dropout(0.3)(x)
x = layers.Conv2D(
    128, kernel_size=4, strides=2, padding="same", use_bias = False
)(x)
x = layers.BatchNormalization(momentum = 0.9)(x)
x = layers.LeakyReLU(0.2)(x)
x = layers.Dropout(0.3)(x)
x = layers.Conv2D(
    256, kernel_size=4, strides=2, padding="same", use_bias = False
)(x)
x = layers.BatchNormalization(momentum = 0.9)(x)
x = layers.LeakyReLU(0.2)(x)
x = layers.Dropout(0.3)(x)
x = layers.Conv2D(
    512, kernel_size=4, strides=2, padding="same", use_bias = False
)(x)
x = layers.BatchNormalization(momentum = 0.9)(x)
x = layers.LeakyReLU(0.2)(x)
x = layers.Dropout(0.3)(x)
x = layers.Conv2D(
    1,
    kernel_size=4,
    strides=1,
    padding="valid",
    use_bias = False,
    activation = 'sigmoid'
)(x)
discriminator_output = layers.Flatten()(x) ❸

discriminator = models.Model(discriminator_input, discriminator_output) ❹
```

❶ Define la capa `Input` del discriminador (la imagen).

❷ Apila capas `Conv2D` una sobre otra, con capas `BatchNormalization`, de activación `LeakyReLU` y `Dropout` intercaladas.

❸ Aplana la última capa convolucional; en este punto, la forma del tensor es $1 \times 1 \times 1$, por lo que no hace falta una capa `Dense` final.

❹ El modelo Keras que define el discriminador, es decir, un modelo que toma una imagen de entrada y proporciona un solo número entre 0 y 1.

Conviene observar que utilizamos un *stride* de 2 en algunas de las capas `Conv2D` para reducir la forma espacial del tensor cuando pasa por la red (64 en la imagen original, después 32, 16, 8, 4 y, finalmente, 1), aumentando al mismo tiempo el número de canales (1 en la imagen de entrada en escalas de gris, después 64, 128, 256 y, finalmente, 512), antes de colapsar a una única predicción.

Usamos una activación sigmoide en la capa `Conv2D` final para producir un número entre 0 y 1.

El generador

Ahora creemos el generador. La entrada para el generador será un vector tomado de una distribución normal estándar multivariada. El resultado o salida es una imagen que tiene el mismo tamaño que una imagen de los datos de entrenamiento originales. Quizá esta descripción recuerde al decodificador de un autocodificador variacional. En realidad, el generador de una red GAN cumple exactamente el mismo propósito que el decodificador de un VAE, es decir, convertir un vector del espacio latente en una imagen. El concepto de reasignar un espacio latente al dominio original es muy común en modelado generativo, pues nos ofrece la posibilidad de manipular vectores en el espacio latente para cambiar propiedades avanzadas de imágenes del dominio original. La arquitectura del generador que construiremos se muestra en la tabla 4.2.

Tabla 4.2. Resumen del modelo del generador.

Capa (tipo)	Forma de la salida	N.º de parámetros
InputLayer	(None, 100)	0
Reshape	(None, 1, 1, 100)	0
Conv2Dtranspose	(None, 4, 4, 512)	819 200
BatchNormalization	(None, 4, 4, 512)	2048
ReLU	(None, 4, 4, 512)	0
Conv2Dtranspose	(None, 8, 8, 256)	2 097 152
BatchNormalization	(None, 8, 8, 256)	1024
ReLU	(None, 8, 8, 256)	0
Conv2Dtranspose	(None, 16, 16, 128)	524 288
BatchNormalization	(None, 16, 16, 128)	512
ReLU	(None, 16, 16, 128)	0
Conv2Dtranspose	(None, 32, 32, 64)	131 072
BatchNormalization	(None, 32, 32, 64)	256
ReLU	(None, 32, 32, 64)	0
Conv2Dtranspose	(None, 64, 64, 1)	1024

Parámetros totales	3 576 576
Parámetros entrenables	3 574 656
Parámetros no entrenables	1920

El código para crear el generador se incluye en el ejemplo 4.5.

Ejemplo 4.5. El generador.

```
generator_input = layers.Input(shape=(100,)) ❶
x = layers.Reshape((1, 1, 100))(generator_input) ❷
x = layers.Conv2DTranspose(
    512, kernel_size=4, strides=1, padding="valid", use_bias = False
)(x) ❸
x = layers.BatchNormalization(momentum=0.9)(x)
```

```
x = layers.LeakyReLU(0.2)(x)
x = layers.Conv2DTranspose(
    256, kernel_size=4, strides=2, padding="same", use_bias = False
)(x)
x = layers.BatchNormalization(momentum=0.9)(x)
x = layers.LeakyReLU(0.2)(x)
x = layers.Conv2DTranspose(
    128, kernel_size=4, strides=2, padding="same", use_bias = False
)(x)
x = layers.BatchNormalization(momentum=0.9)(x)
x = layers.LeakyReLU(0.2)(x)
x = layers.Conv2DTranspose(
    64, kernel_size=4, strides=2, padding="same", use_bias = False
)(x)
x = layers.BatchNormalization(momentum=0.9)(x)
x = layers.LeakyReLU(0.2)(x)
generator_output = layers.Conv2DTranspose(
    1,
    kernel_size=4,
    strides=2,
    padding="same",
    use_bias = False,
    activation = 'tanh'
)(x) ❹
generator = models.Model(generator_input, generator_output) ❺
```

❶ Define la capa `Input` del generador (un vector de longitud 100).

❷ Usa una capa `Reshape` para dar un tensor de $1 \times 1 \times 100$, de forma que podamos empezar a aplicar operaciones de transposición convolucional.

❸ Pasamos esto por cuatro capas `Conv2DTranspose`, con capas `BatchNormalization` y `LeakyReLU` intercaladas.

❹ La capa `Conv2DTranspose` final usa una función de activación tanh de tangente hiperbólica para transformar la salida al rango [-1, 1], y coincidir así con el dominio de la imagen original.

❺ El modelo Keras que define el generador, es decir, un modelo que acepta un vector de longitud 100 y proporciona un tensor de forma [64, 64, 1].

Fijémonos en que utilizamos un *stride* de 2 en algunas de las capas *Conv2DTranspose* para aumentar la forma espacial del tensor cuando pasa por la red (1 en el vector original, después 4, 8, 16, 32 y, finalmente, 64), disminuyendo al mismo tiempo el número de canales (512 y después 256, 128, 64, y por último 1 para coincidir con la salida en escalas de gris).

Upsampling2D frente a Conv2DTranspose

Una alternativa a usar capas `Conv2DTranspose` es utilizar en su lugar una capa `UpSampling2D` seguida de una capa `Conv2D` normal con *stride* 1, como muestra el ejemplo 4.6.

Ejemplo 4.6. Ejemplo de upsampling.

```
x = layers.UpSampling2D(size = 2)(x)
x = layers.Conv2D(256, kernel_size=4, strides=1, padding="same")(x)
```

La capa `UpSampling2D` repite cada fila y columna de su entrada para duplicar el tamaño. La capa `Conv2D` con *stride* 1 realiza entonces la operación de convolución. Es una idea similar a la transposición convolucional, pero en lugar de rellenar los espacios entre píxeles con ceros, el *upsampling* tan solo repite los valores de píxel existentes.

Se ha demostrado que el método `Conv2DTranspose` puede producir artefactos o pequeñas tramas en forma de ajedrez en la imagen de salida (ver la figura 4.4), que estropean la calidad del resultado. A pesar de ello, se siguen utilizando en muchas de las redes GAN más impresionantes y han resultado ser una poderosa herramienta para el profesional del deep learning.

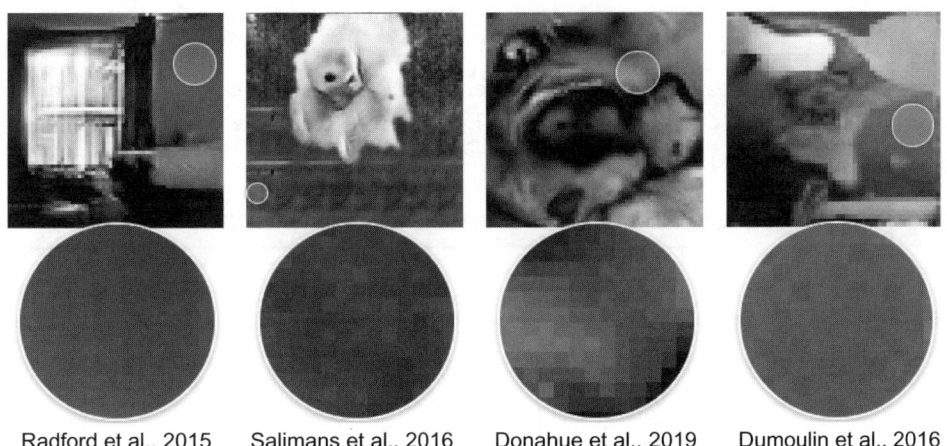

Radford et al., 2015　　Salimans et al., 2016　　Donahue et al., 2019　　Dumoulin et al., 2016

Figura 4.4. Artefactos que aparecen al usar capas de transposición convolucionales (fuente: Odena et al., 2016).[3]

Ambos métodos (`UpSampling2D` + `Conv2D` y `Conv2Dtranspose`) son formas aceptables de volver a transformar al dominio de la imagen original. En realidad es cuestión de probar ambos métodos en cada configuración en particular y ver cuál produce mejores resultados.

Entrenar la red DCGAN

Como ya hemos visto, las arquitecturas del generador y discriminador de una red DCGAN son muy sencillas y no tan diferentes de los modelos VAE que vimos en el capítulo 3. La clave para comprender las redes GAN reside en entender el proceso de entrenamiento para el generador y discriminador. Podemos entrenar el discriminador creando un conjunto de entrenamiento, en el que algunas de las imágenes son observaciones reales del conjunto y otras son resultados falsos del generador. Después tratamos esto como un problema de aprendizaje supervisado, donde las etiquetas son 1 para las imágenes reales y 0 para las falsas, con entropía cruzada binaria como función de pérdida.

¿Cómo se entrena el generador? Debemos encontrar una forma de puntuar cada imagen generada, de forma que pueda optimizar hacia imágenes con puntuación alta. Afortunadamente tenemos un discriminador que hace exactamente eso. Podemos generar un grupo de imágenes y pasarlas por el discriminador para obtener una puntuación para cada imagen. Entonces la función de pérdida para el generador es simplemente la entropía cruzada binaria entre estas probabilidades y un vector de unos, porque queremos entrenar al generador para producir imágenes que el discriminador piensa que son reales.

Resulta crucial que alternemos el entrenamiento de estas dos redes, asegurándonos de que solo actualizamos los pesos de una red en cada ocasión. Por ejemplo, durante el proceso de entrenamiento del generador, solo los pesos del generador están actualizados. Si permitiéramos que los pesos del discriminador cambiaran también, el discriminador simplemente se ajustaría de manera que hubiera más probabilidades de que predijera que las imágenes generadas son reales, lo que no es el resultado deseado.

Queremos que las imágenes generadas se predigan lo más cerca de 1 (real) porque el generador es fuerte, no porque el discriminador es débil. En la figura 4.5 puede verse un diagrama del proceso de entrenamiento para el discriminador y generador.

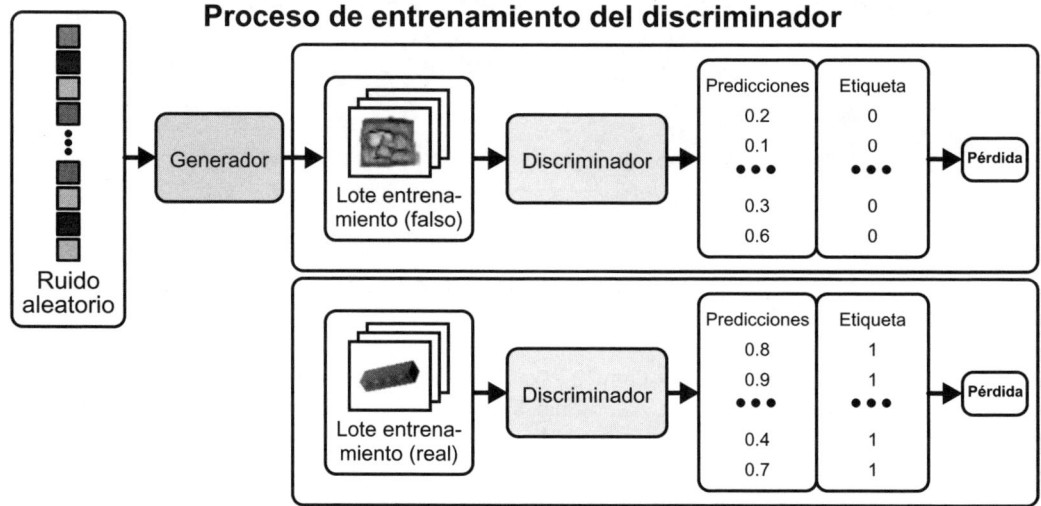

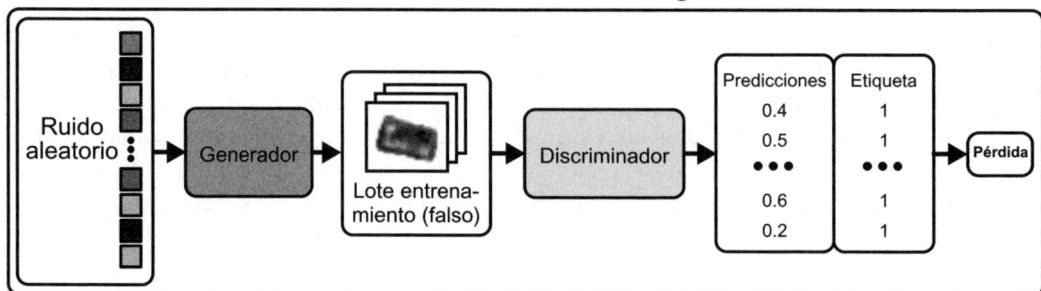

Figura 4.5. Entrenando la red DCGAN; los recuadros grises indican que los pesos se congelan durante el entrenamiento.

Keras nos ofrece la posibilidad de crear una función personalizada `train_step` para implementar esta lógica. El ejemplo 4.7 muestra la clase completa `DCGAN`.

Ejemplo 4.7. Compilando la DCGAN.

```python
class DCGAN(models.Model):
    def __init__(self, discriminator, generator, latent_dim):
        super(DCGAN, self).__init__()
        self.discriminator = discriminator
        self.generator = generator
        self.latent_dim = latent_dim

    def compile(self, d_optimizer, g_optimizer):
        super(DCGAN, self).compile()
        self.loss_fn = losses.BinaryCrossentropy()  ❶
        self.d_optimizer = d_optimizer
        self.g_optimizer = g_optimizer
        self.d_loss_metric = metrics.Mean(name="d_loss")
        self.g_loss_metric = metrics.Mean(name="g_loss")

    @property
    def metrics(self):
        return [self.d_loss_metric, self.g_loss_metric]

    def train_step(self, real_images):
        batch_size = tf.shape(real_images)[0]
        random_latent_vectors = tf.random.normal(
            shape=(batch_size, self.latent_dim)
        )  ❷

        with tf.GradientTape() as gen_tape, tf.GradientTape() as disc_tape:
            generated_images = self.generator(
                random_latent_vectors, training = True
            )  ❸
            real_predictions = self.discriminator(real_images, training = True)  ❹
            fake_predictions = self.discriminator(
                generated_images, training = True
            )  ❺

            real_labels = tf.ones_like(real_predictions)
            real_noisy_labels = real_labels + 0.1 * tf.random.uniform(
                tf.shape(real_predictions)
            )
            fake_labels = tf.zeros_like(fake_predictions)
            fake_noisy_labels = fake_labels - 0.1 * tf.random.uniform(
                tf.shape(fake_predictions)
            )

            d_real_loss = self.loss_fn(real_noisy_labels, real_predictions)
            d_fake_loss = self.loss_fn(fake_noisy_labels, fake_predictions)
            d_loss = (d_real_loss + d_fake_loss) / 2.0  ❻

            g_loss = self.loss_fn(real_labels, fake_predictions)  ❼

        gradients_of_discriminator = disc_tape.gradient(
            d_loss, self.discriminator.trainable_variables
```

```
        )
        gradients_of_generator = gen_tape.gradient(
            g_loss, self.generator.trainable_variables
        )

        self.d_optimizer.apply_gradients(
            zip(gradients_of_discriminator, discriminator.trainable_variables)
        ) ❽

        self.g_optimizer.apply_gradients(
            zip(gradients_of_generator, generator.trainable_variables)
        )

        self.d_loss_metric.update_state(d_loss)
        self.g_loss_metric.update_state(g_loss)

        return {m.name: m.result() for m in self.metrics}
dcgan = DCGAN(
    discriminator=discriminator, generator=generator, latent_dim=100
)

dcgan.compile(
    d_optimizer=optimizers.Adam(
        learning_rate=0.0002, beta_1 = 0.5, beta_2 = 0.999
    ),
    g_optimizer=optimizers.Adam(
        learning_rate=0.0002, beta_1 = 0.5, beta_2 = 0.999
    ),
)

dcgan.fit(train, epochs=300)
```

❶ La función de pérdida del generador y discriminador es `BinaryCrossentropy`.

❷ Para entrenar la red, toma primero como muestra un grupo de vectores de una distribución normal estándar multivariada.

❸ Después los pasa por el generador para producir un lote de imágenes generadas.

❹ Ahora pide al discriminador que prediga cómo de real es el lote de imágenes reales...

❺ ...y el lote de imágenes generadas.

❻ La pérdida del discriminador es la entropía cruzada binaria media a lo largo de las imágenes reales (con etiqueta 1) y falsas (con etiqueta 0).

❼ La pérdida del generador es la entropía cruzada binaria entre las predicciones del discriminador para las imágenes generadas y una etiqueta de 1.

❽ Actualiza los pesos del discriminador y generador por separado.

El discriminador y generador están constantemente luchando por dominar al otro, y ello puede hacer que el proceso de entrenamiento de la red DCGAN sea inestable. Lo ideal es que dicho proceso encuentre un equilibrio que permita al generador aprender información con sentido del discriminador, y entonces la calidad de las imágenes empezará a mejorar. Transcurridos los *epochs* suficientes, el discriminador tiende a dejar de dominar, como muestra la figura 4.6, pero esto puede no ser un problema, pues en este punto el generador puede haber aprendido ya a producir imágenes con calidad suficientemente alta.

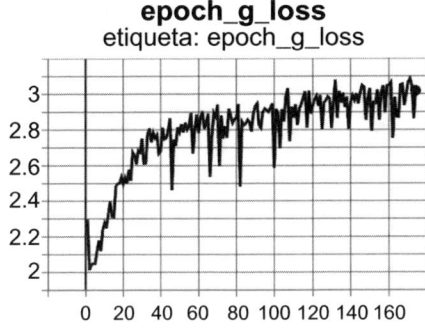

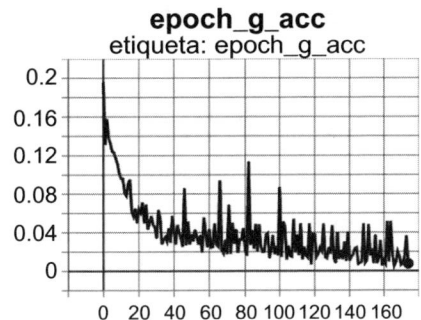

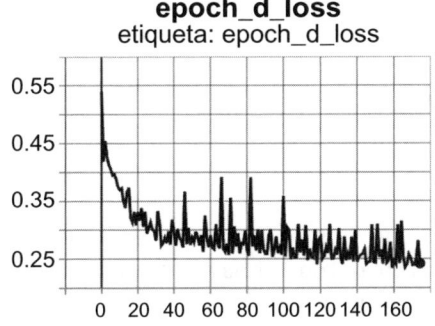

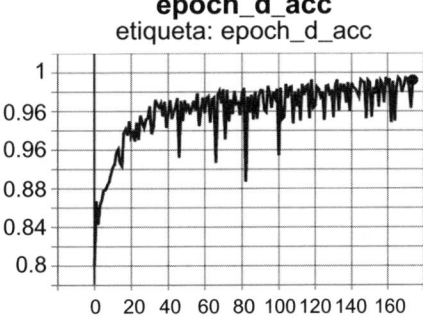

Figura 4.6. Pérdida y precisión del discriminador y generador durante el entrenamiento.

Añadir ruido a las etiquetas

Un truco de utilidad cuando se entrenan redes GAN es añadir una pequeña cantidad de ruido aleatorio a las etiquetas de entrenamiento. Sirve para mejorar la estabilidad del proceso de entrenamiento y enfocar o aclarar las imágenes generadas. Este suavizado de etiqueta actúa como forma de control del discriminador, para que se le presente una tarea más difícil y no sobrecargue al generador.

Análisis de la red DCGAN

Observando imágenes producidas por el generador en determinados *epochs* durante el entrenamiento (figura 4.7), resulta evidente que el generador es cada vez más experto en producir imágenes que podrían haber sido extraídas del conjunto de entrenamiento.

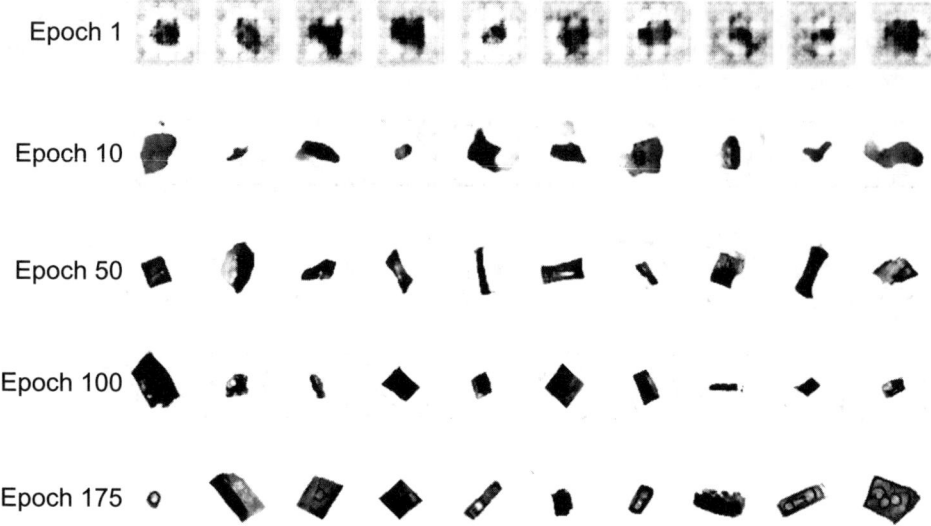

Figura 4.7. Resultado producido por el generador en determinados epochs durante el entrenamiento.

Es un milagro que una red neuronal sea capaz de convertir ruido aleatorio en algo con significado. Vale la pena recordar que no le hemos ofrecido al modelo propiedades adicionales, aparte de los píxeles sin procesar, por lo cual tiene que solucionar por sí solo conceptos avanzados, como el dibujo de sombras, cubos y círculos.

Otro requisito de un modelo generativo competente es que no solo reproduce imágenes del conjunto de entrenamiento. Para probar esto, intentemos encontrar la imagen del conjunto de entrenamiento que más se acerque a un determinado ejemplo generado. Una buena medida de la distancia es la distancia L1, que se define del siguiente modo:

```
def compare_images(img1, img2):
    return np.mean(np.abs(img1 - img2))
```

La figura 4.8 muestra las observaciones del conjunto de entrenamiento más próximas a una selección de imágenes generadas. Vemos que, aunque hay un cierto grado de similitud entre las imágenes generadas y el conjunto de entrenamiento, no son idénticas, lo cual demuestra que el generador ha comprendido estas propiedades avanzadas y puede generar ejemplos distintos de los que ya ha visto.

Entrenamiento de redes GAN: Consejos y trucos

Aunque las redes GAN suponen un gran avance para el modelado generativo, también son especialmente difíciles de entrenar. En esta sección exploraremos algunos de los problemas y desafíos más habituales al entrenar estas redes, además de posibles soluciones. En la siguiente sección, estudiaremos más ajustes fundamentales que podemos realizar en la estructura GAN para corregir muchos de estos problemas.

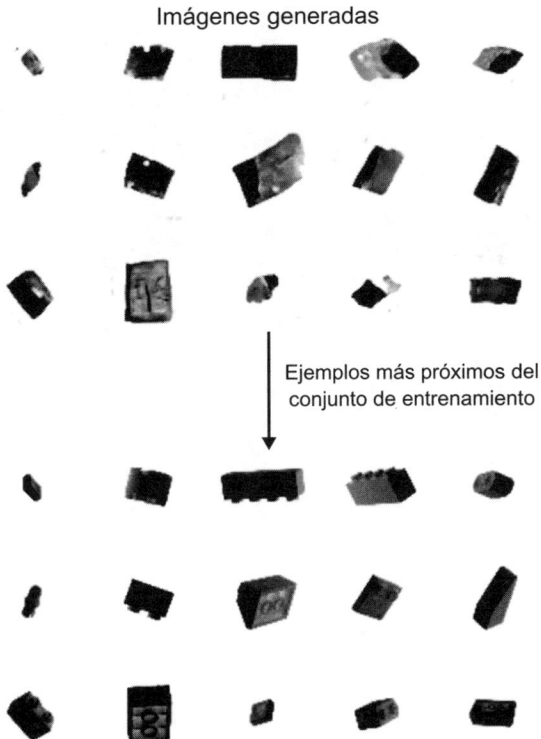

Imágenes generadas

Ejemplos más próximos del
conjunto de entrenamiento

Figura 4.8. Coincidencias del conjunto de entrenamiento más próximas a imágenes generadas.

El discriminador sobrecarga al generador

Si el discriminador se vuelve demasiado fuerte, la señal de la función de pérdida se debilita demasiado como para realizar mejoras significativas en el generador. En el peor de los casos, el discriminador aprende perfectamente a separar imágenes reales de falsas, y los gradientes se desvanecen por completo, eliminando por completo el entrenamiento, como muestra la figura 4.9.

Si resulta que la función de pérdida del discriminador colapsa, debemos buscar formas de debilitar al discriminador. Podemos probar con estas sugerencias:

- Incrementar el parámetro `rate` de las capas `Dropout` del discriminador para amortiguar la cantidad de información que fluye por la red.
- Reducir la velocidad de aprendizaje del discriminador.
- Reducir el número de filtros convolucionales del discriminador.
- Añadir ruido a las etiquetas al entrenar el discriminador.
- Voltear las etiquetas de algunas imágenes de forma aleatoria al entrenar el discriminador.

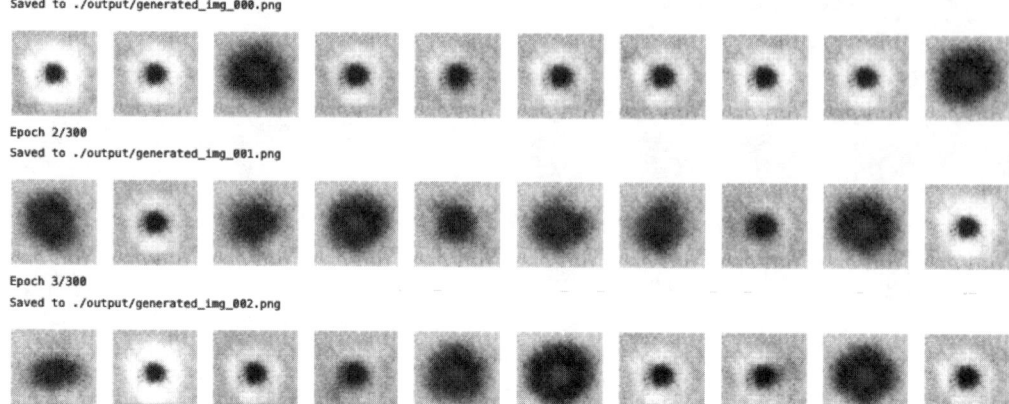

```
Epoch 1/300
Saved to ./output/generated_img_000.png
```

```
Epoch 2/300
Saved to ./output/generated_img_001.png
```

```
Epoch 3/300
Saved to ./output/generated_img_002.png
```

Figura 4.9. Ejemplos de lo que se obtiene cuando el discriminador sobrecarga al generador.

El generador sobrecarga al discriminador

Si el discriminador no es lo bastante potente, el generador encontrará formas de engañarle fácilmente con una pequeña muestra de imágenes casi idénticas. Esto se conoce como colapso de modo o modal.

Por ejemplo, supongamos que vamos a entrenar al generador con varios lotes de imágenes sin actualizar el discriminador entre medias. El generador se inclinaría por encontrar una sola observación (también conocida como modo) que engañara siempre al discriminador, y empezaría a asignar cada punto del espacio latente de entrada a esta imagen. Es más, los gradientes de la función de pérdida colapsarían cerca de 0, de modo que no le sería posible recuperarse de este estado.

Incluso aunque tratáramos de evitar que el discriminador fuera engañado por este único punto, el generador encontraría otra forma de engañar al discriminador, porque se ha insensibilizado a su entrada y por ello no tiene incentivos para diversificar su salida.

El efecto del colapso modal se puede observar en la figura 4.10.

Si descubrimos que el generador está sufriendo de colapso modal, podemos intentar reforzar al discriminador utilizando las sugerencias opuestas a las ofrecidas en la sección anterior. También se puede probar a reducir la velocidad de aprendizaje de ambas redes y aumentar el tamaño del lote.

Pérdida no informativa

Como el modelo de deep learning se compila para minimizar la función de pérdida, sería natural pensar que cuanto menor sea la función de pérdida del generador, mejor será la calidad de las imágenes producidas. No obstante, como el generador solo se degrada frente al actual discriminador y el discriminador mejora constantemente, no podemos comparar la función de pérdida evaluada en distintos puntos del proceso de entrenamiento. De hecho, en la figura 4.6, la función de pérdida del generador aumenta con el tiempo, incluso aunque la calidad de las imágenes esté sin duda mejorando. Esta falta de correlación entre la pérdida del generador y la calidad de la imagen dificulta en ocasiones el control del entrenamiento de las redes GAN.

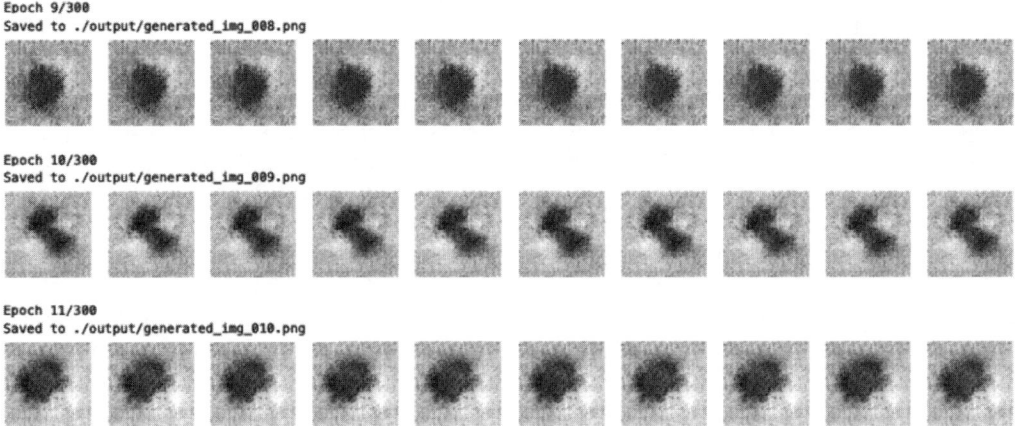

Figura 4.10. Ejemplo de colapso modal, cuando el generador sobrecarga al discriminador.

Hiperparámetros

Como ya hemos visto, incluso con redes GAN sencillas, hay muchos hiperparámetros que ajustar. Además de la arquitectura general del discriminador y el generador, hemos de tener en cuenta los parámetros que controlan la normalización por lotes, el *dropout*, la velocidad de aprendizaje, las capas de activación, los filtros convolucionales, el tamaño del kernel, el *striding*, el tamaño del lote y el tamaño del espacio latente. Las redes GAN son extremadamente sensibles a los cambios más leves en todos estos parámetros, y encontrar un conjunto de parámetros que funcione suele ser una cuestión de concienzuda prueba y error, en lugar de seguir una serie de indicaciones establecidas.

Por esta razón es tan importante entender el funcionamiento interno de la red GAN y saber cómo interpretar la función de pérdida, de modo que sea posible identificar los ajustes apropiados en los hiperparámetros que puedan mejorar la estabilidad del modelo.

Afrontar los desafíos que plantean las redes GAN

En los últimos años, varios avances importantes han mejorado drásticamente la estabilidad general de los modelos GAN y disminuido la probabilidad de algunos de los problemas explicados anteriormente, como el colapso de modo.

En el resto de este capítulo examinaremos la red GAN de Wasserstein con penalización de gradiente (WGAN-GP, *Wasserstein GAN with Gradient Penalty*), que realiza varios ajustes importantes en la estructura GAN que hemos explorado hasta ahora, para mejorar la estabilidad y calidad del proceso de generación de imágenes.

Red GAN de Wasserstein con penalización de gradiente (WGAN-GP)

En esta sección crearemos una red WGAN-GP para generar caras del conjunto de datos CelebA, ya utilizado en el capítulo 3.

Código para este ejemplo

El código para este ejemplo puede encontrarse en el notebook de Jupyter ubicado en `notebooks/04_gan/02_wgan_gp/wgan_gp.ipynb`, en la página web del libro.
El código ha sido adaptado del excelente tutorial de WGAN-GP (`https://keras.io/examples/generative/wgan_gp/`) creado por Aakash Kumar Nain, y disponible en el sitio web de Keras.

La red GAN de Wasserstein (WGAN, *Wasserstein GAN*), presentada por Arjovsky *et al.* en un artículo de 2017,[4] fue uno de los primeros grandes pasos dados hacia la estabilización del entrenamiento de redes GAN. Con algunos cambios, los autores pudieron explicar cómo entrenar redes GAN que tienen las siguientes dos propiedades (citadas del artículo):

- Una medición de pérdida significativa que está en correlación con la convergencia del generador y la calidad de la muestra.
- Estabilidad mejorada del proceso de optimización.

Específicamente, el documento introduce la función de pérdida de Wasserstein para el discriminador y el generador. Usando esta función de pérdida en lugar de la entropía cruzada binaria se obtiene como resultado una convergencia más estable de la red GAN.

En esta sección definiremos primero la función de pérdida de Wasserstein, y después veremos qué otros cambios es necesario realizar en la arquitectura del modelo para incorporar esta nueva función.

El lector encontrará la clase del modelo completa en el notebook de Jupyter ubicado en `chapter05/wgangp/faces/train.ipynb`, en la página web del libro.

Pérdida de Wasserstein

Recordemos primero la definición de pérdida de entropía cruzada binaria, es decir, la función que estamos utilizando para entrenar al discriminador y generador de la red GAN (ecuación 4.1).

Ecuación 4.1. Pérdida de entropía cruzada binaria.

$$-\frac{1}{n}\sum_{i=1}^{n}\left(y_i \log\left(p_i\right) + \left(1 - y_i\right) \log\left(1 - p_i\right)\right)$$

Para entrenar el discriminador D de la red GAN, calculamos la pérdida al comparar las predicciones de imágenes reales $p_i = D(x_i)$ con la respuesta $y_i = 1$ y las predicciones de imágenes generadas $p_i = D(G(z_i))$ con la respuesta $y_i = 0$. De esta forma, para el discriminador de la red

GAN, el proceso de minimización de la función de pérdida se puede escribir como muestra la ecuación 4.2.

Ecuación 4.2. Minimización de la pérdida del discriminador de la red GAN.

$$\min_{D} \ -\left(\mathbb{E}_{x \sim p_X}[\ \log D(x)] + \mathbb{E}_{z \sim p_Z}[\ \log (1 - D(G(z)))]\right)$$

Para entrenar el generador G de la red GAN, calculamos la pérdida al comparar las predicciones de imágenes reales $p_i = D(G(z_i))$ con la respuesta $y_i = 1$. De esta forma, para el generador de la red GAN, el proceso de minimización de la función de pérdida se puede escribir como muestra la ecuación 4.3.

Ecuación 4-3. Minimización de la pérdida del generador de la red GAN.

$$\min_{G} \ -\left(\mathbb{E}_{z \sim p_Z}[\ \log D(G(z))]\right)$$

Comparemos esto ahora con la función de pérdida de Wasserstein.

En primer lugar, la pérdida de Wasserstein requiere el uso de $y_i = 1$ e $y_i = -1$ como etiquetas, en lugar de 1 y 0. También eliminamos la activación sigmoide de la capa final del discriminador, de forma que las predicciones p_i ya no estén limitadas a entrar en el rango [0, 1], sino que ahora puedan ser cualquier número del rango $(-\infty, \infty)$. Por esta razón, al discriminador de una red WGAN se le suele tratar como a un crítico que obtiene una puntuación en lugar de una probabilidad.

La función de pérdida de Wasserstein se define de la siguiente manera:

$$-\frac{1}{n} \sum_{i=1}^{n} (y_i p_i)$$

Para entrenar el crítico D de la red WGAN, calculamos la pérdida al comparar las predicciones de imágenes reales $p_i = D(x_i)$ con la respuesta $y_i = 1$ y las predicciones de imágenes generadas $p_i = D(G(z_i))$ con la respuesta $y_i = -1$. De esta forma, para el discriminador de la red GAN, el proceso de minimización de la función de pérdida se puede escribir de la siguiente manera:

$$\min_{D} \ -\left(\mathbb{E}_{x \sim p_X}[D(x)] - \mathbb{E}_{z \sim p_Z}[D(G(z))]\right)$$

En otras palabras, el crítico de la red WGAN trata de maximizar la diferencia entre sus predicciones de imágenes reales y las imágenes generadas.

Para entrenar el generador WGAN, calculamos la pérdida al comparar las predicciones de imágenes generadas $p_i = D(G(z_i))$ con la respuesta $y_i = 1$. De esta forma, para el generador de la red GAN, el proceso de minimización de la función de pérdida se puede escribir de la siguiente manera:

$$\min_{G} \ -\left(\mathbb{E}_{z \sim p_Z}[D(G(z))]\right)$$

En otras palabras, el generador de la red WGAN trata de producir imágenes que el crítico puntúe tan alto como sea posible (es decir, se engaña al crítico para que piense que son reales).

La restricción Lipschitz

Quizá resulte sorprendente que ahora estemos permitiendo al crítico que obtenga cualquier número del rango (-∞, ∞), en lugar de aplicar una función sigmoide para limitar la salida al rango [0, 1] habitual. La pérdida de Wasserstein puede ser por ello muy grande, lo que resulta inquietante (normalmente, en redes neuronales los números grandes se evitan).

De hecho, los autores del artículo sobre redes WGAN explican que para que la función de pérdida de Wasserstein tenga efecto, también es necesario ponerle al crítico una limitación adicional. En otras palabras, se requiere que el crítico sea una función continua 1-Lipschitz. Analicemos esto para entender mejor su significado.

El crítico es una función D que convierte una imagen en una predicción. Decimos que esta función es 1-Lipschitz si cumple la siguiente desigualdad para dos imágenes de entrada cualesquiera, x_1 y x_2:

$$\frac{|D(x_1) - D(x_2)|}{|x_1 - x_2|} \leq 1$$

Aquí, $|x_1 - x_2|$ es la diferencia absoluta media por píxel entre dos imágenes, y $|D(x_1) - D(x_2)|$ es la diferencia absoluta entre las predicciones del crítico. Básicamente, necesitamos un límite para la velocidad a la que las predicciones del crítico pueden cambiar entre dos imágenes (es decir, el valor absoluto del gradiente debe ser como máximo 1 en todas partes). La figura 4.11 muestra esto aplicado a una función 1D continua Lipschitz; la línea no entra en el cono en ningún punto, esté donde esté el cono en la línea. En otras palabras, hay un límite en la velocidad a la que la línea puede subir o bajar en cualquier punto.

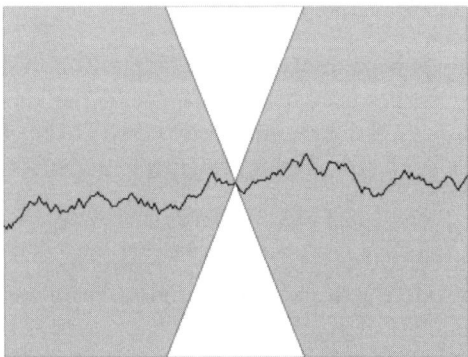

Figura 4.11. Una función continua Lipschitz (fuente: Wikipedia, `https://en.wikipedia.org/wiki/Lipschitz_continuity`*).*

 Para los lectores que quieran profundizar más en los fundamentos matemáticos que están detrás de la razón por la cual la pérdida de Wasserstein solo funciona cuando esta limitación se aplica, Jonathan Hui ofrece una excelente explicación en `https:// jonathan-hui.medium.com/gan-wasserstein-gan-wgan-gp-6a1a2aa1b490`.

Hacer cumplir la restricción Lipschitz

En el artículo original de las redes WGAN, los autores explican cómo es posible hacer cumplir la restricción Lipschitz recortando los pesos del crítico para que entren en un rango reducido, [-0.01, 0.01], tras cada lote de entrenamiento.

Uno de los comentarios negativos de este enfoque es que la capacidad de aprendizaje del crítico se ve enormemente disminuida, ya que estamos recortando sus pesos. De hecho, hasta en el documento original los autores escriben lo siguiente: «El recorte de pesos es una forma sin duda desmesurada de hacer cumplir una restricción Lipschitz» (N. del T.: traducido del texto original). Un crítico fuerte es fundamental para el éxito de una red WGAN, porque, sin gradientes precisos, el generador no puede aprender a adaptar sus pesos para producir mejores muestras.

Por esta razón, otros investigadores han buscado alternativas a hacer cumplir la restricción Lipschitz y mejorar la capacidad de la red WGAN para aprender propiedades complejas. Uno de estos métodos es la GAN de Wasserstein con penalización de gradiente.

En el artículo de presentación de esta variante,[5] los autores explican cómo se puede hacer cumplir la restricción Lipschitz directamente incluyendo un término de penalización de gradiente en la función de pérdida para el crítico, que penaliza al modelo si la norma de gradiente se desvía de 1. Esto da como resultado un proceso de entrenamiento más estable.

En la siguiente sección, veremos cómo crear este término adicional en la función de pérdida para nuestro crítico.

La pérdida de penalización de gradiente

La figura 4.12 es un diagrama del proceso de entrenamiento del crítico de una red WGAN-GP. Si lo comparamos con el proceso de entrenamiento del discriminador original que muestra la figura 4.5, vemos que el cambio fundamental es la pérdida de penalización de gradiente incluida como parte de la función de pérdida general, junto con la pérdida de Wasserstein de las imágenes reales y falsas.

La pérdida de penalización de gradiente mide la diferencia al cuadrado entre la norma del gradiente de las predicciones con respecto a las imágenes de entrada y 1. El modelo se inclinará de forma natural a encontrar pesos que aseguren que el término de penalización de gradiente resulte minimizado, animando así al modelo a ajustarse a la restricción Lipschitz.

No es manejable calcular este gradiente en todas partes durante el proceso de entrenamiento, así que, en vez de eso, la red WGAN-GP evalúa el gradiente solo en unos cuantos puntos. Para asegurar una mezcla equilibrada, usamos un conjunto de imágenes interpoladas que residen en puntos elegidos aleatoriamente a lo largo de líneas que conectan el lote de imágenes reales con el de imágenes falsas por pares, como muestra la figura 4.13.

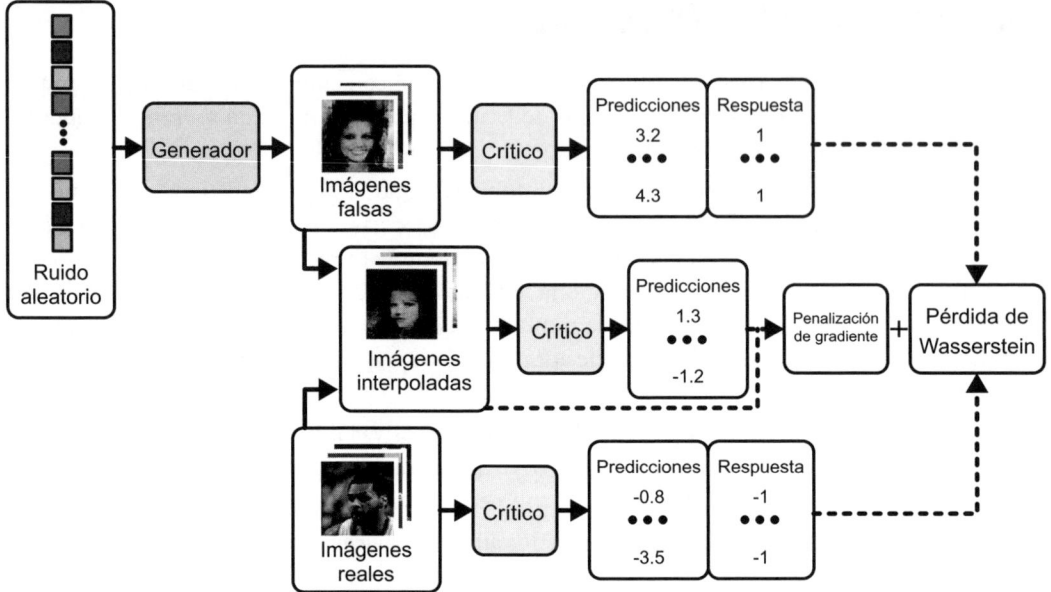

Figura 4.12. El proceso de entrenamiento del crítico de la red WGAN-GP.

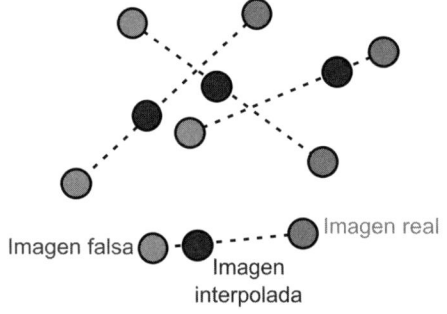

Figura 4.13. Interpolando entre imágenes.

En el ejemplo 4.8, vemos en código cómo se calcula la penalización de gradiente.

Ejemplo 4.8. La función de pérdida de penalización de gradiente.

```
def gradient_penalty(self, batch_size, real_images, fake_images):
    alpha = tf.random.normal([batch_size, 1, 1, 1], 0.0, 1.0) ❶
    diff = fake_images - real_images
    interpolated = real_images + alpha * diff ❷

    with tf.GradientTape() as gp_tape:
        gp_tape.watch(interpolated)
        pred = self.critic(interpolated, training=True) ❸
```

```
grads = gp_tape.gradient(pred, [interpolated])[0] ❹
norm = tf.sqrt(tf.reduce_sum(tf.square(grads), axis=[1, 2, 3])) ❺
gp = tf.reduce_mean((norm - 1.0) ** 2) ❻
return gp
```

❶ Cada imagen del lote obtiene un número aleatorio, entre 0 y 1, almacenado como vector alpha.

❷ Se calcula un conjunto de imágenes interpoladas.

❸ Se le pide al crítico que puntúe cada una de estas imágenes interpoladas.

❹ Se calcula el gradiente de las predicciones con respecto a las imágenes de entrada.

❺ Se calcula la norma L2 de este vector.

❻ La función devuelve la distancia media al cuadrado entre la norma L2 y 1.

Entrenar la red WGAN-GP

Un beneficio esencial de utilizar la función de pérdida de Wasserstein es que ya no necesitamos preocuparnos por equilibrar el entrenamiento del crítico y el generador. De hecho, al utilizar la pérdida de Wasserstein, el crítico debe ser entrenado hasta la convergencia antes de actualizar el generador, para asegurarse de que los gradientes de la actualización del generador son precisos. Esto contrasta con una red GAN estándar, en la cual es importante no dejar que el discriminador sea demasiado fuerte.

Por esta razón, con las redes GAN de Wasserstein podemos entrenar al crítico de una manera sencilla varias veces entre actualizaciones del generador, para asegurarnos de que esté cerca de la convergencia. La proporción más empleada es de tres a cinco actualizaciones del crítico por actualización del generador.

Ya hemos introducido los dos conceptos esenciales de la red WGAN-GP: la pérdida de Wasserstein y el término de penalización de gradiente incluida en la función de pérdida del crítico. El paso de entrenamiento del modelo WGAN que incorpora todas estas ideas se muestra en el ejemplo 4.9.

Ejemplo 4.9. Entrenando la red WGAN-GP.

```
def train_step(self, real_images):
    batch_size = tf.shape(real_images)[0]

    for i in range(3): ❶
        random_latent_vectors = tf.random.normal(
            shape=(batch_size, self.latent_dim)
        )

        with tf.GradientTape() as tape:
            fake_images = self.generator(
                random_latent_vectors, training = True
            )
            fake_predictions = self.critic(fake_images, training = True)
            real_predictions = self.critic(real_images, training = True)
```

```
        c_wass_loss = tf.reduce_mean(fake_predictions) - tf.reduce_mean(
            real_predictions
        ) ❷
        c_gp = self.gradient_penalty(
            batch_size, real_images, fake_images
        ) ❸
        c_loss = c_wass_loss + c_gp * self.gp_weight ❹

    c_gradient = tape.gradient(c_loss, self.critic.trainable_variables)
    self.c_optimizer.apply_gradients(
        zip(c_gradient, self.critic.trainable_variables)
    ) ❺

random_latent_vectors = tf.random.normal(
    shape=(batch_size, self.latent_dim)
)
with  tf.GradientTape() as tape:
    fake_images = self.generator(random_latent_vectors, training=True)
    fake_predictions = self.critic(fake_images, training=True)
    g_loss = -tf.reduce_mean(fake_predictions) ❻

gen_gradient = tape.gradient(g_loss, self.generator.trainable_variables)
self.g_optimizer.apply_gradients(
    zip(gen_gradient, self.generator.trainable_variables)
    ) ❼

self.c_loss_metric.update_state(c_loss)
self.c_wass_loss_metric.update_state(c_wass_loss)
self.c_gp_metric.update_state(c_gp)
self.g_loss_metric.update_state(g_loss)

return {m.name: m.result() for m in self.metrics}
```

❶ Realiza tres actualizaciones del crítico.

❷ Calcula la pérdida de Wasserstein para el crítico, es decir, la diferencia entre la predicción media de las imágenes falsas y las imágenes reales.

❸ Calcula el término de penalización de gradiente (ver ejemplo 4.8).

❹ La función de pérdida del crítico es una suma ponderada de la pérdida de Wasserstein y la penalización de gradiente.

❺ Actualiza los pesos del crítico.

❻ Calcula la pérdida de Wasserstein para el generador.

❼ Actualiza los pesos del generador.

Normalización por lotes en una red WGAN-GP

Una última consideración que debemos tener en cuenta antes de entrenar una red WGAN-GP: la normalización por lotes no se debe utilizar en el crítico, debido a que este proceso crea correlación entre las imágenes del mismo lote, con lo cual la pérdida de penalización de gradiente es menos efectiva. Varios experimentos han demostrado que las redes WGAN-GP pueden producir resultados excelentes aun sin normalización por lotes en el crítico.

Ya hemos visto todas las diferencias fundamentales entre una red GAN estándar y una WGAN-GP. Recapitulando:

- Una red WGAN-GP usa la pérdida de Wasserstein.
- La red WGAN-GP se entrena utilizando etiquetas 1 para reales y -1 para falsas.
- No hay activación sigmoide en la capa final del crítico.
- Hay que incluir un término de penalización de gradiente en la función de pérdida para el crítico.
- Se debe entrenar al crítico varias veces para cada actualización del generador.
- No hay capas de normalización por lotes en el crítico.

Análisis de la red WGAN-GP

Echemos un vistazo a algunos resultados de ejemplo del generador, tras 25 *epochs* de entrenamiento (figura 4.14).

Figura 4.14. Ejemplos de caras de la red WGAN-GP.

El modelo ha aprendido los atributos avanzados característicos de una cara, y no hay signo de colapso modal.

También es posible observar la evolución de las funciones de pérdida del modelo con el tiempo (figura 4.15); las funciones de pérdida tanto del crítico como del generador son muy estables y convergentes.

Si comparamos el resultado ofrecido por la red WGAN-GP con el del VAE del capítulo anterior, concluimos que las imágenes de la red GAN son en general más nítidas, especialmente la definición entre el pelo y el fondo de la imagen. Normalmente esto es cierto; los VAE tienden a producir imágenes más desenfocadas que difuminan los límites de color, mientras que las redes GAN se sabe que producen imágenes más nítidas y definidas.

También es cierto que las redes GAN son más difíciles de generar que los VAE y tardan más en alcanzar una calidad satisfactoria. No obstante, muchos modelos generativos avanzados de última generación están basados en redes GAN, pues las recompensas por entrenar redes GAN a gran escala con GPU durante un largo período de tiempo son importantes.

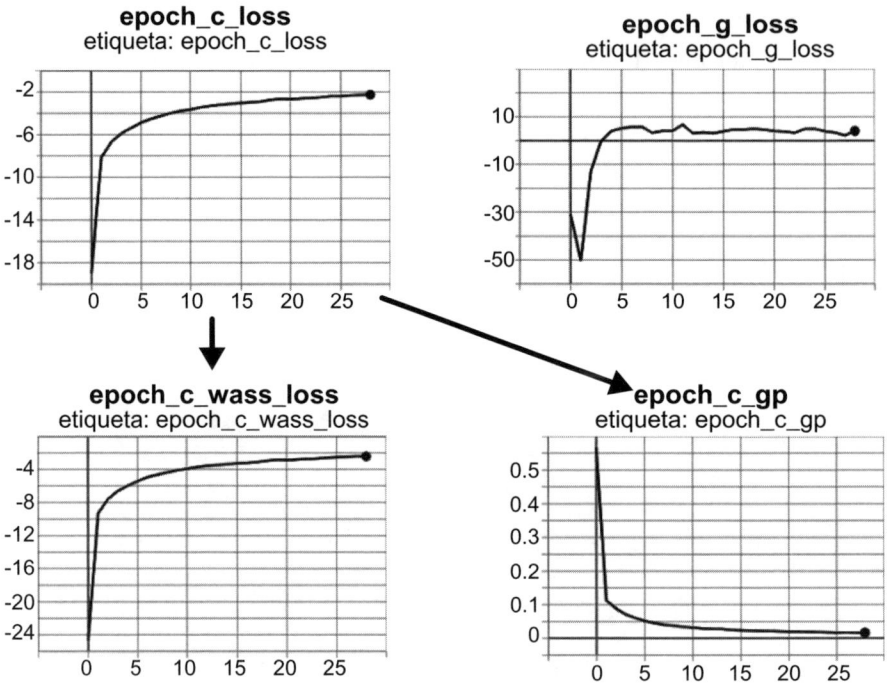

Figura 4.15. Curvas de pérdida de la red WGAN-GP: la pérdida del crítico (`epoch_c_loss`) se divide en pérdida de Wasserstein (`epoch_c_wass`) y pérdida de la penalización de gradiente (`epoch_c_gp`).

GAN condicional (CGAN, *Conditional GAN*)

En lo que va de capítulo hemos creado redes GAN capaces de generar imágenes realistas a partir de un conjunto de entrenamiento determinado. No obstante, no hemos podido controlar el tipo de imagen que nos gustaría generar (por ejemplo, una cara de hombre o de mujer, o un ladrillo pequeño o grande). Podemos tomar como muestra un punto aleatorio del espacio latente, pero no tenemos la habilidad para entender fácilmente qué tipo de imagen se producirá dada la elección de variable latente.

En la parte final del capítulo centraremos nuestra atención en crear una red GAN en la cual podamos controlar la salida (la denominada GAN condicional). Esta idea, introducida por primera vez en el artículo de 2014 «*Conditional Generative Adversarial Nets*» de Mirza y Osindero,[6] es una extensión relativamente sencilla de la arquitectura GAN.

Código para este ejemplo

El código para este ejemplo puede encontrarse en el notebook de Jupyter ubicado en `notebooks/04_gan/03_cgan/cgan.ipynb` en la página web del libro.
El código ha sido adaptado del excelente tutorial sobre CGAN (`https://keras.io/examples/generative/conditional_gan/`) creado por Sayak Paul, y disponible en el sitio web de Keras.

Arquitectura CGAN

En este ejemplo condicionaremos nuestra red CGAN al atributo de pelo rubio del conjunto de datos de caras. En otras palabras, seremos capaces de especificar de manera explícita si queremos generar una imagen con pelo rubio o no. Esta etiqueta se incluye como parte del conjunto de datos CelebA.

La arquitectura avanzada CGAN aparece en la figura 4.16.

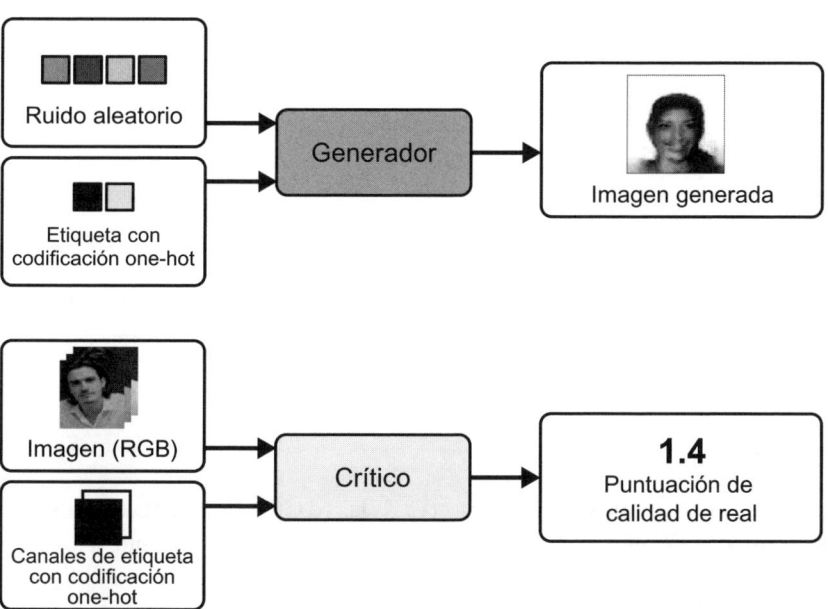

Figura 4.16. Entradas y salidas del generador y del crítico en una red CGAN.

La diferencia fundamental entre una red GAN estándar y una CGAN es que en esta última le pasamos información adicional al generador y al crítico relacionada con la etiqueta. En el generador, esto simplemente se añade a la muestra del espacio latente como un vector con codificación *one-hot*. En el crítico, añadimos la información de etiqueta como canales adicionales para la imagen RGB, para lo cual repetimos el vector para rellenar la misma forma que las imágenes de entrada.

Las redes CGAN funcionan porque el crítico tiene ahora acceso a información adicional referente al contenido de la imagen, de forma que, para seguir engañando al crítico, el generador debe asegurarse de que su salida esté de acuerdo con la etiqueta proporcionada. Si el generador produjera imágenes perfectas que no estuvieran de acuerdo con la etiqueta de la imagen, el crítico podría decir que eran falsas, simplemente porque las imágenes y las etiquetas no coincidían.

 En nuestro ejemplo, nuestro vector con codificación *one-hot* tendrá longitud 2, porque hay dos clases (Blond y Not Blond). Sin embargo, se pueden tener tantas etiquetas como se desee; por ejemplo, se puede entrenar una red CGAN con el conjunto de datos Fashion-MNIST para obtener una de las 10 prendas de ropa distintas, incorporando un vector con codificación *one-hot* con etiqueta de longitud 10 en la entrada del generador y 10 canales adicionales de etiqueta con codificación *one-hot* en la entrada del crítico.

El único cambio que debemos hacer en la arquitectura es concatenar la información de la etiqueta con las entradas existentes del generador y el crítico, como muestra el ejemplo 4.10.

Ejemplo 4.10. Capas de entrada en la red CGAN.

```
critic_input = layers.Input(shape=(64, 64, 3)) ❶
label_input = layers.Input(shape=(64, 64, 2))
x = layers.Concatenate(axis = -1)([critic_input, label_input])
...
generator_input = layers.Input(shape=(32,)) ❷
label_input = layers.Input(shape=(2,))
x = layers.Concatenate(axis = -1)([generator_input, label_input])
x = layers.Reshape((1,1, 34))(x)
...
```

❶ Los canales de imagen y etiqueta se le pasan por separado al crítico y se concatenan.

❷ El vector latente y las clases de etiqueta se le pasan por separado al generador y se concatenan antes de modificar su forma.

Entrenar la red CGAN

También debemos hacer algunos cambios en el `train_step` de la red CGAN para hacer coincidir los nuevos formatos de entrada del generador y el crítico, como muestra el ejemplo 4.11.

Ejemplo 4.11. El `train_step` de la red CGAN.

```
def train_step(self, data):
    real_images, one_hot_labels = data ❶
    image_one_hot_labels = one_hot_labels[:, None, None, :] ❷
    image_one_hot_labels = tf.repeat(
        image_one_hot_labels, repeats=64, axis = 1
    )
    image_one_hot_labels = tf.repeat(
        image_one_hot_labels, repeats=64, axis = 2
    )
```

```
batch_size = tf.shape(real_images)[0]

for i in range(self.critic_steps):
    random_latent_vectors = tf.random.normal(
        shape=(batch_size, self.latent_dim)
    )

    with tf.GradientTape() as tape:
        fake_images = self.generator(
            [random_latent_vectors, one_hot_labels], training = True
        ) ❸

        fake_predictions = self.critic(
            [fake_images, image_one_hot_labels], training = True
        ) ❹
        real_predictions = self.critic(
            [real_images, image_one_hot_labels], training = True
        )

        c_wass_loss = tf.reduce_mean(fake_predictions) - tf.reduce_mean(
            real_predictions
        )
        c_gp = self.gradient_penalty(
            batch_size, real_images, fake_images, image_one_hot_labels
        ) ❺
        c_loss = c_wass_loss + c_gp * self.gp_weight

    c_gradient = tape.gradient(c_loss, self.critic.trainable_variables)
    self.c_optimizer.apply_gradients(
        zip(c_gradient, self.critic.trainable_variables)
    )

random_latent_vectors = tf.random.normal(
    shape=(batch_size, self.latent_dim)
)

with tf.GradientTape() as tape:
    fake_images = self.generator(
        [random_latent_vectors, one_hot_labels], training=True
    ) ❻
    fake_predictions = self.critic(
        [fake_images, image_one_hot_labels], training=True
    )
    g_loss = -tf.reduce_mean(fake_predictions)
gen_gradient = tape.gradient(g_loss, self.generator.trainable_variables)
self.g_optimizer.apply_gradients(
    zip(gen_gradient, self.generator.trainable_variables)
)
```

❶ Las imágenes y etiquetas se desempaquetan de los datos de entrada.

❷ Los vectores con codificación *one-hot* se expanden a imágenes igualmente codificadas que tienen el mismo tamaño espacial que las imágenes de entrada (64×64).

❸ Al generador se le pasa ahora una lista de dos entradas: los vectores latentes aleatorios y los vectores de etiqueta con codificación *one-hot*.

❹ Al crítico se le pasa ahora una lista de dos entradas: las imágenes falsas/reales y los canales de etiqueta con codificación *one-hot*.

❺ La función de penalización de gradiente requiere también que se le pasen los mismos canales de etiqueta cuando utiliza el crítico.

❻ Los cambios realizados en el paso de entrenamiento del crítico se aplican también al paso de entrenamiento del generador.

Análisis de la red CGAN

Podemos controlar la salida de la red CGAN pasándole una determinada etiqueta con codificación *one-hot* como entrada del generador. Por ejemplo, para generar una cara con pelo que no sea rubio, pasamos el vector [1, 0]. Para generar una cara con pelo rubio, pasamos el vector [0, 1].

La figura 4.17 muestra la salida de la red CGAN. En ella mantenemos los vectores latentes aleatorios iguales en todos los ejemplos, y cambiamos únicamente el vector de etiqueta condicional. Es evidente que la red CGAN ha aprendido a usar el vector de etiqueta para controlar solamente el atributo del color del pelo de las imágenes. Resulta impresionante que el resto de la imagen apenas cambie, prueba de que las redes GAN son capaces de organizar puntos en el espacio latente, de tal forma que las propiedades individuales se puedan desacoplar una de otra.

Figura 4.17. Salida de la red CGAN cuando los vectores Blond y Not Blond se añaden a la muestra latente.

 Si las etiquetas están disponibles en el conjunto de datos, normalmente es buena idea incluirlas como entrada para la red GAN, incluso aunque no se necesite específicamente condicionar la salida generada de la etiqueta, porque tienden a mejorar la calidad de las imágenes generadas. Se puede considerar que las etiquetas no son más que una extensión muy informativa de la entrada de píxeles.

Resumen

En este capítulo hemos explorado tres modelos diferentes de red generativa adversativa o GAN: la red GAN convolucional profunda (DCGAN), la más sofisticada GAN de Wasserstein con penalización de gradiente (WGAN-GP) y la red GAN condicional (CGAN).

Todas ellas se caracterizan por una arquitectura de generador frente a discriminador (o crítico), con este último intentando «detectar la diferencia» entre imágenes reales y falsas, y el primero teniendo como objetivo engañar al segundo. Equilibrando el modo en que se entrenan ambos adversarios, el generador GAN puede aprender de forma gradual a producir observaciones similares a las del conjunto de entrenamiento.

Hemos visto primero cómo entrenar una red DCGAN para generar imágenes de ladrillos. Logró aprender cómo representar de forma realista objetos 3D como imágenes, incluidas las representaciones precisas de sombras, formas y texturas. También exploramos las distintas formas en las que el entrenamiento de la red GAN puede fallar, entre ellas, el colapso modal y el desvanecimiento de gradiente.

Después aprendimos que la función de pérdida de Wasserstein consigue remediar muchos de estos problemas, y logra, además, que el entrenamiento de la red GAN sea más predecible y fiable. La red WGAN-GP ubica el requisito 1-Lipschitz en el centro del proceso de entrenamiento, incluyendo un término en la función de pérdida para empujar a la norma del gradiente hacia 1.

Aplicamos la red WGAN-GP al problema de la generación de caras y vimos cómo eligiendo simplemente puntos de una distribución normal estándar podemos generar nuevas caras. Este proceso de muestreo es muy similar a un VAE, aunque las caras producidas por una red GAN son muy distintas (a menudo más nítidas, con una mayor distinción entre las distintas partes de la imagen).

Por último, hemos construido una red CGAN que nos permitió controlar el tipo de imagen que se genera. Esto funciona pasando la etiqueta como entrada al crítico y al generador, dándole por tanto a la red la información adicional que necesita para poder así condicionar la salida generada a una determinada etiqueta.

En general, hemos visto que la estructura GAN es extremadamente flexible y capaz de adaptarse a muchos ámbitos problemáticos interesantes. En particular, las redes GAN han dado lugar a un importante progreso en el campo de la generación de imágenes, con muchas extensiones interesantes a la estructura subyacente, como veremos en el capítulo 10.

En el siguiente capítulo, exploraremos otra familia de modelos generativos ideal para trabajar con datos secuenciales: los modelos autorregresivos.

Referencias

1. «*Generative Adversarial Nets*», Ian J. Goodfellow *et al.*, 10 de junio de 2014, `https://arxiv.org/abs/1406.2661`.

2. «*Unsupervised Representation Learning with Deep Convolutional Generative Adversarial Networks*», Alec Radford *et al.*, 7 de enero de 2016, `https://arxiv.org/abs/1511.06434`.

3. «*Deconvolution and Checkerboard Artifacts*», Augustus Odena *et al.*, 17 de octubre de 2016, `https://distill.pub/2016/deconv-checkerboard`.

4. «*Wasserstein GAN*», Martin Arjovsky *et al.*, 26 de enero de 2017, `https://arxiv.org/abs/1701.07875`.

5. «*Improved Training of Wasserstein GANs*», Ishaan Gulrajani *et al.*, 31 de marzo de 2017, `https://arxiv.org/abs/1704.00028`.

6. «*Conditional Generative Adversarial Nets*», Mehdi Mirza y Simon Osindero, 6 de noviembre de 2014, `https://arxiv.org/abs/1411.1784`.

CAPÍTULO 5

Modelos autorregresivos

Objetivos del capítulo

En este capítulo conseguiremos:

- Aprender por qué los modelos autorregresivos son adecuados para generar datos secuenciales como el texto.
- Estudiar cómo procesar y tokenizar datos de texto.
- Conocer el diseño arquitectónico de las redes neuronales recurrentes (RNN, *Recurrent Neural Networks*).
- Crear y entrenar una red LSTM (*Long Short-Term Memory*, memoria de corto y largo plazo) desde cero utilizando Keras.
- Usar la red LSTM para generar texto nuevo.
- Conocer otras variantes de las redes neuronales recurrentes, como las unidades recurrentes cerradas (GRU, *Gated Recurrent Unit*) y las celdas bidireccionales.
- Comprender cómo se tratan los datos de imágenes como secuencias de píxeles.
- Explorar el diseño arquitectónico de una red PixelCNN.
- Crear una red PixelCNN desde cero usando Keras.
- Utilizar la red PixelCNN para generar imágenes.

Hasta ahora, hemos explorado dos familias de modelos generativos que implican ambas variables latentes: los autocodificadores variacionales o VAE y las redes generativas adversativas o GAN. En ambos casos, se introduce una nueva variable con una distribución, de la que es fácil tomar muestras, y el modelo aprende cómo decodificar esta variable de nuevo al dominio original.

Ahora centraremos nuestra atención en los modelos autorregresivos (una familia de modelos que simplifican el problema del modelado generativo tratándolo como un proceso secuencial). Los modelos autorregresivos condicionan las predicciones según valores anteriores de la secuencia, en lugar de según una variable latente aleatoria. Por esta razón, intentan configurar de manera explícita la distribución generadora de datos en lugar de una aproximación de ella (como en el caso de los VAE).

En este capítulo exploraremos dos modelos autorregresivos diferentes: las redes LSTM y PixelCNN. Aplicaremos la red LSTM a datos de texto y la red PixelCNN a datos de imágenes. También veremos otro modelo autorregresivo de gran éxito: el Transformer (en detalle en el capítulo 9).

Introducción

Para entender cómo funciona una red LSTM, primero haremos una visita a una curiosa prisión, donde los reclusos han formado un club literario...

El club de Literatos Sociables, aunque Tunantes y Malhechores

Eduardo odiaba su trabajo como alcaide de la prisión. Se pasaba los días vigilando a los prisioneros y no tenía tiempo de seguir su verdadera pasión: escribir historias cortas. Se estaba quedando sin inspiración y necesitaba encontrar una forma de generar contenido nuevo.

Un día se le ocurrió una brillante idea, que le permitiría producir nuevas obras de ficción en su estilo, manteniendo al mismo tiempo a los reclusos ocupados: haría que escribieran las historias por él. Así que fundó una nueva asociación denominada el club de Literatos Sociables, aunque Tunantes y Malhechores, o LSTM (figura 5.1).

Figura 5.1. Una gran celda de prisioneros leyendo libros (imagen creada con Midjourney).

Esta prisión es especialmente extraña, porque consiste en una única gran celda que contiene 256 prisioneros. Cada uno tiene una opinión sobre cómo debería continuar la historia de Eduardo. Todos los días Eduardo envía la última palabra de su novela a la celda, y los reclusos son los encargados de actualizar individualmente sus opiniones sobre el estado actual de la historia, basándose en la nueva palabra y en las opiniones de los reclusos del día anterior. Cada prisionero usa un determinado proceso de pensamiento para actualizar su opinión, que consiste en equilibrar la información de la nueva palabra que le llega y las opiniones de los otros reclusos con sus propias creencias anteriores. Primero deciden qué parte de la opinión de ayer desean olvidar, teniendo en cuenta la información de la palabra nueva y las opiniones de otros prisioneros de la celda. También emplean esta información para formar nuevos pensamientos y decidir hasta qué punto desean mezclarlos con las creencias que han elegido conservar del día anterior. Así se forma la nueva opinión de cada prisionero para cada nuevo día.

No obstante, los reclusos son reservados y no siempre comparten con sus compañeros todas sus opiniones. Cada uno utiliza la palabra elegida más reciente y las opiniones de los otros reclusos para decidir qué parte de su opinión desean revelar.

Cuando Eduardo quiere que la celda genere la siguiente palabra de la secuencia, los prisioneros revelan sus opiniones al guardia de la puerta, que combina esta información para decidir finalmente la siguiente palabra que se va a añadir al final de la novela. Esta nueva palabra se envía de nuevo a la celda, y el proceso continúa hasta terminar la historia.

Para entrenar a los reclusos y al guardia, Eduardo envía a la celda breves secuencias de palabras escritas anteriormente por él, y comprueba que la siguiente palabra elegida por los reclusos sea correcta. Las actualiza según su exactitud y, poco a poco, van aprendiendo cómo escribir historias con su estilo propio y único.

Tras muchas iteraciones de este proceso, Eduardo se da cuenta de que el sistema ha conseguido generar texto que parece bastante real. Satisfecho con los resultados, publica un libro con una colección de los cuentos generados, llamado Las Fábulas de Eduardo.

La historia de Eduardo y sus fábulas de externalización de tareas es una analogía de una de las técnicas autorregresivas más conocidas para datos secuenciales como texto: la red de memoria de corto y largo plazo.

Red LSTM (*Long Short-Term Memory*, memoria de corto y largo plazo)

Una red LSTM es un tipo de red neuronal recurrente o RNN (*Recurrent Neural Network*). Estas redes contienen una capa recurrente (o celda) capaz de manejar datos secuenciales, haciendo que su propia salida en un determinado paso de tiempo forme parte de la entrada en el siguiente paso.

Cuando se introdujeron por primera vez las redes neuronales recurrentes, las capas recurrentes eran muy sencillas, y estaban formadas tan solo por un operador tanh que se aseguraba de que la información pasada entre pasos temporales estuviera ajustada entre -1 y 1. Sin embargo, este método demostró sufrir el problema del gradiente de desvanecimiento, y no se ajustaba bien a largas secuencias de datos.

Las celdas LSTM fueron introducidas por primera vez en 1997 en un artículo de Sepp Hochreiter y Jürgen Schmidhuber.[1] En el documento, los autores explican que las redes LSTM no tienen el mismo problema del gradiente de desvanecimiento experimentado por las redes neuronales recurrentes estándares, y se pueden entrenar en secuencias que duran cientos de pasos temporales. Desde entonces, la arquitectura LSTM se ha adaptado y mejorado, y variantes como las unidades recurrentes cerradas (tratadas más adelante en este capítulo) se utilizan ahora mucho y están disponibles como capas en Keras.

Las redes LSTM se han aplicado a una amplia variedad de problemas asociados a datos secuenciales, como, por ejemplo, el pronóstico de series temporales, el análisis de sentimiento y la clasificación de audios. En este capítulo utilizaremos las redes LSTM para abordar el desafío de la generación de textos.

Código para este ejemplo

El código para este ejemplo se puede encontrar en el notebook de Jupyter ubicado en notebooks/05_autoregressive/01_lstm/lstm.ipynb en la página web del libro.

El conjunto de datos Recipes

Utilizaremos el conjunto de datos Epicurious Recipes (https://www.kaggle.com/datasets/hugodarwood/epirecipes) disponible mediante Kaggle. Se trata de una colección de más de 20 000 recetas, acompañadas de metadatos como información nutricional y listas de ingredientes.

Se pueden descargar los datos ejecutando el código de Kaggle incluido en la página web del libro, como muestra el ejemplo 5.1. Se guardan las recetas y los metadatos de manera local en la carpeta /data.

Ejemplo 5.1. Descargando el conjunto de datos Epicurious Recipes.

```
bash scripts/download_kaggle_data.sh hugodarwood epirecipes
```

El ejemplo 5.2 muestra la forma de cargar y filtrar los datos para quedarnos únicamente con las recetas con nombre y descripción. El ejemplo 5.3 ofrece un ejemplo de una cadena de texto de una receta.

Ejemplo 5.2. Cargando los datos.

```
with open('/app/data/epirecipes/full_format_recipes.json') as json_data:
    recipe_data = json.load(json_data)

filtered_data = [
    'Recipe for ' + x['title']+ ' | ' + ' '.join(x['directions'])
    for x in recipe_data
    if 'title' in x
    and x['title'] is not None
    and 'directions' in x
    and x['directions'] is not None
]
```

Ejemplo 5.3. Una cadena de texto del conjunto de datos de recetas.

```
Recipe for Ham Persillade with Mustard Potato Salad and Mashed Peas | Chop enough
parsley leaves to measure 1 tablespoon; reserve. Chop remaining leaves and stems
and simmer with broth and garlic in a small saucepan, covered, 5 minutes.
Meanwhile, sprinkle gelatin over water in a medium bowl and let soften 1 minute.
Strain broth through a fine-mesh sieve into bowl with gelatin and stir to dissolve.
Season with salt and pepper. Set bowl in an ice bath and cool to room temperature,
stirring. Toss ham with reserved parsley and divide among jars. Pour gelatin on top
and chill until set, at least 1 hour. Whisk together mayonnaise, mustard, vinegar,
1/4 teaspoon salt, and 1/4 teaspoon pepper in a large bowl. Stir in celery,
cornichons, and potatoes. Pulse peas with marjoram, oil, 1/2 teaspoon pepper, and
1/4 teaspoon salt in a food processor to a coarse mash. Layer peas, then potato
salad, over ham.
```

Antes de echar un vistazo a cómo crear una red LSTM en Keras, primero debemos desviarnos un momento para entender la estructura de los datos de texto, y lo distintos que son de los datos de imágenes vistos hasta ahora en este libro.

Trabajar con datos de texto

Hay varias diferencias básicas entre datos de texto e imagen. Por lo tanto, muchos de los métodos que funcionan bien para datos de imagen no se pueden aplicar con tanta facilidad a datos de texto.

En particular:

- Los datos de texto se componen de fragmentos discretos (caracteres o palabras), mientras que los píxeles de una imagen son puntos en un espectro de color continuo. Podemos lograr fácilmente que un píxel verde sea más azul, pero no resulta obvio qué debemos hacer para que la palabra gato se parezca más a la palabra perro, por ejemplo. Esto significa que es posible aplicar sin problema la retropropagación a datos de imagen, porque calculamos el gradiente de nuestra función de pérdida con respecto a los píxeles individuales, para establecer la dirección en la que los colores del píxel se deben cambiar y minimizar así la pérdida. Con datos de texto discretos, es obvio que no podemos aplicar igualmente la retropropagación. Por tanto, necesitamos encontrar una forma de solucionar este problema.

- Los datos de texto tienen dimensión temporal pero no espacial, mientras que los datos de imagen disponen de dos dimensiones espaciales, pero no tienen dimensión temporal. El orden de las palabras es muy importante en los datos de texto, y las palabras no tienen sentido en orden inverso, mientras que las imágenes se pueden invertir sin que ello afecte a su contenido. Es más, suelen existir dependencias secuenciales a largo plazo entre palabras que tienen que ser capturadas por el modelo: por ejemplo, la respuesta a una pregunta o conservar el contexto de un pronombre. En el caso de los datos de imagen, todos los píxeles se pueden procesar al mismo tiempo.

- Los datos de texto son muy sensibles a pequeños cambios en unidades individuales (palabras o caracteres). Los datos de imagen no son, en general, tan sensibles a los cambios de manera individual (la imagen de una casa seguiría siendo reconocible como tal incluso aunque algunos píxeles fueran modificados), pero, con datos de texto, cambiando incluso unas pocas palabras se puede modificar de manera drástica el significado del párrafo, o dejarlo sin sentido. Ello dificulta mucho el entrenamiento de un modelo para generar texto coherente, pues cada palabra es fundamental para el significado general del fragmento.

• Los datos de texto tienen una estructura gramatical basada en reglas, mientras que los datos de imagen no siguen unas normas establecidas en lo que se refiere a cómo se deben asignar los valores de los píxeles. Por ejemplo, no tendría sentido gramatical en ningún contexto escribir «El gato se sentó en el teniendo». Existen, además, reglas semánticas extremadamente difíciles de configurar; no quedaría bien decir «Estoy sobre la playa», aunque gramaticalmente la frase es perfectamente correcta.

Avances en el deep learning generativo basado en textos

Hasta hace poco tiempo, la mayoría de los modelos de aprendizaje profundo generativo más sofisticados se han centrado en datos de imagen, porque muchos de los desafíos enumerados en la lista anterior estaban fuera del alcance incluso de las técnicas más avanzadas. No obstante, en los últimos cinco años se ha hecho un progreso sorprendente en el campo del deep learning generativo basado en texto, gracias a la introducción de la arquitectura de modelo Transformer, que exploraremos en el capítulo 9.

Teniendo estos puntos en mente, veamos ahora los pasos necesarios para que los datos de texto tengan la forma adecuada para entrenar una red LSTM.

Tokenización

El primer paso es limpiar y tokenizar el texto. La tokenización es el proceso de dividir el texto en unidades individuales, como palabras o caracteres. El modo en que se tokenice el texto dependerá de lo que intentemos conseguir con nuestro modelo de generación de texto. El uso de tókenes de palabra y carácter tiene sus ventajas e inconvenientes, y su elección afectará al modo en que limpiemos el texto previo al modelado y a la salida que obtengamos del modelo.

Si utilizamos tókenes de palabra:

• Todo el texto se puede convertir a minúsculas, para asegurar que las letras mayúsculas del principio de las frases sean tokenizadas del mismo modo que las mismas palabras que aparecen en el medio de la oración. No obstante, en algunos casos esto puede no interesar demasiado; por ejemplo, algunos nombres propios, como los de personas o lugares, pueden beneficiarse de quedar en mayúsculas, de modo que sean tokenizados de manera independiente.

• El vocabulario del texto (la colección de palabras del conjunto de entrenamiento) puede ser muy grande, apareciendo algunas palabras muy pocas veces o quizá incluso una sola vez. Por eso es inteligente reemplazar las palabras que aparecen poco con un token de palabra desconocida, en lugar de incluirlas como tókenes individuales, pare reducir así el número de pesos que la red neuronal tiene que aprender.

- Las palabras pueden cortarse, para reducirlas así a su forma más sencilla, de modo que los distintos tiempos de un verbo sigan siendo tokenizados. Por ejemplo, navegar, navegando, navega y navegado sería todas recortadas como naveg.
- Será necesario tokenizar los signos de puntuación, o quitarlos todos.
- Si se utiliza tokenización de palabras, el modelo nunca podrá predecir palabras fuera del vocabulario de entrenamiento.

Si utilizamos tókenes de carácter:

- El modelo puede generar secuencias de caracteres que formen nuevas palabras fuera del vocabulario de entrenamiento (lo que es de ayuda en algunos contextos, pero no en otros).
- Las letras mayúsculas pueden convertirse a sus equivalentes en minúscula, o permanecer como tókenes diferentes.
- El vocabulario suele ser mucho menor cuando se utiliza tokenización de caracteres, lo cual beneficia a la velocidad de entrenamiento del modelo, porque hay menos pesos que aprender en la capa de salida final.

Para este ejemplo, usaremos tokenización de palabras en minúsculas, sin recortes. También tokenizaremos los signos de puntuación, ya que nos gustaría que el modelo predijera cuándo debe terminar frases o usar comas, por ejemplo.

El código del ejemplo 5.4 limpia y tokeniza el texto.

Ejemplo 5.4. Tokenización.

```
def pad_punctuation(s):
    s = re.sub(f"([{string.punctuation}])", r' \1 ', s)
    s = re.sub(' +', ' ', s)
    return s

text_data = [pad_punctuation(x) for x in filtered_data] ❶

text_ds = tf.data.Dataset.from_tensor_slices(text_data).batch(32).shuffle(1000) ❷

vectorize_layer = layers.TextVectorization( ❸
    standardize = 'lower',
    max_tokens = 10000,
    output_mode = "int",
    output_sequence_length = 200 + 1,
)

vectorize_layer.adapt(text_ds) ❹
vocab = vectorize_layer.get_vocabulary() ❺
```

❶ Recorta los signos de puntuación, para tratarlos como palabras individuales.

❷ Convierte en un TensorFlow Dataset.

❸ Crea una capa TextVectorization de Keras para convertir el texto en minúsculas, asigna a las 10 000 palabras más frecuentes un token entero correspondiente y recorta o rellena la secuencia a una longitud de 201 tókenes.

❹ Aplica la capa `TextVectorization` a los datos de entrenamiento.

❺ La variable `vocab` almacena una lista de los tókenes de palabra.

En el ejemplo 5.5 se muestra un ejemplo de una receta después de su tokenización. La longitud de la secuencia que usamos para entrenar el modelo es un parámetro del proceso de entrenamiento. En este ejemplo elegimos usar una longitud de secuencia de 200, de modo que rellenamos o recortamos la receta a uno más de su longitud, para permitirnos crear la variable objetivo (en la siguiente sección hablaremos más de esto). Para lograr esta longitud deseada, el final del vector se rellena con ceros.

Tókenes de detención

El token 0 se conoce como token de detención, que indica que la cadena de texto ha llegado al final.

Ejemplo 5.5. La receta del ejemplo 5.3 tokenizada.

```
[   26   16  557    1    8  298  335  189    4 1054  494   27  332  228
   235  262    5  594   11  133   22  311    2  332   45  262    4  671
     4   70    8  171    4   81    6    9   65   80    3  121    3   59
    12    2  299    3   88  650   20   39    6    9   29   21    4   67
   529   11  164    2  320  171  102    9  374   13  643  306   25   21
     8  650    4   42    5  931    2   63    8   24    4   33    2  114
    21    6  178  181 1245    4   60    5  140  112    3   48    2  117
   557    8  285  235    4  200  292  980    2  107  650   28   72    4
   108   10  114    3   57  204   11  172    2   73  110  482    3  298
     3  190    3   11   23   32  142   24    3    4   11   23   32  142
    33    6    9   30   21    2   42    6  353    3 3224    3    4  150
     2  437  494    8 1281    3   37    3   11   23   15  142   33    3
     4   11   23   32  142   24    6    9  291  188    5    9  412  572
     2  230  494    3   46  335  189    3   20  557    2    0    0    0
     0    0    0    0    0]
```

En el ejemplo 5.6 vemos un subconjunto de la lista de tókenes asignada a sus respectivos índices. La capa reserva el token 0 para rellenar (es decir, es el token de detención) y el token 1 para palabras desconocidas que están entre las 10 000 palabras más frecuentes (por ejemplo, persillade). Las otras palabras son tókenes asignados en orden de frecuencia. El número de palabras que se va a incluir en el vocabulario es también un parámetro del proceso de entrenamiento. Cuantas más palabras estén incluidas, menos tókenes desconocidos aparecerán en el texto; sin embargo, el modelo tendrá que ser más grande para acomodar el mayor tamaño de vocabulario.

Ejemplo 5.6. El vocabulario de la capa `TextVectorization`.

```
0:
1: [UNK]
2: .
3: ,
4: and
5: to
```

```
6: in
7: the
8: with
9: a
```

Creando el conjunto de entrenamiento

Nuestra red LSTM será entrenada para predecir la siguiente palabra de una secuencia, dada una secuencia de palabras anteriores a este punto. Por ejemplo, podríamos proporcionar al modelo los tókenes para «macarrones con salsa de» y esperaríamos que el modelo ofreciera una siguiente palabra adecuada (por ejemplo, tomate, en lugar de limón).

Por lo tanto, bastaría con cambiar la secuencia completa en un solo token para crear nuestra variable objetivo.

El paso de generación del conjunto de entrenamiento se logra con el código del ejemplo 5.7.

Ejemplo 5.7. Creando el conjunto de datos de entrenamiento.

```
def prepare_inputs(text):
    text = tf.expand_dims(text, -1)
    tokenized_sentences = vectorize_layer(text)
    x = tokenized_sentences[:, :-1]
    y = tokenized_sentences[:, 1:]
    return x, y

train_ds = text_ds.map(prepare_inputs) ❶
```

❶ Crea el conjunto de entrenamiento, formado por tókenes de recetas (la entrada) y el mismo vector desplazado un solo token (el objetivo).

La arquitectura LSTM

La arquitectura del modelo general LSTM se muestra en la tabla 5.1. La entrada del modelo es una secuencia de tókenes enteros, y la salida es la probabilidad de aparición de cada palabra en el vocabulario de 10 000 palabras que aparece a continuación en la secuencia. Para entender cómo funciona esto con detalle, debemos introducir dos nuevos tipos de capa, Embedding y LSTM.

Tabla 5.1. Resumen del modelo de la red LSTM.

Capa (tipo)	Forma de la salida	N.º de parámetros
InputLayer	(None, None)	0
Embedding	(None, None, 100)	1 000 000
LSTM	(None, None, 128)	117 248
Dense	(None, None, 10000)	1 290 000

Parámetros totales	2 407 248
Parámetros entrenables	2 407 248
Parámetros no entrenables	0

> **La capa Input de la red LSTM**
>
> Conviene tener en cuenta que la capa `Input` no necesita que especifiquemos la longitud de la secuencia con antelación. Tanto el tamaño del lote como la longitud de la secuencia son flexibles, de ahí la forma (`None, None`). Esto es debido a que todas las capas posteriores son independientes de la longitud de la secuencia que se les pasa.

La capa de incrustación

Una capa de incrustación es básicamente una tabla de consulta que convierte cada token entero en un vector de longitud `embedding_size`, como se observa en la figura 5.2. El modelo aprende los vectores de consulta como pesos. Por lo tanto, el número de pesos aprendidos por esta capa es igual al tamaño del vocabulario multiplicado por la dimensión del vector de incrustación (es decir, $10\,000 \times 100 = 1\,000\,000$).

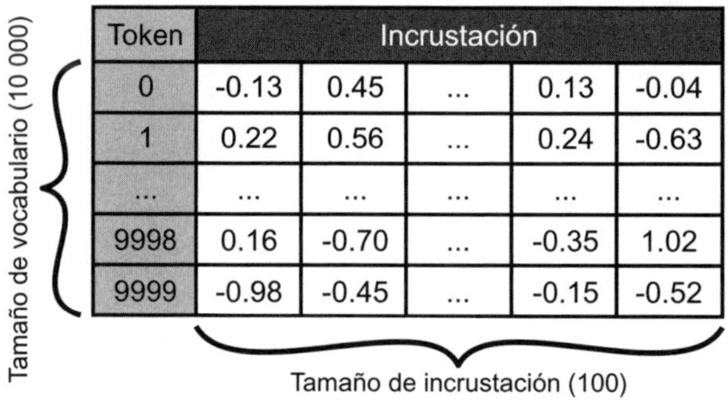

Token	Incrustación				
0	-0.13	0.45	...	0.13	-0.04
1	0.22	0.56	...	0.24	-0.63
...	...	...	...	...	...
9998	0.16	-0.70	...	-0.35	1.02
9999	-0.98	-0.45	...	-0.15	-0.52

Tamaño de vocabulario (10 000) — *Tamaño de incrustación (100)*

Figura 5.2. Una capa de incrustación es una tabla de consulta para cada token entero.

Incrustamos cada token entero en un vector continuo porque permite al modelo aprender una representación para cada palabra, capaz de actualizarse mediante retropropagación. También podríamos simplemente aplicar codificación *one-hot* a cada token de entrada, pero es preferible usar una capa de incrustación porque hace que la propia incrustación sea entrenable, dando así al modelo más flexibilidad para decidir cómo integrar cada token y mejorar así su rendimiento.

Por tanto, la capa `Input` le pasa un tensor de secuencias enteras de forma [`batch_size, seq_length`] a la capa `Embedding`, dando como salida un tensor de forma [`batch_size, seq_length, embedding_size`] que a su vez se le pasa a la capa `LSTM` (figura 5.3).

La capa LSTM

Para entender la capa LSTM, primero debemos ver cómo funciona una capa recurrente general.

Una capa recurrente tiene la propiedad especial de ser capaz de procesar datos de entrada secuencial $x_1,..., x_n$. Consiste en una celda que actualiza su estado oculto, h_t, porque cada elemento de la secuencia x_t se pasa a través de ella, un paso de tiempo cada vez.

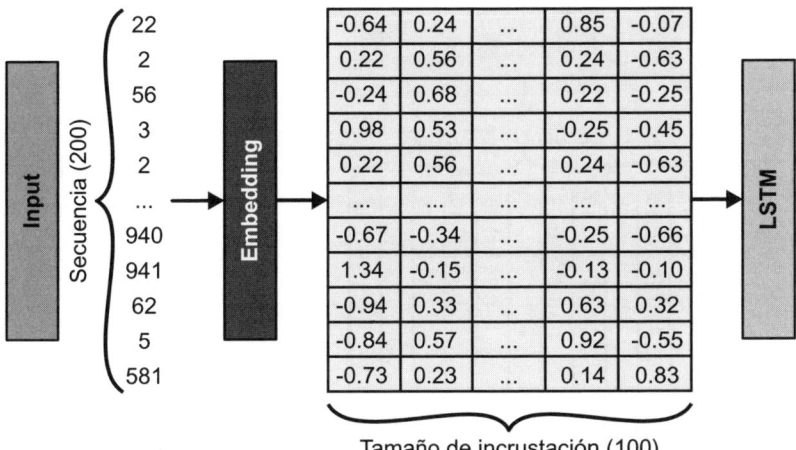

Figura 5.3. Una secuencia única a medida que fluye por una capa de incrustación.

El estado oculto es un vector con longitud igual al número de unidades de la celda; puede considerarse como la comprensión actual de la celda de la secuencia. En el paso de tiempo t, la celda utiliza el valor anterior del estado oculto, h_{t-1}, junto con los datos del paso de tiempo actual x_t, para producir un vector de estado oculto actualizado, h_t. Este proceso recurrente continúa hasta el final de la secuencia. Una vez que la secuencia ha terminado, la capa da como resultado el estado oculto actual de la celda, h_n, que después se pasa a la siguiente capa de la red. Este proceso se muestra en la figura 5.4.

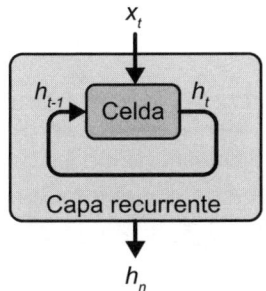

Figura 5.4. Un diagrama sencillo de una capa recurrente.

Para explicar esto con más detalle, vamos a recorrer paso a paso el proceso, de modo que veamos exactamente cómo se pasa una secuencia a través de la capa (figura 5.5).

Pesos de las celdas

Es importante recordar que todas las celdas de este diagrama comparten los mismos pesos (pues en realidad son la misma celda). No hay diferencia entre este diagrama y la figura 5.4; no es más que una forma distinta de dibujar la mecánica de una capa recurrente.

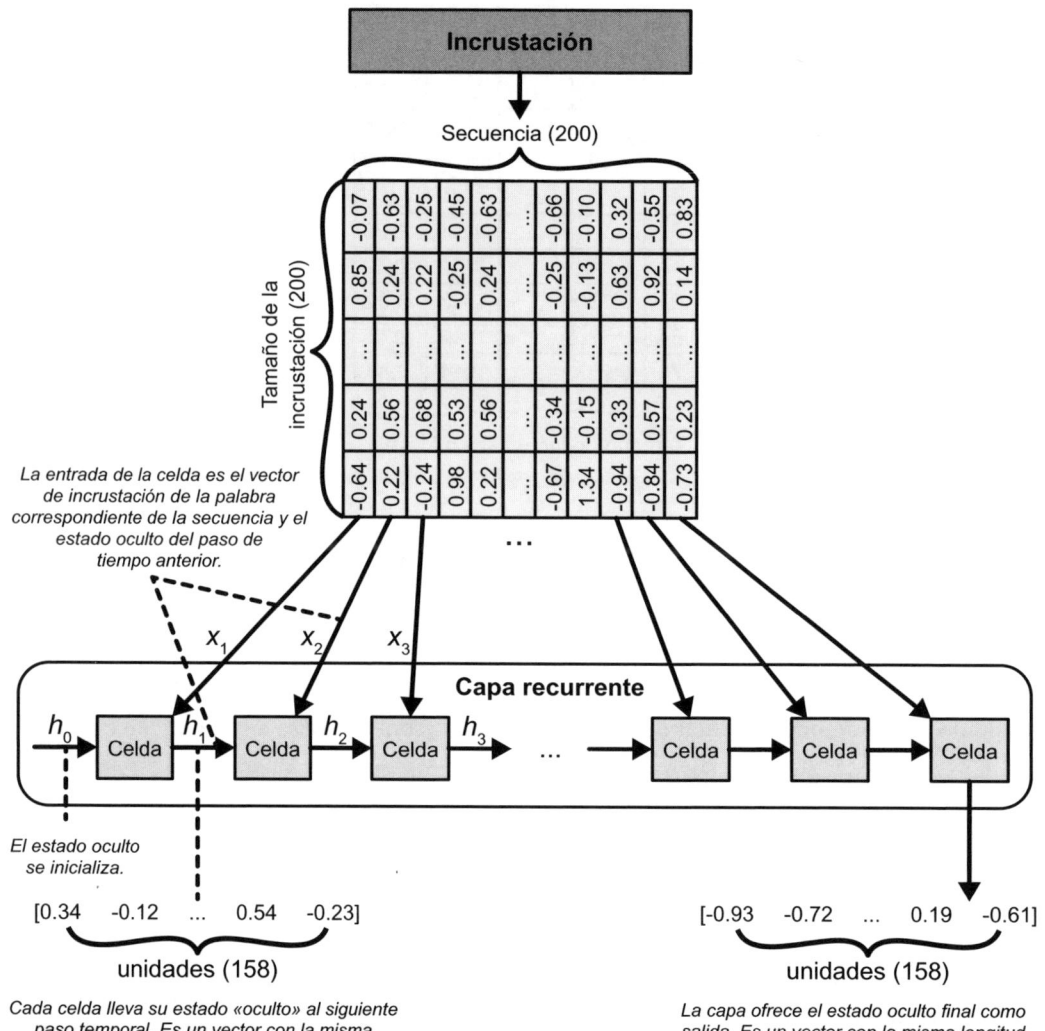

Figura 5.5. Cómo fluye una secuencia única por una capa recurrente.

En la figura representamos el proceso recurrente, dibujando una copia de la celda en cada paso temporal, y mostramos cómo se actualiza constantemente el estado oculto a medida que pasa por las celdas. Vemos claramente cómo se combina el estado oculto anterior con el punto de dato secuencial actual (es decir, el vector de palabra incrustado actual) para producir el siguiente estado oculto. El resultado de la capa es el estado oculto final de la celda, una vez que cada palabra de la secuencia de entrada ha sido procesada.

El hecho de que el resultado de la celda se llame estado oculto no es muy acertado, porque realmente no está oculto, y no se debe considerar como tal. De hecho, el último estado oculto es la salida general de la capa; más adelante en este capítulo haremos uso de la posibilidad de acceder al estado oculto de cada paso de tiempo individual.

La celda LSTM

Una vez hemos visto cómo funciona una capa recurrente genérica, echemos un vistazo al interior de una celda LSTM individual.

La tarea de la celda LSTM es obtener como salida un nuevo estado oculto, h_t, dado su estado oculto anterior, h_{t-1}, y la incrustación de palabra actual, x_t. Resumiendo, la longitud de h_t es igual al número de unidades de la celda LSTM. Este parámetro se configura al definir la capa y no tiene nada que ver con la longitud de la secuencia.

Conviene asegurarse de no confundir el término celda con unidad. En una capa LSTM hay una única celda, definida por el número de unidades que contiene, del mismo modo que la celda de nuestra historia de la prisión contenía muchos prisioneros. A menudo dibujamos una capa recurrente como una cadena de celdas desenrollada, porque ayuda a visualizar cómo se actualiza el estado oculto en cada paso temporal.

Una celda LSTM mantiene un estado de celda, C_t, que se puede considerar como las creencias internas de la celda sobre el estado actual de la secuencia. Esto es distinto del estado oculto, h_t, que al final proporciona la celda como salida después del último paso de tiempo. El estado de la celda tiene la misma longitud que el estado oculto (el número de unidades de la celda).

Veamos con más detalle una celda individual y cómo se actualiza el estado oculto (figura 5.6).

El estado oculto se actualiza en seis pasos:

1. El estado oculto del paso de tiempo anterior, h_{t-1}, y la actual incrustación de palabra, x_t, están concatenadas, y se pasan por la puerta de olvido. Esta puerta es simplemente una capa densa con matriz de pesos W_f, sesgo b_f y una función de activación sigmoide. El vector resultante, f_t, tiene una longitud igual al número de unidades de la celda, y contiene valores entre 0 y 1 que determinan cuánto debe conservarse del estado de la celda anterior, C_{t-1}.

2. El vector concatenado también se pasa por una puerta de entrada que, al igual que la puerta de olvido, es una capa densa con matriz de pesos W_i, sesgo b_i y una función de activación sigmoide. La salida de esta puerta, i_t, tiene una longitud igual al número de unidades de la celda y contiene valores entre 0 y 1 que determinan cuánta nueva información se añadirá al estado de la celda anterior, C_{t-1}.

3. El vector concatenado se pasa por una capa densa con matriz de pesos W_c, sesgo b_c y una función de activación tanh para generar un vector $\tilde{C}_t$ que contiene la nueva información cuya conservación la celda desea considerar. También tiene una longitud igual al número de unidades de la celda y contiene valores entre -1 y 1.

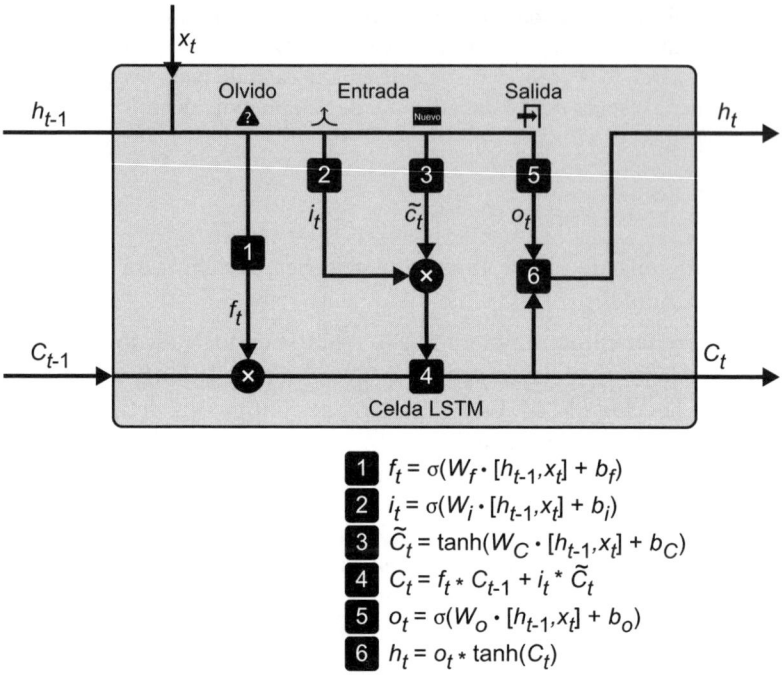

$$\boxed{1} \quad f_t = \sigma(W_f \cdot [h_{t\text{-}1}, x_t] + b_f)$$
$$\boxed{2} \quad i_t = \sigma(W_i \cdot [h_{t\text{-}1}, x_t] + b_i)$$
$$\boxed{3} \quad \tilde{C}_t = \tanh(W_C \cdot [h_{t\text{-}1}, x_t] + b_C)$$
$$\boxed{4} \quad C_t = f_t * C_{t\text{-}1} + i_t * \tilde{C}_t$$
$$\boxed{5} \quad o_t = \sigma(W_o \cdot [h_{t\text{-}1}, x_t] + b_o)$$
$$\boxed{6} \quad h_t = o_t * \tanh(C_t)$$

Figura 5.6. Una celda LSTM.

4. f_t y $C_{t\text{-}1}$ se multiplican elemento a elemento y se suman a la multiplicación elemento a elemento de i_t y $\tilde{C}_t$. Esto representa el olvido de las partes del estado de la celda anterior y la incorporación de nueva información relevante para producir el estado de celda actualizada, C_t.

5. El vector concatenado se pasa por una puerta de salida: una capa densa con matriz de pesos W_o, sesgo b_o y una función de activación sigmoide. El vector resultante, o_t, tiene una longitud igual al número de unidades de la celda y almacena valores entre 0 y 1 que determinan qué parte del estado de la celda anterior, C_t, va a proporcionar la celda como salida.

6. o_t se multiplica elemento a elemento por el estado de la celda actualizado, C_t, después de aplicar una activación tanh para producir el nuevo estado oculto, h_t.

La capa LSTM de Keras

Toda esta complejidad está integrada en el tipo de capa LSTM de Keras, de modo que no hace falta preocuparse de implementarla uno mismo.

Entrenar la red LSTM

El código para crear, compilar y entrenar la red LSTM se observa en el ejemplo 5.8.

Ejemplo 5.8. Crear, compilar y entrenar la red LSTM.

```
inputs = layers.Input(shape=(None,), dtype="int32") ❶
x = layers.Embedding(10000, 100)(inputs) ❷
x = layers.LSTM(128, return_sequences=True)(x) ❸
outputs = layers.Dense(10000, activation = 'softmax')(x) ❹
lstm = models.Model(inputs, outputs) ❺

loss_fn = losses.SparseCategoricalCrossentropy()
lstm.compile("adam", loss_fn) ❻
lstm.fit(train_ds, epochs=25) ❼
```

❶ La capa `Input` no necesita que se especifique la longitud de la secuencia con antelación (puede ser flexible), de modo que usamos `None` como marcador.

❷ La capa `Embedding` requiere dos parámetros, el tamaño del vocabulario (10 000 tókenes) y la dimensionalidad del vector de incrustación (100).

❸ Las capas `LSTM` necesitan que especifiquemos la dimensionalidad del vector oculto (128). También elegimos devolver la secuencia completa de estados ocultos, en lugar de solo el estado oculto en el paso de tiempo final.

❹ La capa `Dense` transforma los estados ocultos de cada paso temporal en un vector de probabilidades para el siguiente token.

❺ El `Model` general predice el siguiente token, dada una secuencia de entrada de tókenes. Lo hace para cada token de la secuencia.

❻ El modelo se compila con pérdida `SparseCategoricalCrossentropy`, la misma que la entropía cruzada categórica, pero se utiliza cuando las etiquetas son enteros en lugar de vectores con codificación *one-hot*.

❼ El modelo se ajusta al conjunto de datos de entrenamiento.

En la figura 5.7 observamos los primeros *epochs* del proceso de entrenamiento de la red LSTM; se observa cómo la salida del ejemplo es cada vez más comprensible a medida que baja la medición de la pérdida. La figura 5.8 muestra la medición de la pérdida de entropía cruzada disminuyendo a lo largo del proceso de entrenamiento.

Análisis de la red LSTM

Una vez hemos compilado y entrenado la red LSTM, podemos empezar a utilizarla para generar largas cadenas de texto aplicando el siguiente proceso:

1. Proporcionar a la red una secuencia existente de palabras y pedirle que prediga la palabra siguiente.

2. Añadir esta palabra a la secuencia existente y repetir.

La red dará como resultado una serie de probabilidades para cada palabra de la que podamos tomar una muestra. Así, es posible hacer que la generación de texto sea estocástica, en lugar de determinista. Es más, podemos introducir un parámetro de temperatura al proceso de muestreo para indicar lo determinista que nos gustaría que fuera el proceso.

```
Epoch 1/25
628/629 [============================>.] - ETA: 0s - loss: 4.4536
generated text:
recipe for mold salad are high 8 pickled to fold cook the dish into and warm in baking reduced but halves beans
and cut


629/629 [=============================] - 29s 43ms/step - loss: 4.4527
Epoch 2/25
628/629 [============================>.] - ETA: 0s - loss: 3.2339
generated text:
recipe for racks - up-don with herb fizz | serve checking thighs onto sanding butter and baking surface in a hea
vy heavy large saucepan over blender ; stand overnight . [UNK] over moderate heat until very blended , garlic ,
about 8 minutes . cook airtight until cooked are soft seeds , about 1 45 minutes . sugar , until s is brown , 5
to sliced , parmesan , until browned and add extract . wooden crumb to outside of out sheets . flatten and prehe
ated return to the paste . add in pecans oval and let transfer day .


629/629 [=============================] - 30s 48ms/step - loss: 3.2336
Epoch 3/25
629/629 [=============================] - ETA: 0s - loss: 2.6229
generated text:
recipe for grilled chicken | preheat oven to 400°f . cook in large 8 - caramel grinder or until desired are firm
, about 6 minutes


629/629 [=============================] - 27s 42ms/step - loss: 2.6229
Epoch 4/25
629/629 [=============================] - ETA: 0s - loss: 2.3426
generated text:
recipe for pizza salad with sweet red pepper and star fruit | combine all ingredients except lowest ingredients
in a large skillet . working with batches and deglaze , cook until just cooked through , about 1 minute . meanwh
ile , boil potatoes and paprika in a little oil over medium - high heat , stirring it just until crisp , about 3
minutes . stir in bell pepper , onion and cooked paste and jalapeño until clams well after most - reggiano , abo
ut 5 minutes . transfer warm 2 tablespoons flesh of eggplants to medium bowl . serve .
```

Figura 5.7. Los primeros epochs del proceso de entrenamiento de la red LSTM.

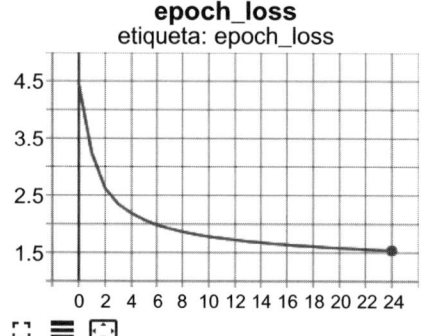

Figura 5.8. La medición de pérdida de entropía cruzada del proceso de entrenamiento de la red LSTM por epoch.

El parámetro de temperatura

Una temperatura cercana a 0 hace que el proceso de toma de muestras sea más determinista (es decir, es muy probable que sea elegida la palabra que tenga la máxima probabilidad), mientras que una temperatura de 1 significa que cada palabra se elige con la probabilidad ofrecida por el modelo.

Esto se logra con el código del ejemplo 5.9, que crea una función de retrollamada, que se usa para generar texto al final de cada *epoch* de entrenamiento.

Ejemplo 5.9. La función de retrollamada TextGenerator.

```
class TextGenerator(callbacks.Callback):
    def __init__(self, index_to_word, top_k=10):
        self.index_to_word = index_to_word
        self.word_to_index = {
            word: index for index, word in enumerate(index_to_word)
        } ❶

    def sample_from(self, probs, temperature): ❷
        probs = probs ** (1 / temperature)
        probs = probs / np.sum(probs)
        return np.random.choice(len(probs), p=probs), probs

def generate(self, start_prompt, max_tokens, temperature):
    start_tokens = [
        self.word_to_index.get(x, 1) for x in start_prompt.split()
    ] ❸
    sample_token = None
    info = []
    while len(start_tokens) < max_tokens and sample_token != 0: ❹
        x = np.array([start_tokens])
        y = self.model.predict(x) ❺
        sample_token, probs = self.sample_from(y[0][-1], temperature) ❻
        info.append({'prompt': start_prompt , 'word_probs': probs})
        start_tokens.append(sample_token) ❼
        start_prompt = start_prompt + ' ' + self.index_to_word[sample_token]
    print(f"\ngenerated text:\n{start_prompt}\n")
    return info

def on_epoch_end(self, epoch, logs=None):
    self.generate("recipe for", max_tokens = 100, temperature = 1.0)
```

❶ Crea una asignación de vocabulario inversa (de palabra a token).

❷ Esta función actualiza las probabilidades con un factor de escala temperature.

❸ El mensaje start es una cadena de palabras que daríamos al modelo para que inicie el proceso de generación (por ejemplo, *recipe for*). Las palabras se convierten primero en una lista de tókenes.

❹ La secuencia se genera hasta que tiene una longitud de max_tokens o se produce un token de detención (0).

❺ El modelo ofrece como salida las probabilidades de que cada palabra sea la siguiente de la secuencia.

❻ Se pasan las probabilidades por el muestreador para obtener la siguiente palabra, parametrizada por temperature.

❼ Añadimos la nueva palabra al texto del mensaje, lista para la siguiente iteración del proceso generativo.

Echemos un vistazo a este proceso en acción, con dos valores de temperatura distintos (figura 5.9).

```
temperature = 1.0
```

generated text:
recipe for sour japanese potatoes julienne | in a bowl stir together the yeast mixture with the milk and the peanut butter crumbs , the sour cream , and the butter mixture with a fork , gently fold in the prunes gently or until incorporated . lightly stir the oil and yeast until it just holds soft peaks , but not runny , on bo ttom of a 7 - sided sheet of aluminum foil , top it with a round , and a pinch of each brownies into a goblet , or with the baking dish . serve each with sorbet

```
temperature = 0.2
```

generated text:
recipe for grilled chicken with mustard - herb sauce | combine first 6 ingredients in medium bowl . add chick en to pot . add chicken and turn to coat . cover and refrigerate at least 1 hour and up to 1 day . preheat ov en to 450°f . place turkey on rock in roasting pan . roast until thermometer inserted into thickest part of t high registers 175°f , about 1 hour longer . transfer to rack in center of oven and preheat to 450°f . brush chicken with oil . sprinkle with salt and pepper . roast until thermometer inserted into

Figura 5.9. Salidas generadas con `temperature = 1.0` *y* `temperature = 0.2`.

Hay varias cosas que conviene mencionar sobre estos dos fragmentos de texto. Primero, ambos son estilísticamente similares a una receta del conjunto de entrenamiento original. Ambos comienzan con el título de una receta y contienen en general construcciones gramaticalmente correctas. La diferencia es que el texto generado con una temperatura de 1.0 es más arriesgado y, por tanto, menos preciso que el ejemplo con una temperatura de 0.2. Generar varias muestras con una temperatura de 1.0 dará lugar, por ende, a más variedad, porque el modelo está tomando muestras de una distribución de probabilidad con una mayor varianza.

Para ver esto con mayor claridad, la figura 5.19 muestra los cinco tókenes con las máximas probabilidades en una serie de mensajes, para ambos valores de temperatura.

El modelo es capaz de generar una distribución adecuada para la siguiente palabra más probable a lo largo de una serie de contextos. Por ejemplo, aunque nunca se le dieran al modelo partes de la frase como nombres, verbos o números, en general es capaz de separar palabras en estas categorías y usarlas de una forma gramaticalmente correcta.

Es más, el modelo puede incluso seleccionar un verbo adecuado para iniciar las instrucciones de la receta, dependiendo del título anterior. Para verduras asadas, selecciona `preheat`, `prepare`, `heat`, `put` o `combine` como las opciones más probables, mientras que para helado selecciona `in`, `combine`, `stir`, `whisk` y `mix`. Esto demuestra que el modelo era capaz de comprender en el contexto las diferencias entre recetas dependiendo de sus ingredientes.

Observemos también que las probabilidades de los ejemplos `temperature = 0.2` tienen pesos mucho mayores hacia la primera elección de token. Esta es la razón por la que en general hay menos variedad en generaciones en las que la temperatura es inferior.

Aunque nuestro modelo básico de red LSTM está haciendo un gran trabajo generando texto realista, está claro que le sigue costando entender parte del significado semántico de las palabras que está generando. Introduce ingredientes que no es probable que funcionen bien juntos (por ejemplo, patatas japonesas agrias, migas de nuez pecana y sorbete). En algunos casos, esto puede ser deseable, por ejemplo si queremos que nuestra red LSTM genere patrones de palabras interesantes y únicos. Pero, en otros casos, necesitaremos que nuestro modelo tenga una mayor comprensión de las formas en las que las palabras se agrupan y una memoria de ideas más larga al principio del texto.

En la próxima sección exploraremos algunas de las formas de mejorar nuestra red LSTM básica. En el capítulo 9 estudiaremos un nuevo tipo de modelo autorregresivo, denominado Transformer, que lleva el modelado del lenguaje al siguiente nivel.

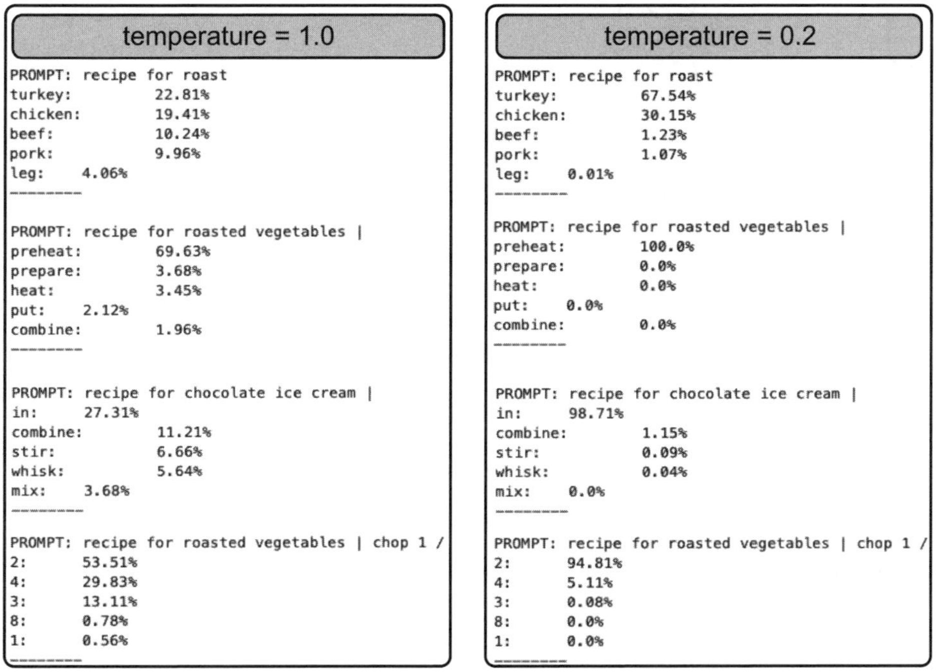

```
┌─────────────────────────────────┐   ┌─────────────────────────────────┐
│        temperature = 1.0        │   │        temperature = 0.2        │
├─────────────────────────────────┤   ├─────────────────────────────────┤
│ PROMPT: recipe for roast        │   │ PROMPT: recipe for roast        │
│ turkey:          22.81%         │   │ turkey:          67.54%         │
│ chicken:         19.41%         │   │ chicken:         30.15%         │
│ beef:            10.24%         │   │ beef:            1.23%          │
│ pork:            9.96%          │   │ pork:            1.07%          │
│ leg:      4.06%                 │   │ leg:       0.01%                │
│ ─────────                       │   │ ─────────                       │
│                                 │   │                                 │
│ PROMPT: recipe for roasted vegetables |   │ PROMPT: recipe for roasted vegetables |
│ preheat:         69.63%         │   │ preheat:         100.0%         │
│ prepare:         3.68%          │   │ prepare:         0.0%           │
│ heat:            3.45%          │   │ heat:            0.0%           │
│ put:      2.12%                 │   │ put:      0.0%                  │
│ combine:         1.96%          │   │ combine:         0.0%           │
│ ─────────                       │   │ ─────────                       │
│                                 │   │                                 │
│ PROMPT: recipe for chocolate ice cream |   │ PROMPT: recipe for chocolate ice cream |
│ in:       27.31%                │   │ in:       98.71%                │
│ combine:         11.21%         │   │ combine:         1.15%          │
│ stir:            6.66%          │   │ stir:            0.09%          │
│ whisk:           5.64%          │   │ whisk:           0.04%          │
│ mix:      3.68%                 │   │ mix:      0.0%                  │
│ ─────────                       │   │ ─────────                       │
│                                 │   │                                 │
│ PROMPT: recipe for roasted vegetables | chop 1 /   │ PROMPT: recipe for roasted vegetables | chop 1 /
│ 2:        53.51%                │   │ 2:        94.81%                │
│ 4:        29.83%                │   │ 4:        5.11%                 │
│ 3:        13.11%                │   │ 3:        0.08%                 │
│ 8:        0.78%                 │   │ 8:        0.0%                  │
│ 1:        0.56%                 │   │ 1:        0.0%                  │
│ ─────────                       │   │ ─────────                       │
└─────────────────────────────────┘   └─────────────────────────────────┘
```

Figura 5.10. La distribución de probabilidades de palabra siguiendo varias secuencias, para valores de temperatura de 1.0 y 0.2.

Extensiones de una red neuronal recurrente

El modelo de la sección anterior es un sencillo ejemplo de cómo se puede entrenar una red LSTM para que aprenda cómo generar texto en un determinado estilo. En esta sección exploraremos varias extensiones a esta idea.

Redes recurrentes apiladas

La red que acabamos de ver contenía una sola capa LSTM, pero también podemos entrenar redes con capas LSTM apiladas, de forma que se puedan aprender del texto características más profundas.

Para lograrlo, basta con introducir otra capa LSTM después de la primera. La segunda capa LSTM utiliza entonces los estados ocultos de la primera capa como datos de entrada. En la figura 5.11 se representa este proceso, y la tabla 5.2 muestra la arquitectura completa del modelo.

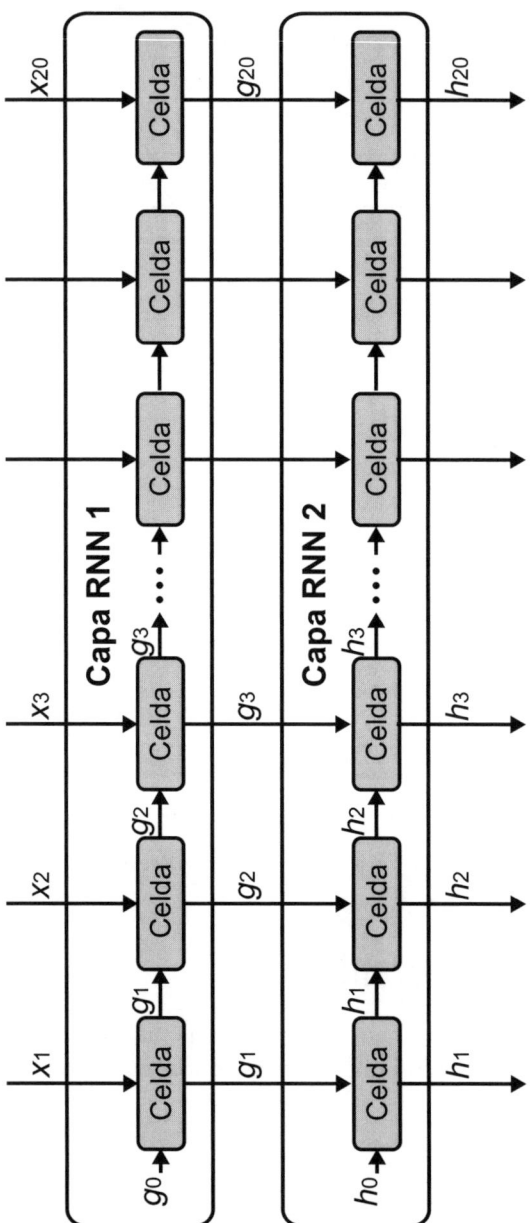

Figura 5.11. Diagrama de una red RNN multicapa: g_t denota los estados ocultos de la primera capa y h_t los de la segunda capa.

Tabla 5.2. Resumen del modelo de la red LSTM apilada.

Capa (tipo)	Forma de la salida	N.º de parámetros
InputLayer	(None, None)	0
Embedding	(None, None, 100)	1 000 000
LSTM	(None, None, 128)	117 248
LSTM	(None, None, 128)	131 584
Dense	(None, None, 10000)	1 290 000

Parámetros totales	2 538 832
Parámetros entrenables	2 538 832
Parámetros no entrenables	0

El código para crear la red LSTM apilada se ofrece en el ejemplo 5.10.

Ejemplo 5.10. Creando una red LSTM apilada.

```
text_in = layers.Input(shape = (None,))
embedding = layers.Embedding(total_words, embedding_size)(text_in)
x = layers.LSTM(n_units, return_sequences = True)(x)
x = layers.LSTM(n_units, return_sequences = True)(x)
probabilites = layers.Dense(total_words, activation = 'softmax')(x)
model = models.Model(text_in, probabilites)
```

Unidades recurrentes cerradas

Otro tipo de capa RNN habitualmente utilizada es la unidad recurrente cerrada o GRU (*Gated Recurrent Unit*).[2] Las diferencias principales con la unidad LSTM son las siguientes:

1. Las puertas de olvido y entrada han sido sustituidas por puertas de reinicio y actualización.

2. No hay puerta de estado de celda o puerta de salida, únicamente un estado oculto que es la salida de la celda.

El estado oculto se actualiza en cuatro pasos, ilustrados por la figura 5.12.

El proceso es el siguiente:

1. El estado oculto del paso de tiempo anterior, h_{t-1}, y la incrustación de palabra actual, x_t, están concatenados, y se utilizan para crear la puerta de reinicio. Esta puerta es una capa densa, con matriz de pesos W_r y una función de activación sigmoide. El vector resultante, r_t, tiene una longitud igual al número de unidades de la celda y almacena valores entre 0 y 1 que determinan qué parte del estado oculto anterior, h_{t-1}, debe llevarse al cálculo para las nuevas creencias de la celda.

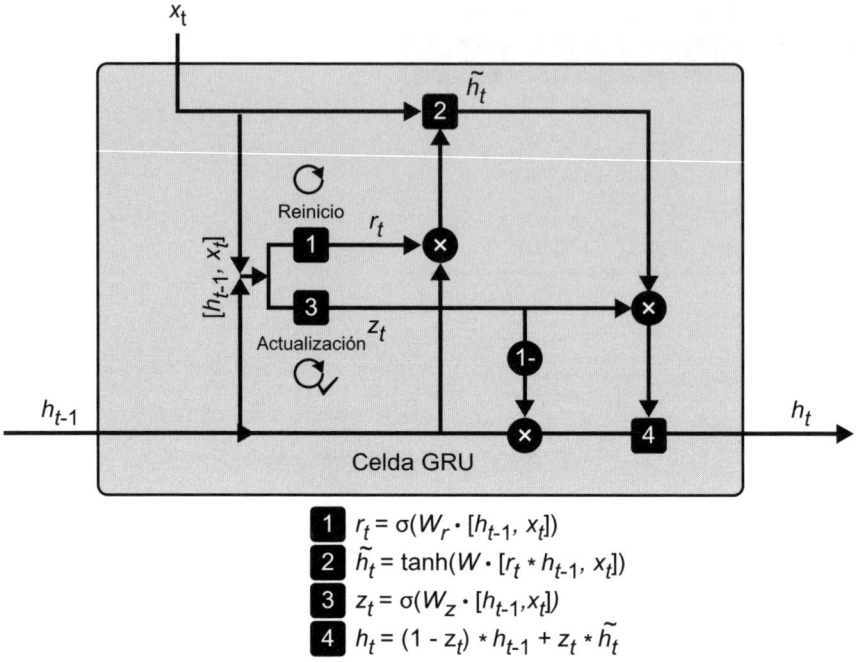

Figura 5.12. Una celda GRU.

2. La puerta de reinicio se aplica al estado oculto, h_{t-1}, y se concatena con la actual incrustación de palabra, x_t. Este vector se pasa después a una capa densa con matriz de pesos W y una función de activación tanh para generar un vector, h_t, que almacena las nuevas creencias de la celda. Tiene una longitud igual al número de unidades de la celda y actualiza valores entre -1 y 1.

3. La concatenación del estado oculto del paso de tiempo anterior, h_{t-1}, y la actual incrustación de palabra, x_t, se utilizan también para crear la puerta de actualización. Esta puerta es una capa densa con matriz de pesos W_z y una función de activación sigmoide. El vector resultante, z_t, tiene una longitud igual al número de unidades de la celda y actualiza valores entre 0 y 1, que se utilizan para determinar qué parte combinar de las nuevas creencias, h_t, con el estado oculto actual, h_{t-1}.

4. Las nuevas creencias de la celda, $\tilde{h}_t$, y el estado oculto actual, h_{t-1}, se combinan en una proporción determinada por la puerta de actualización, z_t, para producir el estado oculto actualizado, h_t, que es la salida de la celda.

Celdas bidireccionales

Para problemas de predicción en los que todo el texto está disponible en el modelo en el momento de la inferencia, no hay razón alguna para procesar la secuencia únicamente hacia delante; muy bien podría procesarse igualmente hacia atrás. Una capa Bidirectional aprovecha esto almacenando dos conjuntos de estados ocultos: uno que se produce como resultado de la secuencia que está siendo procesada en la dirección habitual hacia delante y otro que se produce cuando la secuencia se procesa hacia atrás. De esta forma, la capa aprenda de información tanto anterior como posterior al paso de tiempo dado.

En Keras, esto se implementa como una envoltura alrededor de una capa recurrente, como muestra el ejemplo 5.11.

Ejemplo 5.11. Creando una capa GRU bidireccional.

```
layer = layers.Bidirectional(layers.GRU(100))
```

Estado oculto

Los estados ocultos de la capa resultante son vectores de longitud igual al doble del número de unidades de la celda envuelta (una concatenación de los estados ocultos hacia delante y hacia atrás). Así, en este ejemplo los estados ocultos de la capa son vectores de longitud 200.

Hasta ahora hemos aplicado los modelos autorregresivos (LSTM) solamente a datos de texto. En la siguiente sección veremos que estos modelos también se utilizan para generar imágenes.

PixelCNN

En 2016, van den Oord *et al.*[3] introdujeron un modelo que genera imágenes píxel a píxel, prediciendo la probabilidad del siguiente píxel según los anteriores. El modelo se llama PixelCNN, y puede entrenarse para generar imágenes de una manera autorregresiva.

Hay dos nuevos conceptos que debemos presentar para entender el modelo PixelCNN: las capas convolucionales enmascaradas y los bloques residuales.

Código para este ejemplo

El código para este ejemplo se puede encontrar en el notebook de Jupyter ubicado en `notebooks/05_autoregressive/02_pixelcnn/pixelcnn.ipynb` en la página web del libro.

El código ha sido adaptado del excelente tutorial de PixelCNN (`https://keras.io/examples/generative/pixelcnn`) creado por ADMoreau y disponible en el sitio web de Keras.

Capas convolucionales enmascaradas

Como ya hemos visto en el capítulo 2, la capa convolucional se utiliza para extraer características de una imagen aplicando una serie de filtros. El resultado de la capa en un determinado píxel es la suma ponderada de los pesos de filtro multiplicados por los valores de la capa anterior en un pequeño cuadrado centrado en el píxel. Este método detecta bordes y texturas y, en capas más profundas, formas y propiedades avanzadas.

Aunque las capas convolucionales son de enorme utilidad para detectar propiedades, no se pueden utilizar directamente en un sentido autorregresivo, porque los píxeles no tienen un orden asignado. Se basan en el hecho de que todos los píxeles se tratan por igual, es decir, ningún píxel es tratado como el comienzo o final de la imagen. Esto contrasta con los datos de texto ya vistos en este capítulo, en los cuales hay un claro orden en los tókenes, de manera que se pueden aplicar fácilmente modelos recurrentes como LSTM.

Para que podamos aplicar capas convolucionales a la generación de imágenes en un sentido autorregresivo, primero debemos ordenar los píxeles y asegurarnos de que los filtros solo puedan ver los píxeles que preceden al píxel en cuestión. Después generamos imágenes un píxel cada vez, aplicando filtros convolucionales a la imagen actual para predecir el valor del siguiente píxel a partir de todos los anteriores.

Primero necesitamos elegir un orden para los píxeles, para lo cual una sugerencia sensata es ordenarlos de arriba a la izquierda a abajo a la derecha, yendo primero por las filas y después por las columnas.

A continuación enmascaramos los filtros convolucionales, de forma que el resultado de la capa en cada píxel solo se vea influido por los valores de los píxeles que preceden al píxel en cuestión. Para ello multiplicamos una máscara de unos y ceros por la matriz de pesos de filtro, de forma que los valores de los píxeles que estén después del píxel objetivo se pongan a cero.

En realidad hay dos tipos de máscaras en un modelo PixelCNN, como muestra la figura 5.13:

- Tipo A, donde se enmascara el valor del píxel central.
- Tipo B, donde no se enmascara el valor del píxel central.

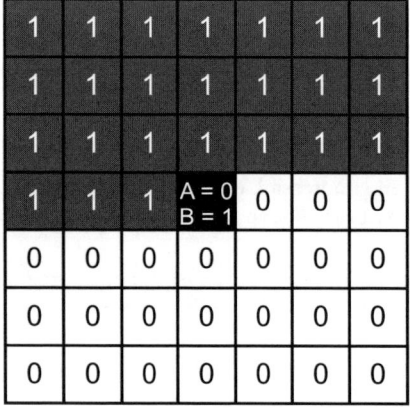 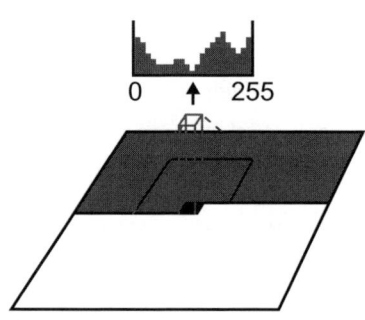

Figura 5.13. Izquierda: una máscara de filtro convolucional; derecha: una máscara aplicada a un conjunto de píxeles para predecir la distribución del valor del píxel central (fuente: van den Oord et al., 2016).

La capa convolucional enmascarada inicial (es decir, la aplicada directamente a la imagen de entrada) no puede usar el píxel central, porque este es precisamente el píxel que queremos que la red adivine. No obstante, las posteriores capas sí pueden utilizarlo, porque se habrá calculado solo como resultado de información obtenida de los píxeles anteriores de la imagen de entrada original.

En el ejemplo 5.12 vemos cómo se crea una `MaskedConvLayer` utilizando Keras.

Ejemplo 5.12. Una `MaskedConvLayer` *en Keras.*

```
class MaskedConvLayer(layers.Layer):
    def __init__(self, mask_type, **kwargs):
        super(MaskedConvLayer, self).__init__()
        self.mask_type = mask_type
        self.conv = layers.Conv2D(**kwargs)  ❶

    def build(self, input_shape):
        self.conv.build(input_shape)
        kernel_shape = self.conv.kernel.get_shape()
        self.mask = np.zeros(shape=kernel_shape)  ❷
        self.mask[: kernel_shape[0] // 2, ...] = 1.0  ❸
        self.mask[kernel_shape[0] // 2, : kernel_shape[1] // 2, ...] = 1.0  ❹
        if self.mask_type == "B":
            self.mask[kernel_shape[0] // 2, kernel_shape[1] // 2, ...] = 1.0  ❺

    def call(self, inputs):
        self.conv.kernel.assign(self.conv.kernel * self.mask)  ❻
        return self.conv(inputs)
```

❶ La `MaskedConvLayer` está basada en la capa `Conv2D` normal.

❷ La máscara se inicializa con todo ceros.

❸ Los píxeles de las filas anteriores se desenmascaran con unos.

❹ Los píxeles de las columnas anteriores que están en la misma fila se desenmascaran con unos.

❺ Si el tipo de máscara es B, el píxel central se desenmascara con un uno.

❻ La máscara se multiplica por los pesos de filtro.

Observamos que este ejemplo simplificado supone una imagen en escalas de gris (es decir, con un solo canal). Si tenemos imágenes en color, tendremos tres canales de color que también podremos ordenar, de forma que, por ejemplo, el canal rojo vaya antes que el azul, que precede al verde.

Bloques residuales

Ya hemos visto cómo enmascarar la capa convolucional, ahora podemos empezar a crear nuestro PixelCNN. El bloque de construcción básico que utilizaremos es el bloque residual.

Un bloque residual es un conjunto de capas en las que se suma la salida a la entrada antes de pasarlas al resto de la red. En otras palabras, la entrada tiene una ruta de acceso rápido a la salida, sin tener que pasar por las capas intermedias, lo cual se denomina conexión de salto. La razón de incluir una conexión de salto es que si la transformación óptima es solamente mantener igual la entrada, puede lograrse simplemente poniendo a cero los pesos de las capas intermedias. Sin la conexión de salto, la red tendría que encontrar una asignación de identidad a través de las capas intermedias, lo cual es mucho más difícil.

En la figura 5.14 se muestra un diagrama del bloque residual de nuestro PixelCNN.

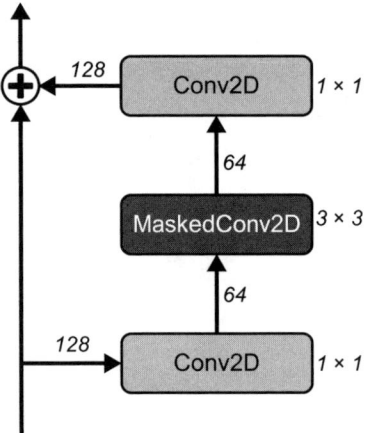

Figura 5.14. Un bloque residual PixelCNN (los números de los filtros están junto a las flechas y los tamaños de filtro junto a las capas).

Con el código que muestra el ejemplo 5.13 creamos un `ResidualBlock`.

Ejemplo 5.13. Un `ResidualBlock`

```
class ResidualBlock(layers.Layer):
    def __init__(self, filters, **kwargs):
        super(ResidualBlock, self).__init__(**kwargs)
        self.conv1 = layers.Conv2D(
            filters=filters // 2, kernel_size=1, activation="relu"
        ) ❶
        self.pixel_conv = MaskedConv2D(
            mask_type="B",
            filters=filters // 2,
            kernel_size=3,
            activation="relu",
            padding="same",
        ) ❷
        self.conv2 = layers.Conv2D(
            filters=filters, kernel_size=1, activation="relu"
        ) ❸
```

```
def call(self, inputs):
    x = self.conv1(inputs)
    x = self.pixel_conv(x)
    x = self.conv2(x)
    return layers.add([inputs, x]) ❹
```

❶ La capa inicial Conv2D divide a la mitad el número de canales.

❷ La capa MaskedConv2D de tipo B con un tamaño de *kernel* de 3 solo usa información de cinco píxeles: tres píxeles de la fila de encima del píxel objetivo, uno a la izquierda, y el propio píxel objetivo.

❸ La capa Conv2D final duplica el número de canales para que vuelva a coincidir con la forma de la entrada.

❹ La salida de las capas convolucionales se añade a la entrada; esto es la conexión de salto.

Entrenar el modelo PixelCNN

En el ejemplo 5.14 combinamos la red PixelCNN entera, siguiendo aproximadamente la estructura dispuesta en el artículo original. En él, la capa de salida es una capa Conv2D de 256 filtros, con activación *softmax*. En otras palabras, la red intenta recrear su entrada prediciendo los valores de píxel correctos, un poco como un autocodificador. La diferencia es que el PixelCNN está restringido para que ninguna información de píxeles anteriores pueda pasar e influir en la predicción de cada píxel, debido al modo en que la red está diseñada (con capas MaskedConv2D).

Un desafío de este enfoque es que la red no tiene forma de entender que un valor de píxel de, digamos, 200, es muy próximo a otro de 201. Debe aprender cada valor de píxel de salida de forma independiente, lo que significa que el entrenamiento se hace muy lento, incluso para los conjuntos de datos más sencillos. Por lo tanto, en nuestra implementación, simplificamos en su lugar la entrada, de forma que cada píxel pueda llevar solamente uno de cuatro valores. Así, usamos una capa de salida Conv2D de 4 filtros en lugar de 256.

Ejemplo 5.14. La arquitectura PixelCNN.

```
inputs = layers.Input(shape=(16, 16, 1)) ❶
x = MaskedConv2D(mask_type="A"
                , filters=128
                , kernel_size=7
                , activation="relu"
                , padding="same")(inputs) ❷

for _ in range❺:
    x = ResidualBlock(filters=128)(x) ❸

for _ in range❷:
    x = MaskedConv2D(
        mask_type="B",
        filters=128,
        kernel_size=1,
```

```
        strides=1,
        activation="relu",
        padding="valid",
    )(x) ❹

out = layers.Conv2D(
    filters=4, kernel_size=1, strides=1, activation="softmax", padding="valid"
)(x) ❺

pixel_cnn = models.Model(inputs, out) ❻

adam = optimizers.Adam(learning_rate=0.0005)
pixel_cnn.compile(optimizer=adam, loss="sparse_categorical_crossentropy")

pixel_cnn.fit(
    input_data
    , output_data
    , batch_size=128
    , epochs=150
) ❼
```

❶ El modelo `Input` es una imagen en escalas de gris de tamaño $16 \times 16 \times 1$, con entradas ajustadas entre 0 y 1.

❷ La primera capa `MaskedConv2D` de tipo A, con un tamaño de *kernel* de 7, usa información de 24 píxeles; 21 en las tres filas por encima del píxel objetivo y 3 a la izquierda (el píxel objetivo como tal no se usa).

❸ Cinco grupos de capas `ResidualBlock` se apilan en secuencia.

❹ Dos capas `MaskedConv2D` de tipo B, con un tamaño de *kernel* de 1, actúan como capas `Dense` a lo largo del número de canales para cada píxel.

❺ La capa `Conv2D` final reduce el número de canales a cuatro, es decir, el número de niveles de píxel para este ejemplo.

❻ El `Model` se crea para aceptar una imagen y dar como resultado otra de las mismas dimensiones.

❼ Encaja el modelo; `input_data` se ajusta al rango [0, 1] (puntos flotantes) y `output_data` se ajusta al rango [0, 3] (enteros).

Análisis del PixelCNN

Podemos entrenar nuestro PixelCNN con imágenes del conjunto de datos Fashion-MNIST que ya utilizamos en el capítulo 3. Para generar nuevas imágenes, debemos pedirle al modelo que prediga el siguiente píxel dados todos los anteriores, un píxel cada vez. Es un proceso muy lento comparado con otros modelos, como un autocodificador variacional. Para una imagen de 32×32 en escalas de gris, hemos de realizar 1024 predicciones secuencialmente usando el modelo, comparado con la única predicción que necesitamos hacer en el caso de un VAE. Este es uno de los principales inconvenientes de modelos autorregresivos como es un PixelCNN: son lentos de muestrear, debido a la naturaleza secuencial del proceso.

Por esta razón, usamos un tamaño de imagen de 16 × 16, en lugar de 32 × 32, para acelerar la generación de nuevas imágenes. La clase de generación Callback aparece en el ejemplo 5.15.

Ejemplo 5.15. Generando nuevas imágenes con PixelCNN.

```python
class ImageGenerator(callbacks.Callback):
    def __init__(self, num_img):
        self.num_img = num_img

    def sample_from(self, probs, temperature):
        probs = probs ** (1 / temperature)
        probs = probs / np.sum(probs)
        return np.random.choice(len(probs), p=probs)

    def generate(self, temperature):
        generated_images = np.zeros(
            shape=(self.num_img,) + (pixel_cnn.input_shape)[1:]
        ) ❶
        batch, rows, cols, channels = generated_images.shape

        for row in range(rows):
            for col in range(cols):
                for channel in range(channels):
                    probs = self.model.predict(generated_images)[
                        :, row, col, :
                    ] ❷
                    generated_images[:, row, col, channel] = [
                        self.sample_from(x, temperature) for x in probs
                    ] ❸
                    generated_images[:, row, col, channel] /= 4 ❹
        return generated_images

    def on_epoch_end(self, epoch, logs=None):
        generated_images = self.generate(temperature = 1.0)
        display(
            generated_images,
            save_to = "./output/generated_img_%03d.png" % (epoch)
        s)

img_generator_callback = ImageGenerator(num_img=10)
```

❶ Empieza con un lote de imágenes vacías (todo ceros).

❷ Recorre las filas, columnas y canales de la imagen actual, prediciendo la distribución del siguiente valor de píxel.

❸ Toma una muestra del nivel de píxel de la distribución predicha (para nuestro ejemplo, un nivel en el rango [0, 3]).

❹ Convierte el nivel de píxel al rango [0, 1] y sobrescribe el valor de píxel de la imagen actual, listo para la siguiente iteración del bucle.

En la figura 5.15 vemos varias imágenes del conjunto de entrenamiento original, junto a otras generadas por el modelo PixelCNN.

Imágenes del conjunto de entrenamiento

Imágenes generadas

Figura 5.15. Imágenes de ejemplo del conjunto de entrenamiento e imágenes generadas creadas por el modelo PixelCNN.

El modelo hace un gran trabajo recreando la forma y estilo generales de las imágenes originales. Resulta sorprendente que podamos tratar imágenes como una serie de tókenes (valores de píxel) y aplicar modelos autorregresivos como un PixelCNN para producir muestras realistas.

Como ya mencionamos antes, uno de los inconvenientes de los modelos autorregresivos es que resulta lento tomar muestras de ellos, razón por la cual se ha presentado en este libro un sencillo ejemplo de su aplicación. Sin embargo, como veremos en el capítulo 10, es posible aplicar formas más complejas de modelos autorregresivos a imágenes para producir resultados de última generación. En esos casos, la velocidad de generación lenta es un precio necesario que se paga a cambio de obtener unos resultados de calidad excepcional.

Desde que se publicó el artículo original, la arquitectura y el proceso de entrenamiento del PixelCNN han sufrido varias mejoras. La siguiente sección presenta uno de esos cambios (utilizando mezcla de distribuciones) y explica cómo entrenar un modelo PixelCNN con esta mejora utilizando una función TensorFlow integrada.

Mezcla de distribuciones

En nuestro ejemplo anterior, redujimos la salida del PixelCNN a solo 4 niveles de píxel para asegurarnos de que la red no tuviera que aprender una distribución superior a 256 valores de píxel independientes, lo cual ralentizaría el proceso de entrenamiento. No obstante, esto dista mucho de ser ideal porque, para imágenes en color, no querríamos que nuestro lienzo estuviera limitado a solo un puñado de posibles colores.

Para solventar este problema, convertimos la salida de la red en una mezcla de distribuciones, en lugar de en un *softmax* de más de 256 valores de píxel discretos, siguiendo las ideas presentadas por Salimans y otros.[4] Una mezcla de distribuciones es simplemente una combinación de dos o más distribuciones de probabilidad distintas. Por ejemplo, podríamos tener una mezcla de distribuciones de cinco distribuciones logísticas, cada una con distintos parámetros. La mezcla de distribuciones requiere, además, una distribución categórica discreta, que denota la probabilidad de elegir cada una de las distribuciones incluidas en la mezcla. La figura 5.16 ofrece un ejemplo.

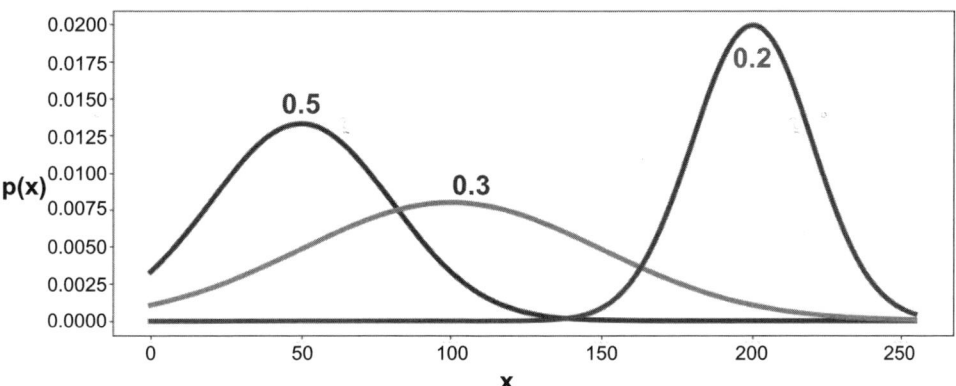

Figura 5.16. Una mezcla de distribuciones de tres distribuciones normales con distintos parámetros; la distribución categórica a lo largo de tres distribuciones normales es [0.5, 0.3, 0.2].

Para obtener muestras a partir de una mezcla de distribuciones, primero lo hacemos desde la distribución categórica para elegir una subdistribución concreta y después, a partir de aquí, de la forma habitual. De este modo creamos distribuciones complejas con relativamente pocos parámetros.

Por ejemplo, la mezcla de distribuciones de la figura 5.16 solo requiere ocho parámetros, dos para la distribución categórica y una media y varianza para cada una de las tres distribuciones normales. Esto se compara con los 255 parámetros que definirían una distribución categórica a lo largo del rango completo de píxeles.

Resulta conveniente que la librería TensorFlow Probability ofrezca una función que nos permite crear un PixelCNN con salida de mezcla de distribuciones en una sola línea. El ejemplo 5.16 ilustra cómo crear un PixelCNN usando esta función.

Código para este ejemplo

El código para este ejemplo se puede encontrar en el notebook de Jupyter ubicado en `notebooks/05_autoregressive/03_pixelcnn_md/pixelcnn_md.ipynb` en la página web del libro.

Ejemplo 5.16. Crear un PixelCNN usando la función TensorFlow.

```python
import tensorflow_probability as tfp

dist = tfp.distributions.PixelCNN(
    image_shape=(32, 32, 1),
    num_resnet=1,
    num_hierarchies=2,
    num_filters=32,
    num_logistic_mix=5,
    dropout_p=.3,
) ❶

image_input = layers.Input(shape=(32, 32, 1)) ❷

log_prob = dist.log_prob(image_input)

model = models.Model(inputs=image_input, outputs=log_prob) ❸
model.add_loss(-tf.reduce_mean(log_prob)) ❹
```

❶ Define el modelo PixelCNN como una distribución, es decir, la capa de salida es una mezcla de distribuciones formada por cinco distribuciones logísticas.

❷ La entrada es una imagen en escalas de gris de tamaño $32 \times 32 \times 1$.

❸ El Model toma una imagen en escalas de gris como entrada y proporciona como salida la log-verosimilitud de la imagen bajo la mezcla de distribuciones calculada por el PixelCNN.

❹ La función de pérdida es la log-verosimilitud negativa promedio del lote de imágenes de entrada.

El modelo se entrena igual que antes, pero esta vez aceptando valores de píxel enteros como entrada, en el rango [0, 255]. Las salidas se generan desde la distribución utilizando la función sample, como muestra el ejemplo 5.17.

Ejemplo 5.17. Obtener muestras desde la mezcla de distribuciones de PixelCNN.

```python
dist.sample(10).numpy()
```

Las imágenes generadas por el ejemplo aparecen en la figura 5.17. La diferencia de nuestros ejemplos anteriores es que ahora se está utilizando el rango completo de valores de píxel.

Figura 5.17. Resultados ofrecidos por el PixelCNN usando una salida de mezcla de distribuciones.

Resumen

En este capítulo hemos visto cómo se aplican los modelos autorregresivos (como las redes neuronales recurrentes) para generar secuencias de texto que imiten un determinado estilo de escritura, y también cómo un PixelCNN puede generar imágenes de una manera secuencial, un píxel cada vez.

Hemos explorado dos tipos de capas recurrentes: la memoria de corto y largo plazo (LSTM, *Long-Short Term Memory*) y la unidad recurrente cerrada (GRU, *Gated Recurrent Unit*), y hemos visto cómo estas celdas se aplican y convierten en bidireccionales para formar arquitecturas de red más complejas. Hemos creado una red LSTM con Keras para generar recetas realistas y estudiado cómo manipular la temperatura del proceso de muestreo para aumentar o disminuir la aleatoriedad del resultado.

También hemos visto cómo se generan imágenes de una forma autorregresiva, mediante un modelo PixelCNN. Hemos creado un PixelCNN desde cero utilizando Keras, codificando las capas convolucionales enmascaradas y los bloques residuales para permitir que la información fluya por la red, de modo que solo puedan usarse los píxeles anteriores para generar el píxel actual. Por último, hemos hablado de que la librería TensorFlow Probability ofrece una función PixelCNN independiente que implementa una mezcla de distribuciones como capa de salida, y nos permite mejorar aún más el proceso de aprendizaje.

En el siguiente capítulo exploraremos otra familia del modelado generativo que configura de manera explícita la distribución generadora de datos: los modelos de flujo de normalización.

Referencias

1. «*Long Short-Term Memory*», Sepp Hochreiter y Jürgen Schmidhuber, Neural Computation 9 (1997): 1735-1780, `https://www.bioinf.jku.at/publications/older/2604.pdf`.

2. «*Learning Phrase Representations Using RNN Encoder-Decoder for Statistical Machine Translation*», Kyunghyun Cho *et al.*, 3 de junio de 2014, `https://arxiv.org/abs/1406.1078`.

3. «*Pixel Recurrent Neural Networks*», Aaron van den Oord *et al.*, 19 de agosto de 2016, `https://arxiv.org/abs/1601.06759`.

4. «*PixelCNN++: Improving the PixelCNN with Discretized Logistic Mixture Likelihood and Other Modifications*», Tim Salimans *et al.*, 19 de enero de 2017, `http://arxiv.org/abs/1701.05517`.

CAPÍTULO 6

Modelos de flujo de normalización

Objetivos del capítulo

En este capítulo conseguiremos:

- Saber cómo utilizan los modelos de flujo de normalización la ecuación del cambio de variable.
- Conocer el importante papel que juega el determinante jacobiano en nuestra capacidad para calcular una función de densidad explícita.
- Entender cómo restringir la forma del Jacobiano mediante capas de acoplamiento.
- Ver cómo está diseñada la red neuronal para que sea invertible.
- Crear un modelo RealNVP, es decir, un ejemplo de flujo de normalización para generar puntos en 2D.
- Utilizar el modelo RealNVP para generar nuevos puntos que parezcan haber sido extraídos de la distribución de datos.
- Conocer las dos extensiones principales del modelo RealNVP, GLOW y FFJORD.

Hasta ahora, hemos hablado de tres familias de modelos generativos: autocodificadores variacionales, redes generativas adversativas y modelos autorregresivos. Cada una de ellas ofrece una forma diferente de resolver el desafío de modelar la distribución $p(x)$, o bien introduciendo una variable latente que permite obtener muestras fácilmente (y transformar usando el decodificador de los VAE o el generador de las redes GAN), o configurando la distribución de una forma manejable como una función de los valores de los elementos anteriores (modelos autorregresivos).

En este capítulo trataremos una nueva familia de modelos generativos: los modelos de flujo de normalización. Como veremos, estos flujos tienen similitudes con los modelos autorregresivos y los autocodificadores variacionales. Al igual que los modelos autorregresivos, los flujos de normalización son capaces de configurar de manera explícita y manejable la distribución $p(x)$ generadora de datos. También como en los VAE, los flujos de normalización intentan asignar los datos a una distribución más sencilla, como, por ejemplo, una distribución gaussiana. La diferencia principal es que los flujos de normalización imponen una restricción a la forma de la función de asignación, de manera que sea invertible y se pueda utilizar para generar nuevos puntos de datos.

Exploraremos esta definición con detalle en la primera sección de este capítulo, antes de implementar con Keras un modelo de flujo de normalización llamado RealNVP. También veremos que los flujos de normalización se extienden para crear otros modelos más potentes, como GLOW y FFJORD.

Introducción

Empezaremos con una breve historia para ilustrar los conceptos más importantes asociados a los flujos de normalización.

Jacob y la máquina F.L.O.W.

En sus últimas vacaciones en Inglaterra, de visita en un pequeño pueblo, observa una tienda de aspecto misterioso con un cartel sobre la puerta que dice JACOB. Intrigado, entra cautelosamente y le pregunta al hombre tras el mostrador qué es lo que vende (figura 6.1).

Figura 6.1. Dentro de una tienda de estilo steampunk, con una gran campana metálica (imagen creada con Midjourney).

El hombre responde que ofrece un servicio nuevo y distinto de digitalización de cuadros y pinturas. Tras unos momentos rebuscando en la trastienda, sale con una caja plateada, con las letras F.L.O.W. grabadas, y le dice que estas letras significan *Finding Likenesses Of Watercolors* (encontrar acuarelas parecidas), que describe aproximadamente lo que hace la máquina. Usted se lo piensa unos segundos, se muestra un poco reticente, pero finalmente decide probarla.

Vuelve al día siguiente y le entrega al dependiente algunos de sus cuadros favoritos, que él pasa por la máquina. La máquina F.L.O.W. empieza a emitir ruidos y silbidos y, tras unos segundos, proporciona una serie de números que parecen haberse generado de manera aleatoria. El dependiente le entrega la lista y se dirige hacia la caja registradora para calcular lo que le debe por el proceso de digitalización y el uso de la caja F.L.O.W. Mostrando una clara indiferencia, le pregunta usted al tendero qué debe hacer con esta larga lista de números y cómo puede recuperar sus cuadros preferidos.

El comerciante pone los ojos en blanco, como si la respuesta fuera obvia. Vuelve hacia la máquina y le introduce de nuevo la larga lista de números, esta vez por el lado opuesto. La máquina vuelve a sonar y retumbar, y usted espera, desconcertado, hasta que por fin aparecen de nuevo sus cuadros por donde entraron en un principio.

Aliviado por haberlos recuperado, decide que lo mejor sería seguramente almacenarlos en el ático y listo. Pero, antes de tener la oportunidad de marcharse, el dependiente le lleva a otro rincón de la tienda, donde una campana gigante cuelga del techo, y la golpea con un enorme palo, enviando las vibraciones por toda la tienda.

Al instante, la máquina F.L.O.W. que lleva usted bajo el brazo empieza a emitir zumbidos a la inversa, como si se le acabara de introducir un nuevo conjunto de números. Transcurridos unos momentos, empiezan a salir de la caja F.L.O.W. un montón de preciosas acuarelas, diferentes a las originalmente digitalizadas. Se parecen a las suyas en estilo y forma, pero cada una es totalmente única.

Le pregunta al tendero cómo funciona este increíble aparato, y él le explica que la magia reside en el hecho de que ha desarrollado un proceso especial para asegurar que la transformación sea extremadamente rápida y sencilla de calcular, y al mismo tiempo lo bastante sofisticada como para convertir las vibraciones producidas por la campana en los complejos patrones y formas presentes en las pinturas.

Dándose cuenta del potencial de este invento, usted paga con prisa por el servicio y sale de la tienda, feliz por disponer de una forma de generar nuevos cuadros con su estilo favorito simplemente visitando la tienda, tocando la campana y esperando a que la máquina F.L.O.W. haga su magia.

La historia de Jacob y la máquina F.L.O.W. es la representación de un modelo de flujo de normalización. Exploremos la teoría de estos flujos con más detalle, antes de implementar un ejemplo práctico con Keras.

Flujos de normalización

La motivación de los flujos de normalización es similar a la de los autocodificadores variacionales, ya abordados en el capítulo 3. A modo de resumen, en un autocodificador variacional aprendemos una función de asignación del codificador entre una distribución compleja y una mucho más sencilla de la que podemos tomar muestras. Después, también aprendemos una función de asignación de decodificador desde la distribución más sencilla a la compleja, de modo que podamos generar un nuevo punto de datos obteniendo una muestra de un punto z de la distribución más sencilla y aplicando la transformación aprendida. Hablando en términos probabilísticos, el decodificador configura $p(x|z)$, pero el codificador solo es una aproximación $q(z|x)$ del verdadero $p(z|x)$, es decir, el codificador y el decodificador son dos redes neuronales completamente distintas.

En un modelo de flujo de normalización, la función de decodificación está diseñada para ser el inverso exacto de la función de codificación y ser rápida de calcular, dando a los flujos de normalización la propiedad de la manejabilidad. Sin embargo, las redes neuronales no son funciones que se puedan invertir de forma predeterminada. Esto plantea la pregunta de cómo crear un proceso invertible capaz de convertir entre una distribución compleja (como la distribución de generación de datos de un conjunto de acuarelas) y otra mucho más sencilla (como una distribución gaussiana en forma de campana), haciendo uso de la flexibilidad y potencia del deep learning.

Para responder a esta pregunta, primero debemos entender una técnica conocida como cambio de variable. Para esta sección, trabajaremos con un ejemplo sencillo en solo dos dimensiones, de forma que el lector vea con todo detalle cómo funcionan exactamente los flujos de normalización. Los ejemplos más complejos son simplemente extensiones de las técnicas básicas presentadas aquí.

Cambio de variable

Supongamos que tenemos una distribución de probabilidad $p_X(x)$ definida en un rectángulo X de dos dimensiones ($x = (x_1, x_2)$), como muestra la figura 6.2.

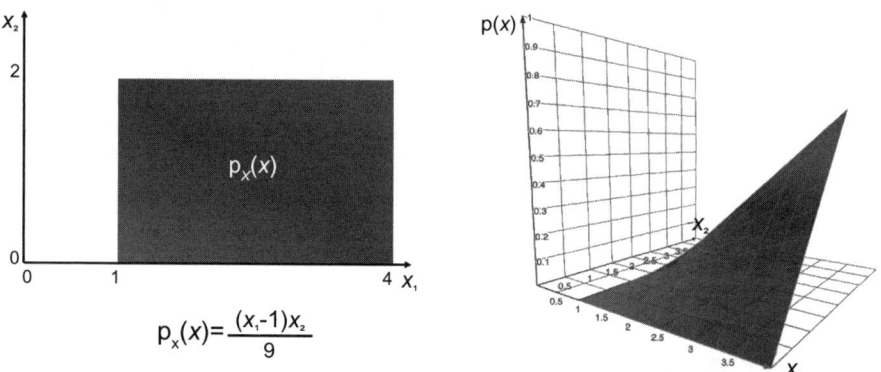

$$p_X(x) = \frac{(x_1-1)x_2}{9}$$

Figura 6.2. Una distribución de probabilidad $p_X(x)$ definida en dos dimensiones, mostrada en 2D (izquierda) y 3D (derecha).

Esta función se integra a 1 en todo el dominio de la distribución (es decir, x_1 en el rango $[1, 4]$ y x_2 en el rango $[0, 2]$), de manera que representa una distribución de probabilidad bien definida. Esto se escribe con esta ecuación:

$$\int_0^2 \int_1^4 p_X(x)dx_1 dx_2 = 1$$

Digamos que queremos desplazar y ajustar esta distribución para que se defina sobre un cuadrado de unitario Z, lo que conseguimos definiendo una nueva variable $z = (z_1, z_2)$ y una función f que asigne cada punto de X exactamente a un punto de Z de la siguiente manera:

$$z = f(x)$$

$$z_1 = \frac{x_1 - 1}{3}$$

$$z_2 = \frac{x_2}{2}$$

Tengamos en cuenta que esta función es invertible. Esto significa que hay una función g que asigna cada z de nuevo a su correspondiente x. Esto es esencial para un cambio de variable, porque en otro caso no es posible asignar hacia delante y hacia atrás de manera consistente entre los dos espacios. Hallamos g simplemente reordenando las ecuaciones que definen f, como muestra la figura 6.3.

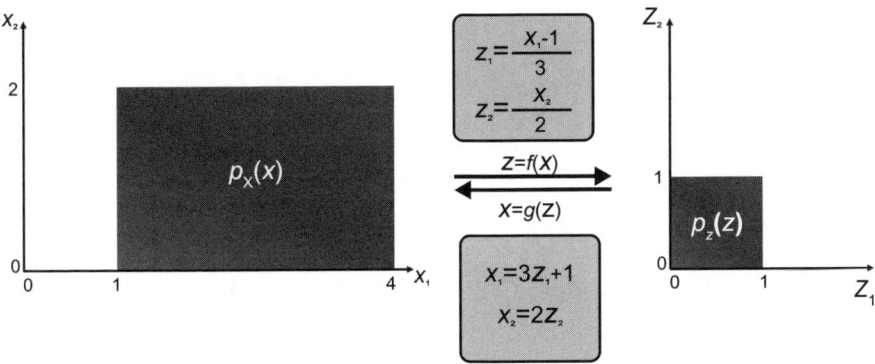

Figura 6.3. Cambio de variable entre X y Z.

Ahora precisamos ver cómo afecta el cambio de variables de X a Z a la distribución de probabilidad $p_X(x)$. Para ello aplicamos a $p_X(x)$ las ecuaciones que definen g para transformarlo en una función $p_Z(z)$ que se define en términos de z:

$$p_Z(z) = \frac{\big((3z_1 + 1) - 1\big)(2z_2)}{9}$$

$$= \frac{2z_1 z_2}{3}$$

Sin embargo, si ahora integramos $p_Z(z)$ sobre el cuadrado unitario, vemos que tenemos un problema.

$$\int_0^1 \int_0^1 \frac{2z_1 z_2}{3} dz_1 dz_2 = \frac{1}{6}$$

La función transformada $p_Z(z)$ ya no es una distribución de probabilidad válida, porque solamente se integra a 1/6. Si queremos transformar nuestra distribución de probabilidad compleja sobre los datos en una distribución más sencilla de la que podamos extraer muestras, debemos asegurarnos de que integra a 1.

El factor ausente de 6 se debe al hecho de que el dominio de nuestra distribución de probabilidad transformada es seis veces menor que el original (el rectángulo original X tenía un área de 6), y ha sido comprimido en un cuadrado unitario Z que solo tiene un área de 1. Por lo tanto, debemos multiplicar la nueva distribución de probabilidad por un factor de normalización igual al cambio relativo en el área (o en el volumen con más dimensiones).

Afortunadamente, hay una forma de calcular este cambio de volumen para una transformación dada: es el valor absoluto del determinante jacobiano de la transformación. Vamos a desentrañar esto.

El determinante jacobiano

El Jacobiano de una función $z = f(x)$ es la matriz de sus derivadas parciales de primer orden, como se muestra a continuación:

$$J = \frac{\partial z}{\partial x} = \begin{bmatrix} \dfrac{\partial z_1}{\partial x_1} & \cdots & \dfrac{\partial z_1}{\partial x_n} \\ \ddots & \vdots \\ \dfrac{\partial z_m}{\partial x_1} & \cdots & \dfrac{\partial z_m}{\partial x_n} \end{bmatrix}$$

La mejor forma de explicar esto es con nuestro ejemplo. Si tomamos una derivada parcial de z_1 con respecto a x_1, obtenemos $\frac{1}{3}$. Si tomamos la derivada parcial de z_1 con respecto a x_2, obtenemos 0. De forma similar, si tomamos la derivada parcial de z_2 con respecto a x_1, obtenemos 0. Finalmente, si tomamos la derivada parcial de z_2 con respecto a x_2, obtenemos $\frac{1}{2}$.

Por tanto, la matriz jacobiana para nuestra función $f(x)$ es la siguiente:

$$J = \begin{pmatrix} \dfrac{1}{3} & 0 \\ 0 & \dfrac{1}{2} \end{pmatrix}$$

El determinante solo está definido por matrices cuadradas y es igual al volumen con signo del paralelepípedo creado al aplicar la transformación representada por la matriz del (hiper)cubo unitario. Por tanto, en dos dimensiones esto es el área con signo del paralelogramo creado aplicando la transformación representada por la matriz del cuadrado unitario.

Existe una fórmula general (https://es.wikipedia.org/wiki/F%C3%B3rmula_de_Leibniz_para_el_c%C3%A1lculo_de_determinantes) para calcular el determinante de una matriz con n dimensiones, que se ejecuta en un tiempo $\mathcal{O}(n^3)$. Para nuestro ejemplo, solo necesitamos la fórmula para dos dimensiones, que es sencillamente la siguiente:

$$\det\begin{pmatrix} a & b \\ c & d \end{pmatrix} = ad - bc$$

Así, para nuestro ejemplo, el determinante del Jacobiano es $\frac{1}{3} \times \frac{1}{2} - 0 \times 0 = \frac{1}{6}$. Es el factor de ajuste de 1/6 que necesitábamos para asegurar que la distribución de probabilidad después de la transformación se siguiera integrando a 1.

Por definición, el determinante tiene signo, es decir, puede ser negativo. De ahí que necesitemos tomar el valor absoluto del determinante jacobiano para obtener el cambio de volumen relativo.

La ecuación del cambio de variable

Ahora podemos escribir una sola ecuación que describa el proceso de cambio de variable entre X y Z. Esto se conoce como ecuación del cambio de variable (ecuación 6.1).

Ecuación 6.1. La ecuación del cambio de variable.

$$p_X(x) = p_Z(z) \left| \det\left(\frac{\partial z}{\partial x} \right) \right|$$

¿Cómo nos ayuda esto a crear un modelo generativo? La clave es entender que si $p_Z(z)$ es una distribución sencilla de la que se obtienen muestras fácilmente (por ejemplo, una gaussiana), entonces, en teoría, todo lo que debemos hacer es encontrar una función invertible apropiada $f(x)$ que asigne de los datos X a Z, y la correspondiente función inversa $g(z)$ que se pueda utilizar para reasignar un punto z muestreado a un punto x del dominio original. Podemos usar la ecuación anterior implicando al determinante jacobiano, para que encuentre una fórmula exacta y manejable para la distribución de datos $p(x)$.

Sin embargo, a la hora de poner esto en práctica primero hemos de resolver dos cuestiones importantes.

La primera es que calcular el determinante de una matriz de muchas dimensiones es extremadamente caro computacionalmente hablando, en específico, es $\mathcal{O}(n^3)$. En la práctica esto no se puede implementar, pues hasta las imágenes pequeñas de 32 x 32 píxeles y escala de grises tienen 1024 dimensiones.

En segundo lugar, no resulta inmediatamente obvio cómo debemos ponernos a calcular la función invertible $f(x)$. Podríamos usar una red neuronal para hallar una cierta función $f(x)$, pero no es posible invertir esta red, porque las redes neuronales solo funcionan en una dirección.

Para resolver estos dos problemas, debemos utilizar una arquitectura de red neuronal especial que nos asegure que sea posible invertir la función de cambio de variable f y tenga un determinante que sea fácil de calcular.

Veremos cómo hacer esto en la siguiente sección, empleando una técnica llamada transformaciones de valor real no preservadoras de volumen o RealNVP (*Real-valued Non-Volume Preserving*).

RealNVP

La arquitectura RealNVP fue presentada por primera vez por Dinh *et al.* en 2017.[1] En este artículo, los autores explican cómo construir una red neuronal que transforme una distribución de datos compleja en una gaussiana simple, disponiendo al mismo tiempo de las propiedades deseadas de ser invertible y tener un Jacobiano de fácil cálculo.

Código para este ejemplo

El código para este ejemplo se puede encontrar en el notebook de Jupyter ubicado en `notebooks/06_normflow/01_realnvp/realnvp.ipynb` en la página web del libro. El código se ha adaptado del excelente tutorial de RealNVP (`https://keras.io/examples/generative/real_nvp/`) escrito por Giorgio Maria Mandolini y otros y disponible en el sitio web de Keras.

El conjunto de datos de las dos lunas

El conjunto de datos que utilizaremos para este ejemplo se crea mediante la función `make_moons` de la librería `sklearn` de Python, y se trata de un conjunto de datos en 2D que contienen ruido y que parecen dos medias lunas, como muestra la figura 6.4.

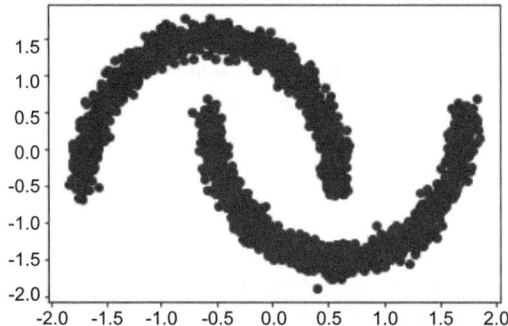

Figura 6.4. El conjunto de datos de las dos lunas en dos dimensiones.

El código para crear este conjunto de datos se ofrece en el ejemplo 6.1.

Ejemplo 6.1. Creando un conjunto de datos de lunas.

```
data = datasets.make_moons(3000, noise=0.05)[0].astype("float32") ❶
norm = layers.Normalization()
norm.adapt(data)
normalized_data = norm(data) ❷
```

❶ Crea un conjunto de datos de lunas de 3000 puntos, no normalizado y que contiene ruido.

❷ Normaliza el conjunto de datos para que tenga media 0 y desviación estándar 1.

Crearemos un modelo RealNVP que genere puntos en 2D siguiendo una distribución similar al conjunto de datos de las dos lunas. Aunque es un ejemplo muy sencillo, nos permitirá entender con gran detalle cómo funciona en la práctica el modelo de flujo de normalización.

Pero, primero, debemos presentar un nuevo tipo de capa, llamada capa de acoplamiento.

Capas de acoplamiento

Una capa de acoplamiento produce un factor de dimensionamiento y traslación para cada elemento de su entrada. En otras palabras, produce dos tensores exactamente con el mismo tamaño que la entrada, uno para el factor de dimensionamiento y otro para el factor de translación, como muestra la figura 6.5.

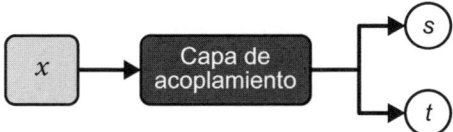

Figura 6.5. Una capa de acoplamiento da como resultado dos tensores que tienen el mismo tamaño que la entrada: un factor de dimensionamiento (s) y un factor de translación (t).

Si queremos crear una capa de acoplamiento personalizada para nuestro ejemplo, apilamos capas Dense para crear la salida del dimensionamiento y otro conjunto del mismo tipo de capa para crear la salida de la traslación, como muestra el ejemplo 6.2.

 Para las imágenes, los bloques de la capa Coupling usan capas Conv2D en lugar de Dense.

Ejemplo 6.2. Una capa Coupling *en Keras.*

```
def Coupling():
    input_layer = layers.Input(shape=2) ❶

    s_layer_1 = layers.Dense(
        256, activation="relu", kernel_regularizer=regularizers.l2(0.01)
    )(input_layer) ❷
    s_layer_2 = layers.Dense(
        256, activation="relu", kernel_regularizer=regularizers.l2(0.01)
    )(s_layer_1)
    s_layer_3 = layers.Dense(
        256, activation="relu", kernel_regularizer=regularizers.l2(0.01)
    )(s_layer_2)
    s_layer_4 = layers.Dense(
        256, activation="relu", kernel_regularizer=regularizers.l2(0.01)
    )(s_layer_3)
    s_layer_5 = layers.Dense(
```

```
        2, activation="tanh", kernel_regularizer=regularizers.l2(0.01)
    )(s_layer_4) ❸

t_layer_1 = layers.Dense(
    256, activation="relu", kernel_regularizer=regularizers.l2(0.01)
)(input_layer) ❹
t_layer_2 = layers.Dense(
    256, activation="relu", kernel_regularizer=regularizers.l2(0.01)
)(t_layer_1)
t_layer_3 = layers.Dense(
    256, activation="relu", kernel_regularizer=regularizers.l2(0.01)
)(t_layer_2)
t_layer_4 = layers.Dense(
    256, activation="relu", kernel_regularizer=regularizers.l2(0.01)
)(t_layer_3)
t_layer_5 = layers.Dense(
    2, activation="linear", kernel_regularizer=regularizers.l2(0.01)
)(t_layer_4) ❺

return models.Model(inputs=input_layer, outputs=[s_layer_5, t_layer_5]) ❻
```

❶ La entrada del bloque de la capa `Coupling` de nuestro ejemplo tiene dos dimensiones.

❷ El flujo de dimensionamiento es una pila de capas `Dense` de tamaño 256.

❸ La capa de dimensionamiento final es de tamaño 2 y tiene activación `tanh`.

❹ El flujo de traslación es una pila de capas `Dense` de tamaño 256.

❺ La capa de traslación final es de tamaño 2 y tiene activación `linear`.

❻ La capa `Coupling` se construye como un `Model` de Keras con dos salidas (los factores de dimensionamiento y traslación).

Observamos que el número de canales ha aumentado temporalmente para permitir el aprendizaje de una representación más compleja, antes de colapsar al mismo número de canales que la entrada. En el artículo original, los autores emplean también regularizadores en cada capa para penalizar pesos grandes.

Pasar datos por una capa de acoplamiento

La arquitectura de una capa de acoplamiento no es especialmente interesante. Lo que le hace única es el modo en que los datos de entrada se enmascaran y transforman a medida que se pasan por la capa, como muestra la figura 6.6.

Vemos que solo las primeras d dimensiones de los datos se pasan a la primera capa de acoplamiento; las $D - d$ dimensiones restantes están totalmente enmascaradas (es decir, están puestas a cero). En nuestro ejemplo con $D = 2$, elegir $d = 1$ significa que la capa de acoplamiento ve $(x_1, 0)$, en lugar de ver dos valores (x_1, x_2).

Las salidas de la capa son los factores de dimensionamiento y traslación. De nuevo están enmascarados, pero esta vez con la máscara inversa al caso anterior, de forma que solamente las segundas mitades se dejan pasar, es decir, en nuestro ejemplo obtenemos $(0, s_2)$ y $(0, t_2)$.

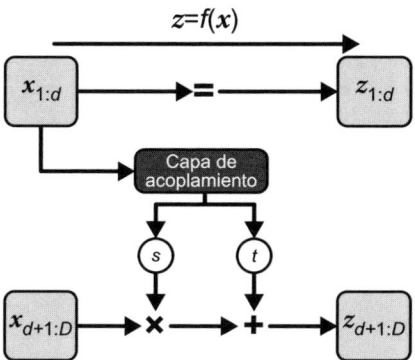

Figura 6.6. El proceso de transformación de la entrada x a través de una capa de acoplamiento.

Después se aplican elemento a elemento a la segunda mitad de la entrada x_2, y la primera mitad de la entrada x_1 simplemente se pasa directamente, sin ser actualizada. En resumen, para un vector con dimensión D donde $d < D$, las ecuaciones de actualización son las siguientes:

$$z_{1:d} = x_{1:d}$$

$$z_{d+1:D} = x_{d+1:D} \odot \exp(s(x_{1:d})) + t(x_{1:d})$$

Quizá el lector se esté preguntando por qué pasamos por la complicación de crear una capa que enmascara tanta información. La respuesta es clara si investigamos la estructura de la matriz jacobiana de esta función:

$$\frac{\partial z}{\partial x} = \begin{bmatrix} \mathbf{I} & 0 \\ \dfrac{\partial z_{d+1:D}}{\partial x_{1:d}} & \mathrm{diag}(\exp[s(x_{1:d})]) \end{bmatrix}$$

La submatriz d x d de arriba a la izquierda es simplemente la matriz de identidad, porque $z_{1:d} = x_{1:d}$. Estos elementos se pasan directamente sin ser actualizados. La submatriz de arriba a la derecha es por tanto 0, porque $z_{1:d}$ no depende de $x_{d+1:D}$.

La submatriz de abajo a la izquierda es compleja, y nuestra intención no es simplificarla. La submatriz de abajo a la derecha no es más que una matriz diagonal, rellenada con los elementos de $\exp(s(x_{1:d}))$, porque $z_{d+1:D}$ depende linealmente de $x_{d+1:D}$, y el gradiente depende solo del factor de dimensionamiento (no del factor de traslación). La figura 6.7 muestra un diagrama de esta forma matricial, donde solamente los elementos que no son cero están coloreados.

Comprobamos que no hay elementos que no sean cero por encima de la diagonal, razón por la cual a esta forma matricial se le denomina triangular inferior. Ahora vemos los beneficios de estructurar la matriz de esta forma, puesto que el determinante de una matriz triangular inferior es igual al producto de los elementos de la diagonal. En otras palabras, el determinante no depende de ninguna de las complejas derivadas de la submatriz de abajo a la izquierda.

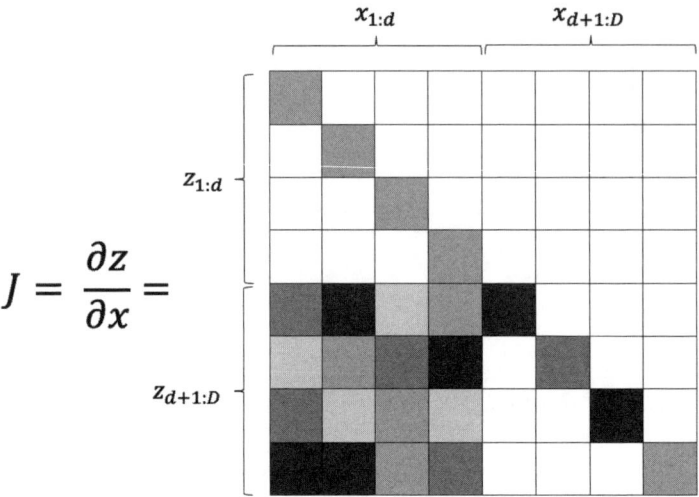

$$J = \frac{\partial z}{\partial x} =$$

Figura 6.7. La matriz jacobiana de la transformación: una matriz triangular inferior, con determinante igual al producto de los elementos de la diagonal.

Por tanto, el determinante de esta matriz se escribe de la siguiente manera:

$$\det(J) = \exp\left[\sum_j s(x_{1:d})_j\right]$$

Esta ecuación se calcula fácilmente, uno de los dos objetivos originales al crear un modelo de flujo de normalización.

El otro objetivo era que la función debía ser fácilmente invertible. Vemos que esto es cierto, porque podemos escribir la función invertible simplemente reordenando las ecuaciones de avance, de la siguiente manera:

$$x_{1:d} = z_{1:d}$$
$$x_{d+1:D} = \left(z_{d+1:D} - t(x_{1:d})\right) \odot \exp\left(-s(x_{1:d})\right)$$

El diagrama equivalente se muestra en la figura 6.8.

Ahora ya tenemos casi todo lo que necesitamos para crear nuestro modelo RealNVP. Sin embargo, queda todavía algo que resolver: ¿cómo actualizamos los primeros d elementos de la entrada? Ahora mismo el modelo no los modifica.

Apilar capas de acoplamiento

Para resolver este problema, podemos usar un truco realmente simple. Si apilamos capas de acoplamiento una sobre otra pero alternando el patrón de enmascarado, las capas que queden sin modificar por una sola capa se actualizarán en la siguiente. Esta arquitectura tiene el beneficio añadido de poder aprender representaciones más complejas de los datos, porque es una red neuronal profunda.

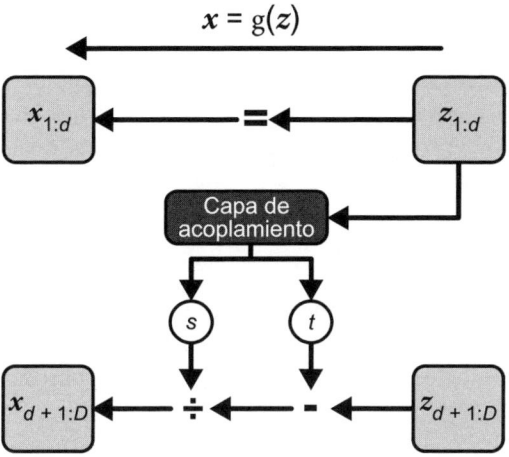

Figura 6.8. La función inversa x = g(z).

El Jacobiano de esta composición de capas de acoplamiento seguirá siendo fácil de calcular, porque el álgebra lineal nos dice que el determinante de un producto de matrices es el producto de los determinantes. De forma similar, el inverso de la composición de dos funciones es la composición de los inversos, como muestran las siguientes ecuaciones:

$$\det(A \cdot B) = \det(A)\det(B)$$
$$\left(f_b \circ f_a\right)^{-1} = f_a^{-1} \circ f_b^{-1}$$

Por tanto, si apilamos capas de acoplamiento, invirtiendo el enmascarado cada vez, creamos una red neuronal que sea capaz de transformar el tensor de entrada completo, conservando las propiedades esenciales de tener un determinante jacobiano sencillo y ser invertible. La figura 6.9 muestra la estructura general.

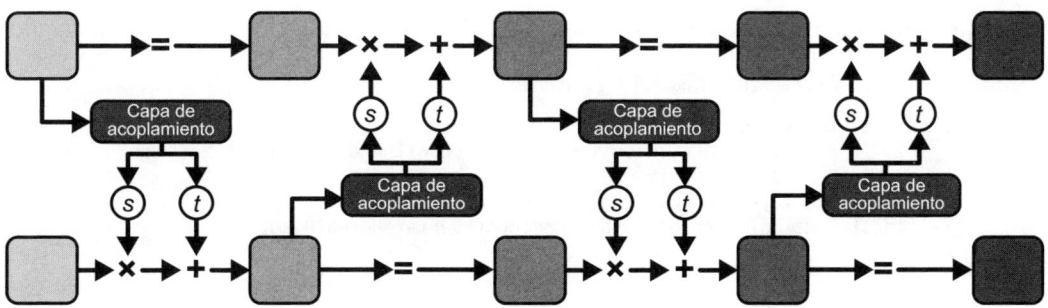

Figura 6.9. Apilar capas de acoplamiento, alternando el enmascarado con cada capa.

Entrenar el modelo RealNVP

Ahora que hemos creado el modelo RealNVP, podemos entrenarlo para aprender la compleja distribución del conjunto de datos de las dos lunas. Conviene recordar que queremos minimizar la log-verosimilitud negativa de los datos subyacentes del modelo - log $p_X(x)$. Usando la ecuación 6.1, escribimos esto de la siguiente manera:

$$- \log p_X(x) = - \log p_Z(z) - \log \left| \det\left(\frac{\partial z}{\partial x}\right) \right|$$

Para la distribución de salida objetivo $p_Z(z)$ del proceso de avance f elegimos una gaussiana estándar, porque se obtienen muestras de ella fácilmente. Después volvemos a transformar un punto tomado de la distribución gaussiana al dominio de la imagen original aplicando el proceso inverso g, como muestra la figura 6.10.

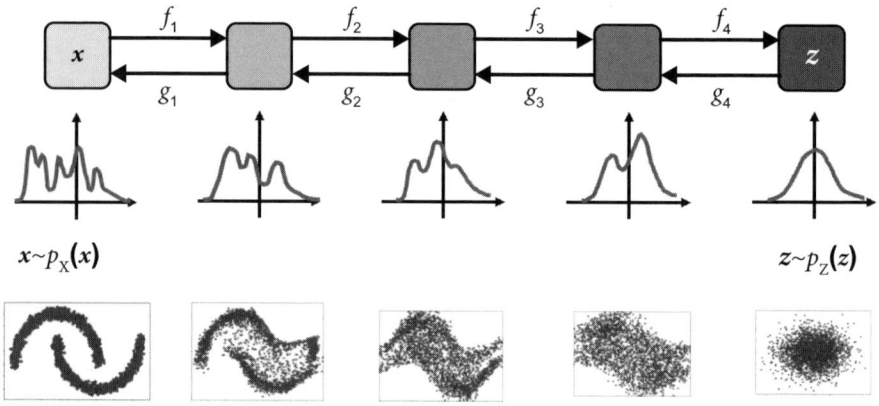

Figura 6.10. *Transformando entre la distribución compleja $p_X(x)$ y una gaussiana sencilla $p_Z(z)$ en 1D (fila central) y 2D (fila inferior).*

El ejemplo 6.3 muestra cómo crear una red RealNVP, como un `Model` de Keras personalizado.

Ejemplo 6.3. Creando el modelo RealNVP en Keras.

```
class RealNVP(models.Model):
    def __init__(self, input_dim, coupling_layers, coupling_dim, regularization):
        super(RealNVP, self).__init__()
        self.coupling_layers = coupling_layers
        self.distribution = tfp.distributions.MultivariateNormalDiag(
            loc=[0.0, 0.0], scale_diag=[1.0, 1.0]
        ) ❶
        self.masks = np.array(
            [[0, 1], [1, 0]] * (coupling_layers // 2), dtype="float32"
        ) ❷
        self.loss_tracker = metrics.Mean(name="loss")
        self.layers_list = [
            Coupling(input_dim, coupling_dim, regularization)
            for i in range(coupling_layers)
        ] ❸
```

```python
    @property
    def metrics(self):
        return [self.loss_tracker]

    def call(self, x, training=True):
        log_det_inv = 0
        direction = 1
        if training:
            direction = -1
        for i in range(self.coupling_layers)[::direction]:    ❹
            x_masked = x * self.masks[i]
            reversed_mask = 1 - self.masks[i]
            s, t = self.layers_list[i](x_masked)
            s *= reversed_mask
            t *= reversed_mask
            gate = (direction - 1) / 2
            x = (
                reversed_mask
                * (x * tf.exp(direction * s) + direction * t * tf.exp(gate * s))
                + x_masked
            )    ❺
            log_det_inv += gate * tf.reduce_sum(s, axis = 1)    ❻
        return x, log_det_inv

    def log_loss(self, x):
        y, logdet = self(x)
        log_likelihood = self.distribution.log_prob(y) + logdet    ❼
        return -tf.reduce_mean(log_likelihood)

    def train_step(self, data):
        with tf.GradientTape() as tape:
            loss = self.log_loss(data)
        g = tape.gradient(loss, self.trainable_variables)
        self.optimizer.apply_gradients(zip(g, self.trainable_variables))
        self.loss_tracker.update_state(loss)
        return {"loss": self.loss_tracker.result()}

    def test_step(self, data):
        loss = self.log_loss(data)
        self.loss_tracker.update_state(loss)
        return {"loss": self.loss_tracker.result()}

model = RealNVP(
    input_dim = 2
    , coupling_layers= 6
    , coupling_dim = 256
    , regularization = 0.01
)

model.compile(optimizer=optimizers.Adam(learning_rate=0.0001))

model.fit(
    normalized_data
    , batch_size=256
    , epochs=300
)
```

❶ La distribución objetivo es una gaussiana 2D estándar.

❷ Aquí creamos el patrón de máscara alternativo.

❸ Una lista de capas `Coupling` que definen la red RealNVP.

❹ En la función `call` principal de la red, pasamos en bucle por las capas `Coupling`. Si `training=True`, avanzamos por las capas (es decir, desde los datos al espacio latente). Si `training=False`, volvemos hacia atrás por las capas (es decir, desde el espacio latente a los datos).

❺ Esta línea describe las ecuaciones de avance y retroceso dependientes de `direction` (si se desea probar esto, basta con añadir `direction = -1` y `direction = 1`).

❻ El determinante logarítmico del Jacobiano, que necesitamos para calcular la función de pérdida, no es más que la suma de los factores de dimensionamiento.

❼ La función de pérdida es la suma negativa de la probabilidad logarítmica de los datos transformados, bajo nuestra distribución gaussiana objetivo y el determinante logarítmico del Jacobiano.

Análisis del modelo RealNVP

Una vez entrenado el modelo, lo utilizamos para transformar el conjunto de entrenamiento en el espacio latente (usando la dirección de avance, *f*) y, lo que es más importante, para transformar un punto obtenido del espacio latente en un punto que parezca haber sido tomado de la distribución de datos original (utilizando la dirección de retroceso, *g*). La figura 6.11 muestra la salida de la red antes de que se produzca aprendizaje alguno (las direcciones de avance y retroceso tan solo pasan información directamente con apenas transformación alguna).

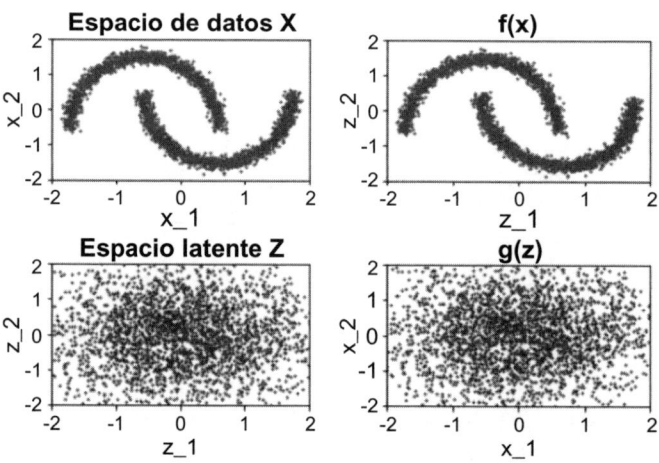

Figura 6.11. Las entradas (izquierda) y salidas (derecha) del modelo RealNVP antes del entrenamiento, para el proceso de avance (arriba) y de retroceso (abajo).

Tras el entrenamiento (figura 6.12), el proceso de avance es capaz de convertir los puntos del conjunto de entrenamiento en una distribución parecida a una gaussiana. Del mismo modo, el proceso de retroceso puede tomar puntos obtenidos de una distribución gaussiana y asignarlos de nuevo a una distribución que se asemeje a los datos originales.

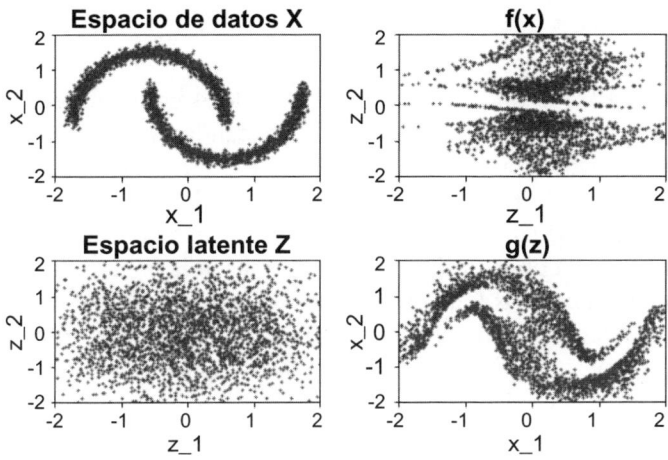

Figura 6.12. Las entradas (izquierda) y salidas (derecha) del modelo RealNVP después del entrenamiento, para el proceso de avance (arriba) y de retroceso (abajo).

La curva de pérdida para el proceso de entrenamiento aparece en la figura 6.13.

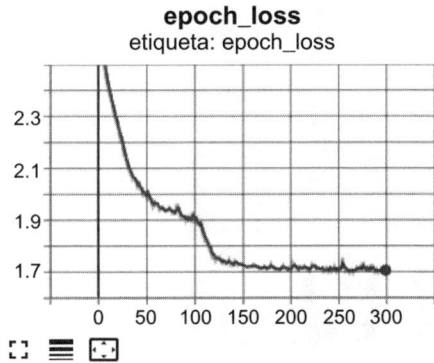

Figura 6.13. La curva de pérdida para el proceso de entrenamiento RealNVP.

Con esto termina nuestro debate sobre RealNVP, un caso específico de un modelo generativo de flujo de normalización. En la siguiente sección, trataremos algunos modelos modernos de este mismo tipo que amplían las ideas introducidas en el artículo sobre RealNVP.

Otros modelos de flujo de normalización

Otros dos modelos de flujo de normalización muy importantes y de gran éxito son GLOW y FFJORD. Las siguientes secciones describen los avances principales que han conseguido.

GLOW

Presentado en NeurIPS en 2018, GLOW fue uno de los primeros modelos en demostrar la capacidad de los flujos de normalización de generar muestras de alta calidad y producir un espacio latente con significado que se pueda atravesar para manipular muestras. El paso clave fue reemplazar la configuración de enmascarado inversa por capas convolucionales 1 x 1 invertibles. Por ejemplo, con RealNVP aplicado a las imágenes, el orden de los canales se invierte tras cada paso, para asegurarse de que la red tiene la oportunidad de transformar toda la entrada. En GLOW se aplica sin embargo una convolución 1 x 1, que actúa efectivamente como un método general, produciendo cualquier permutación de los canales que el modelo desee. Los autores explican que, incluso con esta incorporación, la distribución sigue siendo manejable como un todo, con determinantes e inversos fáciles de calcular.

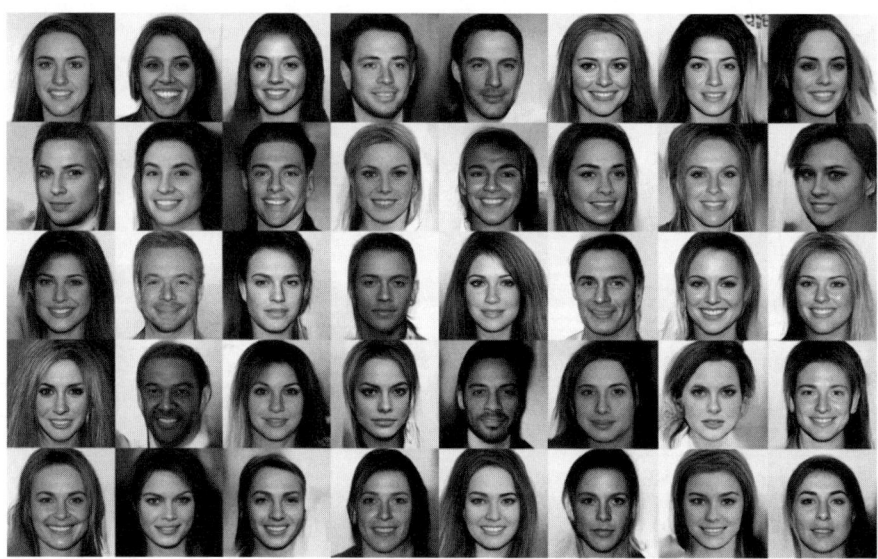

Figura 6.14. Muestras aleatorias del modelo GLOW (fuente: Kingma y Dhariwal, 2018).[2]

FFJORD

RealNVP y GLOW son flujos de normalización temporales discretos, es decir, transforman la entrada mediante un conjunto discreto de capas de acoplamiento. FFJORD (*Free-Form Continuous Dynamics for Scalable Reversible Generative Models*: dinámica continua de forma libre para modelos generativos reversibles y dimensionables), presentado en ICLR en 2019, demuestra que es posible configurar la transformación como un proceso temporal continuo (es decir, tomar como límite el número de pasos del flujo tiende al infinito y el tamaño de paso tiende a cero). En este caso, la dinámica se modela usando una ecuación diferencial ordinaria o EDO, cuyos parámetros se obtienen de una red neuronal (f_θ). Para resolver la ecuación EDO en un tiempo t_1, es decir, para hallar z_1 dado algún punto inicial z_0 tomado de una distribución gaussiana en t_0, se utiliza un solucionador de caja negra, como describen las siguientes ecuaciones:

$$z_0 \sim p(z_0)$$
$$\frac{\partial z(t)}{\partial t} = f_\theta(x(t), t)$$
$$x = z_1$$

La figura 6.15 muestra un diagrama del proceso de transformación.

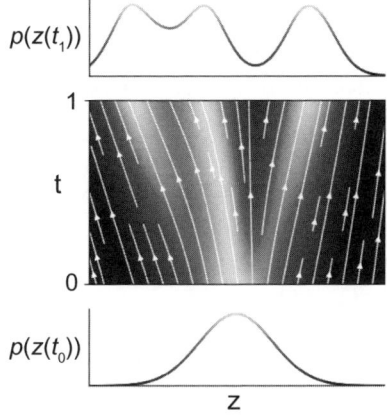

Figura 6.15. FFJORD configura la transformación entre la distribución de datos y una gaussiana estándar mediante una ecuación diferencial ordinaria, parametrizada por una red neuronal (fuente: Will Grathwohl et al., 2018).[3]

Resumen

En este capítulo hemos explorado modelos de flujo de normalización como RealNVP, GLOW y FFJORD.

Un modelo de flujo de normalización es una función invertible definida por una red neuronal, que permite configurar directamente la densidad de datos mediante un cambio de variable. En el caso general, la ecuación de cambio de variable requiere el cálculo de un determinante jacobiano muy complejo, que resulta poco práctico en todos los ejemplos, salvo en los más sencillos.

Para evitar este problema, el modelo RealNVP restringe la forma de la red neuronal, para adaptarla a dos criterios esenciales: que sea invertible y tenga un determinante jacobiano de fácil cálculo.

Para ello, el modelo utiliza capas de acoplamiento, que producen factores de dimensionamiento y traslación en cada paso. Es importante destacar que la capa de acoplamiento enmascara los datos a medida que fluye por la red, de una forma que asegura que el Jacobiano sea triangular inferior y tenga por tanto un determinante fácil de calcular. La visibilidad total de los datos de entrada se consigue invirtiendo las máscaras en cada capa.

Por cuestiones de diseño, las operaciones de dimensionamiento y traslación se invierten fácilmente, de manera que cuando el modelo esté entrenado sea posible pasar datos por la red a la inversa. Esto significa que podemos orientar el proceso de transformación de avance hacia una gaussiana estándar, que permite extraer muestras fácilmente. Después enviamos de nuevo los puntos muestreados hacia atrás a través de la red para generar nuevas observaciones.

El artículo sobre RealNVP demuestra también que es posible aplicar esta técnica a imágenes, utilizando convoluciones dentro de las capas de acoplamiento, en lugar de capas densamente conectadas. El artículo sobre GLOW amplió esta idea para eliminar la necesidad de permutaciones codificadas de las máscaras. El modelo FFJORD introdujo el concepto de flujos de normalización temporales continuos, configurando el proceso de transformación como una EDO definida por una red neuronal.

En resumen, hemos visto que los flujos de normalización son una potente familia de modelado generativo que produce muestras de alta calidad, manteniendo al mismo tiempo la capacidad de describir de forma manejable la función de densidad de los datos.

Referencias

1. «*Density Estimation Using Real NVP*", Laurent Dinh *et al.*, 27 de mayo de 2016, https://arxiv.org/abs/1605.08803v3.

2. «*Glow: Generative Flow with Invertible 1x1 Convolutions*", Diedrick P. Kingma y Prafulla Dhariwal, 10 de julio de 2018, https://arxiv.org/abs/1807.03039.

3. «*FFJORD: Free-Form Continuous Dynamics for Scalable Reversible Generative Models*", Will Grathwohl *et al.*, 22 de octubre de 2018, https://arxiv.org/abs/1810.01367.

CAPÍTULO 7

Modelos basados en energía

Objetivos del capítulo

En este capítulo conseguiremos:

- Entender cómo formular un modelo profundo basado en energía (EBM: *Energy-Based Model*).
- Ver cómo tomar muestras de un modelo EBM empleando dinámica de Langevin.
- Entrenar nuestro propio EBM mediante la divergencia contrastiva.
- Analizar el EBM, incluida la visualización de instantáneas del proceso de muestreo de la dinámica de Langevin.
- Conocer otros tipos de modelos EBM, como las máquinas de Boltzmann restringidas.

Los modelos basados en energía son una amplia clase de modelado generativo, que toman prestada una idea base del modelado de sistemas físicos. Se trata de que la probabilidad de un evento se puede expresar utilizando una distribución de Boltzmann, una función específica que normaliza una función de energía de valor real entre 0 y 1. Esta distribución fue formulada inicialmente en 1868 por Ludwig Boltzmann, quien la utilizó para describir gases en equilibrio térmico.

En este capítulo veremos cómo emplear esta idea para entrenar un modelo generativo que se utiliza para producir imágenes de dígitos manuscritos. Exploraremos varios conceptos nuevos, como la divergencia contrastiva para entrenar el modelo EBM y la dinámica de Langevin para el muestreo.

Introducción

Empezaremos con una breve historia para ilustrar los conceptos más importantes de los modelos basados en energía.

El club de atletismo de Long-au-Vin

Diane Mixx era entrenadora jefe del equipo de carreras de fondo de la ciudad francesa ficticia de Long-au-Vin. Era muy conocida por sus excepcionales habilidades como entrenadora y había adquirido fama de ser capaz de convertir a los atletas más mediocres en corredores de talla mundial (figura 7.1).

Figura 7.1. Una entrenadora de atletismo entrenando a atletas de élite (imagen creada con Midjourney).

Sus métodos se basaban en evaluar los niveles de energía de cada atleta. Durante sus años de trabajo con atletas de todos los niveles, logró desarrollar un sentido increíblemente preciso de la energía exacta que le quedaba a un atleta después de una carrera, simplemente mirándole. Cuanto más bajo era el nivel de energía de un atleta, mejor, porque los atletas de élite siempre lo daban todo durante una carrera.

Para mantener sus habilidades a punto, ella misma entrenaba habitualmente midiendo el contraste entre sus habilidades de detección de energía en conocidos atletas de élite y los mejores atletas de su club. Se aseguraba de que la divergencia entre sus predicciones de estos dos grupos fuera lo más grande posible, para que la gente la tomara en serio si decía que había descubierto en su club un auténtico atleta de élite.

La verdadera magia era su capacidad para convertir a un corredor mediocre en uno de talla mundial. El proceso era sencillo: medía el nivel de energía actual del atleta y obtenía el conjunto de ajustes óptimo que el atleta debía realizar para mejorar su rendimiento la próxima vez. Después, tras efectuar estos ajustes, medía de nuevo el nivel de energía del atleta, buscando que fuera ligeramente más bajo que antes, lo cual explicaba el rendimiento mejorado sobre la pista. Este proceso de evaluar los ajustes óptimos y dar un pequeño paso en la dirección correcta continuaba hasta que al final el atleta no se podía distinguir de un corredor de talla mundial.

Después de muchos años, Diane se retiró como entrenadora y publicó un libro con sus métodos para generar atletas de élite; un sistema que denominó la técnica «Long-au-Vin, Diane Mixx».

La historia de Diane Mixx y el club de atletismo de Long-au-Vin captura las ideas esenciales del modelado basado en energía. Exploremos a continuación la teoría con más detalle, antes de implementar un ejemplo práctico usando Keras.

Modelos basados en energía

Los modelos basados en energía tratan de configurar la auténtica distribución generadora de datos usando una distribución de Boltzmann (ecuacion 7.1), donde a $E(x)$ se le conoce como función de energía (o puntuación) de una observación x.

Ecuación 7.1. Distribución de Boltzmann.

$$p(\mathbf{x}) = \frac{e^{-E(\mathbf{x})}}{\int_{\hat{\mathbf{x}} \in \mathbf{X}} e^{-E(\hat{\mathbf{x}})}}$$

En la práctica, equivale a entrenar una red neuronal $E(x)$ para obtener puntuaciones bajas en el caso de observaciones probables (por lo que px se acerca a 1) y puntuaciones altas para observaciones poco probables (por lo que px se acerca a 0).

Este modelado de datos plantea dos desafíos. Primero, no está claro cómo debemos usar nuestro modelo para obtener nuevas observaciones; podemos utilizarlo para generar una puntuación a partir de una observación, pero ¿cómo generamos una observación con puntuación baja (es decir, una observación verosímil)?

En segundo lugar, el denominador normalizador de la ecuación 7.1 contiene una integral irresoluble para todo tipo de problemas, excepto los más sencillos. Si no podemos calcular esta integral, es imposible entonces usar la estimación por máxima verosimilitud para entrenar el modelo, pues ello requiere que px sea una distribución de probabilidad válida.

La idea principal de un modelo basado en energía es que es posible usar técnicas de aproximación para asegurarse de que nunca sea necesario calcular el denominador irresoluble. Esto difiere de, digamos, un flujo de normalización, en el cual hacemos todo lo posible por asegurarnos de que, a pesar de las transformaciones aplicadas a nuestra distribución gaussiana estándar, el resultado siga siendo una distribución de probabilidad válida.

Evitamos el complicado problema del denominador irresoluble empleando una técnica denominada divergencia contrastiva (para el entrenamiento) y otra llamada dinámica de Langevin (para la toma de muestras), siguiendo las ideas del artículo de 2019 «*Implicit Generation and Modeling with Energy-Based Models*»[1] de Du y Mordatch. Exploraremos estas técnicas con detalle mientras creamos nuestro modelo EBM más adelante en el capítulo.

Antes que nada, equipémonos con un conjunto de datos y diseñemos una sencilla red neuronal que represente nuestra función de energía de valor real $E(x)$.

Código para este ejemplo

El código para este ejemplo se puede encontrar en el notebook de Jupyter ubicado en `notebooks/07_ebm/01_ebm/ebm.ipynb` en la página web del libro.

El código se ha adaptado del excelente tutorial sobre modelos generativos profundos basados en energía (`https://uvadlc-notebooks.readthedocs.io/en/latest/tutorial_notebooks/tutorial8/Deep_Energy_Models.html`) de Phillip Lippe.

El conjunto de datos MNIST

Utilizaremos el conjunto de datos estándar MNIST (`https://www.tensorflow.org/datasets/catalog/mnist?hl=es-419`), que consiste en imágenes en escalas de gris de dígitos manuscritos. La figura 7.2 muestra algunas imágenes de ejemplo de este conjunto de datos.

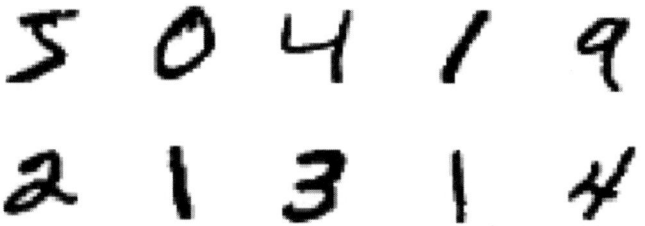

Figura 7.2. Ejemplos de imágenes del conjunto de datos MNIST.

El conjunto de datos viene incluido en TensorFlow, de forma que se puede descargar como muestra el ejemplo 7.1.

Ejemplo 7.1. Cargando el conjunto de datos MNIST.

```
from tensorflow.keras import datasets
(x_train, _), (x_test, _) = datasets.mnist.load_data()
```

Como siempre, ajustamos los valores de píxel al rango [-1, 1] y añadimos un poco de relleno para que las imágenes tengan un tamaño de 32 x 32 píxeles. Además, lo convertimos en un TensorFlow Dataset, como muestra el ejemplo 7.2.

Ejemplo 7.2. Procesando el conjunto de datos MNIST.

```
def preprocess(imgs):
    imgs = (imgs.astype("float32") - 127.5) / 127.5
    imgs = np.pad(imgs , ((0,0), (2,2), (2,2)), constant_values= -1.0)
    imgs = np.expand_dims(imgs, -1)
    return imgs

x_train = preprocess(x_train)
x_test = preprocess(x_test)
x_train = tf.data.Dataset.from_tensor_slices(x_train).batch(128)
x_test = tf.data.Dataset.from_tensor_slices(x_test).batch(128)
```

Ahora que tenemos nuestro conjunto de datos, vamos a crear la red neuronal que representa nuestra función de energía $E(x)$.

La función de energía

La función de energía $E_\theta(x)$ es una red neuronal con parámetros θ que transforma una imagen de entrada x en un valor escalar. En toda esta red, haremos uso de una función de activación llamada swish, tal y como se describe en la siguiente nota.

Activación swish

Swish es una alternativa a ReLU presentada por Google en 2017,[2] que se define de la siguiente manera:

$$\text{swish}(x) = x \cdot \text{sigmoid}(x) = \frac{x}{e^{-x} + 1}$$

Visualmente hablando, Swish es similar a ReLU. Su diferencia más importante es que es suave, lo cual ayuda a aliviar el problema del desvanecimiento de gradiente. Esto resulta de especial importancia en modelos basados en energía. La figura 7.3 muestra un gráfico de la función swish.

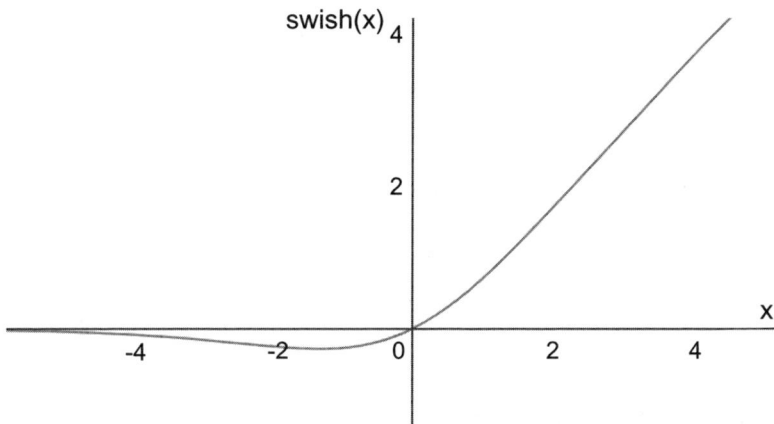

Figura 7.3. La función de activación swish.

La red es un conjunto de capas `Conv2D` apiladas que reducen gradualmente el tamaño de la imagen, aumentando al mismo tiempo el número de canales. La capa final es una sola unidad totalmente conectada con activación lineal, por lo que la red produce valores dentro del rango $(-\infty, \infty)$. El código para crearlo se ofrece en el ejemplo 7.3.

Ejemplo 7.3. Creando la red neuronal de la función de energía E(x).

```
ebm_input = layers.Input(shape=(32, 32, 1))
x = layers.Conv2D(
    16, kernel_size=5, strides=2, padding="same", activation = activations.swish
)(ebm_input) ❶
```

```
x = layers.Conv2D(
    32, kernel_size=3, strides=2, padding="same", activation = activations.swish
)(x)
x = layers.Conv2D(
    64, kernel_size=3, strides=2, padding="same", activation = activations.swish
)(x)
x = layers.Conv2D(
    64, kernel_size=3, strides=2, padding="same", activation = activations.swish
)(x)
x = layers.Flatten()(x)
x = layers.Dense(64, activation = activations.swish)(x)
ebm_output = layers.Dense(1)(x) ❷
model = models.Model(ebm_input, ebm_output) ❸
```

❶ La función de energía es una serie de capas Conv2D apiladas, con activación swish.

❷ La capa final es una sola unidad totalmente conectada, con una función de activación lineal.

❸ Un Model de Keras que convierte la imagen de entrada en un valor de energía escalar.

Obtener muestras utilizando dinámica de Langevin

La función de energía solo proporciona una puntuación para una determinada entrada. ¿Cómo podemos usarla para generar nuevas muestras con una puntuación de energía baja?

Emplearemos una técnica denominada dinámica de Langevin, la cual se apoya en el hecho de que podemos calcular el gradiente de la función de energía con respecto a su entrada. Si empezamos en un punto aleatorio del espacio de muestras y damos pequeños pasos en la dirección contraria al gradiente calculado, reduciremos gradualmente la función de energía. Si entrenamos correctamente nuestra red neuronal, entonces el ruido aleatorio debería transformarse delante de nuestros ojos en una imagen parecida a una observación del conjunto de entrenamiento.

Dinámica de Langevin de gradiente estocástico

Es importante añadir una pequeña cantidad de ruido aleatorio a la entrada mientras viajamos por el espacio de muestras; de otro modo corremos el riesgo de caer en mínimos locales. Esta técnica se denomina dinámica de Langevin de gradiente estocástico.[3]

La figura 7.4 permite visualizar este descenso de gradiente, para un espacio bidimensional con el valor de función de energía en la tercera dimensión. La ruta es una pendiente cuesta abajo con ruido, que sigue el gradiente negativo de la función de energía $E(x)$ con respecto a la entrada x. En el conjunto de datos de imágenes MNIST, tenemos 1024 píxeles, por lo cual navegamos por un espacio de 1024 dimensiones, pero se aplican los mismos principios.

Vale la pena destacar la diferencia entre este tipo de descenso de gradiente y el tipo empleado normalmente para entrenar una red neuronal.

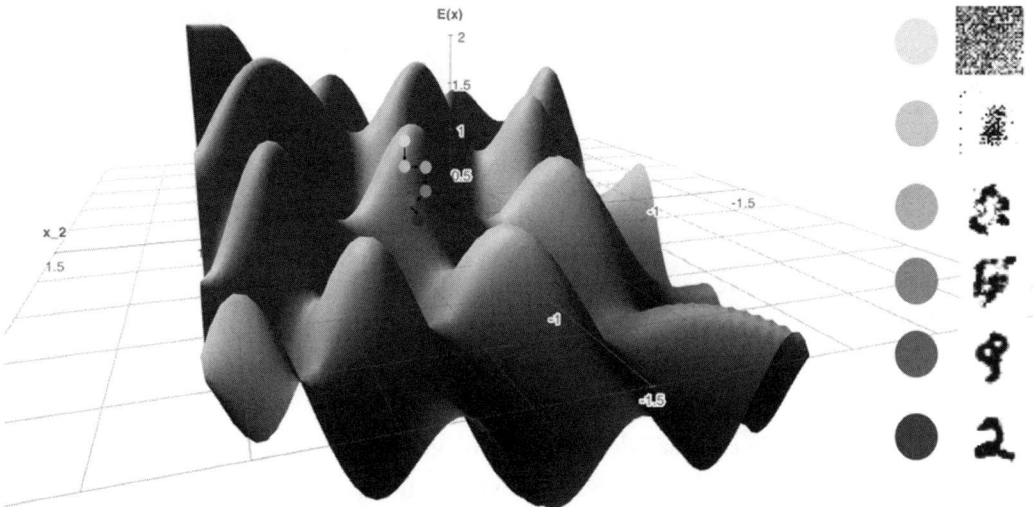

Figura 7.4. Descenso de gradiente utilizando dinámica de Langevin.

Al entrenar una red neuronal, calculamos el gradiente de la función de pérdida con respecto a los parámetros de la red (es decir, los pesos) utilizando retropropagación. Después actualizamos los parámetros una pequeña cantidad en la dirección del gradiente negativo, de forma que, con muchas iteraciones, minimizamos gradualmente la pérdida.

Con la dinámica de Langevin, mantenemos fijos los pesos de la red neuronal y calculamos el gradiente de la salida con respecto a la entrada. Más tarde actualizamos la entrada una pequeña cantidad en la dirección del gradiente negativo, de forma que, con muchas iteraciones, logramos minimizar gradualmente la salida (la puntuación de energía).

Ambos procesos se basan en la misma idea (el descenso de gradiente), pero se aplican a distintas funciones y con respecto a distintas entidades.

Formalmente, la dinámica de Langevin se describe con la siguiente ecuación:

$$x^k = x^{k-1} - \eta \nabla_x E_\theta\left(x^{k-1}\right) + \omega$$

donde $\omega \sim \mathcal{N}(0, \sigma)$ y $x^0 \sim \mathcal{U}(-1,1)$. η es el hiperparámetro de tamaño de paso que se debe ajustar (demasiado grande y los pasos saltan por encima de los mínimos, demasiado pequeño y el algoritmo convergerá con demasiada lentitud).

 $x^0 \sim \mathcal{U}(-1,1)$ es la distribución uniforme en el rango [-1, 1].

El ejemplo 7.4 ilustra cómo codificamos nuestra función de muestreo de Langevin.

Ejemplo 7.4. La función de muestreo de Langevin.

```python
def generate_samples(model, inp_imgs, steps, step_size, noise):
    imgs_per_step = []
    for _ in range(steps):                                                    ❶
        inp_imgs += tf.random.normal(inp_imgs.shape, mean = 0, stddev = noise) ❷
        inp_imgs = tf.clip_by_value(inp_imgs, -1.0, 1.0)
        with tf.GradientTape() as tape:
            tape.watch(inp_imgs)
            out_score = -model(inp_imgs)                                       ❸
        grads = tape.gradient(out_score, inp_imgs)                            ❹
        grads = tf.clip_by_value(grads, -0.03, 0.03)
        inp_imgs += -step_size * grads                                        ❺
        inp_imgs = tf.clip_by_value(inp_imgs, -1.0, 1.0)
    return inp_imgs
```

❶ Recorre en bucle un determinado número de pasos.

❷ Añade una pequeña cantidad de ruido a la imagen.

❸ Pasa la imagen por el modelo para obtener la puntuación de energía.

❹ Calcula el gradiente de la salida con respecto a la entrada.

❺ Añade una pequeña cantidad del gradiente a la imagen de entrada.

Entrenar con divergencia contrastiva

Una vez sabemos cómo obtener un nuevo punto de baja energía del espacio de muestras, volvamos al entrenamiento del modelo.

No podemos aplicar la estimación por máxima verosimilitud, porque la función de energía no proporciona una probabilidad, sino una puntuación que no se integra a 1 a lo largo del espacio de muestras. En lugar de ello, aplicaremos una técnica propuesta por vez primera en 2002 por Geoffrey Hinton, denominada divergencia contrastiva, para entrenar modelos de puntuación no normalizados.[4]

El valor que deseamos minimizar (como siempre) es la log-verosimilitud negativa de los datos:

$$\mathscr{L} = -\mathbb{E}_{x \sim \text{data}}\left[\log p_\theta(\mathbf{x})\right]$$

Cuando $p_\theta(\mathbf{x})$ tiene la forma de una distribución de Boltzmann, con una función de energía $E_\theta(\mathbf{x})$, se puede demostrar que es posible escribir el gradiente de este valor de la siguiente manera (en el artículo «*Notes on Contrastive Divergence*» de Oliver Woodford se dispone de la derivación completa[5]):

$$\nabla_\theta \mathscr{L} = \mathbb{E}_{x \sim \text{data}}\left[\nabla_\theta E_\theta(\mathbf{x})\right] - \mathbb{E}_{x \sim \text{model}}\left[\nabla_\theta E_\theta(\mathbf{x})\right]$$

De una forma intuitiva esto tiene mucho sentido, pues queremos entrenar el modelo para obtener grandes puntuaciones de energía negativas en caso de observaciones reales y grandes puntuaciones de energía positivas en caso de observaciones falsas generadas, de forma que el contraste entre ambos extremos sea lo más grande posible.

En otras palabras, podemos calcular la diferencia entre las puntuaciones de energía de muestras reales y falsas y usarla como nuestra función de pérdida.

Para calcular las puntuaciones de energía de muestras falsas, tendríamos que poder obtenerlas exactamente de la distribución $p_\theta(\mathbf{x})$, lo que no es posible debido al denominador irresoluble. En lugar de ello podemos usar nuestro procedimiento de muestreo de Langevin, para generar una serie de observaciones con puntuaciones de baja energía. El proceso tendría que ejecutarse durante infinitos pasos para producir una muestra perfecta, lo cual es, obviamente, irrealizable. Por tanto, lo que hacemos es ejecutarlo durante un pequeño número de pasos, suponiendo que sea suficiente para producir una función de pérdida con sentido.

También mantenemos un búfer de muestras de anteriores iteraciones, para utilizarlo como punto de partida para el siguiente lote, en lugar de usar puro ruido aleatorio. El código para producir el búfer de muestras aparece en el ejemplo 7.5.

Ejemplo 7.5. El `Buffer`*.*

```python
class Buffer:
    def __init__(self, model):
        super().__init__()
        self.model = model
        self.examples = [
            tf.random.uniform(shape = (1, 32, 32, 1)) * 2 - 1
            for _ in range(128)
        ] ❶

    def sample_new_exmps(self, steps, step_size, noise):
        n_new = np.random.binomial(128, 0.05) ❷
        rand_imgs = (
            tf.random.uniform((n_new, 32, 32, 1)) * 2 - 1
        )
        old_imgs = tf.concat(
            random.choices(self.examples, k=128-n_new), axis=0
        ) ❸
        inp_imgs = tf.concat([rand_imgs, old_imgs], axis=0)
        inp_imgs = generate_samples(
            self.model, inp_imgs, steps=steps, step_size=step_size, noise = noise
        ) ❹
        self.examples = tf.split(inp_imgs, 128, axis = 0) + self.examples ❺
        self.examples = self.examples[:8192]
        return inp_imgs
```

❶ El búfer de muestras se inicializa con un lote de ruido aleatorio.

❷ De media, el 5 % de las observaciones se generan desde cero (esto es, ruido aleatorio) cada vez.

❸ El resto se extraen de forma aleatoria del búfer existente.

❹ Las observaciones se concatenan y pasan por el tomador de muestras de Langevin.

❺ La muestra resultante se añade al búfer, que se recorta a una longitud máxima de 8192 observaciones.

La figura 7.5 muestra un solo paso de entrenamiento de divergencia contrastiva. El algoritmo empuja hacia abajo las puntuaciones de observaciones reales y tira hacia arriba de las de observaciones falsas, sin preocuparse de normalizarlas tras cada paso.

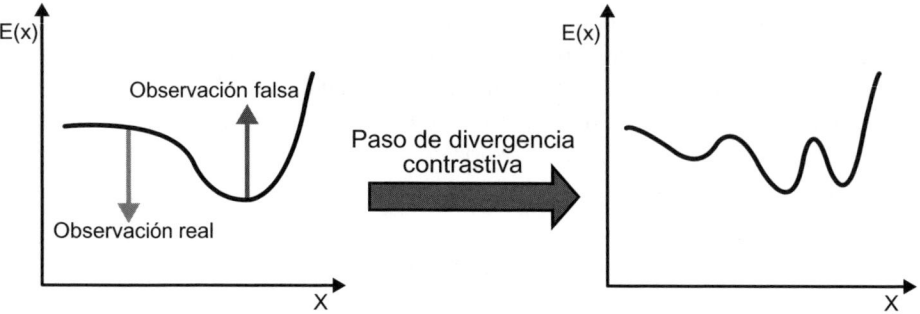

Figura 7.5. Un paso de divergencia contrastiva.

Es posible codificar el paso de entrenamiento del algoritmo de divergencia contrastiva dentro de un modelo personalizado de Keras, como muestra el ejemplo 7.6.

Ejemplo 7.6. Modelo EBM entrenado usando divergencia contrastiva.

```python
class EBM(models.Model):
    def __init__(self):
        super(EBM, self).__init__()
        self.model = model
        self.buffer = Buffer(self.model)
        self.alpha = 0.1
        self.loss_metric = metrics.Mean(name="loss")
        self.reg_loss_metric = metrics.Mean(name="reg")
        self.cdiv_loss_metric = metrics.Mean(name="cdiv")
        self.real_out_metric = metrics.Mean(name="real")
        self.fake_out_metric = metrics.Mean(name="fake")

    @property
    def metrics(self):
        return [
            self.loss_metric,
            self.reg_loss_metric,
            self.cdiv_loss_metric,
            self.real_out_metric,
            self.fake_out_metric
        ]
    def train_step(self, real_imgs):
        real_imgs += tf.random.normal(
            shape=tf.shape(real_imgs), mean = 0, stddev = 0.005
        ) ❶
        real_imgs = tf.clip_by_value(real_imgs, -1.0, 1.0)
        fake_imgs = self.buffer.sample_new_exmps(
            steps=60, step_size=10, noise = 0.005
```

```
            ) ❷
            inp_imgs = tf.concat([real_imgs, fake_imgs], axis=0)
            with tf.GradientTape() as training_tape:
                real_out, fake_out = tf.split(self.model(inp_imgs), 2, axis=0) ❸
                cdiv_loss = tf.reduce_mean(fake_out, axis = 0) - tf.reduce_mean(
                    real_out, axis = 0
                ) ❹
                reg_loss = self.alpha * tf.reduce_mean(
                    real_out ** 2 + fake_out ** 2, axis = 0
                ) ❺
                loss = reg_loss + cdiv_loss
            grads = training_tape.gradient(loss, self.model.trainable_variables) ❻
            self.optimizer.apply_gradients(
                zip(grads, self.model.trainable_variables)
            )
            self.loss_metric.update_state(loss)
            self.reg_loss_metric.update_state(reg_loss)
            self.cdiv_loss_metric.update_state(cdiv_loss)
            self.real_out_metric.update_state(tf.reduce_mean(real_out, axis = 0))
            self.fake_out_metric.update_state(tf.reduce_mean(fake_out, axis = 0))
            return {m.name: m.result() for m in self.metrics}

    def test_step(self, real_imgs): ❼
        batch_size = real_imgs.shape[0]
        fake_imgs = tf.random.uniform((batch_size, 32, 32, 1)) * 2 - 1
        inp_imgs = tf.concat([real_imgs, fake_imgs], axis=0)
        real_out, fake_out = tf.split(self.model(inp_imgs), 2, axis=0)
        cdiv = tf.reduce_mean(fake_out, axis = 0) - tf.reduce_mean(
            real_out, axis = 0
        )
        self.cdiv_loss_metric.update_state(cdiv)
        self.real_out_metric.update_state(tf.reduce_mean(real_out, axis = 0))
        self.fake_out_metric.update_state(tf.reduce_mean(fake_out, axis = 0))
        return {m.name: m.result() for m in self.metrics[2:]}

ebm = EBM()
ebm.compile(optimizer=optimizers.Adam(learning_rate=0.0001), run_eagerly=True)
ebm.fit(x_train, epochs=60, validation_data = x_test,)
```

❶ Se añade una pequeña cantidad de ruido aleatorio a las imágenes reales, para evitar que el modelo sobreajuste al conjunto de entrenamiento.

❷ Se toma un conjunto de imágenes falsas del búfer como muestras.

❸ Las imágenes reales y falsas se pasan por el modelo para producir puntuaciones reales y falsas.

❹ La pérdida de divergencia contrastiva es simplemente la diferencia entre las puntuaciones de las observaciones reales y falsas.

❺ Se añade una pérdida de regularización para evitar que las puntuaciones se hagan demasiado grandes.

❻ Se calculan los gradientes de la función de pérdida con respecto a los pesos de la red para retropropagación.

❼ Se utiliza `test_step` durante la validación y se calcula la divergencia contrastiva entre las puntuaciones de un conjunto de ruido aleatorio y de datos del conjunto de entrenamiento. Se puede utilizar como medida de lo bien que está entrenando el modelo (léase la siguiente sección).

Análisis del modelo basado en energía

Las curvas de pérdida y las mediciones de soporte del proceso de entrenamiento se muestran en la figura 7.6.

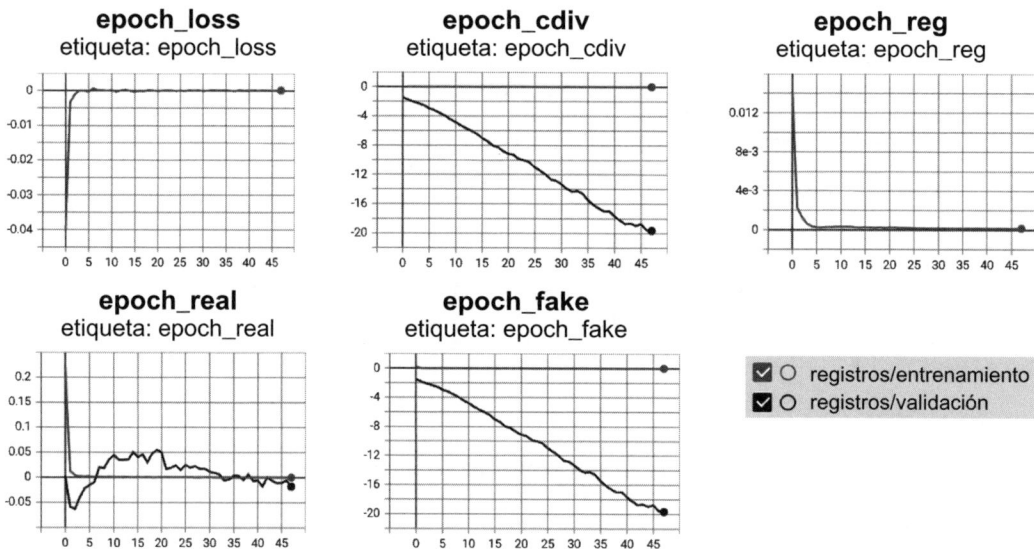

Figura 7.6. Curvas de pérdida y mediciones para el proceso de entrenamiento del modelo EBM.

Primero, observamos que la pérdida calculada durante el paso de entrenamiento es aproximadamente constante y pequeña a lo largo de los *epochs*. Mientras el modelo siga mejorando, también lo hace la calidad de las imágenes generadas en el búfer, necesaria para comparar con imágenes reales del conjunto de entrenamiento, así que no deberíamos esperar que la pérdida de entrenamiento bajara de forma significativa.

Por lo tanto, para juzgar el rendimiento del modelo también configuramos un proceso de validación que no toma muestras del búfer, sino que obtiene una puntuación de una muestra de ruido aleatorio y la compara con las puntuaciones de ejemplos del conjunto de entrenamiento. Si el modelo está mejorando, deberíamos ver que la divergencia contrastiva cae con los *epochs* (es decir, está mejorando en distinguir ruido aleatorio de imágenes reales), como se observa en la figura 7.6.

Generar nuevas muestras tomadas del modelo EBM es una sencilla cuestión de ejecutar el tomador de muestras de Langevin durante un gran número de pasos, desde una posición de partida (ruido aleatorio), como muestra el ejemplo 7.7. La observación se fuerza a ir cuesta abajo, siguiendo los gradientes de la función de puntuación con respecto a la entrada, de modo que, entre el ruido, aparezca una observación verosímil.

Ejemplo 7.7. Generar nuevas observaciones usando el EBM.

```
start_imgs = np.random.uniform(size = (10, 32, 32, 1)) * 2 - 1
gen_img = generate_samples(
    ebm.model,
    start_imgs,
    steps=1000,
    step_size=10,
    noise = 0.005,
    return_img_per_step=True,
)
```

En la figura 7.7 se muestran algunos ejemplos de observaciones producidas por el tomador de muestras tras 50 *epochs* de entrenamiento.

Figura 7.7. Ejemplos producidos por el tomador de muestras de Langevin usando el modelo EBM para dirigir el descenso de gradiente.

Incluso podemos mostrar una repetición de cómo se genera una única observación, tomando instantáneas de las observaciones actuales durante el proceso de muestreo de Langevin (véase la figura 7.8).

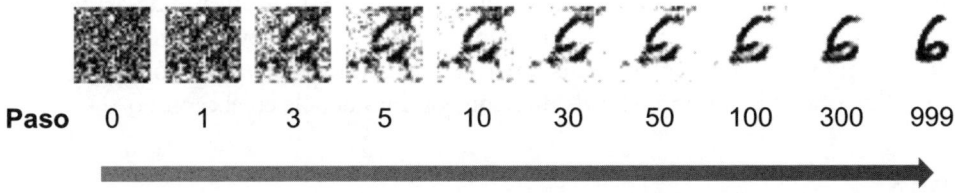

Paso   0   1   3   5   10   30   50   100   300   999

Figura 7.8. Instantáneas de una observación en distintos pasos del proceso de muestreo de Langevin.

Otros modelos basados en energía

En el ejemplo anterior usamos un modelo profundo EBM, entrenado empleando divergencia contrastiva con un tomador de muestras de dinámica de Langevin. No obstante, los primeros modelos EBM no utilizaban muestreo de Langevin, sino que se basaban en otras técnicas y arquitecturas.

Uno de los primeros ejemplos de un EBM fue la máquina de Boltzmann.[6] Se trata de una red neuronal totalmente conectada y no dirigida en la que las unidades binarias están visibles (v) u ocultas (h). La energía de una determinada configuración de la red se define de la siguiente manera:

$$E_\theta(v, h) = -\frac{1}{2}\left(v^T L v + h^T J h + v^T W h\right)$$

donde W, L, J son las matrices de pesos aprendidas por el modelo. El entrenamiento se consigue mediante divergencia contrastiva, pero usando muestreo de Gibbs para alternar entre las capas visibles y ocultas hasta encontrar un equilibrio. En la práctica esto es muy lento y no se puede aplicar a grandes números de unidades ocultas.

 Si el lector desea conocer un excelente y sencillo ejemplo de muestreo de Gibbs, le conviene leer el post «*Gibbs Sampling in Python*» (`https://jessicastringham. net/2018/05/09/gibbs-sampling/`) del blog de Jessica Stringham.

Una extensión de este modelo, la máquina de Boltzmann restringida, elimina las conexiones entre unidades del mismo tipo, creando así un gráfico bipartito de dos capas. Esto permite a las máquinas de Boltzmann restringidas poder ser apiladas en redes profundas de creencia para configurar distribuciones más complejas. No obstante, el modelado de datos de muchas dimensiones con este tipo de extensiones de EBM sigue siendo poco práctico, porque sigue requiriendo el muestreo de Gibbs con largos tiempos de mezcla.

A finales de la década de 2000 se demostró que los EBM tenían potencial para configurar conjuntos de datos de muchas dimensiones y se estableció una estructura para crear modelos EBM profundos.[7] La dinámica de Langevin se convirtió en el método de toma de muestras favorito para los EBM, que más tarde evolucionó hasta convertirse en una técnica de entrenamiento conocida como comparación de puntuaciones. Esta técnica se desarrolló aún más hasta llegar a ser una clase de modelo denominada modelos probabilísticos de difusión de eliminación de ruido, que impulsan modelos generativos de última generación como DALL.E 2 e ImageGen. Exploraremos los modelos de difusión con más detalle en el capítulo 8.

Resumen

Los modelos basados en energía son una clase de modelo generativo que emplea una función de puntuaciones de energía, es decir, una red neuronal entrenada para producir puntuaciones bajas en caso de observaciones reales y altas en caso de observaciones generadas. Calcular la distribución de probabilidad dada por esta función de puntuación requeriría la normalización mediante un denominador irresoluble. Los modelos EBM evitan este problema utilizando dos trucos: la divergencia contrastiva para entrenar la red y la dinámica de Langevin para obtener nuevas observaciones.

La función de energía se entrena minimizando la diferencia entre las puntuaciones de la muestra generada y las de los datos de entrenamiento, una técnica conocida como divergencia contrastiva. Se puede demostrar que esto equivale a minimizar la log-verosimilitud negativa, como requiere la estimación por máxima verosimilitud, pero no es necesario que calculemos el denominador normalizador irresoluble. En la práctica, aproximamos el proceso de muestreo para las muestras falsas para asegurarnos de que el algoritmo sigue siendo eficiente.

La toma de muestras en modelos profundos EBM se logra mediante dinámica de Langevin, una técnica que usa el gradiente de la puntuación con respecto a la imagen de entrada para transformar gradualmente el ruido aleatorio en una observación verosímil, actualizando la entrada en pequeños pasos y siguiendo el gradiente hacia abajo. Esto mejora con respecto a modelos anteriores como el muestreo de Gibbs, que utilizan las máquinas de Boltzmann restringidas.

Referencias

1. «*Implicit Generation and Modeling with Energy-Based Models*», Yilun Du e Igor Mordatch, 20 de marzo de 2019, `https://arxiv.org/abs/1903.08689`.

2. «*Searching for Activation Functions*», Prajit Ramachandran *et al.*, 16 de octubre de 2017, `https://arxiv.org/abs/1710.05941v2`.

3. «*Bayesian Learning via Stochastic Gradient Langevin Dynamics*», Max Welling y Yee Whye Teh, 2011, `https://www.stats.ox.ac.uk/~teh/research/compstats/WelTeh2011a.pdf`.

4. «*Training Products of Experts by Minimizing Contrastive Divergence*», Geoffrey E. Hinton, 2002, `https://www.cs.toronto.edu/~hinton/absps/tr00-004.pdf`.

5. «*Notes on Contrastive Divergence*», Oliver Woodford, 2006, `https://www.robots.ox.ac.uk/~ojw/files/NotesOnCD.pdf`.

6. «*A Learning Algorithm for Boltzmann Machines*», David H. Ackley *et al.*, 1985, Cognitive Science 9(1), 147-165.

7. «*A Tutorial on Energy-Based Learning*», Yann Lecun et al., 2006, `https://www.researchgate.net/publication/200744586_A_tutorial_on_energy-based_learning`.

CAPÍTULO 8

Modelos de difusión

Objetivos del capítulo

En este capítulo conseguiremos:

- Conocer los principios básicos y los componentes que definen un modelo de difusión.
- Averiguar cómo se utiliza el proceso directo para añadir ruido al conjunto de imágenes de entrenamiento.
- Entender el truco de la reparametrización y la razón de su importancia.
- Explorar distintas formas de programas de difusión directa.
- Comprender el proceso de difusión inverso y cómo se asocia al proceso directo de generación de ruido.
- Explorar la arquitectura de la red U-Net, empleada para parametrizar el proceso de difusión inverso.
- Crear un modelo propio de difusión de eliminación de ruido mediante Keras para generar imágenes de flores.
- Obtener muestras de imágenes nuevas de flores tomadas del modelo creado.
- Explorar el efecto del número de pasos de difusión en la calidad de la imagen e interpolar entre dos imágenes en el espacio latente.

Junto con las redes GAN, los modelos de difusión son una de las técnicas de modelado generativo para generación de imágenes más influyentes e impactantes de la última década. En muchas pruebas de rendimiento realizadas, los modelos de difusión superan ahora a redes GAN que antes eran de última generación, y se están convirtiendo rápidamente en la opción favorita de los profesionales del modelado generativo, en particular para dominios visuales (por ejemplo, DALL.E 2 de OpenAI y ImageGen de Google para generación de texto a imagen). Recientemente se ha producido una explosión en la aplicación de modelos de difusión a una amplia variedad de tareas, lo cual recuerda la proliferación de redes GAN que tuvo lugar entre 2017 y 2020.

Muchas de las ideas básicas que sustentan los modelos de difusión comparten similitudes con anteriores tipos de modelos generativos ya explorados en este libro (por ejemplo, autocodificadores reductores de ruido o modelos basados en energía). De hecho, el nombre difusión está inspirado en la estudiada propiedad de la difusión termodinámica: en 2015 se estableció un importante vínculo entre este campo puramente físico y el deep learning.[1]

También se produjo un importante progreso en el campo de los modelos generativos basados en puntuaciones,[2,3] una rama del modelado basado en energía que estima directamente el gradiente de la distribución logarítmica (también conocida como función de puntuación) con el fin de entrenar el modelo, y como alternativa al uso de la divergencia contrastiva. En particular, Yang Song y Stefano Ermon emplearon varias escalas de perturbaciones de ruido aplicadas a datos sin procesar, para garantizar que el modelo (una red de puntuación condicionada por ruido o NCSN, *Noise Conditional Score Network*) funcionara bien en regiones de baja densidad de datos.

El artículo sobre modelos de difusión que lo revolucionó todo llegó en el verano de 2020.[4] Sobre la base de anteriores trabajos, el documento desvela una conexión profunda entre los modelos de difusión y los modelos generativos basados en puntuaciones, y los autores utilizan este hecho para entrenar el modelo de difusión denominado modelo probabilístico de difusión de eliminación de ruido o DDPM (*Denoising Diffusion Probabilistic Model*), capaz de rivalizar con las redes GAN con distintos conjuntos de datos.

En este capítulo recorreremos los requisitos teóricos que nos permitirán entender el funcionamiento de un modelo de difusión de eliminación de ruido. Después veremos cómo crear nuestro propio modelo de este tipo utilizando Keras.

Introducción

Para explicar mejor las ideas más importantes que sustentan los modelos de difusión, empecemos con una historia corta.

DiffuseTV

Se encuentra frente a una tienda que vende televisores, pero este negocio es muy distinto a todos los que ha visitado antes. En lugar de ofrecer una amplia variedad de distintas marcas, cientos de copias idénticas de la misma televisión conectadas todas en secuencia, se extienden por la tienda hasta donde alcanza la vista. Es más, los primeros aparatos de televisión que se ven no parecen mostrar nada más que ruido estático (figura 8.1).

La dependienta se acerca para ver si necesita ayuda. Como se siente bastante confuso, usted le pregunta sobre la extraña configuración del lugar. Ella le explica que se trata del nuevo modelo DiffuseTV, creado para revolucionar la industria del entretenimiento, y empieza inmediatamente a contarle cómo funciona, mientras camina hacia el fondo de la tienda, en paralelo a la línea de televisores.

Ella le aclara que durante el proceso de fabricación, la nueva DiffuseTV es expuesta a miles de imágenes de anteriores programas de televisión, pero cada una de ellas ha sido estropeada gradualmente con estática aleatoria, hasta que resulta ser indistinguible del ruido aleatorio puro.

Los televisores se diseñan entonces para deshacer el ruido aleatorio, en pequeños pasos, tratando básicamente de predecir el aspecto que tenían las imágenes antes de añadirlo. Puede ver que, a medida que avanza por la tienda, las imágenes de cada televisor son, en efecto, ligeramente más claras que las del anterior.

Figura 8.1. Una larga línea de televisores conectados se extienden por el pasillo de una tienda (imagen creada con Midjourney).

Finalmente alcanzan el final de la larga línea de televisores, y ve con toda claridad una imagen perfecta en el último de todos. Aunque sin duda se trata de una tecnología realmente inteligente, le pica la curiosidad y quiere entender cómo puede resultarle esto útil al espectador. La dependienta sigue con su explicación.

En lugar de elegir un canal, el espectador elige una configuración inicial aleatoria de estática. Cada configuración conducirá a una imagen de salida distinta, y en algunos modelos incluso se le puede guiar con un mensaje de texto que el usuario elija introducir. A diferencia de una televisión normal, que tiene un limitado número de canales, la nueva DiffuseTV le ofrece al espectador una selección ilimitada y libertad para generar lo que le gustaría que apareciera en la pantalla.

Se compra sin pensarlo una DiffuseTV, sintiéndose aliviado al escuchar que los televisores que forman la larga línea son solo de muestra, así que no tendrá que comprarse, además, un almacén para guardar su nuevo electrodoméstico.

La historia del televisor DiffuseTV describe la idea general de un modelo de difusión. Pasemos ahora a los aspectos técnicos de la creación de un modelo como este utilizando Keras.

Modelos de difusión de eliminación de ruido

La idea básica de un modelo de difusión de eliminación de ruido es sencilla: entrenar un modelo de deep learning para eliminar el ruido de una imagen en una serie de pasos muy pequeños. Si empezamos con ruido aleatorio puro, en teoría deberíamos poder seguir aplicando el modelo hasta obtener una imagen que parezca haber sido extraída del conjunto de entrenamiento. Lo sorprendente es que este sencillo concepto funciona de maravilla en la práctica.

Primero preparémonos con un conjunto de entrenamiento, para después recorrer los procesos de difusión directo (de generación de ruido) e inverso (de eliminación del mismo).

Código para este ejemplo

El código para este ejemplo se puede encontrar en el notebook de Jupyter ubicado en `notebooks/08_diffusion/01_ddm/ddm.ipynb` en la página web del libro.
El código se ha adaptado del excelente tutorial sobre modelos implícitos de difusión de eliminación de ruido (`https://keras.io/examples/generative/ddim/`) creado por András Béres y disponible en el sitio web de Keras.

El conjunto de datos Flowers

Utilizaremos el conjunto de datos Oxford 102 Flower (`https://www.kaggle.com/datasets/nunenuh/pytorch-challange-flower-dataset`) disponible mediante Kaggle. Se trata de un conjunto de más de 8000 imágenes en color de flores.

Se pueden descargar los datos ejecutando el código de Kaggle incluido en la página web del libro, como muestra el ejemplo 8.1. Se guardan las imágenes de flores en la carpeta /*data*.

Ejemplo 8.1. Descargando el conjunto de datos Oxford 102 Flower.

```
bash scripts/download_kaggle_data.sh nunenuh pytorch-challange-flower-dataset
```

Como siempre, cargaremos las imágenes utilizando la función `image_dataset_from_directory` de Keras, redimensionaremos las imágenes a 64 x 64 píxeles, y ajustaremos los valores de píxel al rango [0, 1]. También repetiremos el conjunto de datos cinco veces para incrementar la longitud del *epoch* y dividiremos los datos en grupos de 64 imágenes, como muestra el ejemplo 8.2.

Ejemplo 8.2. Cargando el conjunto de datos Oxford 102 Flower.

```
train_data = utils.image_dataset_from_directory(
    "/app/data/pytorch-challange-flower-dataset/dataset",
    labels=None,
    image_size=(64, 64),
    batch_size=None,
    shuffle=True,
    seed=42,
    interpolation="bilinear",
) ❶
```

```
def preprocess(img):
    img = tf.cast(img, "float32") / 255.0
    return img

train = train_data.map(lambda x: preprocess(x)) ❷
train = train.repeat(5) ❸
train = train.batch(64, drop_remainder=True) ❹
```

❶ Carga el conjunto de datos (cuando es necesario durante el entrenamiento) usando la función `image_data set_from_directory` de Keras.

❷ Ajusta los valores de píxel al rango [0, 1].

❸ Repite el conjunto de datos cinco veces.

❹ Divide los datos en grupos de 64 imágenes.

La figura 8.2 muestra imágenes de ejemplo del conjunto de datos.

Figura 8.2. Imágenes de ejemplo del conjunto de datos Oxford 102 Flower.

Ahora que ya tenemos listo nuestro conjunto de datos, exploremos el modo de añadir ruido a las imágenes, empleando un proceso de difusión directo.

El proceso de difusión directo

Supongamos que tenemos una imagen x_0 que queremos estropear gradualmente en un gran número de pasos (por ejemplo, $T = 1000$), de forma que termine siendo imposible de distinguir del ruido gaussiano estándar (es decir, x_T debe tener media cero y varianza unitaria). ¿Cómo debemos proceder?

Definimos una función q que añada una pequeña cantidad de ruido gaussiano con varianza β_t a una imagen x_{t-1}, para así generar una nueva imagen x_t. Si seguimos aplicando esta función, generaremos una secuencia de imágenes que cada vez tienen más ruido (x_0, ..., x_T), como muestra la figura 8.3.

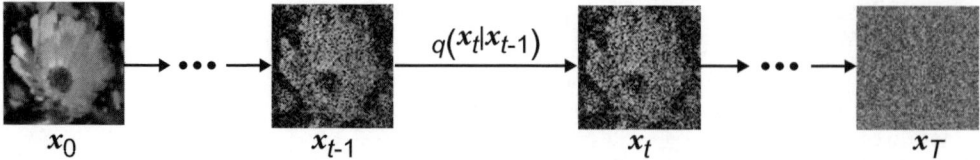

$$x_0 \quad x_{t-1} \quad q(x_t|x_{t-1}) \quad x_t \quad x_T$$

Figura 8.3. El proceso de difusión directo q.

Matemáticamente, este proceso de actualización se escribe de la siguiente manera (ϵ_{t-1} es aquí una distribución gaussiana estándar con media cero y varianza unitaria):

$$\mathbf{x}_t = \sqrt{1 - \beta_t}\mathbf{x}_{t-1} + \sqrt{\beta_t}\epsilon_{t-1}$$

Observemos que también ajustamos la imagen de entrada $\mathbf{x}_{t-1}$, para asegurarnos de que la varianza de la imagen de salida $\mathbf{x}_t$ se mantiene constante con el tiempo. De esta forma, si normalizamos nuestra imagen original $\mathbf{x}_0$ para que tenga media cero y varianza unitaria, entonces $\mathbf{x}_T$ se aproximará por inducción a una distribución gaussiana estándar para un T bastante grande, como se explica a continuación.

Si suponemos que $\mathbf{x}_{t-1}$ tiene media cero y varianza unitaria, entonces $\sqrt{1 - \beta_t}\mathbf{x}_{t-1}$ tendrá varianza $1 - \beta_t$ y $\sqrt{\beta_t}\epsilon_{t-1}$ tendrá varianza p_{modelo}, usando la regla $Var(aX) = a^2 Var(X)$. Sumando ambas, obtenemos una nueva distribución $\mathbf{x}_t$ con media cero y varianza $1 - \beta_t + \beta_t = 1$, empleando la regla $Var(X + Y) = Var(X) + Var(Y)$ para X e Y independientes. Por tanto, si $\mathbf{x}_0$ se normaliza a una media cero y varianza unitaria, entonces garantizamos que esto también se aplica para toda $\mathbf{x}_t$, incluida la imagen final $\mathbf{x}_T$, que se aproximará a una distribución gaussiana estándar. Esto es exactamente lo que necesitamos, porque queremos poder obtener fácilmente una muestra $\mathbf{x}_T$ y aplicar a continuación un proceso de difusión inverso mediante nuestro modelo entrenado de red neuronal.

En otras palabras, nuestro proceso de difusión directo q se escribe también así:

$$q(\mathbf{x}_t|\mathbf{x}_{t-1}) = \mathcal{N}\left(\mathbf{x}_t; \sqrt{1 - \beta_t}\mathbf{x}_{t-1}, \beta_t\mathbf{I}\right)$$

El truco de la reparametrización

También resultaría útil poder saltar directamente de una imagen x_0 a cualquier versión con ruido de la imagen x_t, sin tener que pasar por t aplicaciones de q. Por suerte, existe un truco de reparametrización que nos permite hacer esto.

Si definimos $\alpha_t = 1 - \beta_t$ y $\bar{\alpha}_t = \prod_{i=1}^{t} \alpha_i$, entonces podemos escribir lo siguiente:

$$\begin{aligned}
\mathbf{x}_t &= \sqrt{\alpha_t}\mathbf{x}_{t-1} + \sqrt{1 - \alpha_t}\epsilon_{t-1} \\
&= \sqrt{\alpha_t\alpha_{t-1}}\mathbf{x}_{t-2} + \sqrt{1 - \alpha_t\alpha_{t-1}}\epsilon \\
&= \cdots \\
&= \sqrt{\bar{\alpha}_t}\mathbf{x}_0 + \sqrt{1 - \bar{\alpha}_t}\epsilon
\end{aligned}$$

Observamos que la segunda línea aprovecha el hecho de que se pueden sumar dos distribuciones gaussianas para obtener una nueva igual. De este modo tenemos una forma de saltar de la imagen original $\mathbf{x}_0$ a cualquier paso del proceso de difusión directo $\mathbf{x}_t$. Es más, es posible definir el programa de difusión utilizando los valores $\bar{\alpha}_t$, en lugar de los originales β_t, interpretando que $\bar{\alpha}_t$ es la varianza debida a la señal (la imagen original, $\mathbf{x}_0$) y $1 - \bar{\alpha}_t$ es la varianza debida al ruido (ϵ).

Por tanto, el proceso de difusión directo q se escribe también de la siguiente manera:

$$q(\mathbf{x}_t | \mathbf{x}_0) = \mathcal{N}\left(\mathbf{x}_t; \sqrt{\bar{\alpha}_t}\mathbf{x}_0, (1 - \bar{\alpha}_t)\mathbf{I}\right)$$

Programas de difusión

También tenemos la libre opción de elegir un β_t diferente en cada paso de tiempo (no todos tienen que ser iguales). El modo en que cambian los valores β_t (o $\bar{\alpha}_t$) con t se denomina programa de difusión.

En el artículo original (Ho *et al.*, 2020), los autores eligieron un programa de difusión lineal para β_t, es decir, β_t aumenta de manera lineal con t, desde $\beta_1 = 0.0001$ hasta $\beta_T = 0.02$. Así nos aseguramos de que en las primeras etapas del proceso de generación de ruido damos pasos más pequeños que en las últimas, en las que la imagen ya contiene mucho ruido.

El ejemplo 8.3 muestra la codificación de un programa de difusión lineal.

Ejemplo 8.3. El programa de difusión lineal.

```
def linear_diffusion_schedule(diffusion_times):
    min_rate = 0.0001
    max_rate = 0.02
    betas = min_rate + tf.convert_to_tensor(diffusion_times) * (max_rate - min_rate)
    alphas = 1 - betas
    alpha_bars = tf.math.cumprod(alphas)
    signal_rates = alpha_bars
    noise_rates = 1 - alpha_bars
    return noise_rates, signal_rates

T = 1000
diffusion_times = [x/T for x in range(T)] ❶
linear_noise_rates, linear_signal_rates = linear_diffusion_schedule(
diffusion_times
) ❷
```

❶ Los tiempos de difusión están espaciados por igual entre 0 y 1.

❷ Se aplica el programa de difusión lineal a los tiempos de difusión para producir las tasas de ruido y señal.

En un artículo posterior se descubrió que el programa de difusión de cosenos superaba al programa lineal del artículo original.[5] Un programa de cosenos define los siguientes valores de $\bar{\alpha}_t$:

$$\bar{\alpha}_t = \cos^2\left(\frac{t}{T} \cdot \frac{\pi}{2}\right)$$

La ecuación actualizada es por tanto la siguiente (usando la identidad trigonométrica $\cos^2(x) + \sin^2(x) = 1$):

$$\mathbf{x}_t = \cos\left(\frac{t}{T} \cdot \frac{\pi}{2}\right)\mathbf{x}_0 + \sin\left(\frac{t}{T} \cdot \frac{\pi}{2}\right)\epsilon$$

Esta ecuación es una versión simplificada del programa de difusión de cosenos utilizado en el artículo. Los autores añaden, además, un término de desplazamiento y ajuste para evitar que los pasos de generación de ruido sean demasiado pequeños al comienzo del proceso de difusión. El ejemplo 8.4 explica cómo codificar los programas de difusión de cosenos y de cosenos con desplazamiento.

Ejemplo 8.4. Los programas de difusión de cosenos y de cosenos con desplazamiento.

```
def cosine_diffusion_schedule(diffusion_times):  ❶
    signal_rates = tf.cos(diffusion_times * math.pi / 2)
    noise_rates = tf.sin(diffusion_times * math.pi / 2)
    return noise_rates, signal_rates

def offset_cosine_diffusion_schedule(diffusion_times):  ❷
    min_signal_rate = 0.02
    max_signal_rate = 0.95
    start_angle = tf.acos(max_signal_rate)
    end_angle = tf.acos(min_signal_rate)

    diffusion_angles = start_angle + diffusion_times * (end_angle - start_angle)

    signal_rates = tf.cos(diffusion_angles)
    noise_rates = tf.sin(diffusion_angles)
    return noise_rates, signal_rates
```

❶ El programa de difusión de cosenos puro (sin desplazamiento o reajuste).

❷ El programa de difusión de cosenos con desplazamiento que utilizaremos, que ajusta el programa para asegurar que los pasos de generación de ruido no sean demasiado pequeños al comienzo de proceso de generación.

Podemos calcular los valores $\bar{\alpha}_t$ para cada t para mostrar cuánta señal ($\bar{\alpha}_t$) y ruido ($1 - \bar{\alpha}_t$) se dejan pasar en cada etapa del proceso para los programas de difusión lineal, de cosenos y de cosenos con desplazamiento, como muestra la figura 8.4.

Se observa que el nivel de ruido aumenta más despacio en el programa de difusión de cosenos. Este programa añade ruido a la imagen de una forma más gradual que el programa de difusión lineal, lo que mejora la eficiencia del entrenamiento y la calidad de la generación.

También es posible percibir este hecho en imágenes que han sido deterioradas por los programas lineal y de cosenos (figura 8.5).

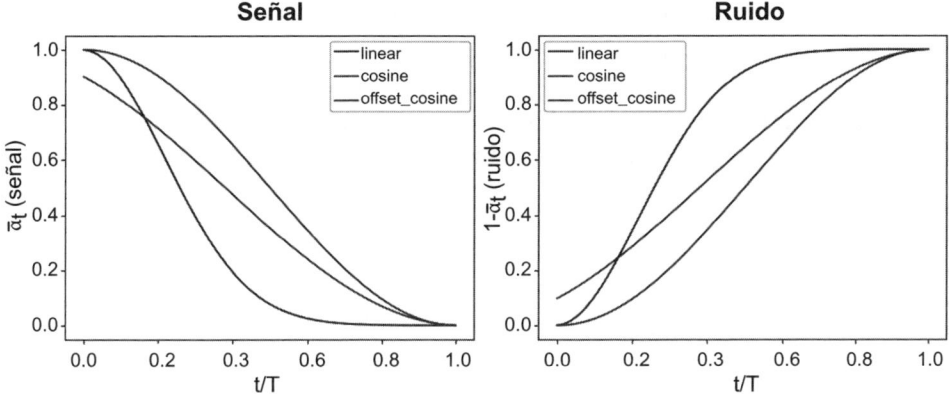

Figura 8.4. *La señal y el ruido en cada paso del proceso de generación de ruido, para los programas de difusión lineal, de cosenos y de cosenos con desplazamiento.*

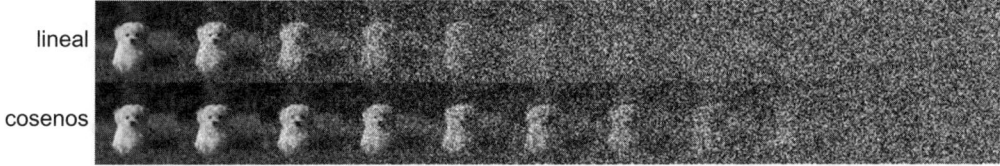

Figura 8.5. *Una imagen siendo dañada por los programas de difusión lineal (arriba) y de cosenos (abajo), con valores de t espaciados por igual desde 0 hasta T (fuente: Ho et al., 2020).*

El proceso de difusión inverso

Veamos ahora el proceso de difusión inverso. Recordemos que estamos intentando crear una red neuronal $p_\theta(\mathbf{x}_{t-1} \mid \mathbf{x}_t)$ que deshaga el proceso de generación de ruido, es decir, que se aproxime a la distribución inversa $q(\mathbf{x}_{t-1} \mid \mathbf{x}_t)$. Si logramos hacer esto, obtendremos muestras de ruido aleatorio de $\mathcal{N}(0, \mathbf{I})$, y aplicaremos después el proceso de difusión inverso varias veces para generar una imagen nueva. La figura 8.6 permite visualizar este proceso.

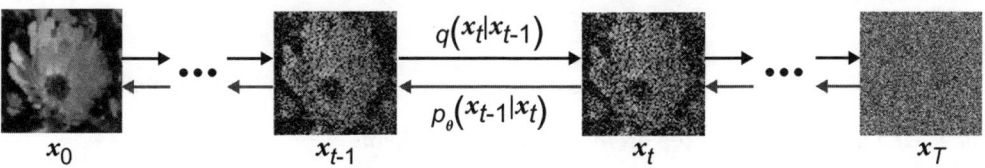

Figura 8.6. *El proceso de difusión inverso $p_\theta(\mathbf{x}_{t-1} \mid \mathbf{x}_t)$ trata de deshacer el ruido producido por el proceso de difusión directo.*

Hay muchas similitudes entre el proceso de difusión inverso y el decodificador de un autocodificador variacional. En ambos, la intención es transformar ruido aleatorio en un resultado con sentido utilizando una red neuronal. La diferencia entre los modelos de difusión y los VAE es que, en un VAE, el proceso directo (convertir imágenes en ruido) es parte del modelo (es decir, se aprende), mientras que en un modelo de difusión no está parametrizado.

De ahí que tenga sentido aplicar la misma función de pérdida que en un autocodificador variacional. El artículo sobre el DDPM deriva la forma exacta de esta función de pérdida, y muestra que se puede optimizar entrenando una red ϵ_θ para predecir el ruido ϵ que se ha añadido a una determinada imagen $\mathbf{x}_0$ en el paso de tiempo t.

En otras palabras, obtenemos una muestra de una imagen $\mathbf{x}_0$ y la transformamos mediante t pasos de generación de ruido para obtener la imagen $\mathbf{x}_t = \sqrt{\bar{\alpha}_t}\mathbf{x}_0 + \sqrt{1 - \bar{\alpha}_t}\epsilon$. Le pasamos esta nueva imagen y la velocidad de generación de ruido $\bar{\alpha}_t$ a la red neuronal y le pedimos que prediga ϵ, dando un paso de gradiente contra el error al cuadrado entre la predicción $\epsilon_\theta(\mathbf{x}_t)$ y la verdadera ϵ.

Echaremos un vistazo a la estructura de la red neuronal en la próxima sección. Vale la pena mencionar en este momento que el modelo de difusión mantiene dos copias de la red: una que se entrena activamente utilizando descenso de gradiente, y otra que es una media móvil exponencial de los pesos de la red entrenada activamente con respecto a pasos de entrenamiento anteriores. La red de media móvil exponencial (EMA: *Exponential Moving Average*) no es tan susceptible a fluctuaciones a corto plazo y picos en el proceso de entrenamiento, lo que le hace ser más robusta para la generación que la red entrenada activamente. Por eso se utiliza esta red siempre que se desea producir un resultado generado desde la misma.

El proceso de entrenamiento para el modelo aparece en la figura 8.7.

Algoritmo 1 Entrenamiento

1: **repeat**
2: $\quad \mathbf{x}_0 \sim q(\mathbf{x}_0)$
3: $\quad t \sim \mathrm{Uniform}(\{1, \ldots, T\})$
4: $\quad \epsilon \sim \mathcal{N}(\mathbf{0}, \mathbf{I})$
5: $\quad$ Take gradient descent step on
$$\nabla_\theta \left\| \epsilon - \epsilon_\theta(\sqrt{\bar{\alpha}_t}\mathbf{x}_0 + \sqrt{1 - \bar{\alpha}_t}\epsilon, t) \right\|^2$$
6: **until** converged

Figura 8.7. El proceso de entrenamiento para un modelo de difusión de eliminación de ruido (fuente: Ho et al., 2020).

En Keras, es posible codificar este paso de entrenamiento tal y como ilustra el ejemplo 8.5.

Ejemplo 8.5. La función `train_step` del modelo de difusión Keras.

```
class DiffusionModel(models.Model):
    def __init__(self):
        super().__init__()
```

```python
        self.normalizer = layers.Normalization()
        self.network = unet
        self.ema_network = models.clone_model(self.network)
        self.diffusion_schedule = cosine_diffusion_schedule

    ...

    def denoise(self, noisy_images, noise_rates, signal_rates, training):
        if training:
            network = self.network
        else:
            network = self.ema_network
        pred_noises = network(
            [noisy_images, noise_rates**2], training=training
        )
        pred_images = (noisy_images - noise_rates * pred_noises) / signal_rates

        return pred_noises, pred_images

    def train_step(self, images):
        images = self.normalizer(images, training=True) ❶
        noises = tf.random.normal(shape=tf.shape(images)) ❷
        batch_size = tf.shape(images)[0]
        diffusion_times = tf.random.uniform(
            shape=(batch_size, 1, 1, 1), minval=0.0, maxval=1.0
        ) ❸
        noise_rates, signal_rates = self.cosine_diffusion_schedule(
            diffusion_times
        ) ❹
        noisy_images = signal_rates * images + noise_rates * noises ❺
        with tf.GradientTape() as tape:
            pred_noises, pred_images = self.denoise(
                noisy_images, noise_rates, signal_rates, training=True
            ) ❻
            noise_loss = self.loss(noises, pred_noises) ❼
        gradients = tape.gradient(noise_loss, self.network.trainable_weights)
        self.optimizer.apply_gradients(
            zip(gradients, self.network.trainable_weights)
        ) ❽
        self.noise_loss_tracker.update_state(noise_loss)

        for weight, ema_weight in zip(
            self.network.weights, self.ema_network.weights
        ):
            ema_weight.assign(0.999 * ema_weight + (1 - 0.999) * weight) ❾

        return {m.name: m.result() for m in self.metrics}
    ...
```

❶ Primero normalizamos el lote de imágenes para que tengan media cero y varianza unitaria.

❷ Después, obtenemos muestras del ruido para que coincidan con la forma de las imágenes de entrada.

❸ Obtenemos también muestras de tiempos de difusión aleatorios...

❹ ...y los empleamos para generar las tasas de ruido y señal según el programa de difusión de cosenos.

❺ A continuación aplicamos los pesos de señal y ruido a las imágenes de entrada para generar las imágenes con ruido.

❻ Ahora eliminamos el ruido de esas imágenes pidiéndole a la red que prediga el ruido y deshaciendo luego la operación de eliminación de ruido, con ayuda de las funciones `noise_rates` y `signal_rates` disponibles.

❼ Podemos posteriormente calcular la pérdida (error absoluto medio) entre el ruido predicho y el verdadero...

❽ ...y dar un paso de gradiente contra esta función de pérdida.

❾ Los pesos de la red de media móvil exponencial se actualizan a una media ponderada de los pesos existentes de la red y los pesos de la red entrenada después del paso de gradiente.

El modelo de eliminación de ruido U-Net

Una vez hemos visto el tipo de red neuronal que debemos crear (uno que prediga el ruido añadido a una determinada imagen), podemos echar un vistazo a la arquitectura que la hace posible.

Los autores del artículo sobre DDPM emplearon un tipo de arquitectura conocido como U-Net. La figura 8.8 muestra un diagrama de esta red, presentando explícitamente la forma del tensor cuando pasa por la red.

Similar a un autocodificador variacional, una red U-Net consiste en dos mitades: la mitad de submuestreo o *downsampling*, en la que las imágenes de entrada se comprimen espacialmente, pero se expanden los canales, y la mitad de sobremuestreo o *upsampling*, en la que ocurre lo contrario, es decir, las representaciones se expanden espacialmente mientras se reduce el número de canales. No obstante, a diferencia de un VAE, también hay conexiones de salto entre capas con forma equivalentes en el espacio en las partes *upsampling* y *downsampling* de la red. Un VAE es secuencial; los datos fluyen por la red de la entrada a la salida, una capa tras otra. Una red U-Net es distinta, porque las conexiones de salto permiten que la información se salte partes de la red y fluya directamente a capas posteriores.

La U-Net es especialmente útil cuando queremos que la salida tenga la misma forma que la entrada. En nuestro ejemplo de modelo de difusión, queremos predecir el ruido añadido a una imagen (que tiene exactamente la misma forma que la propia imagen), de modo que una U-Net es la elección natural en este caso.

Echemos primero un vistazo al código que crea esta red U-Net en Keras, mostrado en el ejemplo 8.6.

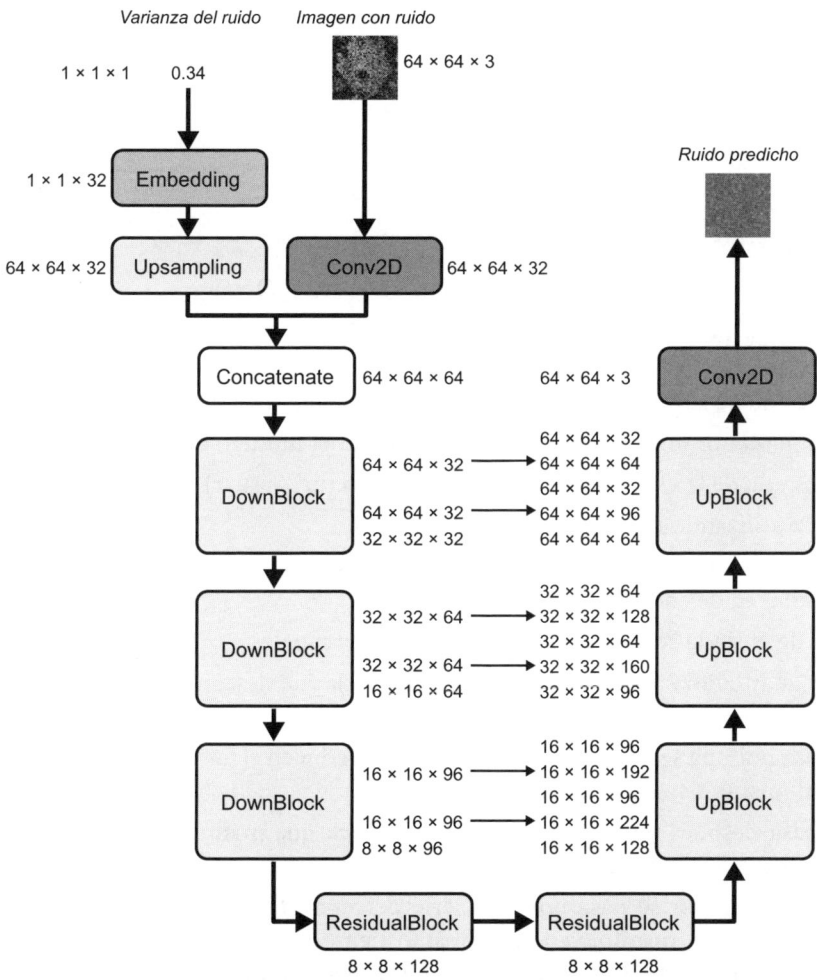

Figura 8.8. Diagrama de la arquitectura U-Net.

Ejemplo 8.6. Un modelo de red U-Net en Keras.

```
noisy_images = layers.Input(shape=(64, 64, 3)) ❶
x = layers.Conv2D(32, kernel_size=1)(noisy_images) ❷

noise_variances = layers.Input(shape=(1, 1, 1)) ❸
noise_embedding = layers.Lambda(sinusoidal_embedding)(noise_variances) ❹
noise_embedding = layers.UpSampling2D(size=64, interpolation="nearest")(
    noise_embedding
) ❺

x = layers.Concatenate()([x, noise_embedding]) ❻

skips = [] ❼
```

```
x = DownBlock(32, block_depth = 2)([x, skips]) ❽
x = DownBlock(64, block_depth = 2)([x, skips])
x = DownBlock(96, block_depth = 2)([x, skips])

x = ResidualBlock(128)(x) ❾
x = ResidualBlock(128)(x)

x = UpBlock(96, block_depth = 2)([x, skips]) ❿
x = UpBlock(64, block_depth = 2)([x, skips])
x = UpBlock(32, block_depth = 2)([x, skips])

x = layers.Conv2D(3, kernel_size=1, kernel_initializer="zeros")(x) ⓫

unet = models.Model([noisy_images, noise_variances], x, name="unet") ⓬
```

❶ La primera entrada de la red U-Net es la imagen cuyo ruido deseamos reducir.

❷ Esta imagen se pasa por una capa Conv2D para aumentar el número de canales.

❸ La segunda entrada de la U-Net es la varianza del ruido (un escalar).

❹ Esto se codifica utilizando una incrustación sinusoidal.

❺ Esta incrustación se copia en todas las dimensiones espaciales para coincidir con el tamaño de la imagen de entrada.

❻ Los dos flujos de entrada se concatenan a lo largo de los canales.

❼ La lista skips guardará la salida de las capas DownBlock que deseamos conectar a las capas UpBlock hacia abajo.

❽ El tensor se pasa por una serie de capas DownBlock que reducen el tamaño de la imagen, aumentando al mismo tiempo el número de canales.

❾ El tensor se pasa después por dos capas ResidualBlock que mantienen constante el tamaño de la imagen y el número de canales.

❿ A continuación, el tensor se pasa por una serie de capas UpBlock que incrementan el tamaño de la imagen, disminuyendo al mismo tiempo el número de canales. Las conexiones de salto incorporan la salida de las capas DownBlock anteriores.

⓫ La capa Conv2D final reduce el número de canales a tres (RGB).

⓬ La red U-Net es un Model de Keras que toma las imágenes con ruido y las varianzas del ruido como entrada y produce un mapa de ruido predicho.

Para comprender a la perfección la red U-Net, hemos de explorar cuatro conceptos más: la incrustación sinusoidal de la varianza del ruido, y las capas ResidualBlock, DownBlock y UpBlock.

Incrustación sinusoidal

La incrustación sinusoidal fue introducida por primera vez en un artículo escrito por Vaswani y otros.[6] Utilizaremos una adaptación de dicha idea original tal y como se empleó en el documento de Mildenhall *et al.* titulado «*NeRF: Representing Scenes as Neural Radiance Fields for View Synthesis*».[7]

La idea es que queremos convertir un valor escalar (la varianza del ruido) en un vector de muchas dimensiones, que logre proporcionar una representación más compleja, para su uso posterior en la red. El documento original usaba esta idea para codificar la posición discreta de palabras de una frase en vectores; el artículo sobre NeRF amplía esta idea a valores continuos.

En específico, un valor escalar x se codifica tal y como muestra la siguiente ecuación:

$$\gamma(x) = \left(\sin\left(2\pi e^{0f}x\right), \cdots, \sin\left(2\pi e^{(L-1)f)}x\right), \cos\left(2\pi e^{0f}x\right), \cdots, \cos\left(2\pi e^{(L-1)f}x\right)\right)$$

donde elegimos que $L = 16$ tenga la mitad de la longitud de incrustación de ruido que necesitamos y que $f = \dfrac{\ln(1000)}{L-1}$ sea el factor de ajuste máximo para las frecuencias.

Con esto se consigue el patrón de incrustación mostrado en la figura 8.9.

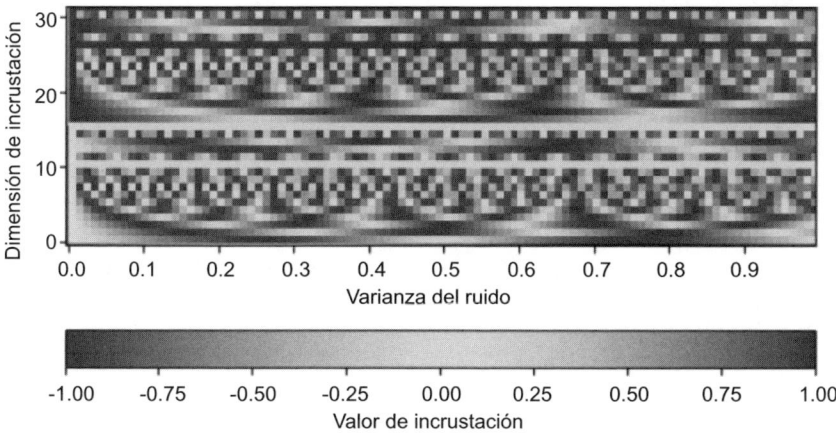

Figura 8.9. El patrón de incrustaciones sinusoidales para varianzas del ruido de 0 a 1.

El ejemplo 8.7 muestra la codificación de esta función de incrustación sinusoidal, que convierte un solo valor escalar de varianza del ruido en un vector de longitud 32.

Ejemplo 8.7. La función `sinusoidal_embedding` *que codifica la varianza del ruido.*

```
def sinusoidal_embedding(x):
    frequencies = tf.exp(
        tf.linspace(
            tf.math.log(1.0),
            tf.math.log(1000.0),
            16,
        )
    )
    angular_speeds = 2.0 * math.pi * frequencies
    embeddings = tf.concat(
        [tf.sin(angular_speeds * x), tf.cos(angular_speeds * x)], axis=3
    )
    return embeddings
```

ResidualBlock

Ambos bloques `DownBlock` y `UpBlock` contienen capas `ResidualBlock`, así que empecemos con ellos. Ya hemos explorado los bloques residuales en el capítulo 5, en el cual creamos una red PixelCNN, pero hagamos un repaso para completar la información.

Un bloque residual es un grupo de capas que contiene una conexión de salto, cuya misión es sumar la entrada a la salida. Los bloques residuales ayudan a crear redes más profundas que aprenden patrones más complejos sin tener tantos problemas de desvanecimiento de gradiente y degradación.

El primer problema, el desvanecimiento de gradiente, es la afirmación de que, a medida que la red se hace más profunda, el gradiente propagado por capas más profundas es diminuto y, por tanto, el aprendizaje es muy lento.

El segundo, la degradación, es el hecho de que, a medida que las redes neuronales son más profundas, no son necesariamente tan precisas como sus equivalentes más superficiales (la precisión parece saturarse a una determinada profundidad y después degradarse rápidamente).

Degradación

El problema de la degradación no es muy intuitivo, pero se observa en la práctica, pues las capas más profundas deben aprender al menos la asignación de identidad, que no es trivial (teniendo en cuenta en particular otros problemas a los que se enfrentan las redes más profundas, como el desvanecimiento de gradiente).

La solución, presentada por primera vez en el artículo sobre ResNet escrito por He *et al.* en 2015,[8] es muy sencilla. Incluyendo una *highway* de conexiones de salto en torno a las principales capas con pesos, el bloque tiene la opción de omitir las complejas actualizaciones de pesos y pasar simplemente la asignación de identidad. Ello permite a la red ser entrenada a gran profundidad sin sacrificar el tamaño del gradiente o la precisión de la red.

En la figura 8.10 se muestra un diagrama de un `ResidualBlock`. Vemos que en algunos bloques residuales se incluye también una capa `Conv2D` adicional, con un tamaño de *kernel* de 1 en la conexión de salto, para adecuar el número de canales al resto del bloque.

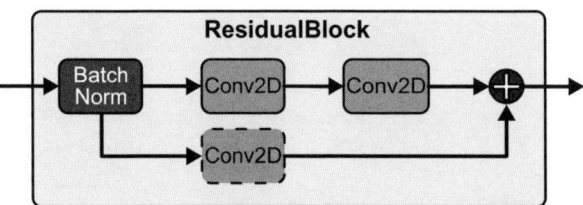

Figura 8.10. El bloque `ResidualBlock` *en la red U-Net.*

Es posible codificar un `ResidualBlock` en Keras tal y como especifica el ejemplo 8.8.

Ejemplo 8.8. Código para el bloque `ResidualBlock` *de la red U-Net.*

```
def ResidualBlock(width):
    def apply(x):
        input_width = x.shape[3]
        if input_width == width:  ❶
            residual = x
        else:
            residual = layers.Conv2D(width, kernel_size=1)(x)
        x = layers.BatchNormalization(center=False, scale=False)(x)  ❷
        x = layers.Conv2D(
            width, kernel_size=3, padding="same", activation=activations.swish
        )(x)  ❸
        x = layers.Conv2D(width, kernel_size=3, padding="same")(x)
        x = layers.Add()([x, residual])  ❹
        return x

    return apply
```

❶ Comprueba que el número de canales de la entrada coincida con el número de canales que queremos que produzca el bloque. Si no es igual, incluye una capa `Conv2D` adicional en la conexión de salto para adecuar el número de canales al resto del bloque.

❷ Aplica una capa `BatchNormalization`.

❸ Aplica dos capas `Conv2D`.

❹ Suma la entrada del bloque original a la salida para proporcionar la salida final del bloque.

Bloques DownBlock y UpBlock

Cada `DownBlock` sucesivo aumenta el número de canales mediante capas `ResidualBlock` de tipo `block_depth` (=2 en nuestro ejemplo), aplicando también al mismo tiempo una capa `AveragePooling2D` final para reducir a la mitad el tamaño de la imagen. Cada `ResidualBlock` se añade a una lista, de forma que las capas `UpBlock` puedan utilizarlo más tarde como conexiones de salto a lo largo de la red U-Net.

Un bloque `UpBlock` aplica primero una capa `UpSampling2D`, que duplica el tamaño de la imagen mediante interpolación bilineal. Cada `UpBlock` sucesivo disminuye el número de canales mediante capas `ResidualBlock` de tipo `block_depth` (=2), concatenando al mismo tiempo las salidas de los bloques `DownBlock` mediante conexiones de salto a lo largo de la red U-Net. La figura 8.11 muestra un diagrama de este proceso.

El ejemplo 8.9 explica cómo codificar los bloques `DownBlock` y `UpBlock` con Keras.

Ejemplo 8.9. Código para `DownBlock` *y* `UpBlock` *en el modelo U-Net.*

```
def DownBlock(width, block_depth):
    def apply(x):
        x, skips = x
        for _ in range(block_depth):
            x = ResidualBlock(width)(x)  ❶
            skips.append(x)  ❷
```

```
        x = layers.AveragePooling2D(pool_size=2)(x) ❸
        return x

    return apply

def UpBlock(width, block_depth):
    def apply(x):
        x, skips = x
        x = layers.UpSampling2D(size=2, interpolation="bilinear")(x) ❹
        for _ in range(block_depth):
            x = layers.Concatenate()([x, skips.pop()]) ❺
            x = ResidualBlock(width)(x) ❻
        return x

    return apply
```

❶ El bloque `DownBlock` aumenta el número de canales de la imagen utilizando una capa `ResidualBlock` de una determinada anchura...

❷ ...cada uno de los cuales se guarda en una lista (`skips`) para su uso posterior por parte de los bloques `UpBlock`.

❸ Una capa final `AveragePooling2D` reduce la dimensionalidad de la imagen a la mitad.

❹ El bloque `UpBlock` comienza con una capa `UpSampling2D` que duplica el tamaño de la imagen.

❺ La salida de una capa `DownBlock` se une a la salida actual utilizando una capa `Concatenate`.

❻ Se utiliza una capa `ResidualBlock` para reducir el número de canales de la imagen a medida que pasa por el bloque `UpBlock`.

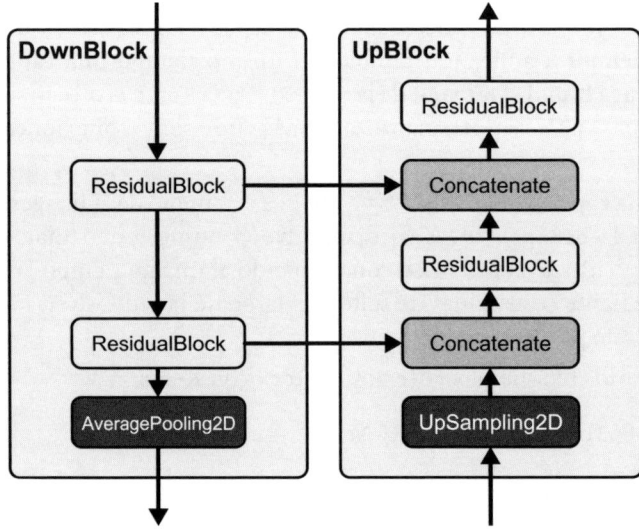

Figura 8.11. El bloque `DownBlock` *y su correspondiente* `UpBlock` *en la red U-Net.*

Entrenando el modelo de difusión

Ya tenemos todos los componentes para entrenar nuestro modelo de difusión de eliminación de ruido. El ejemplo 8.10 crea, compila y ajusta el modelo.

Ejemplo 8.10. Código para entrenar el `DiffusionModel`*.*

```
model = DiffusionModel() ❶
model.compile(
    optimizer=optimizers.experimental.AdamW(learning_rate=1e-3, weight_decay=1e-4),
    loss=losses.mean_absolute_error,
) ❷

model.normalizer.adapt(train) ❸

model.fit(
    train,
    epochs=50,
) ❹
```

❶ Crea una instancia del modelo.

❷ Compila el modelo, usando el optimizador AdamW (similar a Adam pero con degradación de pesos, que ayuda a estabilizar el proceso de entrenamiento) y la función de pérdida de error absoluto medio.

❸ Calcula las estadísticas de normalización utilizando el conjunto de entrenamiento.

❹ Ajusta el modelo durante 50 *epochs*.

La curva de pérdida (error absoluto medio o EMA del ruido) se muestra en la figura 8.12.

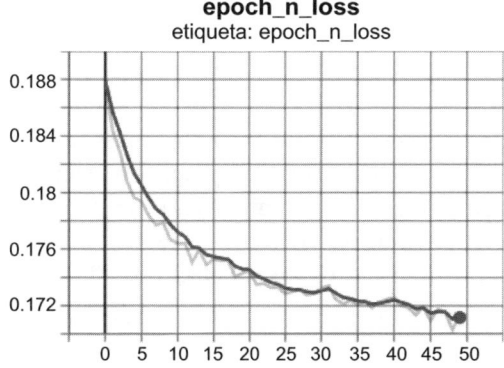

Figura 8.12. La curva de pérdida del error absoluto medio del ruido, por epoch.

Obtener muestras del modelo de difusión de eliminación de ruido

Para obtener muestras de imágenes de nuestro modelo entrenado, debemos aplicar el proceso de difusión inverso, es decir, empezamos con ruido aleatorio y usamos el modelo para eliminar gradualmente el ruido, hasta quedarnos con la imagen reconocible de una flor.

Conviene recordar que nuestro modelo ha sido entrenado para predecir la cantidad total de ruido añadido a una cierta imagen con ruido del conjunto de entrenamiento, no solamente el ruido que se añadió en el último paso de tiempo del proceso de generación de ruido. Sin embargo, no queremos eliminar todo el ruido de una sola vez (sin duda, no es posible predecir una imagen desde puro ruido aleatorio de una vez). Lo que hacemos más bien es imitar el proceso directo y eliminar el ruido predicho gradualmente a lo largo de muchos pequeños pasos, para permitir que el modelo se ajuste a sus propias predicciones.

Para lograrlo, podemos saltar de x_t a x_{t-1} en dos pasos: primero utilizando la predicción de ruido de nuestro modelo para calcular una estimación para la imagen original x_0 y después reaplicando el ruido predicho a esta imagen, pero solamente a lo largo de t - 1 pasos de tiempo, para producir x_{t-1}. Esta idea se muestra en la figura 8.13.

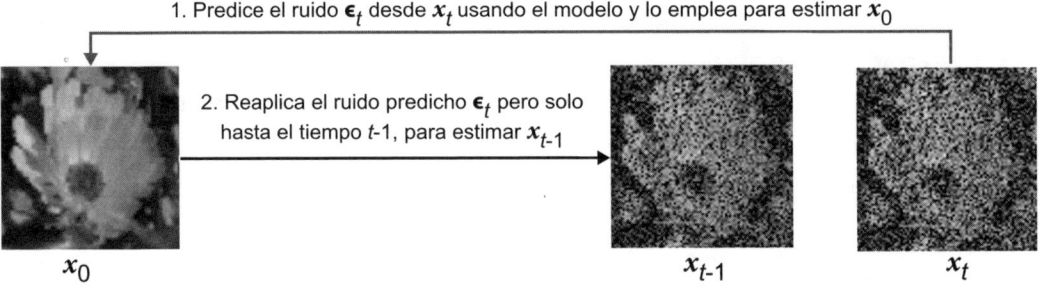

Figura 8.13. *Un paso del proceso de obtención de muestras para nuestro proceso de difusión.*

Si repetimos este proceso a lo largo de una serie de pasos, llegaremos finalmente a una estimación de x_0 que ha sido guiada gradualmente a lo largo de muchos pequeños pasos. En realidad, podemos elegir libremente el número de pasos a dar y, lo que es más importante, no tiene por qué coincidir con el gran número de pasos del proceso de generación de ruido de entrenamiento (es decir, 1000), sino que puede ser mucho más pequeño; en este ejemplo elegimos 20.

La siguiente ecuación (Song *et al.*, 2020) representa este proceso matemáticamente:

$$\mathbf{x}_{t-1} = \underbrace{\sqrt{\bar{\alpha}_{t-1}}\left(\frac{\mathbf{x}_t - \sqrt{1-\bar{\alpha}_t}\,\epsilon_\theta^{(t)}(\mathbf{x}_t)}{\sqrt{\bar{\alpha}_t}}\right)}_{\mathbf{x}_0 \text{ predicho}} + \underbrace{\sqrt{1-\bar{\alpha}_{t-1}-\sigma_t^2}\cdot\epsilon_\theta^{(t)}(\mathbf{x}_t)}_{\text{dirección apuntando a } \mathbf{x}_t} + \underbrace{\sigma_t\epsilon_t}_{\text{ruido aleatorio}}$$

Desglosemos esto. El primer término de los paréntesis de la parte derecha de la ecuación es la imagen estimada x_0, calculada usando el ruido predicho por nuestra red $\epsilon_\theta^{(t)}$. Después podemos ajustarlo mediante la tasa $\sqrt{\bar{\alpha}_{t-1}}$ de la señal σ y reaplicamos el ruido predicho, pero esta vez ajustado por la tasa $\sqrt{1 - \bar{\alpha}_{t-1} - \sigma_t^2}$ de ruido t - 1. Se añade ruido gaussiano adicional $\sigma_t \epsilon_t$, con los factores σ_t determinando cuan aleatorio deseamos que sea nuestro proceso de generación.

El caso especial $\sigma_t = 0$ para todo t corresponde con un tipo de modelo conocido como modelo implícito de difusión de eliminación de ruido (DDIM: *Denoising Diffusion Implicit Model*), introducido por Song *et al.* en 2020.[9] Con un modelo de este tipo, el proceso de generación es totalmente determinista, es decir, la misma entrada de ruido aleatorio dará siempre la misma salida. Esto nos viene bien, porque entonces tenemos una asignación bien definida entre muestras del espacio latente y los resultados generados en el espacio de píxeles.

En nuestro ejemplo implementaremos un DDIM, con lo cual convertiremos a nuestro proceso de generación en determinista. El código del proceso de obtención de muestras del DDIM (difusión inversa) aparece en el ejemplo 8.11.

Ejemplo 8.11. Obteniendo muestras del modelo de difusión.

```
class DiffusionModel(models.Model):
...
    def reverse_diffusion(self, initial_noise, diffusion_steps):
        num_images = initial_noise.shape[0]
        step_size = 1.0 / diffusion_steps
        current_images = initial_noise
        for step in range(diffusion_steps): ❶
            diffusion_times = tf.ones((num_images, 1, 1, 1)) - step * step_size ❷
            noise_rates, signal_rates = self.diffusion_schedule(diffusion_times) ❸
            pred_noises, pred_images = self.denoise(
                current_images, noise_rates, signal_rates, training=False
            ) ❹
            next_diffusion_times = diffusion_times - step_size ❺
            next_noise_rates, next_signal_rates = self.diffusion_schedule(
                next_diffusion_times
            ) ❻
            current_images = (
                next_signal_rates * pred_images + next_noise_rates * pred_noises
            ) ❼
        return pred_images ❽
```

❶ Inspecciona en un número fijo de pasos (por ejemplo, 20).

❷ Los tiempos de difusión están todos establecidos en 1 (esto es, al principio del proceso de difusión inverso).

❸ Las tasas de ruido y señal se calculan según el programa de difusión.

❹ La red U-Net se emplea para predecir el ruido, lo que nos permite calcular la estimación de la imagen con el ruido eliminado.

❺ Los tiempos de difusión se reducen en un paso.

❻ Se calculan las nuevas tasas de ruido y señal.

❼ Se calculan las `t - 1` imágenes reaplicando el ruido predicho a la imagen predicha, según las velocidades `t - 1` del programa de difusión.

❽ Tras 20 pasos, se devuelven las $\mathbf{x}_0$ imágenes finales predichas.

Análisis del modelo de difusión

Ahora echaremos un vistazo a tres formas distintas de utilizar nuestro modelo entrenado: para la generación de imágenes nuevas, para probar cómo afecta el número de pasos de difusión inversa a la calidad y para interpolar entre dos imágenes en el espacio latente.

Generando imágenes

Para producir muestras desde nuestro modelo entrenado, basta con ejecutar el proceso de difusión inversa, asegurándonos de cancelar la normalización de la salida al final (es decir, devolver los valores de píxel al rango [0, 1]). Logramos esto empleando el código del ejemplo 8.12 dentro de la clase `DiffusionModel`.

Ejemplo 8.12. Generando imágenes usando el modelo de difusión.

```
class DiffusionModel(models.Model):
...
    def denormalize(self, images):
        images = self.normalizer.mean + images * self.normalizer.variance**0.5 ❶
        return tf.clip_by_value(images, 0.0, 1.0)

    def generate(self, num_images, diffusion_steps):
        initial_noise = tf.random.normal(shape=(num_images, 64, 64, 3)) ❶
        generated_images = self.reverse_diffusion(initial_noise, diffusion_steps) ❷
        generated_images = self.denormalize(generated_images) ❸
        return generated_images
```

❶ Genera algunas asignaciones de ruido iniciales.

❷ Aplica el proceso de difusión inversa.

❸ Las imágenes producidas por la red tendrán media cero y varianza unitaria, de forma que necesitamos cancelar la normalización reaplicando la media y varianza calculadas desde los datos de entrenamiento.

En la figura 8.14 observamos algunas muestras del modelo de difusión en distintos *epochs* del proceso de entrenamiento.

Ajustando el número de pasos de difusión

También podemos probar a ver cómo afecta a la calidad de la imagen el ajuste del número de pasos de difusión en el proceso inverso. Lo intuitivo es que cuantos más pasos se den en el proceso, mayor es la calidad de la generación de imágenes.

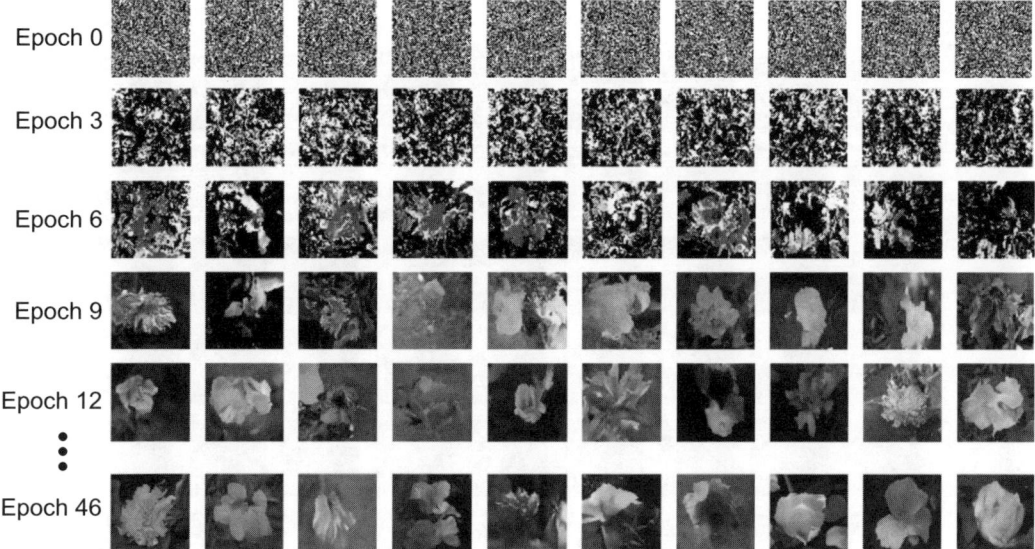

Figura 8.14. Muestras del modelo de difusión en distintos epochs del proceso de entrenamiento.

Comprobamos en la figura 8.15 que la calidad de las generaciones mejora indudablemente con el número de pasos de difusión. Con un gran salto desde el ruido inicial muestreado, el modelo solo puede predecir una brumosa mancha de color. Pero, con más pasos, el modelo es capaz de refinar y afinar sus generaciones. No obstante, el tiempo empleado en generar las imágenes se ajusta de manera lineal al número de pasos de difusión, por lo que hay una compensación.

Existe una mejora mínima de entre 20 y 100 pasos de difusión, de modo que en este ejemplo elegimos 20 como compromiso razonable entre calidad y velocidad.

Interpolando entre imágenes

Por último, como ya hemos visto anteriormente con los autocodificadores variacionales, podemos interpolar entre puntos del espacio latente gaussiano para suavizar la transición entre imágenes en el espacio de píxeles. Aquí elegimos usar una forma de interpolación esférica, que asegure que la varianza permanece constante mientras se fusionan las dos asignaciones de ruido gaussiano.

En específico, la asignación de ruido inicial es dada por $a \sin\left(\frac{\pi}{2}t\right) + b \cos\left(\frac{\pi}{2}t\right)$, donde t varía uniformemente de 0 a 1, y a y b son los dos tensores de ruido gaussiano muestreados aleatoriamente que deseamos interpolar.

Las imágenes resultantes aparecen en la figura 8.16.

Pasos de difusión

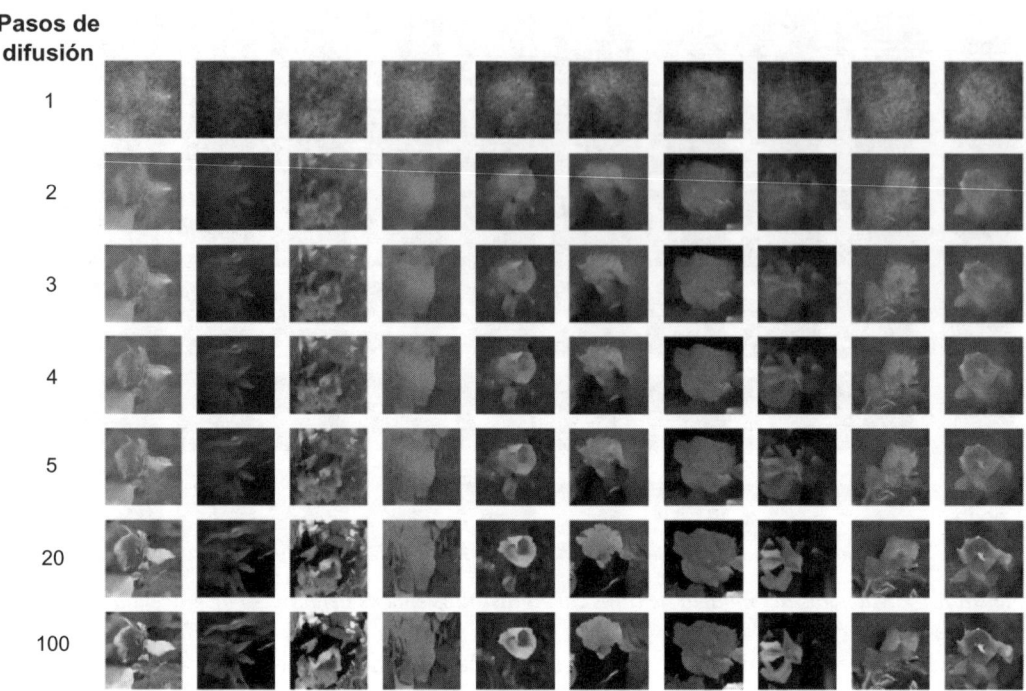

Figura 8.15. La calidad de la imagen mejora con el número de pasos de difusión.

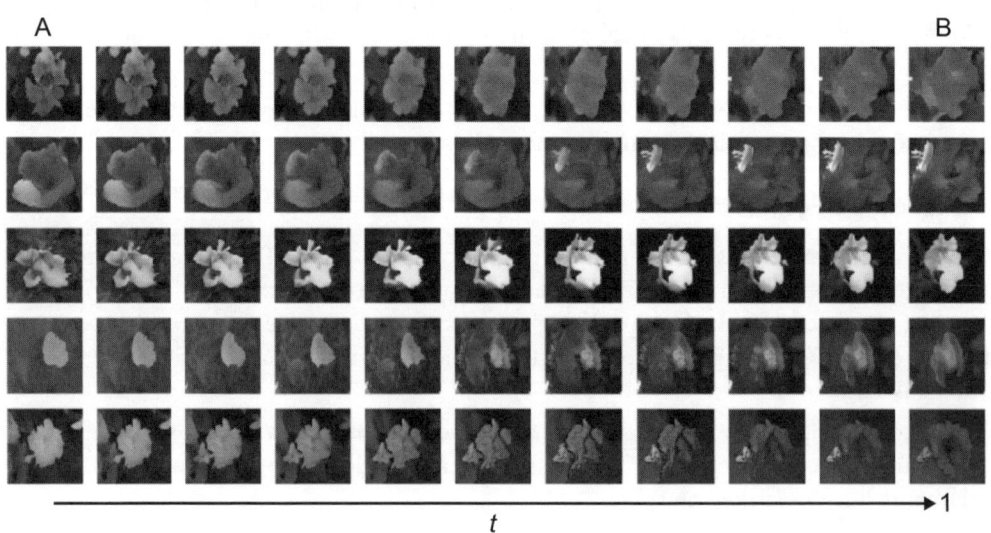

Figura 8.16. Interpolando entre imágenes mediante el modelo de difusión de eliminación de ruido.

Resumen

En este capítulo hemos explorado una de las áreas más emocionantes y prometedoras del modelado generativo de los últimos tiempos: los modelos de difusión. En particular, hemos implementado las ideas del artículo más importante publicado sobre estos modelos (Ho *et al.*, 2020), que introdujo el modelo probabilístico de difusión de eliminación de ruido (DDPM: *Denoising Diffusion Probabilistic Model*). Después ampliamos esto con las ideas del artículo sobre el modelo implícito de difusión de eliminación de ruido (DDIM: *Denoising Diffusion Implicit Model*), para que el proceso de generación sea totalmente determinista.

Hemos visto que los modelos de difusión están formados por dos procesos de difusión: directo e inverso. El proceso de difusión directo añade ruido a los datos de entrenamiento mediante una serie de pequeños pasos, mientras que el proceso de difusión inverso consiste en un modelo que trata de predecir el ruido añadido.

Hemos empleado un truco de reparametrización para calcular las imágenes con ruido añadido en cualquier paso del proceso directo, sin tener que pasar por distintos pasos de generación de ruido. Hemos visto que el programa de parámetros elegido y empleado para añadir ruido a los datos juega un papel de gran importancia en el éxito general del modelo.

El proceso de difusión inverso está parametrizado por una red U-Net, que intenta predecir el ruido en cada paso de tiempo, dada la imagen con ruido añadido y la tasa de ruido en ese paso. Una red U-Net consiste en bloques `DownBlock` que incrementan el número de canales reduciendo el tamaño de la imagen y bloques `UpBlock` que disminuyen el número de canales pero aumentan el tamaño. La tasa de ruido se codifica empleando incrustación sinusoidal.

La toma de muestras del modelo de difusión se lleva a cabo a lo largo de una serie de pasos. Se utiliza la red U-Net para predecir el ruido añadido a una determinada imagen, que después se emplea para calcular una estimación para la imagen original. El ruido predicho se reaplica a continuación usando una tasa de ruido más pequeña. Este proceso se repite durante una serie de pasos (que pueden ser significativamente inferiores al número de pasos empleados durante el entrenamiento), empezando por un punto aleatorio tomado de una distribución de ruido gaussiano estándar, hasta obtener la generación final.

Hemos visto que el aumento del número de pasos de difusión en el proceso inverso mejora la calidad de la generación de la imagen, a expensas de la velocidad. También realizamos aritmética en el espacio latente para interpolar entre dos imágenes.

Referencias

1. «*Deep Unsupervised Learning Using Nonequilibrium Thermodynamics*», Jascha Sohl-Dickstein *et al.*, 12 de marzo de 2015, https://arxiv.org/abs/1503.03585.

2. «*Generative Modeling by Estimating Gradients of the Data Distribution*», Yang Song and Stefano Ermon, 12 de julio de 2019, https://arxiv.org/abs/1907.05600.

3. «*Improved Techniques for Training Score-Based Generative Models*», Yang Song and Stefano Ermon, 16 de junio de 2020, https://arxiv.org/abs/2006.09011.

4. «*Denoising Diffusion Probabilistic Models*», Jonathon Ho *et al.*, 19 de junio de 2020, https://arxiv.org/abs/2006.11239.

5. «*Improved Denoising Diffusion Probabilistic Models*», Alex Nichol and Prafulla Dhariwal, 18 de febrero de 2021, https://arxiv.org/abs/2102.09672.

6. «*Attention Is All You Need*», Ashish Vaswani et al., 12 de junio de 2017, https://arxiv.org/abs/1706.03762.

7. «*NeRF: Representing Scenes as Neural Radiance Fields for View Synthesis*», Ben Mildenhall *et al.*, 1 de marzo de 2020, https://arxiv.org/abs/2003.08934.

8. «*Deep Residual Learning for Image Recognition*», Kaiming He et al., 10 de diciembre de 2015, https://arxiv.org/abs/1512.03385.

9. «*Denoising Diffusion Implicit Models*», Jiaming Song *et al.*, 6 de octubre de 2020, https://arxiv.org/abs/2010.02502.

PARTE III

Aplicaciones

En la parte III exploraremos algunas de las aplicaciones principales de las técnicas de modelado generativo que hemos visto hasta ahora, en imágenes, texto, música y juegos. También abordaremos cómo manejarnos en estos ámbitos utilizando modelos multimodales de última generación.

En el capítulo 9 prestaremos atención a Transformers, una arquitectura de vanguardia que impulsa a la mayoría de los modelos actuales de generación de textos. En particular estudiaremos el funcionamiento interno de GPT y crearemos nuestra propia versión con Keras, viendo, además, cómo forma los cimientos de herramientas como ChatGPT.

En el capítulo 10 trataremos algunas de las arquitecturas Gan más importantes que han influido en la generación de imágenes, como ProGAN, StyleGAN, StyleGAN2, SAGAN, BigGAN, VQ-GAN y ViT VQ-GAN. Repasaremos las mayores contribuciones de cada una de ellas e intentaremos entender cómo ha evolucionado la técnica con el tiempo.

El capítulo 11 revisa la generación de música, que presenta desafíos adicionales, como la configuración del tono y el ritmo. Constataremos que muchas de las técnicas que funcionan para generación de textos (como Transformers) se aplican también en este ámbito, pero exploraremos asimismo una arquitectura de deep learning conocida como MuseGAN, que aplica a la generación de música un método basado en redes GAN.

El capítulo 12 muestra cómo se utilizan los modelos generativos dentro de otros campos del machine learning, como, por ejemplo, el aprendizaje por refuerzo. Nos centraremos en el artículo «World Models», el cual explica cómo se utiliza un modelo generativo como si fuera el entorno en el que el agente entrena, y se le permite aprender dentro de una versión onírica y alucinada del entorno, en vez de en la versión real.

En el capítulo 13 exploraremos modelos multimodales que abarcan dominios como imágenes y texto. Entre ellos veremos modelos de texto a imagen como DALL.E 2, ImaGen y Stable Diffusion, así como modelos de lenguaje visual como Flamingo.

Por último, el capítulo 14 resume la trayectoria de la inteligencia artificial generativa hasta la fecha, el panorama actual de la IA generativa y hacia dónde se dirige en el futuro. Exploraremos cómo está cambiando la IA generativa el modo en que vivimos y trabajamos y, además, debatiremos sobre si tiene potencial para desbloquear formas más profundas de inteligencia artificial en los años venideros.

CAPÍTULO 9

Transformers

Objetivos del capítulo

En este capítulo conseguiremos:

- Conocer los orígenes de GPT, un potente modelo de decodificador Transformer para generación de texto.

- Aprender conceptualmente cómo un mecanismo de atención imita nuestra forma de dar más importancia a algunas palabras de una frase que a otras.

- Profundizar en el funcionamiento del mecanismo de atención a partir de los primeros principios, incluido el modo en que se crean y manipulan las consultas, claves y valores.

- Comprobar la importancia del enmascarado causal para tareas de generación de texto.

- Entender cómo pueden agruparse los cabezales de atención en una capa de atención multicabezal.

- Visualizar el modo en que las capas de atención multicabezal forman una parte de un bloque Transformer que incluye también normalización de capa y conexiones de salto.

- Crear codificaciones posicionales que capturen la posición de cada token, además de la incrustación de token de palabra.

- Crear un modelo GPT en Keras para generar el texto contenido en críticas de vinos.

- Analizar la salida del modelo GPT, interrogando, además, a las puntuaciones de atención para inspeccionar dónde está mirando el modelo.

- Conocer los distintos tipos de Transformers, incluidos ejemplos de los tipos de tareas que cada uno puede afrontar y descripciones de las implementaciones de última generación más famosas.

- Entender el funcionamiento de las arquitecturas codificador-decodificador, como el modelo T5 de Google.

- Explorar el proceso de entrenamiento de ChatGPT de OpenAI.

En el capítulo 5 vimos cómo crear modelos generativos con datos de texto utilizando redes neuronales recurrentes o RNN (*Recurrent Neural Networks*), como las redes LSTM y GRU. Estos modelos autorregresivos procesan datos secuenciales un token cada vez, actualizando constantemente un vector oculto que captura la actual representación latente de la entrada. La RNN se diseña para predecir la siguiente palabra de una secuencia, aplicando una capa densa y activación *softmax* al vector oculto. Esta fue considerada como la forma más sofisticada de producir texto de manera generativa hasta 2017, momento en el que la publicación de un artículo cambió el panorama de la generación de texto para siempre.

Introducción

El artículo Google Brain, titulado familiarmente «*Attention Is All You Need*»,[1] es famoso por popularizar el concepto de la atención (un mecanismo que ahora impulsa la mayoría de los modelos de generación de textos de última generación).

Sus autores muestran cómo es posible crear potentes redes neuronales para modelado secuencial llamadas transformadores (conocidas en general como Transformers, en inglés), que no requieren complejas arquitecturas recurrentes o convolucionales, sino que únicamente se basan en mecanismos de atención. Este enfoque soluciona un inconveniente del método de las redes RNN, el cual resulta muy difícil de paralelizar, porque debe procesar secuencias un token cada vez. Las redes Transformers son altamente paralelizables, lo cual les permite ser entrenadas con conjuntos de datos de gran tamaño.

En este capítulo profundizaremos en el modo en que los modelos de generación de texto modernos utilizan la arquitectura Transformer, para alcanzar un rendimiento puntero en desafíos de generación de textos. En particular, exploraremos un tipo de modelo autorregresivo denominado transformador generativo preentrenado o GPT (*Generative Pre-trained Transformer*), que impulsa el modelo GPT-4 de OpenAI, considerado por todos como la actual vanguardia en la generación de textos.

GPT

OpenAI presentó GPT en junio de 2018, en el artículo «*Improving Language Understanding by Generative Pre-Training*»,[2] casi exactamente un año después de la aparición del artículo original sobre los Transformers.

En él, los autores explican cómo una arquitectura de transformador se puede entrenar con una enorme cantidad de datos de texto para predecir la siguiente palabra de una secuencia, y después ajustar en consecuencia para otras tareas posteriores.

El proceso previo al entrenamiento de GPT implica entrenar el modelo con un gran corpus de texto llamado BookCorpus (4,5 GB de textos tomados de 7000 libros no publicados de distintos géneros). Durante el entrenamiento previo, el modelo es entrenado para predecir la siguiente palabra de una secuencia dadas las palabras anteriores. Este proceso se conoce como modelado del lenguaje y se utiliza para enseñar al modelo a comprender la estructura y los patrones del lenguaje natural.

Tras el entrenamiento previo, el modelo GPT se adapta a una determinada tarea mediante un conjunto de datos más pequeño y específico. Esta adaptación implica modificar los parámetros del modelo para que realice mejor la tarea en cuestión. Por ejemplo, el modelo se puede ajustar para tareas como clasificación, valoración de similitudes o respuesta a preguntas.

OpenAI ha mejorado la arquitectura GPT desde entonces, ampliándola con el lanzamiento posterior de modelos como GPT-2, GPT-3, GPT-3.5 y GPT-4. Estos modelos se han entrenado con grandes conjuntos de datos y tienen capacidades mayores, de modo que generan texto más complejo y coherente. Los modelos GPT han sido adoptados por la mayoría de los investigadores y profesionales del sector, y han contribuido a avances significativos en tareas de procesamiento del lenguaje natural.

En este capítulo, crearemos nuestra propia variación del modelo GPT original, entrenado con menos datos, pero utilizando en todo caso los mismos componentes y principios subyacentes.

Código para este ejemplo

El código para este ejemplo se puede encontrar en el notebook de Jupyter ubicado en `notebooks/09_transformer/01_gpt/gpt.ipynb` en la página web del libro.
El código se ha adaptado del excelente tutorial sobre GPT (`https://keras.io/examples/generative/text_generation_with_miniature_gpt/`) creado por Apoorv Nandan y disponible en el sitio web de Keras.

El conjunto de datos Wine Reviews

Utilizaremos el conjunto de datos Wine Reviews (`https://www.kaggle.com/datasets/zynicide/wine-reviews`), disponible mediante Kaggle. Se trata de un conjunto de más de 130 000 reseñas de vinos, con metadatos adicionales, como la descripción y el precio.

Se pueden descargar los datos ejecutando el código de Kaggle incluido en la página web del libro, como muestra el ejemplo 9.1. Se guardan las reseñas de vinos y los metadatos que las acompañan en la carpeta /*data*.

Ejemplo 9.1. Descargando el conjunto de datos Wine Reviews.

```
bash scripts/download_kaggle_data.sh zynicide wine-reviews
```

Los pasos para la preparación de los datos son idénticos a los seguidos en el capítulo 5 para preparar los datos de entrada de un LSTM, de modo que no los repetiremos aquí con detalle. Los pasos, como muestra la figura 9.1, son los siguientes:

1. Cargar los datos y crear una lista de descripciones de cada vino como cadenas de texto.

2. Rellenar los signos de puntuación con espacios, de modo que cada signo de puntuación sea tratado como una palabra diferente.

3. Pasar las cadenas de texto por una capa `TextVectorization` que tokenice los datos y rellene o recorte cada cadena a una longitud fija.

4. Crear un conjunto de entrenamiento, en el que las entradas sean las cadenas de texto tokenizadas y las salidas que se tienen que predecir sean las mismas cadenas desplazadas un token.

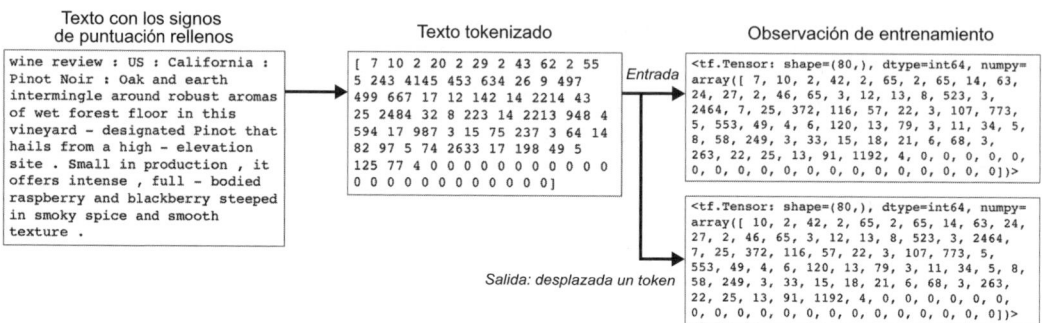

Figura 9.1. Procesamiento de datos para el Transformer.

Atención

Para entender el funcionamiento de GPT, antes precisamos comprender cómo funciona el mecanismo de atención. Este mecanismo es lo que hace que la arquitectura Transformer sea única y diferente de otros acercamientos recurrentes al modelado del lenguaje. En cuanto tengamos una sólida comprensión de la atención, podremos ver cómo se utiliza dentro de arquitecturas de transformador como GPT.

Cuando escribimos, la elección de la siguiente palabra de la frase se ve influida por otras palabras que ya hemos escrito antes. Por ejemplo, supongamos que empezamos una frase de esta manera:

El elefante rosa trató de montarse en el coche pero él era demasiado

Sin duda, la siguiente palabra tendría que ser un sinónimo de grande. ¿Cómo llegamos a esta conclusión?

En la frase hay otras palabras importantes para ayudarnos a tomar nuestra decisión. Por ejemplo, el hecho de que sea un elefante, en lugar de un perezoso, significa que preferiremos grande en lugar de lento. Si hubiera sido un carrito de la compra, en lugar de un coche, habríamos elegido pequeño como posible alternativa a grande. Finalmente, la acción de montarse en el coche implica que el tamaño es el problema; si lo que el elefante estaba intentando era aplastar el coche, podríamos elegir rápido como palabra final, pero ahora refiriéndose al coche.

Otras palabras de la frase no son importantes en absoluto. Por ejemplo, el hecho de que el elefante sea rosa no influye en absoluto en nuestra elección de la palabra final. Del mismo modo, las palabras menores de la frase (el, pero, él, etc.) le dan forma gramatical, pero no son lo bastante importantes como para determinar el adjetivo requerido.

En otras palabras, estamos centrando nuestra atención en ciertas palabras de la frase e ignorando otras. ¿No sería fantástico que nuestro modelo pudiera hacer lo mismo?

Un mecanismo de atención (también conocido como cabezal de atención) de un Transformer se diseña para hacer exactamente esto. Es capaz de decidir de qué punto de la entrada desea extraer información, con la intención de obtener de manera eficiente información útil sin que detalles irrelevantes nublen el proceso. Por ello, se adapta perfectamente a diversas circunstancias, pues es capaz de decidir dónde quiere buscar la información en el momento de la inferencia.

Por el contrario, una capa recurrente trata de crear un estado oculto genérico, que capture una representación general de la entrada en cada paso de tiempo. Un punto débil de este método es que muchas de las palabras ya incorporadas al vector oculto no serán directamente relevantes para la tarea inmediata que se debe realizar (por ejemplo, predecir la siguiente palabra), como acabamos de ver. Los cabezales de atención no tienen este problema, porque pueden elegir cómo combinar la información de las palabras cercanas, dependiendo del contexto.

Consultas, claves y valores

Así, ¿cómo decide un cabezal de atención dónde quiere buscar información? Antes de entrar en detalle, exploremos cómo funciona a un nivel alto, empleando nuestro ejemplo del elefante rosa.

Imaginemos que queremos predecir lo que sigue a la palabra demasiado. Para facilitarnos la tarea, otras palabras anteriores aportan sus opiniones, pero sus contribuciones se valoran por su nivel de confianza en su propia experiencia en predecir palabras que sigan a demasiado. Por ejemplo, la palabra *elefante* podría contribuir con seguridad a la mayor probabilidad de que sea una palabra relacionada con el tamaño o el volumen, mientras que la palabra *era* no tiene mucho que ofrecer para reducir las posibilidades.

Dicho de otro modo, podemos pensar en un cabezal de atención como en un tipo de sistema de recuperación de información, en el cual se realiza una consulta («¿Qué palabra sigue a demasiado?») en un almacén de clave/valor (otras palabras de la frase) y la salida resultante es la suma de los valores, ponderada según la resonancia entre la consulta y cada clave.

Recorreremos el proceso completo con detalle (figura 9.2), haciendo de nuevo referencia a nuestra frase del elefante rosa.

La consulta (Q: *Query*) se considera como una representación de la tarea que se está realizando (por ejemplo, «¿Qué palabra sigue a demasiado?»). En nuestra frase, se deriva de la incrustación de la palabra demasiado, pasándola por una matriz de pesos W_Q para cambiar la dimensionalidad del vector de d_e a d_k.

Los vectores clave (K: *Key*) son representaciones de cada palabra de la frase, pudiendo considerarse como descripciones de los tipos de tareas de predicción con las que cada palabra puede ayudar. Se derivan de un modo similar a la consulta, pasando cada incrustación por una matriz de pesos W_K para cambiar la dimensionalidad del vector de d_e a d_k. Vemos que las claves y la consulta tienen la misma longitud (d_k).

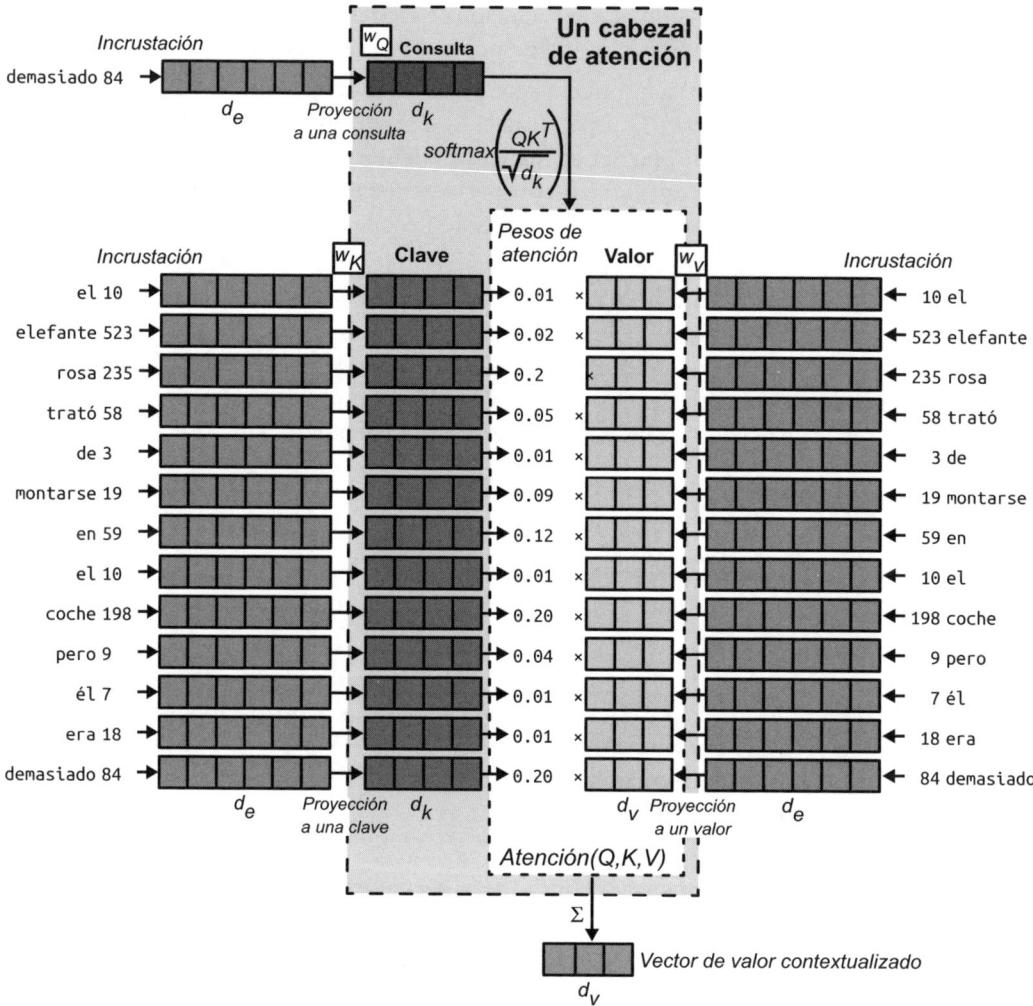

Figura 9.2. La mecánica de un cabezal de atención.

Dentro del cabezal de atención, cada clave se compara con la consulta utilizando un producto escalar entre cada par de vectores (QK^T). Por esta razón las claves y la consulta tienen que tener la misma longitud. Cuanto mayor es el número para un determinado par clave/consulta, más se parece la clave a la consulta, de forma que se le permite hacer algo más que una contribución a la salida del cabezal de atención. El vector resultante se dimensiona según d_k para mantener estable la varianza de la suma de vectores (aproximadamente igual a 1), y se aplica una función *softmax* para asegurar que las contribuciones sumen 1. Esto es lo que se llama vector de pesos de atención.

Los vectores de valor (*V*: *Value*) son también representaciones de las palabras de la frase, considerados como las contribuciones no evaluadas de cada palabra. Se derivan pasando cada incrustación por la matriz de pesos W_V para cambiar la dimensionalidad del vector de d_e a d_v. Los vectores de valor no tienen por qué tener necesariamente la misma longitud que las claves y la consulta (pero por simplicidad, a menudo la tienen).

Los vectores de valor se multiplican por los pesos de atención para obtener la atención de unos determinados *Q*, *K* y *V*, como muestra la ecuación 9.1.

Ecuación 9.1. Ecuación de atención.

$$\text{Atención}(Q, K, V) = softmax\left(\frac{QK^T}{\sqrt{d_k}}\right)V$$

Para obtener el vector de salida final del cabezal de atención, la atención se suma para obtener un vector de longitud d_v. Este vector de contexto captura una opinión combinada de palabras de la frase sobre la tarea de predecir que palabra sigue a demasiado.

Atención multicabezal

No hay razón alguna para detenerse en un solo cabezal de atención. En Keras, es posible crear una capa `MultiHeadAttention` que concatene la salida de varios cabezales, permitiendo a cada uno aprender un mecanismo de atención distinto, de forma que la capa (como un todo) pueda aprender relaciones más complejas.

Las salidas concatenadas se pasan por una matriz de pesos final W_O para proyectar el vector en la dimensión de salida deseada, que en nuestro caso es la misma que la dimensión de entrada de la consulta (d_e), de forma que las capas se apilan secuencialmente una sobre otra.

La figura 9.3 muestra cómo se construye la salida de una capa `MultiHeadAttention`. En Keras basta con escribir la línea que aparece en el ejemplo 9.2 para crear una capa como esta.

Ejemplo 9.2. Crear una capa `MultiHeadAttention` *en Keras.*

```
layers.MultiHeadAttention(
    num_heads = 4,      ❶
    key_dim = 128,      ❷
    value_dim = 64,     ❸
    output_shape = 256  ❹
    )
```

❶ Esta capa de atención multicabezal tiene cuatro cabezales.

❷ Las claves (y la consulta) son vectores de longitud 128.

❸ Los valores (y por tanto también la salida de cada cabezal) son vectores de longitud 64.

❹ El vector de salida tiene longitud 256.

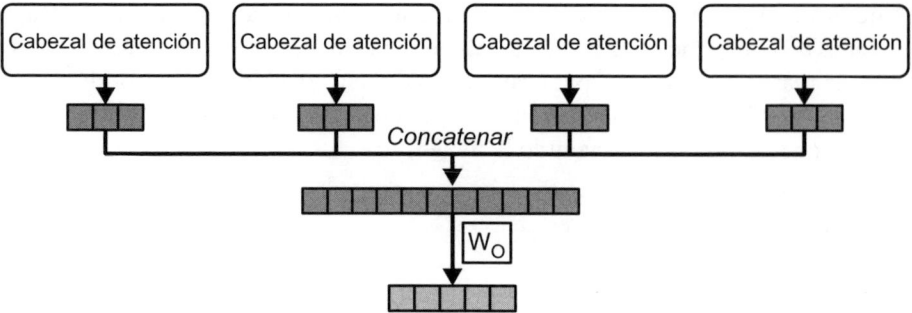

Figura 9.3. Una capa de atención multicabezal con cuatro cabezales.

Enmascarado causal

Hasta ahora hemos asumido que la entrada de la consulta para nuestro cabezal de atención es un solo vector. No obstante, por mejorar la eficiencia durante el entrenamiento, lo ideal sería que la capa de atención pudiera trabajar sobre todas las palabras de la entrada al mismo tiempo, prediciendo qué palabra será la siguiente para cada una de ellas. En otras palabras, queremos que nuestro modelo GPT sea capaz de manejar un grupo de vectores de consulta en paralelo (es decir, una matriz).

Sería lógico pensar que bastaría con agrupar los vectores en una matriz y dejar que el álgebra lineal se encargue del resto. Sí, esto es cierto, pero necesitamos un paso más: aplicar una máscara al producto escalar consulta/clave, para evitar que se filtre información de palabras futuras. Esto se conoce como enmascarado causal, y se muestra en la figura 9.4.

Sin esta máscara, nuestro modelo GPT sería perfectamente capaz de adivinar la siguiente palabra de la frase, porque estaría utilizando la clave de la propia palabra como característica. El ejemplo 9.3 muestra el código para crear una máscara causal, y el array numpy resultante (con filas y columnas intercambiadas para que coincida con el diagrama) aparece en la figura 9.5.

Ejemplo 9.3. La función de máscara causal.

```
def causal_attention_mask(batch_size, n_dest, n_src, dtype):
    i = tf.range(n_dest)[:, None]
    j = tf.range(n_src)
    m = i >= j - n_src + n_dest
    mask = tf.cast(m, dtype)
    mask = tf.reshape(mask, [1, n_dest, n_src])
    mult = tf.concat(
        [tf.expand_dims(batch_size, -1), tf.constant([1, 1], dtype=tf.int32)], 0
    )
    return tf.tile(mask, mult)

np.transpose(causal_attention_mask(1, 10, 10, dtype = tf.int32)[0])
```

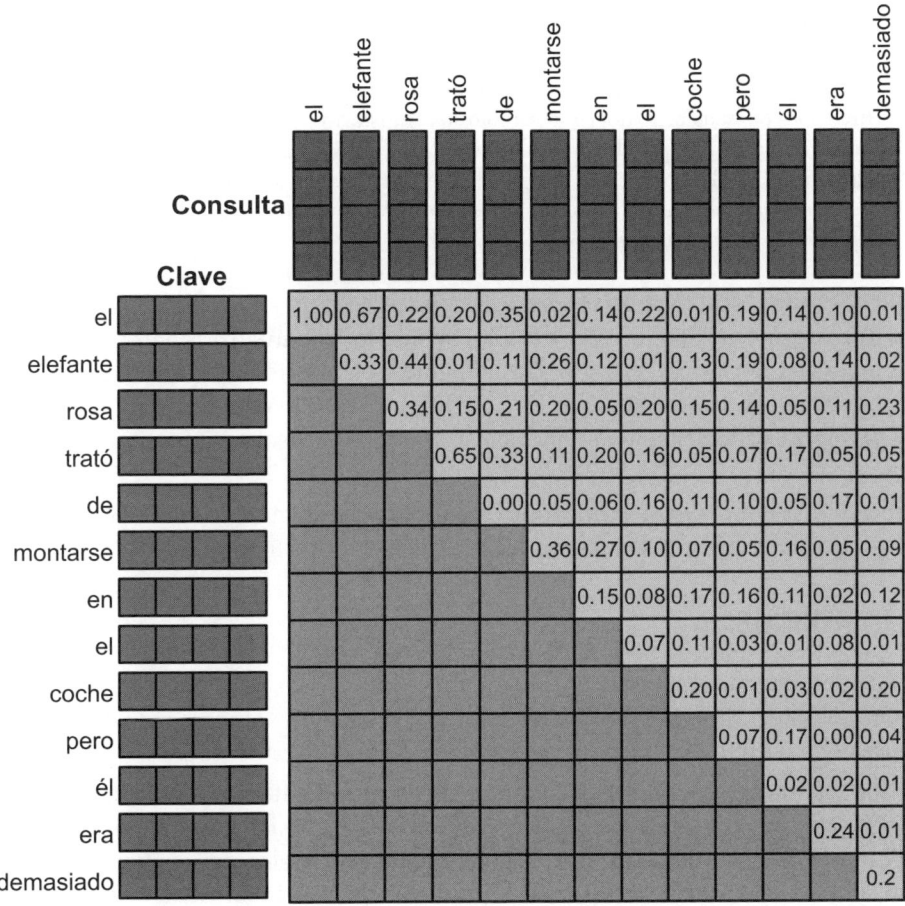

Clave \ Consulta	el	elefante	rosa	trató	de	montarse	en	el	coche	pero	él	era	demasiado
el	1.00	0.67	0.22	0.20	0.35	0.02	0.14	0.22	0.01	0.19	0.14	0.10	0.01
elefante		0.33	0.44	0.01	0.11	0.26	0.12	0.01	0.13	0.19	0.08	0.14	0.02
rosa			0.34	0.15	0.21	0.20	0.05	0.20	0.15	0.14	0.05	0.11	0.23
trató				0.65	0.33	0.11	0.20	0.16	0.05	0.07	0.17	0.05	0.05
de					0.00	0.05	0.06	0.16	0.11	0.10	0.05	0.17	0.01
montarse						0.36	0.27	0.10	0.07	0.05	0.16	0.05	0.09
en							0.15	0.08	0.17	0.16	0.11	0.02	0.12
el								0.07	0.11	0.03	0.01	0.08	0.01
coche									0.20	0.01	0.03	0.02	0.20
pero										0.07	0.17	0.00	0.04
él											0.02	0.02	0.01
era												0.24	0.01
demasiado													0.2

Figura 9.4. Cálculo de la matriz de las puntuaciones de atención para un lote de consultas de entrada, empleando una máscara de atención causal para ocultar claves que no están disponibles para la consulta (porque vienen después en la frase).

```
array([[1, 1, 1, 1, 1, 1, 1, 1, 1, 1],
       [0, 1, 1, 1, 1, 1, 1, 1, 1, 1],
       [0, 0, 1, 1, 1, 1, 1, 1, 1, 1],
       [0, 0, 0, 1, 1, 1, 1, 1, 1, 1],
       [0, 0, 0, 0, 1, 1, 1, 1, 1, 1],
       [0, 0, 0, 0, 0, 1, 1, 1, 1, 1],
       [0, 0, 0, 0, 0, 0, 1, 1, 1, 1],
       [0, 0, 0, 0, 0, 0, 0, 1, 1, 1],
       [0, 0, 0, 0, 0, 0, 0, 0, 1, 1],
       [0, 0, 0, 0, 0, 0, 0, 0, 0, 1]], dtype=int32)
```

Figura 9.5. La máscara causal como un array numpy (1 significa visible y 0 enmascarado).

El enmascarado causal solo se necesita en Transformers de decodificador como GPT, en los que la tarea es generar secuencialmente tókenes dados otros anteriores. Por esta razón es esencial enmascarar los futuros tókenes durante el entrenamiento.

Otros tipos de transformador (por ejemplo, los Transformers de codificador) no necesitan enmascarado causal, porque no están entrenados para predecir el siguiente token. Por ejemplo, BERT de Google predice palabras enmascaradas dentro de una frase, por lo que puede usar el contexto anterior y posterior a la palabra en cuestión.[3]

Exploraremos los distintos tipos de Transformers con más detalle al final del capítulo.

Con esto concluimos nuestra explicación del mecanismo de atención multicabezal presente en todos los Transformers. Vale la pena mencionar que los parámetros que se tienen que aprender de una capa tan influyente son simplemente tres matrices de pesos densamente conectadas para cada cabezal de atención (W_Q, W_K, W_V) y otra matriz más para remodelar la salida (W_O). En una capa de atención multicabezal no hay convoluciones ni mecanismos recurrentes.

Ahora daremos un paso atrás para verificar que la capa de atención multicabezal es solo una parte de un componente más grande denominado bloque Transformer.

El bloque Transformer

Un bloque Transformer es un componente único dentro de un transformador, que aplica algunas conexiones de salto, capas de avance (densas) y normalización alrededor de la capa de atención de varios cabezales. La figura 9.6 muestra un diagrama de uno de estos bloques.

En primer lugar, observamos que la consulta pasa por la capa de atención multicabezal para ser añadida a la salida; se trata de una conexión de salto y es habitual en las arquitecturas de deep learning modernas. Significa que podemos crear redes neuronales muy profundas, que no sufren tanto el problema del desvanecimiento de gradiente, porque la conexión de salto ofrece una *highway* libre de gradientes, que permite a la red transferir información hacia adelante sin interrupciones.

En segundo lugar, la normalización de capa se utiliza en el bloque Transformer para proveer de estabilidad al proceso de entrenamiento. A lo largo de este libro hemos visto la capa de normalización por lotes en acción, en la que la salida de cada canal se normaliza para que tenga una media de 0 y una desviación estándar de 1. Las estadísticas de normalización se calculan en función de las dimensiones espaciales y del lote.

Por el contrario, la normalización de capa en un bloque Transformer normaliza cada posición de cada secuencia del lote, calculando las estadísticas normalizadoras según los canales. Es lo contrario de la normalización por lotes, en lo que se refiere a cómo se calculan las estadísticas de normalización. En la figura 9.7 se observa un diagrama que muestra la diferencia entre la normalización por lotes y la normalización de capa.

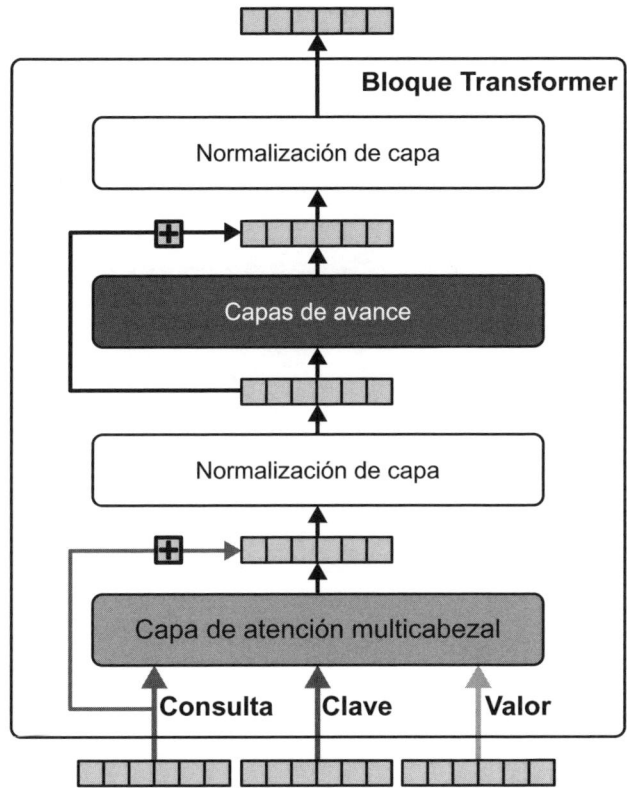

Figura 9.6. Un bloque Transformer.

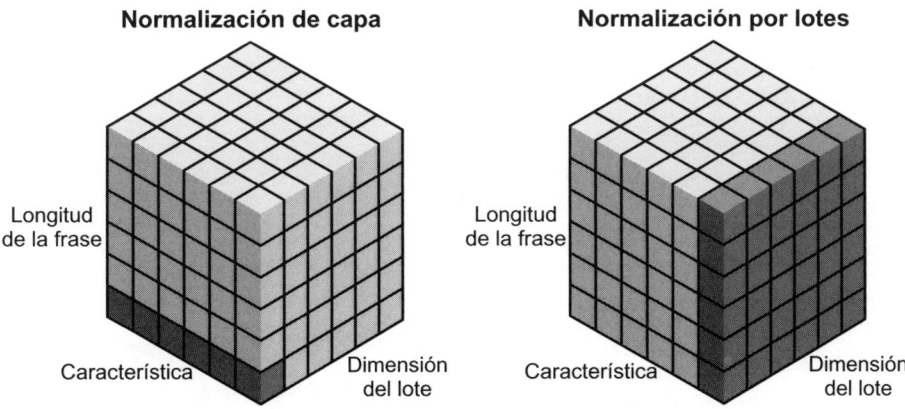

Figura 9.7. Normalización de capa frente a normalización por lotes; las estadísticas de normalización se calculan según las celdas más claras (fuente: Sheng et al., 2020).[4]

Normalización de capa frente a normalización por lotes

La normalización de capa se utilizaba en el artículo original de GPT y se emplea habitualmente en tareas basadas en texto, para evitar que se creen dependencias de normalización en las secuencias del lote. No obstante, otros artículos más recientes, como el de Shen y otros, desafía esta suposición, demostrando que, con algunas modificaciones, se puede seguir utilizando una forma de normalización por lotes dentro de los Transformers.

Por último, el bloque Transformer incluye una serie de capas de avance (es decir, densamente conectadas), para permitir que el componente extraiga características avanzadas a medida que profundizamos en la red.

El ejemplo 9.4 ofrece una implementación con Keras de un bloque Transformer.

Ejemplo 9.4. Una capa `TransformerBlock` *en Keras.*

```python
class TransformerBlock(layers.Layer):
    def __init__(self, num_heads, key_dim, embed_dim, ff_dim, dropout_rate=0.1):  ❶
        super(TransformerBlock, self).__init__()
        self.num_heads = num_heads
        self.key_dim = key_dim
        self.embed_dim = embed_dim
        self.ff_dim = ff_dim
        self.dropout_rate = dropout_rate
        self.attn = layers.MultiHeadAttention(
            num_heads, key_dim, output_shape = embed_dim
        )
        self.dropout_1 = layers.Dropout(self.dropout_rate)
        self.ln_1 = layers.LayerNormalization(epsilon=1e-6)
        self.ffn_1 = layers.Dense(self.ff_dim, activation="relu")
        self.ffn_2 = layers.Dense(self.embed_dim)
        self.dropout_2 = layers.Dropout(self.dropout_rate)
        self.ln_2 = layers.LayerNormalization(epsilon=1e-6)

    def call(self, inputs):
        input_shape = tf.shape(inputs)
        batch_size = input_shape[0]
        seq_len = input_shape[1]
        causal_mask = causal_attention_mask(
            batch_size, seq_len, seq_len, tf.bool
        )  ❷
        attention_output, attention_scores = self.attn(
            inputs,
            inputs,
            attention_mask=causal_mask,
            return_attention_scores=True
        )  ❸
        attention_output = self.dropout_1(attention_output)
        out1 = self.ln_1(inputs + attention_output)  ❹
        ffn_1 = self.ffn_1(out1)  ❺
        ffn_2 = self.ffn_2(ffn_1)
        ffn_output = self.dropout_2(ffn_2)
        return (self.ln_2(out1 + ffn_output), attention_scores)  ❻
```

❶ Las subcapas que forman la capa `TransformerBlock` se definen dentro de la función de inicialización.

❷ Se crea la máscara causal para ocultar a la consulta las futuras claves.

❸ Se crea la capa de atención multicabezal, especificando las máscaras de atención.

❹ La primera capa de suma y normalización.

❺ Las capas de avance.

❻ La segunda capa de suma y normalización.

Codificación posicional

Hay un paso final que tratar antes de juntarlo todo para entrenar nuestro modelo GPT. Quizá el lector haya observado que en la capa de atención multicabezal no hay nada que se ocupe de la ordenación de las claves. El producto escalar entre cada clave y la consulta se calcula en paralelo, no secuencialmente, como en una red neuronal recurrente. Esto es un punto fuerte (debido a las mejoras que ofrece en eficiencia de paralelización) pero también es un problema, porque sin duda necesitamos que la capa de atención sea capaz de predecir distintas salidas para las siguientes dos oraciones:

- El perro miró al niño y... (¿ladró?).
- El perro miró al niño y... (¿sonrió?).

Para resolver este problema, al crear las entradas al bloque Transformer inicial empleamos una técnica denominada codificación posicional. En lugar de codificar solamente cada token usando una incrustación de token, también codificamos la posición del token, empleando una incrustación de posición.

La incrustación de token se crea utilizando una capa `Embedding` estándar para convertir cada token en un vector aprendido. Creamos incrustación posicional del mismo modo, usando una capa `Embedding` estándar para convertir cada posición de entero en un vector aprendido.

 Mientras GPT utiliza una capa `Embedding` para incrustar la posición, el artículo original sobre el Transformer usaba funciones trigonométricas. Hablaremos de esta alternativa en el capítulo 11, cuando exploremos la generación de música.

Para construir la codificación conjunta de token y posición, a la incrustación posicional se le suma la incrustación de token, como muestra la figura 9.8. De este modo, el significado y la posición de cada palabra de la secuencia se capturan en un solo vector.

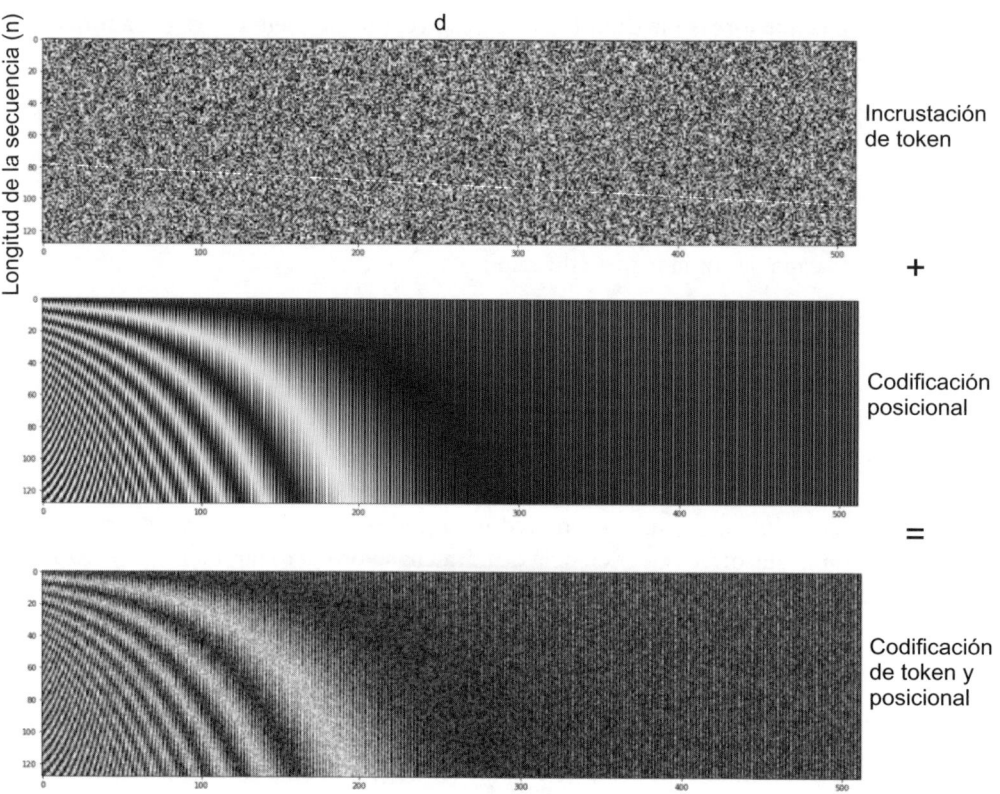

Figura 9.8. Las incrustaciones de token se suman a las posicionales para proporcionar la codificación de token y posición.

El código que define nuestra capa `TokenAndPositionEmbedding` aparece en el ejemplo 9.5.

Ejemplo 9.5. La capa `TokenAndPositionEmbedding`.

```
class TokenAndPositionEmbedding(layers.Layer):
    def __init__(self, maxlen, vocab_size, embed_dim):
        super(TokenAndPositionEmbedding, self).__init__()
        self.maxlen = maxlen
        self.vocab_size =vocab_size
        self.embed_dim = embed_dim
        self.token_emb = layers.Embedding(
            input_dim=vocab_size, output_dim=embed_dim
        ) ❶
        self.pos_emb = layers.Embedding(input_dim=maxlen, output_dim=embed_dim) ❷

def call(self, x):
    maxlen = tf.shape(x)[-1]
    positions = tf.range(start=0, limit=maxlen, delta=1)
    positions = self.pos_emb(positions)
    x = self.token_emb(x)
    return x + positions ❸
```

❶ Los tókenes se incrustan usando una capa Embedding.

❷ Las posiciones de los tókenes se incrustan también con una capa Embedding.

❸ La salida de la capa es la suma de las incrustaciones de token y posición.

Entrenando GPT

Ya estamos listos para crear y entrenar nuestro modelo GPT. Para reunirlo todo, debemos pasar nuestro texto de entrada por la capa de incrustación de token y posición, y después por nuestro bloque Transformer. La salida final de la red no es más que una capa Dense con activación *softmax* según el número de palabras del vocabulario.

 Por motivos de simplicidad, utilizaremos solamente un bloque Transformer, en lugar de los 12 que indica el artículo.

La arquitectura general se observa en la figura 9.9, y el ejemplo 9.6 proporciona el código equivalente.

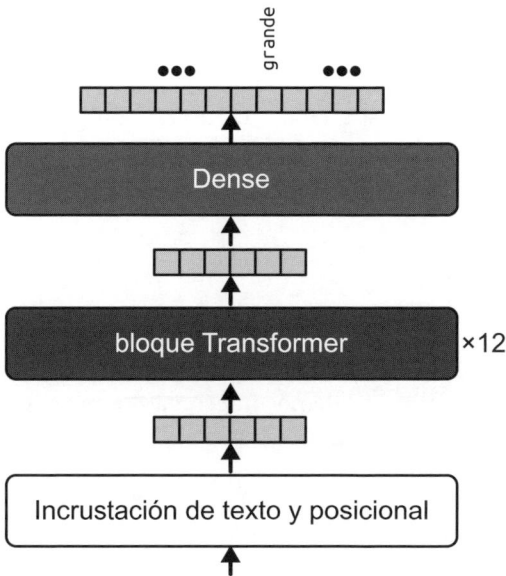

el elefante rosa trató de montarse en el coche pero él era demasiado

Figura 9.9. La arquitectura simplificada del modelo GPT.

Ejemplo 9.6. Un modelo GPT en Keras.

```
MAX_LEN = 80
VOCAB_SIZE = 10000
EMBEDDING_DIM = 256
N_HEADS = 2
KEY_DIM = 256
FEED_FORWARD_DIM = 256

inputs = layers.Input(shape=(None,), dtype=tf.int32) ❶
x = TokenAndPositionEmbedding(MAX_LEN, VOCAB_SIZE, EMBEDDING_DIM)(inputs) ❷
x, attention_scores = TransformerBlock(
    N_HEADS, KEY_DIM, EMBEDDING_DIM, FEED_FORWARD_DIM
)(x) ❸
outputs = layers.Dense(VOCAB_SIZE, activation = 'softmax')(x) ❹
gpt = models.Model(inputs=inputs, outputs=[outputs, attention]) ❺
gpt.compile("adam", loss=[losses.SparseCategoricalCrossentropy(), None]) ❻
gpt.fit(train_ds, epochs=5)
```

❶ La entrada se rellena (con ceros).

❷ El texto se codifica usando una capa `TokenAndPositionEmbedding`.

❸ La codificación se pasa por un `TransformerBlock`.

❹ La salida transformada se pasa por una capa `Dense` con activación *softmax* para predecir una distribución según la palabra siguiente.

❺ El `Model` toma una secuencia de tókenes de palabra como entrada y proporciona la distribución de palabra siguiente predicha. La salida del bloque Transformer también se devuelve, de forma que podamos inspeccionar cómo está dirigiendo el modelo su atención.

❻ El modelo se compila con pérdida `SparseCategoricalCrossentropy` con respecto a la distribución de palabra predicha.

Análisis de GPT

Ahora que ya hemos compilado y entrenado nuestro modelo GPT, podemos empezar a usarlo para generar largas cadenas de texto. También podemos interrogar los pesos de atención que se obtienen del `TransformerBlock`, para entender dónde busca el Transformer información en los distintos puntos del proceso de generación.

Generar texto

Es posible generar texto nuevo aplicando el siguiente proceso:

1. Proporcionar a la red una secuencia de palabras existente y pedirle que prediga la palabra siguiente.

2. Añadir esta palabra a la secuencia existente y repetir.

La red proporcionará una serie de probabilidades para cada palabra de la que podamos tomar una muestra, de modo que la generación de texto pueda ser estocástica, en lugar de determinista.

Usaremos la misma clase `TextGenerator` introducida en el capítulo 5 para la generación de texto LSTM, incluyendo el parámetro `temperature`, que especifica lo determinista que queremos que sea el proceso de muestreo. Veamos esto en acción, en dos valores distintos de temperatura (figura 9.10).

```
temperature = 1.0
```
Texto generado:
wine review : us : washington : chenin blanc : a light , medium - bodied wine , this light - bodied expressi
on is not a lot of enjoyment . it ' s simple with butter and vanilla flavors that frame mixed with expressiv
e fruit . it ' s juicy and tangy with a lemon lingers on the finish .

```
temperature = 0.5
```
Texto generado:
wine review : italy : piedmont : nebbiolo : this opens with aromas of french oak , menthol and a whiff of to
ast . the straightforward palate offers red cherry , black raspberry jam and a hint of star anise alongside
firm but rather fleeting tannins , drink through 2016 .

Figura 9.10. Resultados generados a `temperature` = 1.0 *y* `temperature` = 0.5.

Hay varias cosas que mencionar sobre estos dos párrafos. Primero, ambos son estilísticamente similares a una reseña de vinos del conjunto de entrenamiento original. Ambos comienzan con la región y el tipo del vino, y el tipo del vino se mantiene consistente en todo el párrafo (por ejemplo, no cambia de color a la mitad). Como vimos en el capítulo 5, el texto generado con `temperature` 1.0 es más arriesgado y, por tanto, menos preciso que el ejemplo con `temperature` 0.5. Por lo tanto, generar varias muestras con `temperature` 1.0 daría lugar a más variedad, porque el modelo está tomando la muestra de una distribución de probabilidad con una mayor varianza.

Ver las puntuaciones de atención

También le podemos pedir al modelo que nos diga cuánta atención se está poniendo en cada palabra en el momento de decidirse por la siguiente palabra de la frase. El `TransformerBlock` proporciona los pesos de atención para cada cabezal, que son una distribución *softmax* según las palabras anteriores de la frase.

Vemos esto con claridad en la figura 9.11, que muestra los cinco tókenes principales con las máximas probabilidades para tres mensajes de entrada distintos, así como la atención media en ambos cabezales, frente a cada palabra anterior. Las palabras anteriores se colorean de acuerdo con su puntuación de atención, tomada como la media de ambos cabezales. El color más oscuro indica que está dando más atención a la palabra.

```
wine review : germany :
pfalz:           51.53%
mosel:           41.21%
rheingau:        4.27%
rheinhessen:     2.16%
franken:         0.44%
---------


wine review : germany : rheingau : riesling : this is a ripe , full - bodied
riesling:        46.56%
,:        27.78%
wine:            16.88%
and:      4.58%
yet:      1.33%
---------


wine review : germany : rheingau : riesling : this is a ripe , full - bodied riesling
with a touch of residual sugar . it ' s a slightly
sweet:           94.23%
oily:            1.25%
viscous:         1.09%
bitter:          0.88%
honeyed:         0.66%
---------
```

Figura 9.11. Distribución de probabilidades de palabra siguiendo varias secuencias.

En el primer ejemplo, el modelo está pendiente del país (*germany*) para decidir la palabra que se asocia a la región, lo que tiene sentido. Para elegir una región, es necesario sacar mucha información de las palabras asociadas al país, para asegurar que coincidan. No hace falta poner tanta atención en los primeros dos tókenes (*wine review*), porque no guardan ninguna información útil referente a la región.

En el segundo ejemplo, tiene que volver a hacer referencia al tipo de uva (*riesling*), de forma que pone la atención en la primera vez que se mencionó. Extrae esta información yendo directamente a la palabra, sin importar lo lejos que esté en la frase (dentro del límite superior de 80 palabras). Como podemos observar, esto es muy distinto a una red neuronal recurrente, que se basa en un estado oculto para mantener toda la información interesante en toda la longitud de la secuencia, de forma que se pueda extraer si es necesario (un método mucho menos eficiente).

La secuencia final muestra un ejemplo de cómo elige nuestro modelo GPT un adjetivo adecuado basándose en una combinación de información. Aquí la atención se pone de nuevo en el tipo de uva (*riesling*), pero también en el hecho de que contiene azúcar residual (*residual sugar*). Como el Riesling es un vino dulce, y el azúcar ya se ha mencionado, tiene sentido que deba ser descrito como ligeramente azucarado en lugar de ligeramente terroso, por ejemplo.

Interrogar a la red de esta forma produce mucha información, lo cual permite comprender exactamente de dónde se está extrayendo información para tomar decisiones precisas sobre cada siguiente palabra. Recomiendo encarecidamente ir variando los mensajes de entrada para ver si se puede lograr que el modelo esté pendiente de palabras ubicadas muy lejos en la frase, lo que le hará convencerse a sí mismo del poder de los modelos basados en atención con respecto a los recurrentes más tradicionales.

Otros Transformers

Nuestro modelo GPT es un Transformer de decodificador, que genera una cadena de texto un token cada vez, y utiliza enmascarado causal para estar pendiente solo de las palabras anteriores de la cadena de texto de entrada. También existen los Transformers de codificador, que no emplean este método, sino que utilizan toda la cadena de texto para extraer una representación contextual con significado de la entrada. Para otras tareas, como traducción lingüística, existen también Transformers de codificador-decodificador, capaces de traducir de una cadena de texto a otra; este tipo de modelo contiene bloques Transformer de codificador y decodificador.

La tabla 9.1 resume los tres tipos de Transformers, con los mejores ejemplos de cada arquitectura y situaciones de uso habituales.

Tabla 9.1. Las tres arquitecturas Transformer.

Tipo	Ejemplos	Situaciones de uso
Codificador	BERT (Google)	Clasificación de frases, reconocimiento de entidades con nombre, respuesta extractiva a preguntas
Codificador-decodificador	T5 (Google)	Resumen, traducción, respuesta a preguntas
Decodificador	GPT-3 (OpenAI)	Generación de textos

Un ejemplo conocido de Transformer codificador es el modelo BERT (*Bidirectional Encoder Representations from Transformers*: representaciones de codificador bidireccional tomadas de Transformers), desarrollado por Google (Devlin *et al.*, 2018), que predice palabras ausentes en una frase, dado el contexto anterior y posterior a la palabra ausente en todas las capas.

Transformers de codificador

Los Transformers de codificador se utilizan generalmente para tareas que requieren la comprensión de la entrada como un todo, como, por ejemplo, la clasificación de oraciones o la respuesta extractiva a preguntas. No se emplean en tareas de generación de textos, por lo cual no los estudiaremos con detalle en este libro.

En las siguientes secciones exploraremos el funcionamiento de los Transformers de codificador-decodificador y trataremos las extensiones de la arquitectura del modelo GPT original lanzada por OpenAI, incluido ChatGPT, diseñado exprofeso para aplicaciones conversacionales.

T5

Un ejemplo de un Transformer moderno basado en la estructura codificador-decodificador es el modelo T5 de Google.[5] Este modelo redefine una serie de tareas en una estructura texto a texto, entre las que se incluyen traducción, aceptabilidad lingüística, similitud de oraciones y resumen de documentos, como muestra la figura 9.12.

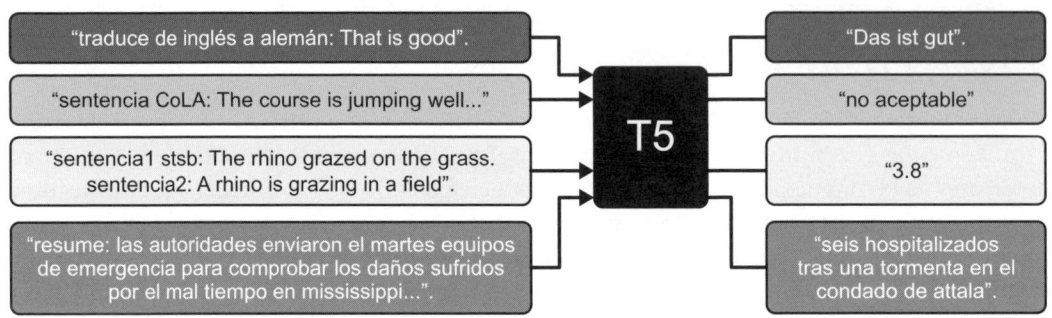

Figura 9.12. Ejemplos del modo en que T5 redefine una serie de tareas en una estructura de texto a texto, entre otras traducción, aceptabilidad lingüística, similitud de oraciones y resumen de documentos (fuente: Raffel et al., 2019).

La arquitectura del modelo T5 es muy similar a la de codificador-decodificador empleada en el artículo original sobre el Transformer, mostrada en la figura 9.13. La diferencia esencial es que T5 ha sido entrenado con un enorme corpus de texto de 750 GB (denominado *Colossal Clean Crawled Corpus*, o C4), mientras que el artículo original sobre el Transformer se centraba únicamente en la traducción lingüística, de ahí que fuera entrenado con 1,4 GB de pares de oraciones inglés-alemán.

Buena parte de este diagrama ya nos resulta familiar; en él observamos los bloques Transformer repetidos y la incrustación posicional empleada para capturar la ordenación de las secuencias de entrada. Las dos diferencias fundamentales entre este modelo y el modelo GPT que creamos antes son las siguientes:

- En el lado izquierdo, una serie de bloques Transformer de codificador hacen lo propio con la secuencia que se desea traducir. Vemos que no hay enmascarado causal en la capa de atención, debido a que no estamos generando más texto para ampliar la secuencia que se va a traducir; simplemente queremos aprender una buena representación de la secuencia como un todo que se le pueda pasar al decodificador. De esta forma, las capas de atención del codificador se enmascaran completamente para capturar todas las dependencias cruzadas entre palabras, sin importar el orden.

- En el lado derecho, una serie de bloques Transformer de decodificador generan el texto traducido. La capa de atención inicial es de referencia automática (es decir, la clave, el valor y la consulta proceden de la misma entrada) y se emplea enmascarado causal para asegurar que la información procedente de futuros tókenes no se filtre a la palabra actual que se ha de predecir. No obstante, después vemos que la capa de atención posterior extrae la clave y el valor del codificador, dejando únicamente la consulta pasada por el propio decodificador. A esto se le denomina atención de referencia cruzada, y significa que el decodificador asiste a la representación del codificador de la secuencia de entrada que se va a traducir. Así es como el decodificador sabe qué significado debe transmitir la traducción.

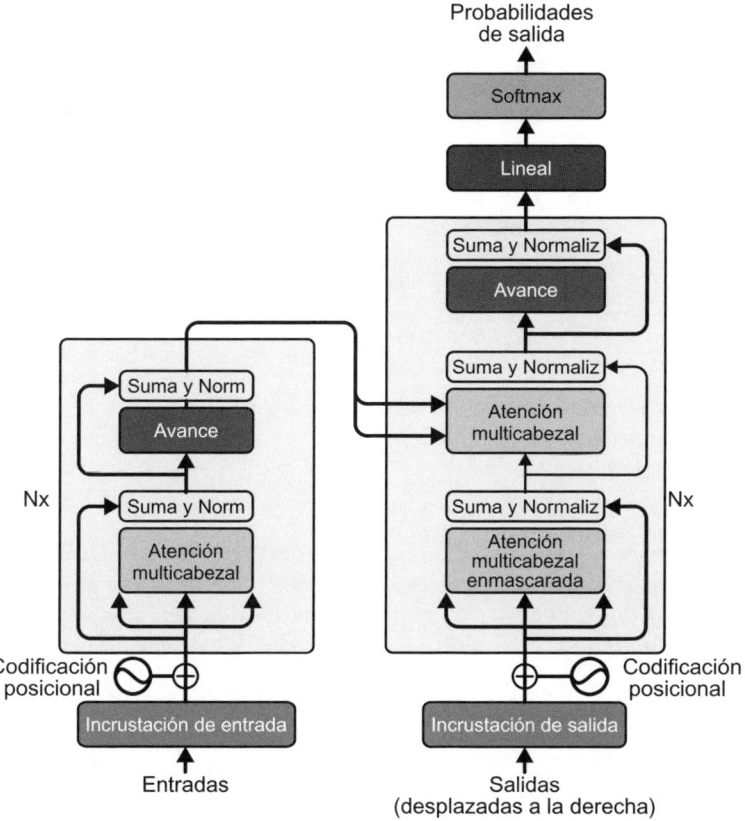

Figura 9.13. Un modelo de Transformer codificador-decodificador: cada recuadro gris es un bloque Transformer (fuente: Vaswani et al., 2017).

La figura 9.14 muestra un ejemplo de atención de referencia cruzada. Dos cabezales de atención de la capa del decodificador trabajan juntos para ofrecer la traducción correcta a alemán de la palabra *the* en inglés, utilizada en el contexto *the street*. En alemán, hay tres artículos definidos (*der, die, das*) dependiendo del género del sustantivo, pero el Transformer sabe que tiene que elegir *die* porque un cabezal de atención se encarga de la palabra *street* (palabra femenina en alemán), mientras que el otro está pendiente de la palabra que hay que traducir (*the*).

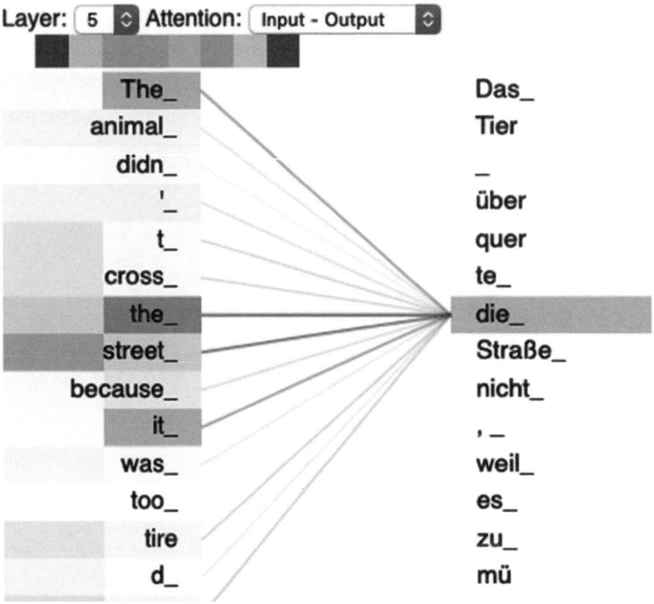
Layer: 5 Attention: Input - Output
The_
animal_
didn_
'_
t_
cross_
the_
street_
because_
it_
was_
too_
tire
d_
Das_
Tier
_
über
quer
te_
die_
Straße_
nicht_
,_
weil_
es_
zu_
mü

Figura 9.14. Un ejemplo de cómo un cabezal de atención está pendiente de la palabra «the» y el otro de la palabra «street» para traducir correctamente la palabra «the» por la palabra alemana «die», como el artículo definido femenino de «Straße».

Este ejemplo se ha tomado del repositorio Tensor2Tensor de GitHub (`https://github.com/tensorflow/tensor2tensor`), que contiene un *notebook* Colab que permite utilizar un modelo Transformer de codificador-decodificador entrenado y ver cómo impactan los mecanismos del codificador y decodificador en la traducción de una determinada frase a alemán.

GPT-3 y GPT-4

Desde la publicación original de 2018 sobre GPT, OpenAI ha lanzado varias versiones actualizadas que mejoran el modelo original, tal y como muestra la tabla 9.2.

Tabla 9.2. La evolución de la colección de modelos GPT de OpenAI.

Modelo	Fecha	Capas	Cabezales de atención	Tamaño de incrustación de palabra	Ventana de contexto	N.º de parámetros	Datos de entrenamiento
GPT	Junio de 2018	12	12	768	512	120 000 000	BookCorpus: 4,5 GB de textos de libros no publicados
GPT-2	Febrero de 2019	48	48	1600	1024	1 500 000 000	WebText: 40 GB de textos de enlaces salientes de Reddit

Modelo	Fecha	Capas	Cabezales de atención	Tamaño de incrustación de palabra	Ventana de contexto	N.º de parámetros	Datos de entrenamiento
GPT-3	Mayo de 2020	96	96	12 888	2048	175 000 000 000	CommonCrawl, WebText, Wikipedia en inglés, corpus de libros y otros: 570 GB
GPT-4	Marzo de 2023	-	-	-	-	-	-

La arquitectura del modelo GPT-3 es bastante similar al modelo GPT original, salvo porque es mucho más grande y está entrenado con muchos más datos. En el momento de escribir esto, GPT-4 está en una versión beta limitada, es decir, OpenAI no ha lanzado públicamente los detalles de la estructura y el tamaño del modelo, aunque sabemos de cierto que es capaz de aceptar imágenes como entrada, por lo que por primera vez entra en la categoría de modelo multimodal. Los pesos de modelo de GPT-3 y GPT-4 no son de código abierto, aunque están disponibles mediante una herramienta y una API comerciales (https://platform.openai.com).

GPT-3 puede, además, ajustarse a datos de entrenamiento propios (https://platform.openai.com/docs/guides/fine-tuning), lo que permite ofrecer varios ejemplos de cómo debe reaccionar a un determinado estilo de mensaje, actualizando físicamente los pesos de la red. En muchos casos quizá esto no sea necesario, pues se le puede decir a GPT-3 cómo reaccionar a un determinado estilo de mensaje simplemente ofreciendo unos cuantos ejemplos en el propio mensaje (lo que se conoce como aprendizaje *few-shot*). El beneficio del ajuste fino es que no se necesita proporcionar estos ejemplos como parte de cada mensaje de entrada, ahorrando costes a largo plazo.

La figura 9.15 muestra un ejemplo del resultado ofrecido por GPT-3, dada una sentencia de un mensaje del sistema.

Escribe una historia corta sobre un unicornio que vence a un dragón malvado.

Luna salió a dar un paseo por el bosque cuando escuchó un rugido alto y feroz. Supo de inmediato que era un dragón y corrió tan rápido como pudo en la dirección contraria.

Mientras corría, pudo sentir el aliento abrasador del dragón en su cuello y sabía que no podría huir por mucho tiempo. Tenía que pensar algo, y rápido.

Cuando el dragón estaba a punto de atraparla entre sus dientes, Luna se giró y le clavó el cuerno en el ojo. El dragón chilló de dolor y montó en cólera, pero Luna estaba preparada.

Esquivó su aliento de fuego y sus garras hasta que por fin tuvo una oportunidad de atacar. Atravesó al dragón con su cuerno, y cayó al suelo con un ruido sordo, muerto.

Luna respiró aliviada y se alejó trotando, sabiendo que había salvado al bosque del dragón malvado.

Figura 9.15. Un ejemplo de cómo GPT-3 puede ampliar un mensaje del sistema.

Los modelos de lenguaje como GPT se benefician enormemente del dimensionamiento, tanto en términos de pesos del modelo como de tamaño del conjunto de entrenamiento. Todavía no se ha alcanzado la capacidad máxima para los modelos de lenguaje, y los investigadores siguen presionando los límites de lo posible con modelos y conjuntos de datos cada vez más grandes.

ChatGPT

Unos meses antes del lanzamiento beta de GPT-4, OpenAI anunció ChatGPT (`https://chat.openai.com`), una herramienta que permite a los usuarios interactuar con su colección de grandes modelos de lenguaje mediante una interfaz conversacional. El lanzamiento inicial en noviembre de 2022 estaba impulsado por GPT-3.5, una versión del modelo más potente que GPT-3 y adaptado a respuestas conversacionales.

En la figura 9.16 vemos un diálogo de ejemplo. Se observa que el agente es capaz de mantener su estado entre entradas, entendiendo que la atención mencionada en la segunda pregunta se refiere a la atención en el contexto de los Transformers, en lugar de a la capacidad de centrarse de una persona.

En el momento de escribir estas líneas, no hay ningún artículo oficial que describa con detalle el funcionamiento de ChatGPT, pero por el blog oficial (`https://openai.com/blog/chatgpt`) sabemos que utiliza una técnica llamada aprendizaje por refuerzo con realimentación humana o RLHF (*Reinforcement Learning from Human Feedback*) para ajustar el modelo GPT-3.5. Esta técnica se empleaba también en el artículo anterior del grupo de ChatGPT,[6] que introdujo el modelo InstructGPT, un modelo GPT-3 ajustado y diseñado especialmente para seguir instrucciones escritas con la máxima precisión. El proceso de entrenamiento de ChatGPT es el siguiente:

1. Ajuste fino supervisado: Recoge un conjunto de datos de demostración de entradas conversacionales (mensajes o *prompts*) y salidas deseadas escritas por personas, que se emplea para adaptar el modelo de lenguaje subyacente (GPT-3.5) con aprendizaje supervisado.

2. Modelado de recompensa: Presenta un etiquetador humano con ejemplos de mensajes y varias salidas de modelo muestreadas, y les pide que clasifiquen las salidas de mejor a peor. Entrena un modelo de recompensa que predice la puntuación dada a cada salida, según la historia de la conversación.

3. Aprendizaje por refuerzo: Trata la conversación como un entorno de aprendizaje reforzado, en el que la política es el modelo de lenguaje subyacente, inicializado al modelo de ajuste fino del paso 1. Dado el actual estado (la historia de la conversación), la política proporciona una acción (una secuencia de tókenes), que es puntuada por el modelo de recompensa entrenado en el paso 2. Después se puede entrenar un algoritmo de aprendizaje por refuerzo (optimización de política proximal o PPO, *Proximal Policy Optimization*) para maximizar la recompensa, ajustando los pesos del modelo de lenguaje.

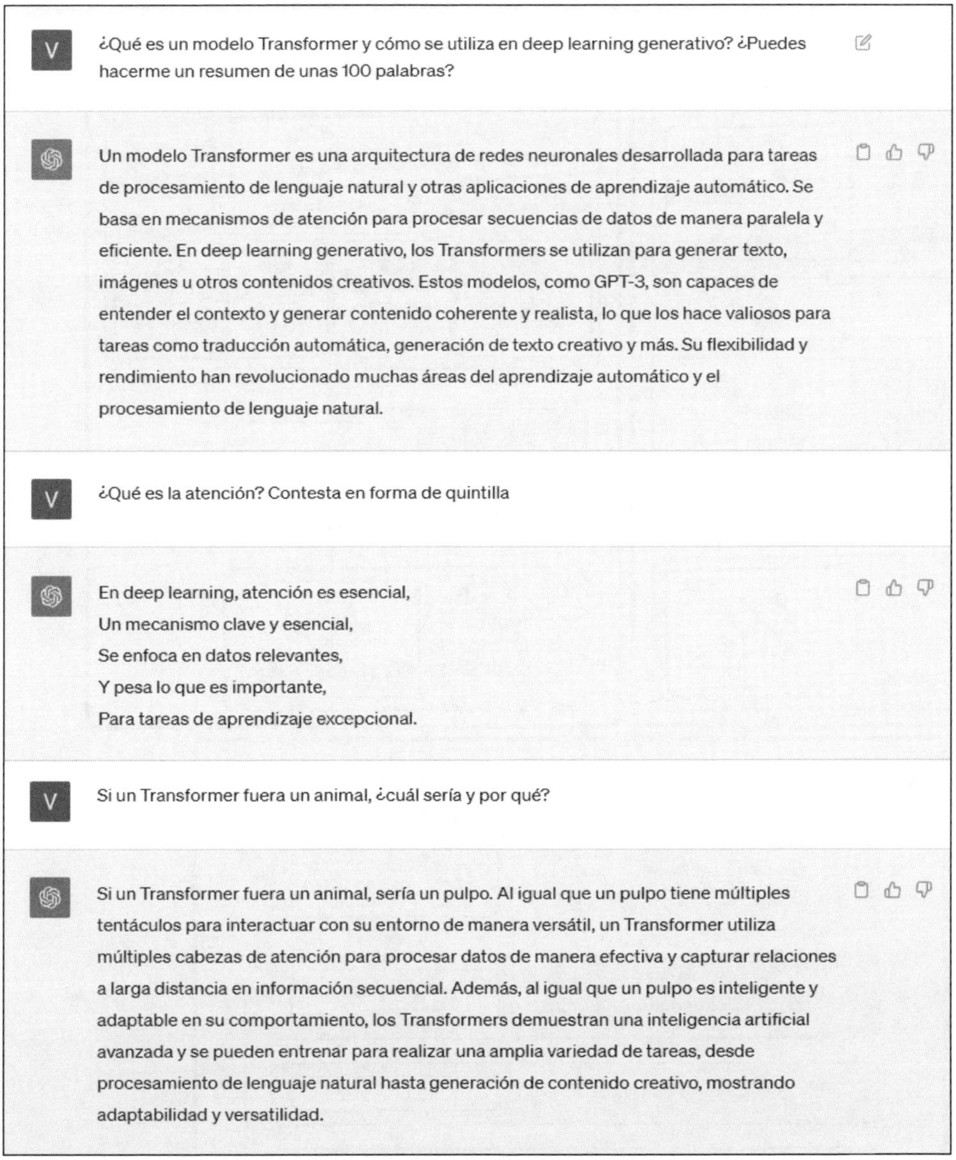

¿Qué es un modelo Transformer y cómo se utiliza en deep learning generativo? ¿Puedes hacerme un resumen de unas 100 palabras?

Un modelo Transformer es una arquitectura de redes neuronales desarrollada para tareas de procesamiento de lenguaje natural y otras aplicaciones de aprendizaje automático. Se basa en mecanismos de atención para procesar secuencias de datos de manera paralela y eficiente. En deep learning generativo, los Transformers se utilizan para generar texto, imágenes u otros contenidos creativos. Estos modelos, como GPT-3, son capaces de entender el contexto y generar contenido coherente y realista, lo que los hace valiosos para tareas como traducción automática, generación de texto creativo y más. Su flexibilidad y rendimiento han revolucionado muchas áreas del aprendizaje automático y el procesamiento de lenguaje natural.

¿Qué es la atención? Contesta en forma de quintilla

En deep learning, atención es esencial,
Un mecanismo clave y esencial,
Se enfoca en datos relevantes,
Y pesa lo que es importante,
Para tareas de aprendizaje excepcional.

Si un Transformer fuera un animal, ¿cuál sería y por qué?

Si un Transformer fuera un animal, sería un pulpo. Al igual que un pulpo tiene múltiples tentáculos para interactuar con su entorno de manera versátil, un Transformer utiliza múltiples cabezas de atención para procesar datos de manera efectiva y capturar relaciones a larga distancia en información secuencial. Además, al igual que un pulpo es inteligente y adaptable en su comportamiento, los Transformers demuestran una inteligencia artificial avanzada y se pueden entrenar para realizar una amplia variedad de tareas, desde procesamiento de lenguaje natural hasta generación de contenido creativo, mostrando adaptabilidad y versatilidad.

Figura 9.16. Un ejemplo de ChatGPT respondiendo a preguntas sobre Transformers.

Aprendizaje por refuerzo

El capítulo 12 ofrece una introducción al aprendizaje por refuerzo o reforzado, y en él exploraremos el uso de los modelos generativos en una configuración de este tipo.

El proceso RLHF se muestra en la figura 9.17.

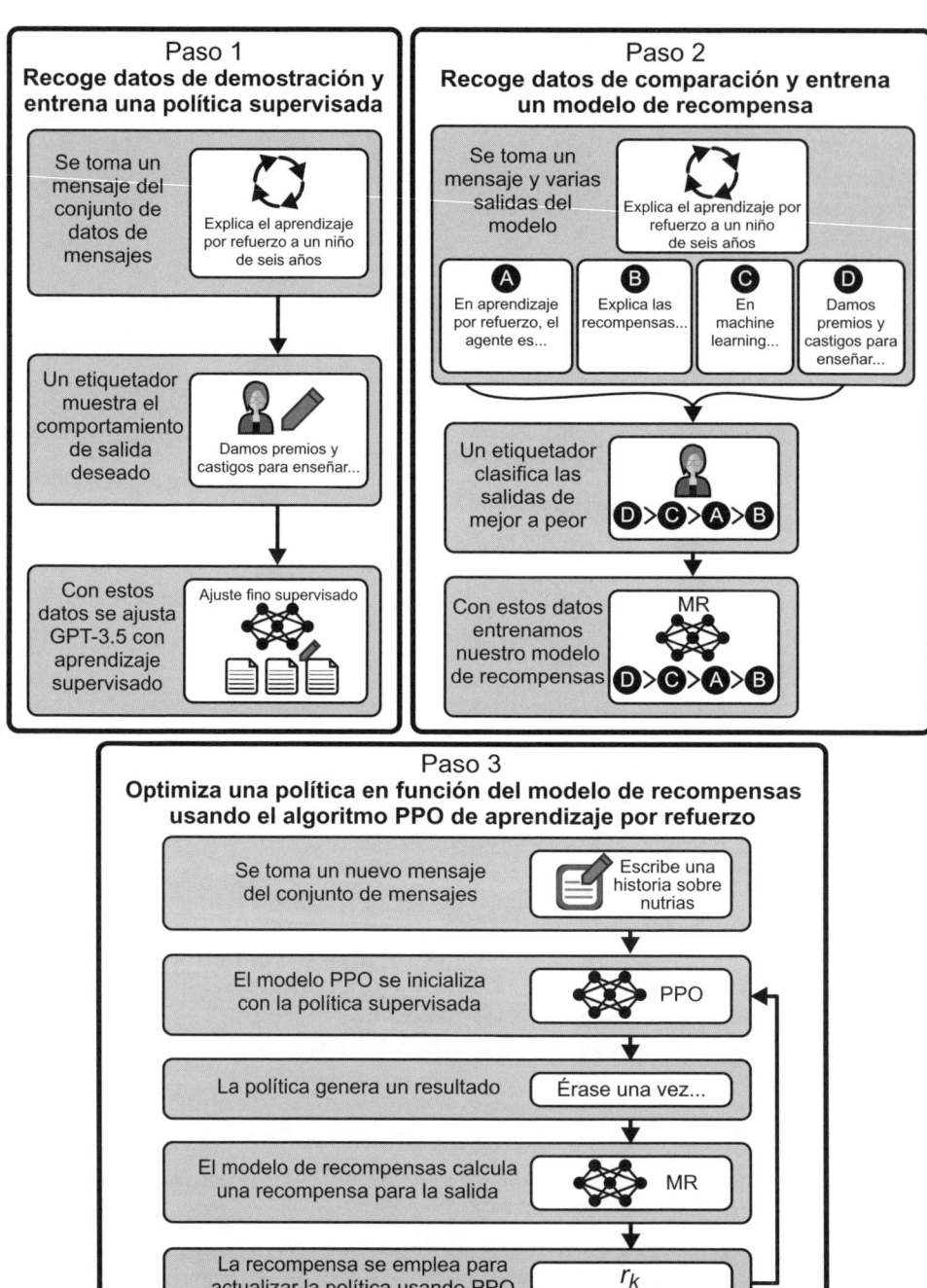

Figura 9.17. El proceso de ajuste fino de aprendizaje por refuerzo con realimentación humana empleado en ChatGPT (fuente: OpenAI).

Aunque ChatGPT sigue teniendo muchas limitaciones (como que a veces «alucina» con información incorrecta sobre los hechos), es un gran ejemplo de cómo pueden usarse los Transformers para crear modelos generativos que produzcan resultados novedosos, complejos y de largo alcance, a menudo indistinguibles del texto generado por personas. Los progresos realizados hasta ahora por modelos como ChatGPT sirven como testimonio del potencial de la inteligencia artificial y su impacto transformador en el mundo.

Es más, es evidente que la comunicación e interacción dirigida mediante IA seguirán evolucionando rápidamente en el futuro. Proyectos como Visual ChatGPT7 combinan ahora la potencia lingüística de ChatGPT con modelos de fundamento visual como Stable Diffusion, permitiendo a los usuarios interactuar con ChatGPT no solo mediante texto, sino también con imágenes. La fusión de capacidades lingüísticas y visuales en proyectos como Visual ChatGPT y GPT-4 tiene muchas posibilidades de liderar una nueva era en la interacción entre personas y ordenadores.

Resumen

En este capítulo hemos explorado la arquitectura del modelo Transformer y creado una versión de GPT, un modelo de vanguardia para la generación de textos.

GPT utiliza un mecanismo conocido como atención, que elimina la necesidad de capas recurrentes (es decir, capas LSTM). Funciona como un sistema de recuperación de información, utilizando consultas, claves y valores para decidir cuánta información desea extraer de cada token de entrada.

Los cabezales de atención se agrupan para formar la llamada capa de atención multicabezal. Más tarde se envuelven dentro de un bloque Transformer, que incluye normalización de capa y conexiones de salto en torno a la capa de atención. Los bloques Transformer se apilan para crear redes neuronales muy profundas.

Se utiliza enmascarado causal para asegurarse de que GPT no pueda filtrar información de tókenes posteriores en la predicción actual. Además, se utiliza una técnica conocida como codificación posicional para asegurar que no se pierda la ordenación de la secuencia de entrada, sino que se incluya en la entrada junto con la incrustación de palabra tradicional.

Al analizar el resultado ofrecido por GPT, vimos que era posible no solamente generar nuevos párrafos de texto, sino también interrogar a la capa de atención de la red para comprender dónde está mirando en la frase para recoger información y mejorar así su predicción. GPT accede a información situada a distancia sin pérdida de señal, porque las puntuaciones de atención se calculan en paralelo y no confían en un estado oculto que se transporta por la red secuencialmente, como es el caso con las redes neuronales recurrentes.

Hemos visto que hay tres familias de Transformers (codificador, decodificador y codificador-decodificador) y las distintas tareas que se llevan a cabo con cada una. Para terminar, exploramos la estructura y el proceso de entrenamiento de otros grandes modelos de lenguaje, como T5 de Google y ChatGPT de OpenAI.

Referencias

1. «*Attention Is All You Need*», Ashish Vaswani *et al.*, 12 de junio de 2017, `https://arxiv.org/abs/1706.03762`.

2. «*Improving Language Understanding by Generative PreTraining*», Alec Radford *et al.*, 11 de junio de 2018, `https://openai.com/research/language-unsupervised`.

3. «*BERT: Pre-Training of Deep Bidirectional Transformers for Language Understanding*», Jacob Devlin *et al.*, 11 de octubre de 2018, `https://arxiv.org/abs/1810.04805`.

4. «*PowerNorm: Rethinking Batch Normalization in Transformers*», Sheng Shen *et al.*, 28 de junio de 2020, `https://arxiv.org/abs/2003.07845`.

5. «*Exploring the Limits of Transfer Learning with a Unified Text-to-Text Transformer*», Colin Raffel *et al.*, 23 de octubre de 2019, `https://arxiv.org/abs/1910.10683`.

6. «*Training Language Models to Follow Instructions with Human Feedback*», Long Ouyang *et al.*, 4 de marzo de 2022, `https://arxiv.org/abs/2203.02155`.

7. «*Visual ChatGPT: Talking, Drawing and Editing with Visual Foundation Models*», Chenfei Wu *et al.*, 8 de marzo de 2023, `https://arxiv.org/abs/2303.04671`.

CAPÍTULO 10

Redes GAN avanzadas

Objetivos del capítulo

En este capítulo conseguiremos:

- Averiguar cómo un modelo ProGAN entrena progresivamente una red GAN para generar imágenes de alta resolución.

- Entender cómo se adaptó ProGAN para crear StyleGAN, una red GAN de alto rendimiento para síntesis de imágenes.

- Explorar las modificaciones realizadas en StyleGAN para crear StyleGAN2, un modelo de última generación que mejora en gran medida el original.

- Conocer las contribuciones más importantes de estos modelos, entre otras, entrenamiento progresivo, normalización de instancias adaptativa, modulación y demodulación de pesos y regularización de la longitud de rutas.

- Recorrer la arquitectura de la red SAGAN (*Self-Attention GAN*, GAN de autoatención), que incorpora el mecanismo de atención dentro de la estructura GAN.

- Comprobar cómo amplía BigGAN las ideas del artículo sobre SAGAN para producir imágenes de alta calidad.

- Aprender cómo utiliza VQ-GAN un libro de códigos para codificar imágenes en una secuencia discreta de tókenes, que se modela empleando un Transformer.

- Verificar cómo adapta ViT VQ-GAN la arquitectura VQ-GAN para utilizar Transformers en lugar de capas convolucionales en el codificador y decodificador.

El capítulo 4 presentó las redes generativas adversativas o GAN (*Generative Adversarial Networks*), una clase de modelo generativo con resultados de vanguardia en una gran variedad de tareas de generación de imágenes. La flexibilidad de la arquitectura del modelo y del proceso de entrenamiento ha llevado a los académicos y profesionales del aprendizaje profundo a hallar nuevas formas de diseñar y entrenar redes GAN, dando lugar a muchos tipos distintos de la arquitectura, que exploraremos en este capítulo.

Introducción

Explicar todos los desarrollos GAN y sus repercusiones con detalle podría llenar fácilmente otro libro. El repositorio GAN Zoo de GitHub (`https://github.com/hindupuravinash/the-gan-zoo`) contiene más de 500 ejemplos de redes GAN con artículos asociados, desde ABC-GAN a ZipNet-GAN.

En este capítulo examinaremos las principales GAN que han tenido influencia en su ámbito, con una detallada explicación para cada una de las arquitecturas correspondientes y su proceso de entrenamiento.

Exploraremos en primer lugar tres importantes modelos de NVIDIA que han ampliado los límites de la generación de imágenes: ProGAN, StyleGAN y StyleGAN2. Analizaremos cada uno de estos modelos con el detalle suficiente como para entender los conceptos fundamentales que sustentan las arquitecturas, y veremos que cada una de ellas está basada en ideas de artículos anteriores.

Estudiaremos, asimismo, otras dos arquitecturas GAN importantes que incorporan la atención: la red Gan de autoatención (SAGAN) y BigGAN, basadas en muchas de las ideas del artículo sobre SAGAN. En el capítulo 9 hemos visto ya las capacidades del mecanismo de atención en el contexto de los Transformers.

Para terminar, hablaremos de VQ-GAN y ViT VQ-GAN, que incorporan una combinación de ideas de autocodificadores variacionales, Transformers y redes GAN. VQ-GAN es un componente esencial de Muse, el modelo de vanguardia de generación de texto a imagen de Google.[1] En el capítulo 13 exploraremos con más detalle los denominados modelos multimodales.

Entrenando modelos propios

Por brevedad he elegido no incluir en la página web de este libro el código para crear directamente estos modelos. En lugar de ello, indicaré las implementaciones disponibles cuando sea posible, de forma que el lector pueda entrenar sus propias versiones si lo desea.

ProGAN

ProGAN es una técnica desarrollada por NVIDIA Labs en 2017[2] para mejorar tanto la velocidad como la estabilidad del entrenamiento GAN. En lugar de entrenar inmediatamente una red con imágenes de máxima resolución, el artículo sobre ProGAN sugiere entrenar primero el generador y el discriminador con imágenes de baja resolución de, digamos, 4 x 4 píxeles, para después ir añadiendo progresivamente capas durante el proceso de entrenamiento para aumentar la resolución.

Veamos con más detalle el concepto de entrenamiento progresivo.

Entrenar una ProGAN propia

En el blog Paperspace puede encontrarse un excelente tutorial escrito por Bharath K, que explica cómo entrenar una ProGAN propia utilizando Keras (`https://blog.paperspace.com/progan/`). Conviene tener en cuenta que entrenar una ProGAN para lograr los resultados indicados en el documento requiere una notable cantidad de potencia informática.

Entrenamiento progresivo

Como siempre con las redes GAN, creamos dos redes independientes, el generador y el discriminador, que mantienen una lucha por el dominio durante el proceso de entrenamiento.

En una GAN normal, el generador siempre produce imágenes de máxima resolución, incluso en las etapas iniciales del entrenamiento. Es razonable pensar que esta estrategia pueda no ser óptima, pues en las primeras fases del entrenamiento el generador tarda en aprender estructuras de alto nivel, porque está funcionando inmediatamente con imágenes complejas de alta resolución. ¿No sería mejor entrenar primero una GAN más ligera para que ofreciera imágenes precisas de baja resolución y ver después si podemos basarnos en ella para aumentar la resolución?

Esta sencilla idea nos lleva al entrenamiento progresivo, una de las principales contribuciones del artículo ProGAN. El modelo ProGAN se entrena en etapas, empezando por un conjunto de entrenamiento que ha sido condensado a imágenes de 4 x 4 píxeles utilizando interpolación, como muestra la figura 10.1.

Figura 10.1. Las imágenes del conjunto de datos se pueden comprimir a una resolución inferior utilizando interpolación.

Después podemos empezar a entrenar el generador para transformar un vector latente de ruido de entrada *z* (digamos de longitud 512) en una imagen de forma 4 x 4 x 3. El discriminador equivalente tendrá que transformar una imagen de entrada de tamaño 4 x 4 x 3 en una única predicción escalar. Las arquitecturas de red de este primer paso se observan en la figura 10.2.

El recuadro de abajo del generador representa la capa convolucional que convierte el conjunto de mapas de características en una imagen RGB (toRGB), y el recuadro de arriba del discriminador representa la capa convolucional que convierte las imágenes RGB en un conjunto de mapas de características (fromRGB).

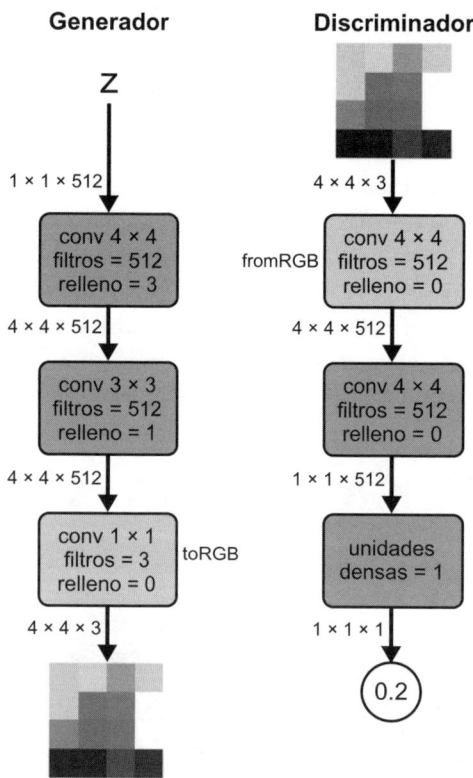

Figura 10.2. Las arquitecturas del generador y discriminador para la primera etapa del proceso de entrenamiento del modelo ProGAN.

En el artículo, los autores entrenan este par de redes hasta que el discriminador ha visto 800 000 imágenes reales. Ahora necesitamos comprender cómo se expanden el generador y el discriminador para trabajar con imágenes de 8 x 8 píxeles.

Para ampliar ambos, debemos incluir capas adicionales, proceso que efectuamos en dos partes, transición y estabilización (figura 10.3).

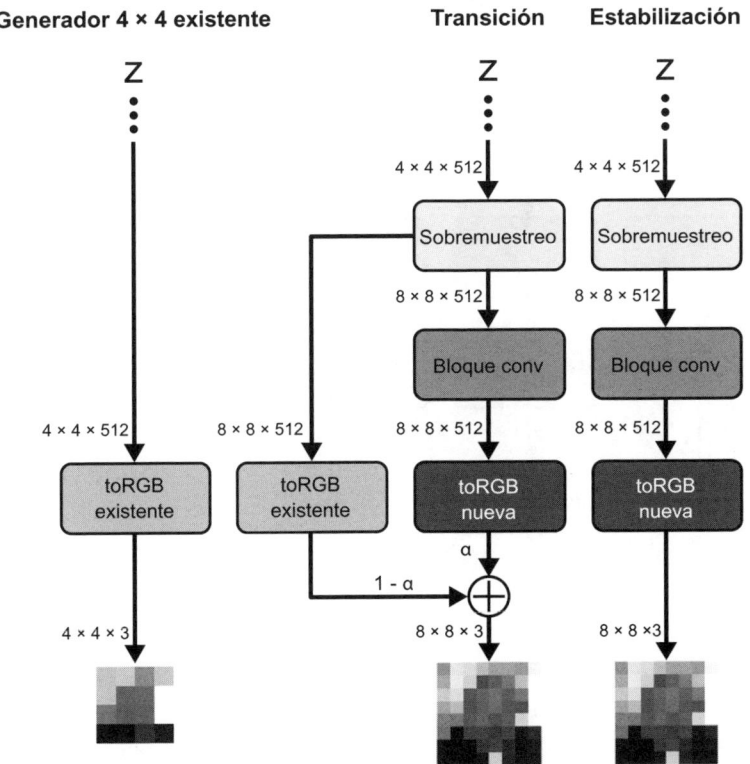

Figura 10.3. El proceso de entrenamiento del generador del modelo ProGAN, que extiende la red de imágenes de 4 x 4 a 8 x 8 (las líneas de puntos representan el resto de la red, no mostrado).

Veamos primero el generador. Durante la fase de transición, se añaden nuevas capas convolucionales y de sobremuestreo a la red existente, con una conexión residual configurada para mantener la salida de la capa toRGB entrenada existente. Es esencial que las nuevas capas se enmascaren inicialmente con un parámetro α que se incrementa gradualmente de 0 a 1 a lo largo de la fase de transición, para dejar pasar más de la nueva salida toRGB y menos de la capa toRGB existente. Esto se hace para evitar el impacto en la red cuando las nuevas capas tomen el relevo.

Al final no hay flujo a través de la antigua capa toRGB y la red entra en la fase de estabilización, un período más de entrenamiento en el que la red ajusta la salida sin que sea necesario dicho flujo.

El discriminador utiliza un proceso similar, mostrado en la figura 10.4.

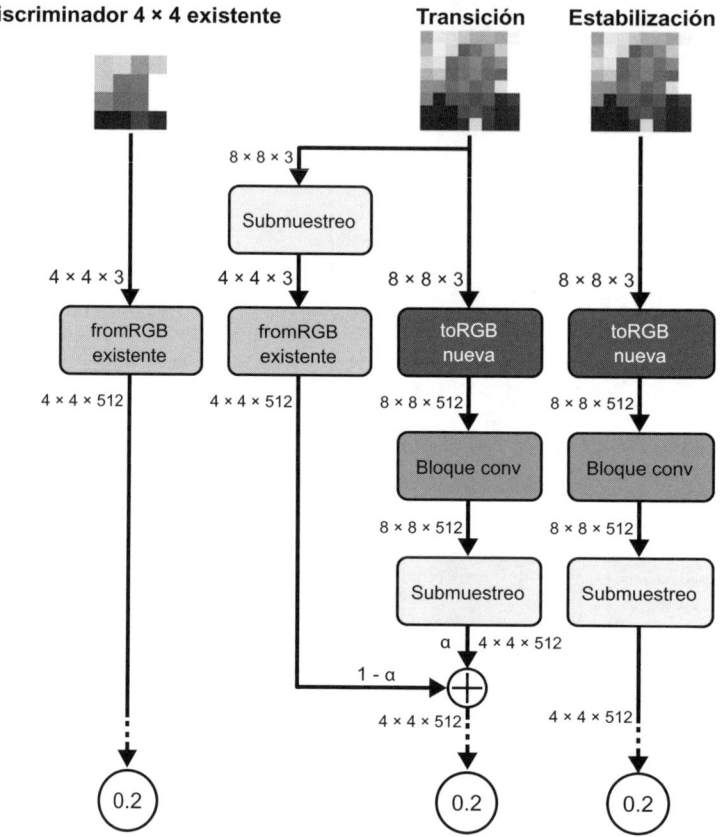

Figura 10.4. El proceso de entrenamiento del discriminador del modelo ProGAN, que extiende el trabajo de la red de imágenes de 4 x 4 a 8 x 8 (las líneas de puntos representan el resto de la red, no mostrado).

En este caso debemos añadir capas convolucionales y de submuestreo. De nuevo, las capas se inyectan en la red (esta vez al principio, justo después de la imagen de entrada). La capa `fromRGB` existente se conecta mediante una conexión residual y se va desconectando gradualmente, a medida que las nuevas capas toman el relevo durante la fase de transición. La fase de estabilización permite al discriminador ajustarse utilizando las capas nuevas.

Todas las fases de transición y estabilización duran hasta que se le han mostrado al discriminador 800 000 imágenes reales. Es importante tener en cuenta que incluso aunque la red sea entrenada progresivamente, ninguna capa se congela. Durante el proceso de entrenamiento, todas las capas siguen siendo totalmente entrenables.

Este proceso continúa, haciendo crecer a la red GAN de imágenes de 4 x 4 a 8 x 8, después 16 x 16, 32 x 32, etc., hasta alcanzar la resolución máxima (1024 x 1024), como se observa en la figura 10.5.

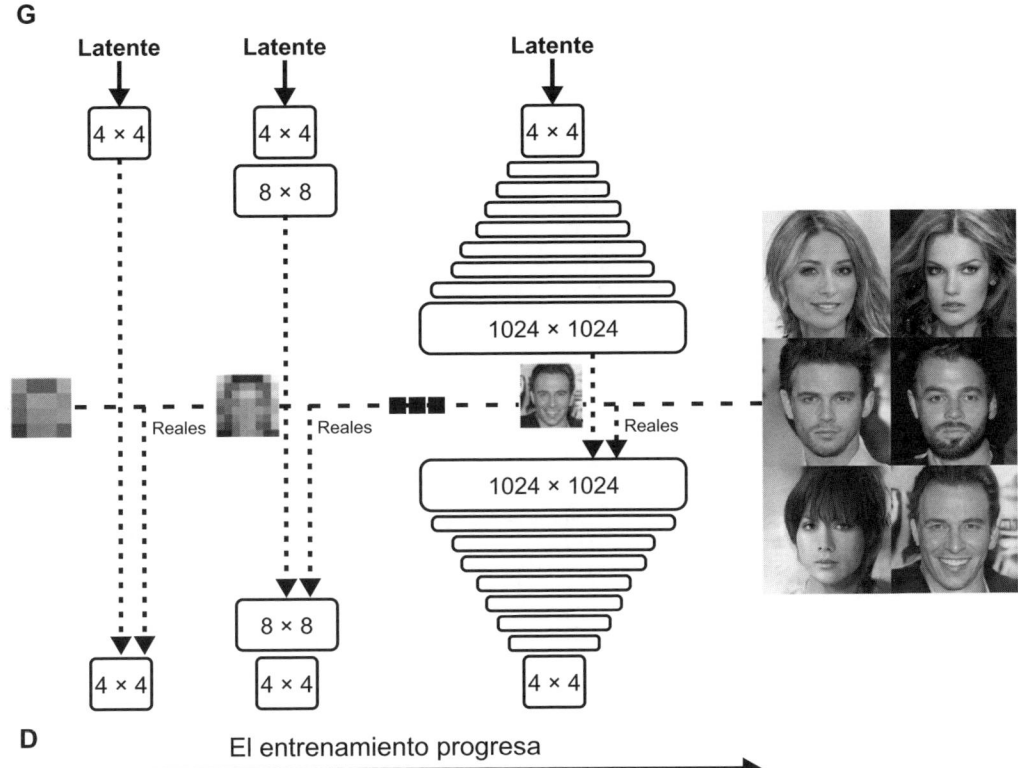

Figura 10.5. El mecanismo de entrenamiento del modelo ProGAN, y algunas caras generadas de ejemplo (fuente: Karras et al., 2017).

La figura 10.6 muestra la estructura general del generador y discriminador, una vez finalizado el proceso completo de entrenamiento progresivo.

El artículo hace otras contribuciones adicionales muy importantes, como la desviación estándar de minilote, las velocidades de aprendizaje ecualizadas y la normalización por píxeles, que se describen brevemente en los siguientes apartados.

Desviación estándar de minilote

La capa de desviación estándar de minilote es una capa adicional del discriminador que añade la desviación estándar de los valores de las características, promediados con respecto a todos los píxeles y al minilote como una característica adicional (constante). Con ello nos aseguramos de que el generador cree más variedad en sus resultados (si la variedad es baja en todo el minilote, entonces la desviación estándar será pequeña, y el discriminador puede usar esta característica para distinguir los lotes falsos de los reales). De esta forma, se incentiva al generador para que asegure la generación de una variedad similar a la que está presente en los datos de entrenamiento reales.

Generador	Activación	Forma de la salida			Parámetros
Vector latente	–	512 ×	1 ×	1	–
Conv 4 × 4	LReLU	512 ×	4 ×	4	4.2M
Conv 3 × 3	LReLU	512 ×	4 ×	4	2.4M
Sobremuestreo	–	512 ×	8 ×	8	–
Conv 3 × 3	LReLU	512 ×	8 ×	8	2.4M
Conv 3 × 3	LReLU	512 ×	8 ×	8	2.4M
Sobremuestreo	–	512 ×	16 ×	16	–
Conv 3 × 3	LReLU	512 ×	16 ×	16	2.4M
Conv 3 × 3	LReLU	512 ×	16 ×	16	2.4M
Sobremuestreo	–	512 ×	32 ×	32	–
Conv 3 × 3	LReLU	512 ×	32 ×	32	2.4M
Conv 3 × 3	LReLU	512 ×	32 ×	32	2.4M
Sobremuestreo	–	512 ×	64 ×	64	–
Conv 3 × 3	LReLU	256 ×	64 ×	64	1.2M
Conv 3 × 3	LReLU	256 ×	64 ×	64	590k
Sobremuestreo	–	256 ×	128 ×	128	–
Conv 3 × 3	LReLU	128 ×	128 ×	128	295k
Conv 3 × 3	LReLU	128 ×	128 ×	128	148k
Sobremuestreo	–	128 ×	256 ×	256	–
Conv 3 × 3	LReLU	64 ×	256 ×	256	74k
Conv 3 × 3	LReLU	64 ×	256 ×	256	37k
Sobremuestreo	–	64 ×	512 ×	512	–
Conv 3 × 3	LReLU	32 ×	512 ×	512	18k
Conv 3 × 3	LReLU	32 ×	512 ×	512	9.2k
Sobremuestreo	–	32 ×	1024 ×	1024	–
Conv 3 × 3	LReLU	16 ×	1024 ×	1024	4.6k
Conv 3 × 3	LReLU	16 ×	1024 ×	1024	2.3k
Conv 1 × 1	lineal	3 ×	1024 ×	1024	51
Parámetros entrenables totales					**23.1M**

Discriminador	Activación	Forma de la salida			Parámetros
Imagen de entrada	–	3 ×	1024 ×	1024	–
Conv 1 × 1	LReLU	16 ×	1024 ×	1024	64
Conv 3 × 3	LReLU	16 ×	1024 ×	1024	2.3k
Conv 3 × 3	LReLU	32 ×	1024 ×	1024	4.6k
Submuestreo	–	32 ×	512 ×	512	–
Conv 3 × 3	LReLU	32 ×	512 ×	512	9.2k
Conv 3 × 3	LReLU	64 ×	512 ×	512	18k
Submuestreo	–	64 ×	256 ×	256	–
Conv 3 × 3	LReLU	64 ×	256 ×	256	37k
Conv 3 × 3	LReLU	128 ×	256 ×	256	74k
Submuestreo	–	128 ×	128 ×	128	–
Conv 3 × 3	LReLU	128 ×	128 ×	128	148k
Conv 3 × 3	LReLU	256 ×	128 ×	128	295k
Submuestreo	–	256 ×	64 ×	64	–
Conv 3 × 3	LReLU	256 ×	64 ×	64	590k
Conv 3 × 3	LReLU	512 ×	64 ×	64	1.2M
Submuestreo	–	512 ×	32 ×	32	–
Conv 3 × 3	LReLU	512 ×	32 ×	32	2.4M
Conv 3 × 3	LReLU	512 ×	32 ×	32	2.4M
Submuestreo	–	512 ×	16 ×	16	–
Conv 3 × 3	LReLU	512 ×	16 ×	16	2.4M
Conv 3 × 3	LReLU	512 ×	16 ×	16	2.4M
Submuestreo	–	512 ×	8 ×	8	–
Conv 3 × 3	LReLU	512 ×	8 ×	8	2.4M
Conv 3 × 3	LReLU	512 ×	8 ×	8	2.4M
Submuestreo	–	512 ×	4 ×	4	–
Desv. est. minilote	–	513 ×	4 ×	4	–
Conv 3 × 3	LReLU	512 ×	4 ×	4	2.4M
Conv 4 × 4	LReLU	512 ×	1 ×	1	4.2M
Totalmente conectado	lineal	1 ×	1 ×	1	513
Parámetros entrenables totales					**23.1M**

Figura 10.6. El generador y discriminador del modelo ProGAN empleados para generar caras de CelebA de 1024 x 1024 píxeles (fuente: Karras et al., 2018).

Velocidades de aprendizaje ecualizadas

Todas las capas densas y convolucionales de ProGAN utilizan velocidades de aprendizaje ecualizadas. Normalmente, los pesos de una red neuronal se inicializan con un método similar a la inicialización He (una distribución gaussiana en la que la desviación estándar se configura para que sea inversamente proporcional a la raíz cuadrada del número de entradas a la capa). De esta forma, las capas que tengan un número mayor de entradas se inicializarán con pesos con una desviación inferior a cero, lo que suele mejorar la estabilidad del proceso de entrenamiento.

Los autores del artículo sobre ProGAN descubrieron que esto causaba problemas cuando se utilizaba en combinación con optimizadores modernos, como Adam o RMSProp. Estos métodos normalizan la actualización del gradiente para cada peso, de forma que el tamaño de la actualización sea independiente de la escala (magnitud) del peso. Sin embargo, esto significa que los pesos con un rango dinámico mayor (es decir, capas con menos entradas) tardarán comparativamente más en ajustarse que los pesos con un rango dinámico menor (es decir, con más entradas). Según se descubrió, esto produce un desequilibrio entre la velocidad de entrenamiento de las distintas capas del generador y discriminador en ProGAN, por lo cual utilizaron velocidades de aprendizaje ecualizadas para resolver este problema.

En ProGAN, los pesos se inicializan empleando una distribución gaussiana estándar, sin tener en cuenta el número de entradas a la capa. La normalización se aplica dinámicamente, como parte de la llamada a la capa, en lugar de hacerlo solo en la inicialización. De esta forma, para el optimizador cada peso tiene aproximadamente el mismo rango dinámico, de modo que aplica la misma velocidad de aprendizaje. Solamente cuando se llama a la capa se dimensiona el peso, empleando el factor del inicializador He.

Normalización por píxeles

Finalmente, en ProGAN se emplea en el generador la normalización por píxeles, en lugar de por lotes. Así se normaliza a una longitud unitaria el vector de características en cada píxel, y se consigue evitar que la señal se descontrole cuando se propaga por la red. La capa de normalización por píxeles no tiene pesos entrenables.

Salidas

Además del conjunto de datos CelebA, ProGAN se aplicó también a imágenes del conjunto de datos LSUN (*Large-scale Scene Understanding*, comprensión de escenas a gran escala) con excelentes resultados (figura 10.7).

POTTEDPLANT   HORSE   SOFA   BUS   CHURCHOUTDOOR   BICYCLE   TVMONITOR

Figura 10.7. Ejemplos generados desde un modelo ProGAN entrenado progresivamente con el conjunto de datos LSUN a una resolución de 256 x 256 (fuente: Karras et al., 2017).

Ello demuestra la potencia de ProGAN con respecto a anteriores arquitecturas GAN, y ha preparado el camino para futuras versiones, como StyleGAN y StyleGAN2, que exploraremos en las siguientes secciones.

StyleGAN

StyleGAN[3] es una arquitectura GAN de 2018 que se basa en las ideas del artículo sobre ProGAN. En realidad, el discriminador es idéntico; solo cambia el generador.

Cuando se entrenan redes GAN, a menudo es difícil separar vectores del espacio latente correspondientes a atributos complejos (con frecuencia están enredados, lo cual significa que ajustar una imagen en el espacio latente para ponerle más pecas a una cara, por ejemplo, podría cambiar de forma inadvertida el color de fondo). Aunque ProGAN genera imágenes tremendamente realistas, no es una excepción a esta regla general. Lo ideal sería tener el control total del estilo de la imagen, pero ello requiere la separación de las características en el espacio latente.

StyleGAN lo consigue inyectando de forma explícita vectores de estilo en la red en distintos puntos: algunos que controlen características avanzadas (por ejemplo, la orientación de la cara) y otros que controlen detalles más básicos (por ejemplo, la forma en la que cae el peso por la frente).

La figura 10.8 muestra la arquitectura general del generador StyleGAN. Recorrámosla paso a paso, empezando por la red de asignaciones.

Entrenando una StyleGAN propia

En el sitio web de Keras puede encontrarse un excelente tutorial escrito por Soon-Yau Cheong sobre el entrenamiento de un modelo StyleGAN propio con Keras (`https://keras.io/examples/generative/stylegan/`). Conviene tener en cuenta que entrenar un modelo StyleGAN para lograr los resultados indicados en el documento requiere una notable cantidad de potencia informática.

La red de asignaciones

La red de asignaciones f es una sencilla red de avance que convierte el ruido de entrada $\mathbf{z} \in \mathcal{Z}$ en un espacio latente distinto $\mathbf{w} \in \mathcal{W}$. Ello ofrece al generador la oportunidad de desenmarañar el vector de entrada ruidoso en distintos factores de variación, que pueden elegir fácilmente las capas posteriores generadoras de estilo.

El objetivo de hacer esto es separar el proceso de selección de un estilo para la imagen (la red de asignaciones) a partir de la generación de una imagen con un determinado estilo (la red de síntesis).

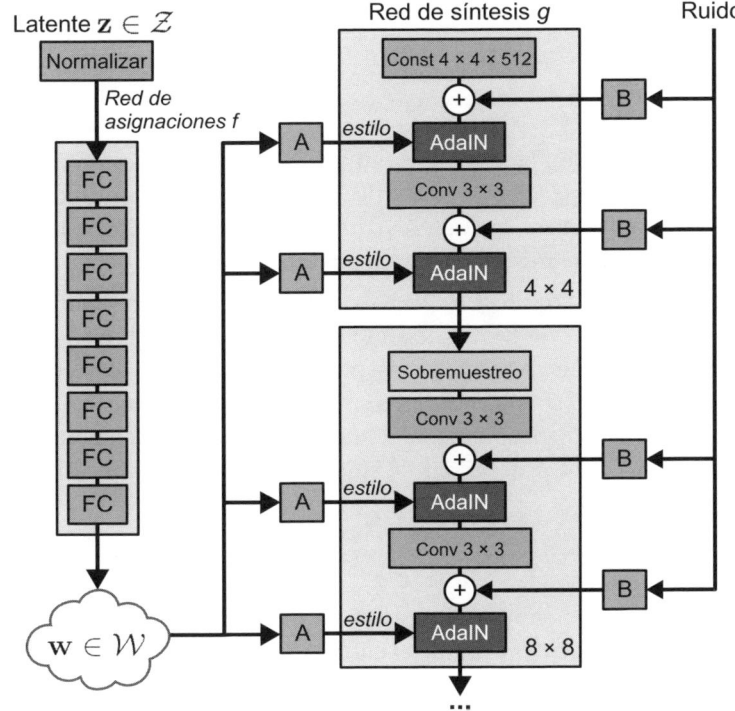

Figura 10.8. La arquitectura del generador StyleGAN (fuente: Karras et al., 2018).

La red de síntesis

La red de síntesis es el generador de la imagen real con un determinado estilo, proporcionado por la red de asignaciones. Como se observa en la figura 10.8, el vector de estilo $\mathbf{w}$ se inyecta en la red de síntesis en distintos puntos, utilizando cada vez una capa A_i densamente conectada diferente, que genera dos vectores: un vector de sesgo $\mathbf{y}_{b,i}$ y un vector de dimensión $\mathbf{y}_{s,i}$. Estos vectores definen el estilo específico que se debe inyectar en este punto de la red (es decir, le indican a la red de síntesis cómo ajustar los mapas de características para mover la imagen generada en la dirección del estilo especificado).

Este ajuste se logra mediante capas AdaIN (*Adaptive Instance Normalization*, normalización de instancias adaptativa).

Normalización de instancias adaptativa

Una capa AdaIN es un tipo de capa de red neuronal, que ajusta la media y varianza de cada mapa de características $\mathbf{x}_i$ con un sesgo $\mathbf{y}_{b,i}$ y una dimensión $\mathbf{y}_{s,i}$ del estilo de referencia respectivamente.[4] Ambos vectores son de una longitud igual al número de canales producidos por la capa convolucional anterior de la red de síntesis.

La ecuación para la normalización de instancias adaptativa es la siguiente:

$$\text{AdaIN}(\mathbf{x}_i, \mathbf{y}) = \mathbf{y}_{s,i} \frac{\mathbf{x}_i - \mu(\mathbf{x}_i)}{\sigma(\mathbf{x}_i)} + \mathbf{y}_{b,i}$$

Las capas de normalización de instancias adaptativa aseguran que los vectores de estilo que se inyectan en cada capa afectarán únicamente a las características de cada capa, evitando que se filtre cualquier información de estilo entre capas. Los autores demuestran que el resultado de esto es que los vectores latentes **w** están bastante menos enmarañados que los vectores **z** originales.

Como la red de síntesis está basada en la arquitectura ProGAN, se entrena progresivamente. Los vectores de estilo de capas anteriores de la red de síntesis (cuando la resolución de la imagen es más baja, 4 x 4, 8 x 8) afectarán a características más gruesas que las posteriores de la red (resolución de 64 x 64 a 1024 x 1024 píxeles). Esto significa que no solo tenemos un control total sobre la imagen generada mediante el vector latente **w**, sino que también podemos intercambiar el vector **w** en distintos puntos de la red de síntesis, para cambiar el estilo en distintos niveles de detalle.

Mezcla de estilos

Los autores utilizan un truco, conocido como mezcla de estilos, para asegurar que el generador no utilice correlaciones entre estilos adyacentes durante el entrenamiento (es decir, los estilos inyectados en cada capa están tan desenmarañados como es posible). En lugar de muestrear solamente un vector latente **z**, se toman dos ($\mathbf{z}_1$, $\mathbf{z}_2$), correspondiendo con dos vectores de estilo ($\mathbf{w}_1$, $\mathbf{w}_2$). Después, en cada capa, se elige ($\mathbf{w}_1$ o $\mathbf{w}_2$) de forma aleatoria, para romper cualquier posible correlación entre los vectores.

Variación estocástica

La red sintetizadora añade ruido (pasado por una capa B de transmisión aprendida) tras cada convolución para tener en cuenta detalles estocásticos, como la colocación de pelos individuales, o el fondo de detrás de la cara. De nuevo, la profundidad a la que se inyecta el ruido afecta a la intensidad del impacto sobre la imagen.

Esto significa, además, que la entrada inicial a la red de síntesis puede ser simplemente una constante aprendida, en lugar de ruido adicional. Ya hay bastante estocasticidad presente en las entradas de estilo y de ruido como para generar una variación suficiente en las imágenes.

Resultados obtenidos de StyleGAN

La figura 10.9 muestra StyleGAN en acción.

En la imagen se generan dos imágenes, fuente A y fuente B, desde dos vectores **w** distintos. Para generar una imagen combinada, el vector **w** de la fuente A se pasa por la red de síntesis pero, en algún punto, se intercambia con el vector **w** de la fuente B. Si este cambio se produce pronto (con resolución 4 x 4 u 8 x 8), estilos gruesos como la pose, la forma de la cara y las gafas de la fuente B se trasladan a la fuente A. Pero si el cambio tiene lugar más tarde, solo se transporta el detalle más fino de la fuente B, como los colores y la microestructura de la cara, pero se conservan las funciones gruesas de la fuente A.

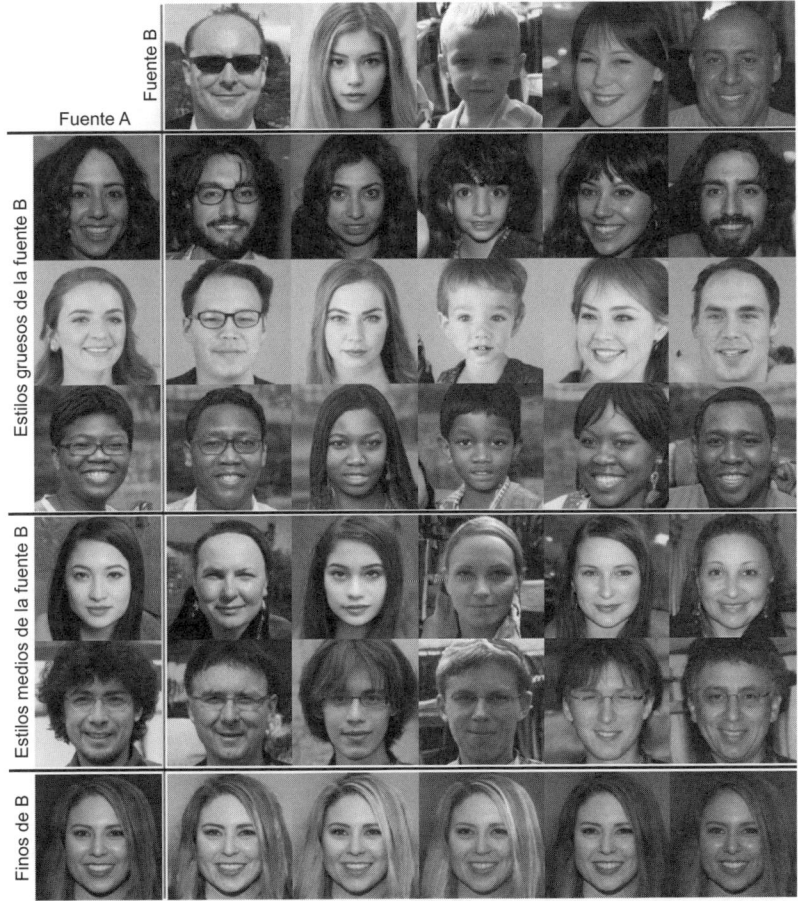

Figura 10.9. Combinando estilos entre dos imágenes generadas a distintos niveles de detalle (fuente: Karras et al., 2018).

StyleGAN2

La contribución definitiva en esta cadena de importantes artículos GAN es StyleGAN2.[5] Se basa en la arquitectura StyleGAN, con algunos cambios esenciales que mejoran la calidad del resultado generado. En particular, las generaciones producidas por StyleGAN2 no sufren tanto de artefactos (zonas de la imagen similares a gotas de agua, que se descubrió que estaban causadas por las capas de normalización de instancias adaptativa en StyleGAN, como muestra la figura 10.10).

Figura 10.10. Un artefacto en la imagen de una cara generada por StyleGAN (fuente: Karras et al., 2019).

Tanto el generador como el discriminador de StyleGAN2 son distintos a los de StyleGAN. En las siguientes secciones exploraremos las diferencias principales entre las arquitecturas.

Entrenar un modelo StyleGAN2 propio

El código oficial para entrenar un modelo StyleGAN propio utilizando TensorFlow está disponible en GitHub (`https://github.com/NVlabs/stylegan2`). Conviene tener en cuenta que entrenar un StyleGAN2 para lograr los resultados indicados en el documento requiere una notable cantidad de potencia informática.

Modulación y demodulación de pesos

El problema de los artefactos se resuelve eliminando las capas AdaIN del generador y reemplazándolas por pasos de modulación y demodulación de pesos, como se muestra en la figura 10.11. La letra **w** representa los pesos de la capa convolucional, actualizados directamente por los pasos de modulación y demodulación en StyleGAN2 en tiempo de ejecución. En comparación, las capas AdaIN de StyleGAN funcionan con el tensor de la imagen mientras fluye por la red.

La capa AdaIN de StyleGAN es simplemente una normalización de instancias seguida de modulación de estilo (dimensión y sesgo). La idea de StyleGAN2 es aplicar modulación y normalización (demodulación) de estilos directamente a los pesos de las capas convolucionales en tiempo de ejecución, en lugar de la salida de las capas convolucionales (ver figura 10.11). De acuerdo con los autores, esto elimina el problema de los artefactos, mientras conserva al mismo tiempo el control del estilo de la imagen.

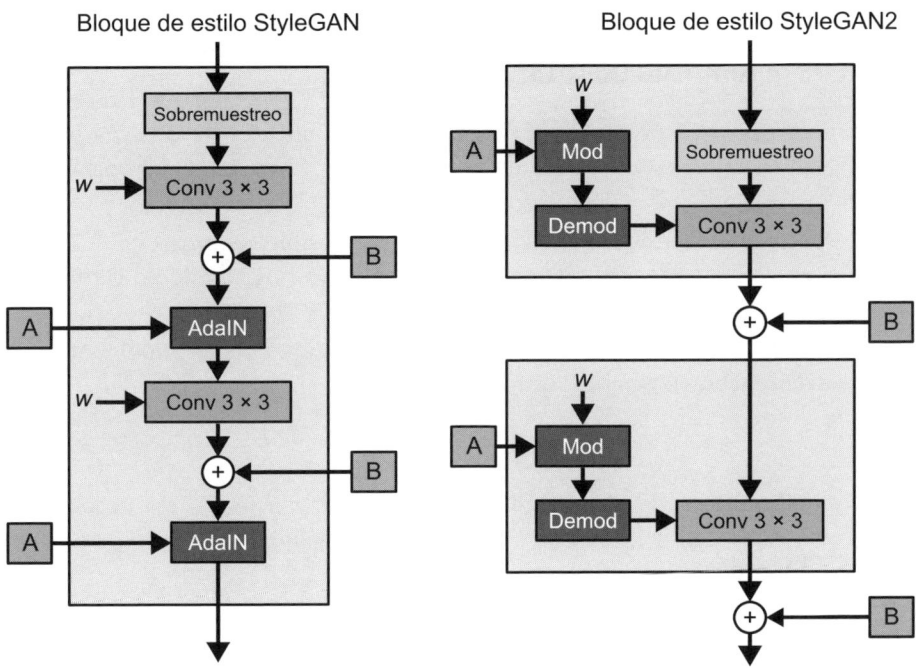

Figura 10.11. Comparación entre los bloques de estilo de StyleGAN y StyleGAN2.

En StyleGAN2, cada capa densa A produce un solo vector de estilo s_i, donde i es el número de canales de entrada de la capa convolucional correspondiente. Este vector de estilo se aplica entonces a los pesos de la capa convolucional de la siguiente manera:

$$w'_{i,j,k} = s_i \cdot w_{i,j,k}$$

Aquí, j es el número de canales de salida de la capa y k las dimensiones espaciales. Este es el paso de modulación del proceso.

Después, debemos normalizar los pesos, de forma que vuelvan a tener una desviación estándar unitaria, para asegurar la estabilidad en el proceso de entrenamiento. Este es el paso de demodulación:

$$w''_{i,j,k} = \frac{w'_{i,j,k}}{\sqrt{\Sigma_{i,k} {w'_{i,j,k}}^2 + \varepsilon}}$$

donde ϵ es un valor constante pequeño que evita la división por cero.

En el documento, los autores explican que este sencillo cambio es suficiente para evitar los artefactos de gota de agua, conservando al mismo tiempo el control sobre las imágenes generadas mediante los vectores de estilo, y asegurando que la calidad del resultado se mantenga alta.

Regularización de la longitud de rutas

Otro cambio efectuado en la arquitectura StyleGAN es la inclusión de un término de penalización adicional en la función de pérdida, lo que se conoce como regularización de la longitud de rutas.

Queremos que el espacio latente sea lo más suave y uniforme posible, de forma que un paso de tamaño fijo en el espacio latente en cualquier dirección dé como resultado un cambio de magnitud fija en la imagen.

Para favorecer esta propiedad, StyleGAN2 trata de minimizar el siguiente término, junto con la pérdida de Wasserstein habitual con penalización de gradiente:

$$\mathbb{E}_{w,y}\left(\| \mathbf{J}_w^\top y \|_2 - a\right)^2$$

Aquí, w es un conjunto de vectores de estilo creados por la red de asignaciones, y es un conjunto de imágenes con ruido extraídas de $\mathcal{N}(0,\mathbf{I})$ y $\mathbf{J}_w = \frac{\partial g}{\partial w}$ es el Jacobiano de la red del generador con respecto a los vectores de estilo.

El término $\| \mathbf{J}_w^\top y \|_2$ mide la magnitud de las imágenes y después de su transformación por parte de los gradientes dados en el Jacobiano. Queremos que esto sea próximo a una constante a, que se calcula dinámicamente como la media móvil exponencial de $\| \mathbf{J}_w^\top y \|_2$, a medida que el entrenamiento progresa.

Los autores indican que este término adicional logra que la exploración del espacio latente sea más fiable y consistente. Es más, los términos de regularización de la función de pérdida solo se aplican cada 16 minilotes, por motivos de eficiencia. Esta técnica, denominada regularización perezosa, no causa una disminución notable en el rendimiento.

Sin crecimiento progresivo

Otra actualización importante es el modo en que se entrena StyleGAN2. En lugar de adoptar el mecanismo de entrenamiento progresivo habitual, este modelo utiliza las conexiones de salto del generador y las conexiones residuales del discriminador para entrenar la red entera como un todo. Ya no necesita que se entrenen distintas resoluciones de forma independiente ni que se combinen como parte del proceso de entrenamiento.

La figura 10.12 muestra los bloques del generador y discriminador de StyleGAN2.

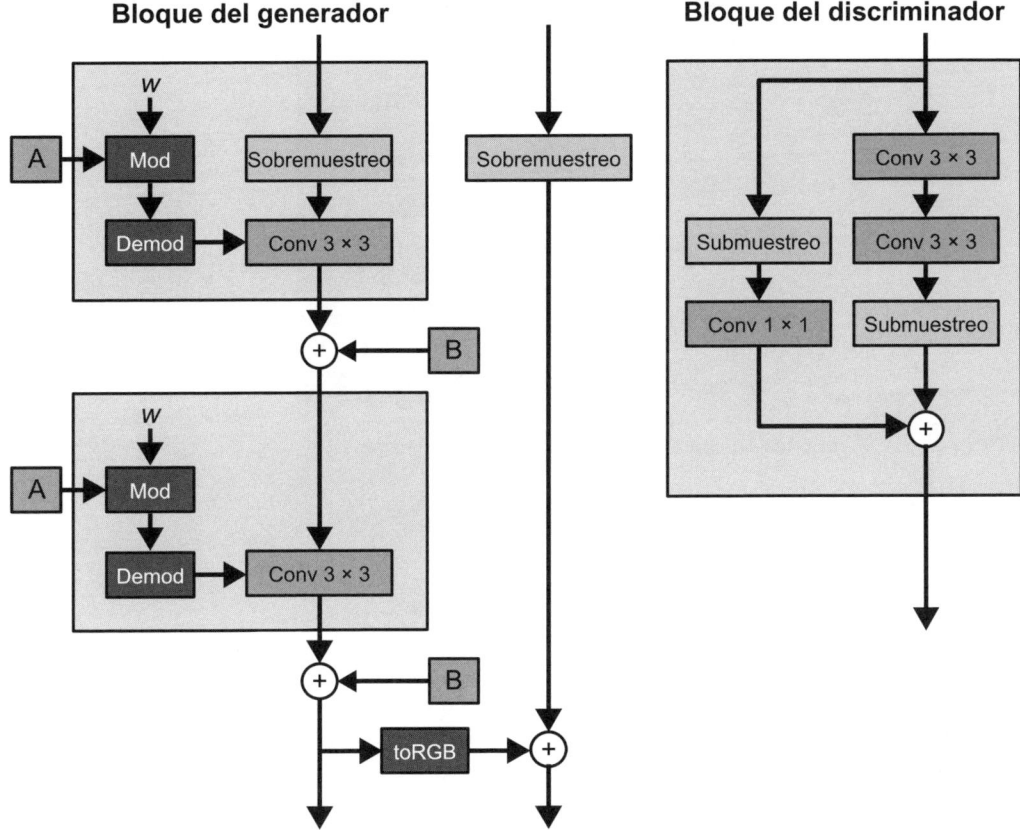

Figura 10.12. Los bloques del generador y discriminador de StyleGAN2.

La propiedad esencial que queremos preservar es que StyleGAN2 empieza aprendiendo características de baja resolución y va refinando gradualmente la salida, a medida que el entrenamiento progresa.

Los autores indican que esta propiedad se conserva utilizando esta arquitectura. Cada red se beneficia de refinar los pesos convolucionales de las capas de menor resolución en las primera etapas del entrenamiento, sin afectar la mayoría de las conexiones de salto y residuales utilizadas para pasar la salida por las capas de mayor resolución.

A medida que el entrenamiento progresa, las capas de mayor resolución empiezan a dominar, porque el generador descubre formas más complicadas de mejorar el realismo de las imágenes para engañar así al discriminador. Este proceso se observa en la figura 10.13.

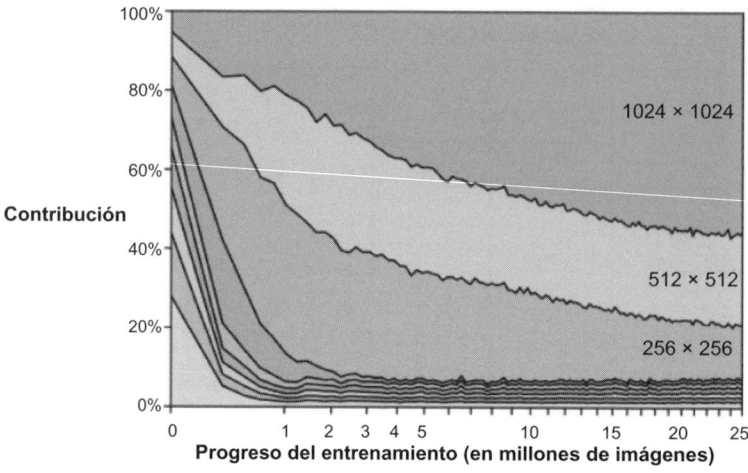

Figura 10.13. La contribución de cada capa de resolución a la salida del generador, por tiempo de entrenamiento (adaptado de Karras et al., 2019).

Resultados de StyleGAN2

Algunos ejemplos de resultados obtenidos de StyleGAN2 aparecen en la figura 10.14. Hasta la fecha, la arquitectura StyleGAN2 (y variaciones como StyleGAN-XL[6]) siguen siendo la vanguardia de la generación de imágenes con conjuntos de datos como Flickr-Faces-HQ (FFHQ) y CIFAR-10, según el sitio web de evaluaciones comparativas Papers with Code (https://paperswithcode.com/task/image-generation).

Figura 10.14. Resultados de StyleGAN2 para el conjunto de datos de caras FFHQ y el de coches LSUN (fuente: Karras et al., 2019).

Otras redes GAN importantes

En esta sección exploraremos dos arquitecturas más que han contribuido de forma significativa al desarrollo de las redes GAN: SAGAN y BigGAN.

GAN de autoatención (SAGAN)

La red GAN de autoatención (SAGAN, *Self-Attention GAN*)[7] es un desarrollo clave para las redes GAN, porque demuestra cómo se puede incorporar también el mecanismo de atención, que impulsa modelos secuenciales como el Transformer, a modelos basados en GAN para generación de imágenes. En la figura 10.15 se observa el mecanismo de autoatención del artículo que presenta esta arquitectura.

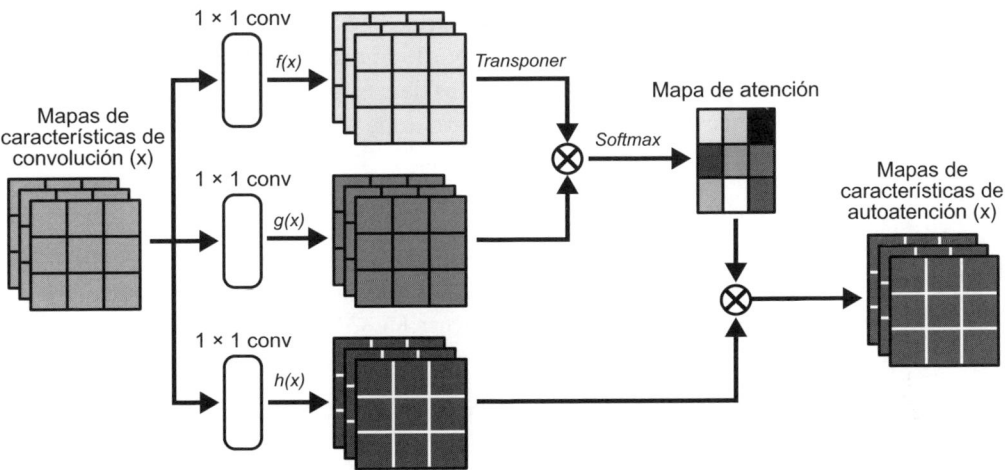

Figura 10.15. El mecanismo de autoatención del modelo SAGAN (fuente: Zhang et al., 2018).

El problema de los modelos basados en GAN que no incorporan atención es que los mapas de características convolucionales solo son capaces de procesar la información de manera local. Conectar información de píxeles de un lado de una imagen a otro requiere varias capas convolucionales, lo cual reduce el tamaño de la imagen, pero aumenta el número de canales. La información posicional precisa se reduce a lo largo de este proceso en favor de la captura de características más avanzadas, por lo que resulta poco eficaz desde el punto de vista informático que el modelo aprenda dependencias de largo alcance entre píxeles conectados a distancia. SAGAN resuelve este problema incorporando en la red GAN el mecanismo de atención que exploramos antes en este capítulo. El efecto de esta inclusión se aprecia en la figura 10.16.

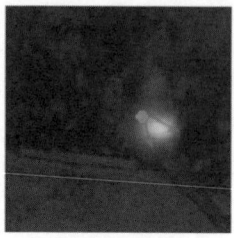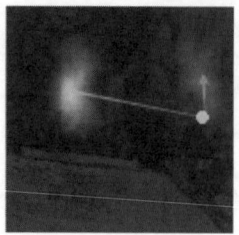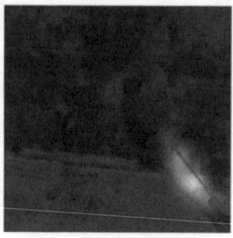

Figura 10.16. Una imagen de un pájaro generada por SAGAN (cuadro de la izquierda) y los mapas de atención de la capa final del generador basada en atención para los píxeles marcados con puntos (cuadros de la derecha) (fuente: Zhang et al., 2018).

El punto del centro del pájaro es un píxel que es parte del cuerpo del pájaro, por lo que la atención se centra de forma natural en las zonas del cuerpo que lo rodean. El punto a su derecha es parte del fondo, y aquí la atención recae al otro lado de la cabeza del pájaro, en otros píxeles del fondo. El punto de abajo es parte de la larga cola del ave, por lo que la atención está en otros píxeles también de la cola, algunos de los cuales están alejados de ese punto. Sería difícil mantener esta dependencia de largo alcance para píxeles sin atención, especialmente para estructuras finas y largas de la imagen (como en este caso la cola del ave).

Entrenar un modelo StyleGAN2 propio

El código oficial para entrenar un modelo SAGAN propio utilizando TensorFlow está disponible en GitHub (`https://github.com/brain-research/self-attention-gan`). Conviene tener en cuenta que entrenar un SAGAN para lograr los resultados indicados en el documento requiere una notable cantidad de potencia informática.

BigGAN

BigGAN,[8] desarrollado en DeepMind, amplía las ideas del artículo de SAGAN. La figura 10.17 muestra algunas de las imágenes generadas por BigGAN, entrenadas en el conjunto de datos ImageNet a una resolución de 128 x 128.

Figura 10.17. Ejemplos de imágenes generadas por BigGAN (fuente: Brock et al., 2018).

Además de algunos cambios incrementales en el modelo básico SAGAN, en el artículo se subrayan varias innovaciones, que llevan el modelo al siguiente nivel de sofisticación. Una de ellas es el denominado truco del truncamiento. En este caso, la distribución latente utilizada para la toma de muestras es distinta a la distribución $z \sim \mathcal{N}(0,\mathbf{I})$ empleada durante el entrenamiento. En otras palabras, la distribución usada durante la toma de muestras es una distribución normal truncada (que remuestrea valores de z que tienen una magnitud mayor de un cierto umbral). Cuanto menor sea el umbral de truncamiento, mayor es la credibilidad de las muestras generadas, a expensas de una variabilidad reducida. Este concepto se muestra en la figura 10.18.

Figura 10.18. El truco del truncamiento: de izquierda a derecha, el umbral está fijado en 2, 1, 0.5 y 0.04 (fuente: Brock et al., 2018).

Además, como su nombre sugiere, BigGAN es una mejora con respecto a SAGAN en parte simplemente por ser más grande. BigGAN usa un tamaño de lote de 2048 (8 veces más grande que el tamaño de lote de 256 empleado en SAGAN) y un tamaño de canal que aumenta un 50 % en cada capa.

Sin embargo, BigGAN muestra también que SAGAN se puede mejorar de forma estructural con la inclusión de una incrustación compartida, por regularización ortogonal, e incorporando el vector latente z en cada capa del generador, en lugar de solamente en la capa inicial.

Si se desea una descripción completa de las innovaciones introducidas por BigGAN, recomiendo la lectura del artículo original y los materiales de presentación que lo acompañan (`https://voletiv.github.io/docs/presentations/20181030_Mila_BigGAN.pdf`).

Utilizando BigGAN

En el sitio web TensorFlow se puede encontrar un tutorial para generar imágenes utilizando un modelo BigGAN preentrenado (`https://www.tensorflow.org/hub/tutorials/biggan_generation_with_tf_hub?hl=es-419`).

VQ-GAN

Otro tipo de GAN de mucha importancia es VQ-GAN (*Vector Quantized GAN*, GAN cuantificada vectorial), introducida en 2020.[9] Esta arquitectura se basa en una idea presentada en el artículo de 2017 de título «*Neural Discrete Representation Learning*»,[10] es decir, que las representaciones aprendidas por un VAE pueden ser discretas, en lugar de continuas. Este nuevo tipo de modelo, el VAE cuantificado vectorial o VQ-VAE (*Vector Quantized VAE*), demostró generar imágenes de alta calidad y evitó algunos de los problemas que aparecen con VAE tradicionales del espacio latente continuo, como el colapso posterior (donde el espacio latente aprendido deja de ser informativo debido a un decodificador excesivamente potente).

La primera versión de DALL.E, un modelo de texto a imagen lanzado por OpenAI en 2021 (véase el capítulo 13), utilizaba un VAE con un espacio latente discreto, similar a VQ-VAE.

Por espacio latente discreto entendemos una lista aprendida de vectores (el libro de códigos), cada uno de ellos asociado a un índice correspondiente. El trabajo del codificador en un VQ-VAE es colapsar la imagen de entrada a una cuadrícula más pequeña de vectores, que después se puedan comparar con el libro de códigos. El vector del libro de códigos más cercano a cada vector cuadrado de la cuadrícula (por distancia euclidiana) se avanza entonces y se pasa al decodificador, como se observa en la figura 10.19. El libro de códigos es una lista de vectores aprendidos de longitud d (el tamaño de la incrustación), que coincide con el número de canales de la salida del codificador y de la entrada al decodificador. Por ejemplo, e_1 es un vector que se puede interpretar como fondo.

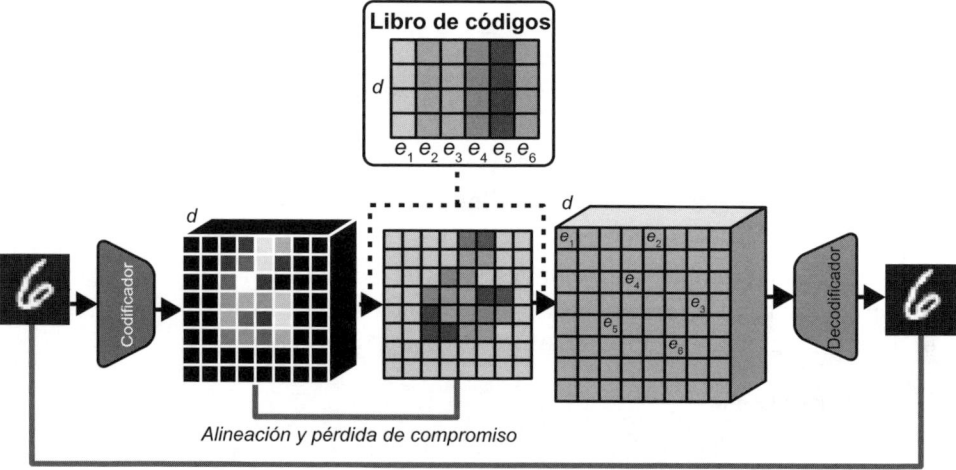

Figura 10.19. Un diagrama de un VQ-VAE.

El libro de códigos puede considerarse un conjunto de conceptos discretos aprendidos y compartidos por el codificador y decodificador para describir el contenido de una determinada imagen. El VQ-VAE debe encontrar una forma de que este conjunto de conceptos discretos sea tan informativo como sea posible, de modo que el codificador etiquete con precisión cada cuadrado de la cuadrícula con un vector de código determinado, que tenga sentido para el decodificador. La función de pérdida para un VQ-VAE es por tanto la pérdida de reconstrucción añadida a dos términos (alineación y pérdida de compromiso) que aseguran que los vectores de salida del codificador son tan cercanos como es posible a los vectores del libro de códigos. Estos términos sustituyen al término de divergencia KL entre la distribución codificada y la distribución a priori gaussiana estándar en una VAE típica.

Pero esta arquitectura plantea una pregunta: ¿cómo tomamos muestras de cuadrículas de código nuevas que podamos pasar al decodificador para generar imágenes nuevas? Sin duda, utilizar una anterior uniforme (eligiendo cada código con la misma probabilidad para cada cuadrado de la cuadrícula) no funcionará. Por ejemplo, en el conjunto de datos MNIST, es muy probable que el cuadrado de la cuadrícula de arriba a la izquierda sea codificado como fondo, mientras que los cuadrados del centro de la imagen difícilmente sean codificados así. Para resolver este problema, los autores emplearon otro modelo, un PixelCNN autorregresivo (ver el capítulo 5), para predecir el siguiente vector de código de la cuadrícula, dados los vectores de código anteriores. En otras palabras, el anterior es aprendido por el modelo, en lugar de ser estático como en el caso del VAE estándar.

Entrenar un VQ-VAE propio

En el sitio web de Keras se puede encontrar un excelente tutorial escrito por Sayak Paul sobre cómo entrenar un VQ-VAE propio (`https://keras.io/examples/generative/vq_vae/`).

El artículo sobre VQ-GAN detalla varios cambios importantes en la arquitectura VQ-VAE, como se observa en la figura 10.20.

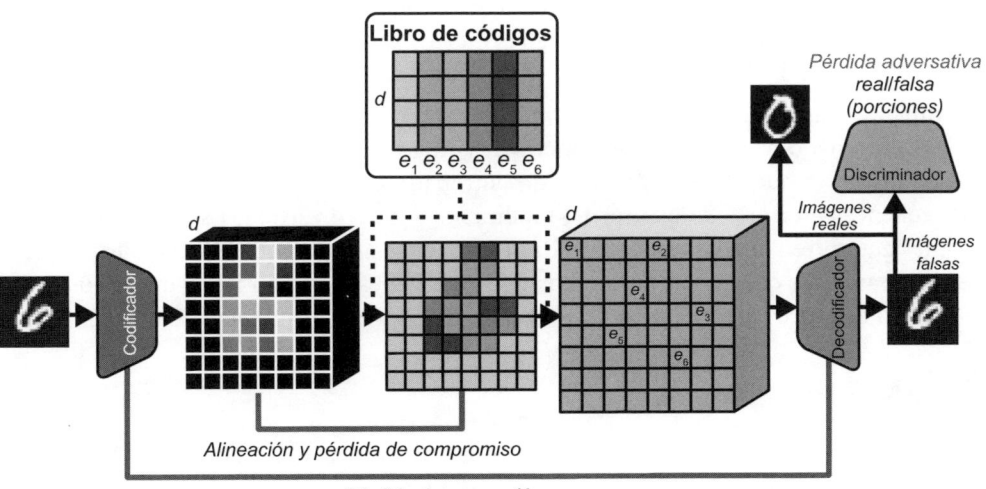

Figura 10.20. Un diagrama de un VQ-GAN: el discriminador GAN anima al VAE a generar imágenes menos borrosas mediante un término de pérdida adversativa adicional.

En primer lugar, como el nombre sugiere, los autores incluyen un discriminador GAN, que intenta distinguir entre la salida del decodificador VAE y las imágenes reales, con un término adversativo en la función de pérdida. Las redes GAN son conocidas por producir imágenes más nítidas que los VAE, de forma que esta incorporación mejora la calidad general de la imagen. Tengamos en cuenta que a pesar del nombre, el VAE sigue presente en un modelo VQ-GAN (el discriminador GAN es un componente adicional más que un sustituto del VAE). La idea de combinar un VAE con un discriminador GAN (VAE-GAN) fue introducida por vez primera por Larsen y otros en su artículo de 2015.[11]

En segundo lugar, el discriminador GAN predice si pequeñas porciones de las imágenes son reales o falsas, en lugar de la imagen entera al mismo tiempo. Esta idea (PatchGAN) se aplicó en el modelo de imagen a imagen pix2pix introducido en 2016 por Isola *et al.*[12] y formó parte, con gran éxito de CycleGAN,[13] otro modelo imagen a imagen de transferencia de estilos. El discriminador PatchGAN produce un vector de predicción (una predicción para cada porción), en lugar de una única predicción para la imagen entera. El beneficio de usar un discriminador PatchGAN es que la función de pérdida mide después lo bueno que es el discriminador distinguiendo imágenes basadas en su estilo, en lugar de en su contenido. Como cada elemento individual de la predicción del discriminador se basa en un pequeño cuadrado de la imagen, debe usar el estilo de la porción, en lugar de su contenido, para tomar su decisión. Esto resulta útil, pues sabemos que los VAE producen imágenes estilísticamente más borrosas que las imágenes reales, de forma que el discriminador PatchGAN puede animar al decodificador VAE a generar imágenes más nítidas de las que produciría de forma natural.

En tercer lugar, en lugar de utilizar una sola pérdida de reconstrucción MSE, que compare los píxeles de la imagen de entrada con los de salida del decodificador VAE, VQ-GAN emplea un término de pérdida de percepción, que calcula la diferencia entre los mapas de características en capas intermedias del codificador y las capas correspondientes del decodificador. Esta idea procede del artículo de 2016 de Hou *et al.*,[14] en el que los autores demuestran que este cambio en la función de pérdida da como resultado generaciones de imágenes más realistas.

Para terminar, en lugar de PixelCNN, se emplea un Transformer como parte autorregresiva del modelo, entrenado para generar secuencias de códigos. El Transformer se entrena en una fase distinta, una vez que el VQ-GAN ha sido entrenado por completo. En lugar de utilizar todos los tókenes anteriores de una forma totalmente autorregresiva, los autores eligen usar solo tókenes que entren en una ventana deslizante en torno al token que se tiene que predecir. Así nos aseguramos de que el modelo dimensione a imágenes más grandes, lo que requiere un mayor tamaño de cuadrícula latente y, por lo tanto, que el Transformer genere más tókenes.

ViT VQ-GAN

Una extensión final del VQ-GAN fue realizada por Yu *et al.* en su artículo de 2021 titulado «*Vector-Quantized Image Modeling with Improved VQGAN*».[15] En él, los autores explican que el codificador y decodificador convolucionales del VQ-GAN pueden ser sustituidos por Transformers (véase la figura 10.21).

Para el codificador, los autores emplean un Vision Transformer (ViT).[16] Un ViT es una arquitectura de red neuronal que aplica el modelo Transformer, diseñado originalmente para procesamiento del lenguaje natural, a datos de imágenes. En lugar de usar capas convolucionales para extraer características de una imagen, un ViT divide la imagen en una secuencia de porciones, que son tokenizadas y después pasadas como entrada a un Transformer codificador.

En específico, en el ViT VQ-GAN, las porciones de entrada que no se solapan (cada una con un tamaño de 8 x 8) primero se aplanan, después se proyectan en un espacio de incrustación de pocas dimensiones, en el que se añaden incrustaciones posicionales. Esta secuencia se pasa entonces a un Transformer codificador estándar y las incrustaciones resultantes se cuantifican según un libro de códigos aprendidos. Estos códigos enteros son procesados posteriormente por un modelo Transformer decodificador, siendo la salida general una secuencia de porciones, que se pueden volver a unir para formar la imagen original. El modelo general de codificador-decodificador se entrena de principio a fin como un autocodificador.

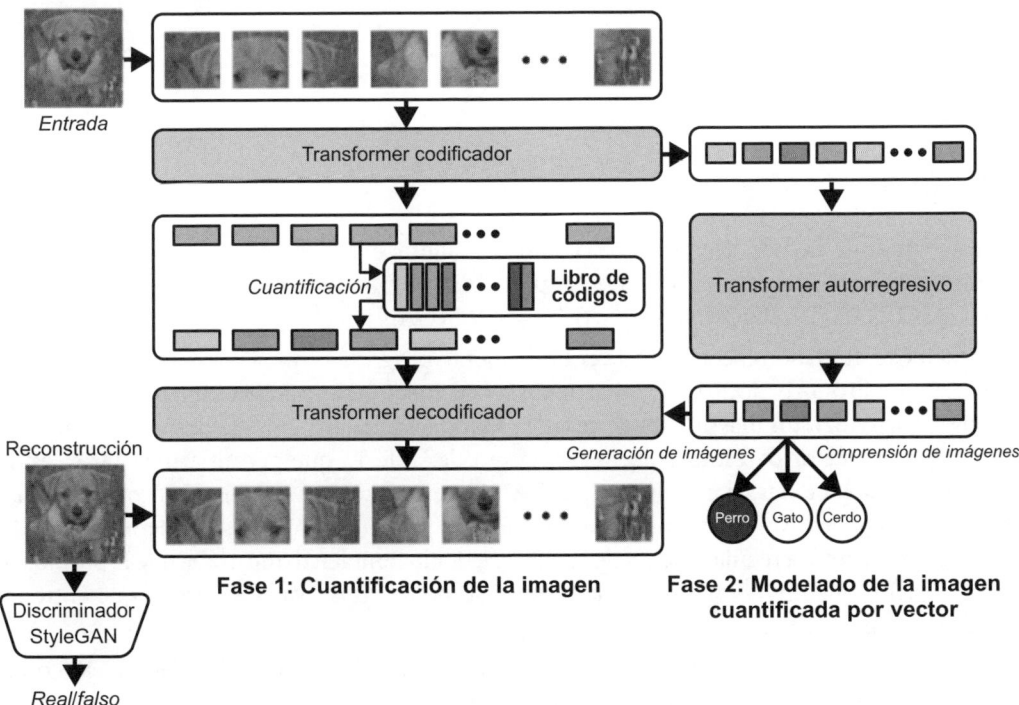

Figura 10.21. Un diagrama de un ViT VQ-GAN: el discriminador GAN anima al VAE a generar imágenes menos borrosas con ayuda de un término de pérdida adversativa adicional (fuente: Yu y Koh, 2022).[17]

Como con el modelo VQ-GAN original, la segunda fase de entrenamiento implica el uso de un Transformer decodificador autorregresivo para generar secuencias de códigos. Por lo tanto, en total hay tres Transformers en un ViT VQ-GAN, además del discriminador GAN y el libro de códigos aprendido. La figura 10.22 muestra ejemplos de imágenes generadas por el ViT VQGAN del artículo.

Figura 10.22. Imágenes de ejemplo generadas por un ViT VQ-GAN entrenado con ImageNet (fuente: Yu et al., 2021).

Resumen

En este capítulo, hemos hecho un recorrido por algunos de los artículos sobre GAN más importantes e influyentes desde 2017. En particular hemos explorado ProGAN, StyleGAN, StyleGAN2, SAGAN, BigGAN, VQ-GAN y ViT VQ-GAN.

Empezamos estudiando el concepto de entrenamiento progresivo, que apareció por primera vez en el artículo ProGAN de 2017. En el artículo sobre StyleGAN de 2018 se introdujeron varios cambios que daban un mayor control sobre la salida de imagen, como la red de asignaciones para crear un vector de estilo específico y la red de síntesis, que permitía inyectar el estilo a distintas resoluciones. Por último, StyleGAN2 reemplazó la normalización de instancias adaptativa de StyleGAN con pasos de modulación y demodulación de pesos, además de añadir otras mejoras como la regularización de rutas. El artículo también demostraba que la propiedad deseable del refinamiento gradual de la resolución podía conservarse sin tener que entrenar la red progresivamente.

También hemos visto que el concepto de atención puede integrarse en una red GAN, con la introducción de SAGAN en 2018. Permite a la red capturar dependencias de largo alcance, como colores de fondo similares en lados opuestos de una imagen, sin tener que basarse en mapas profundos convolucionales para extender la información a lo largo de las dimensiones espaciales de la imagen. BigGAN era una extensión de esta idea que hizo varios cambios importantes, y entrenó una red más grande para mejorar más aún la calidad de la imagen.

En el artículo sobre VQ-GAN los autores explican que es posible combinar distintos tipos de modelos generativos obteniendo grandes efectos. Basándose en el documento VQ-VAE original que introdujo el concepto de un VAE con espacio latente discreto, VQ-GAN incluye, además, un discriminador que anima al VAE a generar imágenes menos borrosas mediante un término de pérdida adversativa adicional. Se utiliza un Transformer autorregresivo para crear una secuencia nueva de tókenes de código, que se le pasa al decodificador del VAE para producir imágenes nuevas. El artículo ViT VQ-GAN amplía aún más esta idea, reemplazando el codificador y decodificador convolucionales de VQ-GAN con Transformers.

Referencias

1. «*Muse: Text-to-Image Generation via Masked Generative Transformers*», Huiwen Chang *et al.*, 2 de enero de 2023, `https://arxiv.org/abs/2301.00704`.

2. «*Progressive Growing of GANs for Improved Quality, Stability, and Variation*», Tero Karras *et al.*, 27 de octubre de 2017, `https://arxiv.org/abs/1710.10196`.

3. «*A Style-Based Generator Architecture for Generative Adversarial Networks*», Tero Karras *et al.*, 12 de diciembre de 2018, `https://arxiv.org/abs/1812.04948`.

4. «*Arbitrary Style Transfer in Real-Time with Adaptive Instance Normalization*», Xun Huang y Serge Belongie, 20 de marzo de 2017, `https://arxiv.org/abs/1703.06868`.

5. «*Analyzing and Improving the Image Quality of StyleGAN*», Tero Karras *et al.*, 3 de diciembre de 2019, `https://arxiv.org/abs/1912.04958`.

6. «*StyleGAN-XL: Scaling StyleGAN to Large Diverse Datasets*», Axel Sauer *et al.*, 1 de febrero de 2022, `https://arxiv.org/abs/2202.00273v2`.

7. «*Self-Attention Generative Adversarial Networks*», Han Zhang *et al.*, 21 de mayo de 2018, `https://arxiv.org/abs/1805.08318`.

8. «*Large Scale GAN Training for High Fidelity Natural Image Synthesis*», Andrew Brock *et al.*, 28 de septiembre de 2018, `https://arxiv.org/abs/1809.11096`.

9. «*Taming Transformers for High-Resolution Image Synthesis*», Patrick Esser *et al.*, 17 de diciembre de 2020, `https://arxiv.org/abs/2012.09841`.

10. «*Neural Discrete Representation Learning*», Aaron van den Oord *et al.*, 2 de noviembre de 2017, `https://arxiv.org/abs/1711.00937v2`.

11. «*Autoencoding Beyond Pixels Using a Learned Similarity Metric*», Anders Boesen Lindbo Larsen *et al.*, 31 de diciembre de 2015, `https://arxiv.org/abs/1512.09300`.

12. «*Image-to-Image Translation with Conditional Adversarial Networks*», Phillip Isola *et al.*, 21 de noviembre de 2016, `https://arxiv.org/abs/1611.07004v3`.

13. «*Unpaired Image-to-Image Translation using Cycle Consistent Adversarial Networks*», Jun-Yan Zhu *et al.*, 30 de marzo de 2017, `https://arxiv.org/abs/1703.10593`.

14. «*Deep Feature Consistent Variational Autoencoder*», Xianxu Hou *et al.*, 2 de octubre de 2016, `https://arxiv.org/abs/1610.00291`.

15. «*Vector-Quantized Image Modeling with Improved VQGAN*», Jiahui Yu *et al.*, 9 de octubre de 2021, `https://arxiv.org/abs/2110.04627`.

16. «*An Image Is Worth 16x16 Words: Transformers for Image Recognition at Scale*», Alexey Dosovitskiy *et al.*, 22 de octubre de 2020, `https://arxiv.org/abs/2010.11929v2`.

17. «*Vector-Quantized Image Modeling with Improved VQGAN*», Jiahui Yu y Jing Yu Koh, 18 de mayo de 2022, `https://ai.googleblog.com/2022/05/vector-quantized-image-modeling-with.html`.

Generación de música

Objetivos del capítulo

En este capítulo conseguiremos:

- Entender cómo se puede tratar la generación de música como un problema de predicción de secuencias, para poder aplicar modelos autorregresivos, como los Transformers.

- Averiguar cómo analizar y tokenizar archivos MIDI usando el paquete `music21` para crear un conjunto de entrenamiento.

- Aprender a utilizar la codificación posicional de seno.

- Entrenar un Transformer generador de música, con varias entradas y salidas para manejar la nota y la duración.

- Aprender a manejar la música polifónica, incluidas la tokenización de cuadrículas y la tokenización basada en eventos.

- Entrenar un modelo MuseGAN para generar música multipista.

- Utilizar el MuseGAN para ajustar las distintas propiedades de los compases generados.

La composición musical es un proceso complejo y creativo, que implica la combinación de distintos elementos musicales, como la melodía, la armonía, el ritmo y el timbre. Aunque tradicionalmente ha sido una actividad humana, los recientes avances han hecho posible la generación de música agradable al oído y con una estructura duradera.

Una de las técnicas más conocidas de generación de música es el Transformer, pues la música se puede considerar un problema de predicción de secuencias. Estos modelos han sido adaptados para generar música tratando las notas musicales como una secuencia de tókenes, algo parecido a las palabras de una frase. El modelo transformador aprende a predecir la siguiente nota de la secuencia según las anteriores, y genera así una obra musical.

MuseGAN emplea un método totalmente distinto para generar música. A diferencia de los Transformers, que generan música nota a nota, MuseGAN genera pistas musicales completas tratando la música como una imagen, formada por un eje de tonalidad y otro de tiempo. Además, MuseGAN separa los distintos componentes musicales, como acordes, estilo, melodía y ritmo, para controlarlos de forma independiente.

En este capítulo aprenderemos a procesar datos musicales y aplicaremos un Transformer y un MuseGAN para generar música estilísticamente similar a un conjunto de entrenamiento dado.

Introducción

Para que una máquina componga música agradable al oído, debe dominar muchos de los mismos desafíos técnicos vistos en el capítulo 9 en relación con el texto. En particular, nuestro modelo debe ser capaz de aprender y recrear la estructura secuencial de la música y elegir entre distintas posibilidades para las notas posteriores.

Pero la generación de música presenta desafíos adicionales, inexistentes en la generación de textos, por ejemplo, la altura o tonalidad de la nota y el ritmo. La música es muchas veces polifónica, es decir, varias series de notas se reproducen al mismo tiempo en distintos instrumentos, que se combinan para crear armonías disonantes (incompatibles) o consonantes (armoniosas). La generación de textos tan solo requiere el manejo de un único flujo de texto, a diferencia de las secuencias paralelas de acordes presentes en la música.

La generación de textos se maneja palabra por palabra, a diferencia de los datos musicales, un tapiz entrelazado de sonidos que no se entregan todos necesariamente al mismo tiempo; buena parte del interés que suscita la escucha de música es la interacción entre los distintos ritmos producidos por los miembros de la banda. Por ejemplo, un guitarrista podría tocar un montón de notas rápidas, mientras el pianista mantiene un acorde sostenido durante todo ese tiempo. Por lo tanto, generar música nota a nota es complicado, porque a menudo no nos interesa que todos los instrumentos cambien de nota al mismo tiempo.

Empezaremos este capítulo simplificando el problema para centrarnos en la generación de música de un solo canal (monoaural o monofónica). Muchas de las técnicas del capítulo 9 para generación de textos pueden usarse también en generación de música, porque las dos tareas comparten muchos temas comunes. Empezaremos entrenando un Transformer para generar música del estilo de las *suites* de violonchelo de J. S. Bach y ver cómo el mecanismo de atención permite al modelo centrarse en notas anteriores para determinar la nota siguiente más natural.

Después nos enfrentaremos a la tarea de la generación de música polifónica y exploraremos cómo desplegar una arquitectura basada en redes GAN para crear música para varias voces.

Transformers para generación de música

El modelo que crearemos es un Transformer decodificador, inspirándonos en MuseNet de OpenAI (`https://openai.com/research/musenet`), que usa el mismo tipo de transformador (similar a GPT-3) entrenado para predecir la siguiente nota a partir de una secuencia de notas anteriores.

En tareas de generación de música, la longitud de la secuencia N crece a medida que la música progresa, lo cual significa que la matriz de atención N x N de cada cabezal resulta costosa de almacenar y calcular. Lo ideal sería no recortar la secuencia de entrada a pocos tókenes, porque nos gustaría que el modelo construyera la obra según una estructura duradera y repitiera motivos y frases utilizadas hace varios minutos, como haría un compositor humano.

Para resolver este problema, MuseNet utiliza una forma de Transformer conocida como Sparse Transformer (`https://openai.com/research/sparse-transformer`). Cada una de las posiciones de salida de la matriz de atención calcula solamente pesos para un subconjunto de posiciones de entrada, y reduce, por tanto, la complejidad a nivel informático y la memoria necesaria para entrenar el modelo. Así, MuseNet puede trabajar con atención total con más de 4096 tókenes y aprender estructura duradera y melódica en distintos estilos, por ejemplo, como en las grabaciones de OpenAI de Chopin (`https://soundcloud.com/openai_audio/chopin-return`) y Mozart (`https://soundcloud.com/openai_audio/sonatina`) en SoundCloud.

Para comprobar que la continuación de una frase musical se ve influenciada por notas de varios compases anteriores, revisemos los primeros compases del preludio de la *suite* n.º 1 para violonchelo de Bach (figura 11.1).

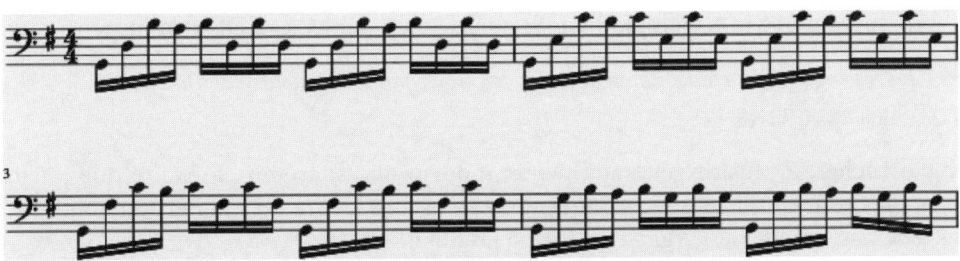

Figura 11.1. La obertura de la suite n.º 1 para violonchelo de Bach (preludio).

Compases

Los compases son unidades musicales que contienen una pequeña cantidad fija de pulsos o tiempos y aparecen en el pentagrama marcados por líneas verticales. Si es posible contar 1, 2, 1, 2 en una obra musical, entonces es que hay dos tiempos en cada compás, y probablemente estemos escuchando una marcha. Si contamos 1, 2, 3, 1, 2, 3, entonces hay tres pulsos en cada compás, y esta vez se trata de un vals.

¿Qué nota podría venir a continuación? Incluso aunque no se disponga de formación musical alguna, no resulta complicado adivinarlo. Si dijéramos que es un sol (la misma nota que la primera de la partitura), habríamos acertado. ¿Cómo lo hemos sabido? Porque hemos visto que cada compás y cada medio compás comienzan con la misma nota, y hemos usado esa información para tomar una decisión informada. Queremos que nuestro modelo sea capaz de hacer esto mismo (en particular, que ponga especial atención en una determinada nota del medio compás anterior, cuando se registró el sol menor anterior). Un modelo basado en atención, como un Transformer, logrará esta mirada retrospectiva duradera sin precisar mantener un estado oculto en muchos compases, como es el caso de una red neuronal recurrente.

Cualquiera que se enfrente a la tarea de generar música debe tener una comprensión básica previa de teoría musical. En la siguiente sección examinaremos el conocimiento esencial necesario para leer música y veremos cómo representarla de una forma numérica, para así transformarla en los datos de entrada necesarios que nos permitan entrenar nuestro Transformer.

Código para este ejemplo

El código para este ejemplo se puede encontrar en el notebook de Jupyter ubicado en `notebooks/11_music/01_transformer/transformer.ipynb` en la página web del libro.

El conjunto de datos de las *suites* para violonchelo de Bach

El conjunto de datos que utilizaremos es una serie de archivos MIDI de las *suites* para violonchelo de J. S. Bach. Se pueden descargar los datos ejecutando el código de descarga incluido en la página web del libro, como muestra el ejemplo 11.1. Se guardan los archivos MIDI en la carpeta */data*.

Ejemplo 11.1. Descargando el conjunto de datos de las suites para violonchelo de Bach.

```
bash scripts/download_music_data.sh
```

Para ver y escuchar la música generada por el modelo necesitaremos software que pueda producir notación musical. MuseScore (`https://musescore.org/es`) es la herramienta ideal para esto. Además, puede descargarse de forma gratuita.

Analizando archivos MIDI

Emplearemos la librería de Python `music21` para procesar los archivos MIDI en Python. El ejemplo 11.2 muestra cómo cargar y visualizar un archivo MIDI (figura 11.2), como partitura y como datos estructurados.

Ejemplo 11.2. Importando un archivo MIDI.

```
import music21

file = "/app/data/bach-cello/cs1-2all.mid"
example_score = music21.converter.parse(file).chordify()
```

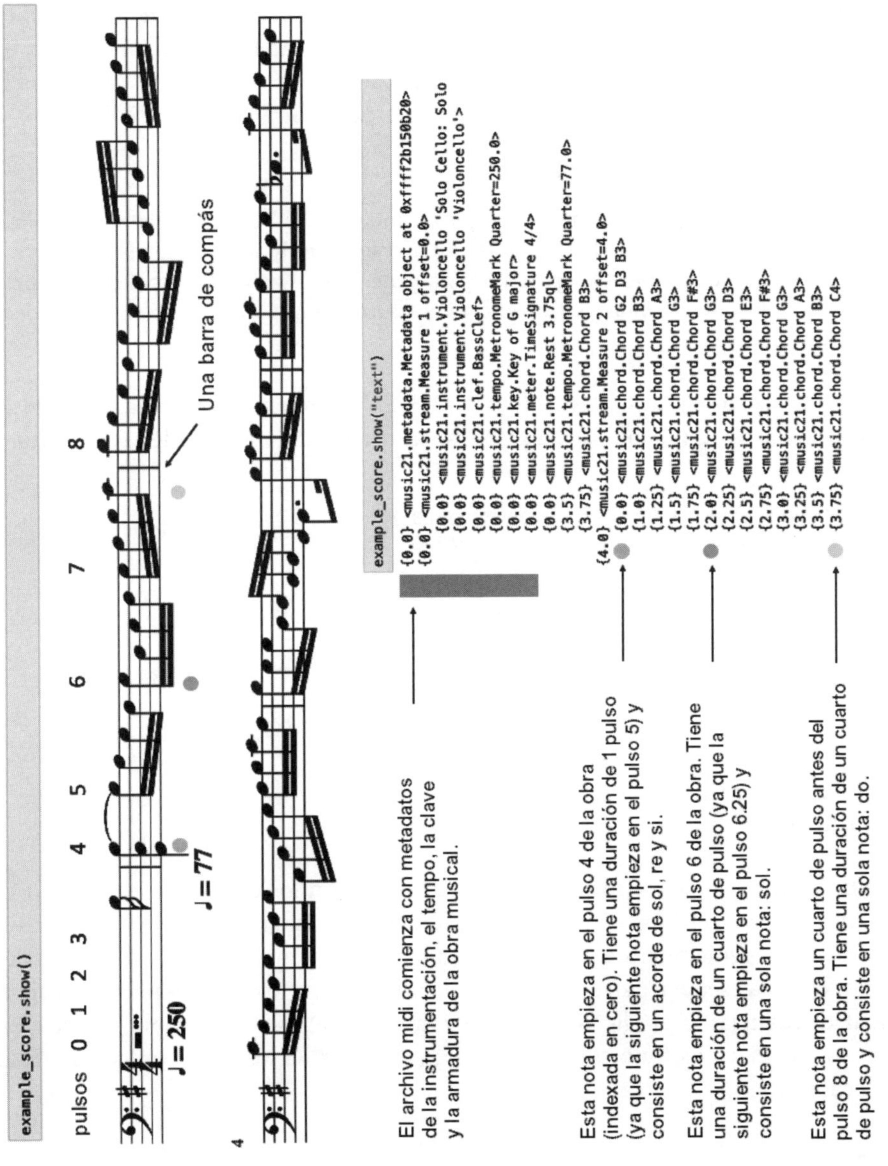

```
example_score.show()

pulsos  0  1  2  3  4  5  6  7  8

♩ = 250

♩ = 77
```

Una barra de compás

```
example_score.show("text")
{0.0} <music21.metadata.Metadata object at 0xfff2b150b20>
{0.0} <music21.stream.Measure 1 offset=0.0>
    {0.0} <music21.instrument.Violoncello 'Solo Cello: Solo
          Cello'>
    {0.0} <music21.instrument.Violoncello 'Violoncello'>
    {0.0} <music21.clef.BassClef>
    {0.0} <music21.tempo.MetronomeMark Quarter=250.0>
    {0.0} <music21.key.Key of G major>
    {0.0} <music21.meter.TimeSignature 4/4>
    {0.0} <music21.note.Rest 3.75ql>
    {3.5} <music21.chord.Chord B3>
{3.75} <music21.stream.Measure 2 offset=4.0>
{4.0} <music21.stream.Measure 2 offset=4.0>
    {0.0} <music21.chord.Chord G2 D3 B3>
    {1.0} <music21.chord.Chord B3>
    {1.25} <music21.chord.Chord A3>
    {1.5} <music21.chord.Chord G3>
    {1.75} <music21.chord.Chord F#3>
    {2.0} <music21.chord.Chord G3>
    {2.25} <music21.chord.Chord D3>
    {2.5} <music21.chord.Chord E3>
    {2.75} <music21.chord.Chord F#3>
    {3.0} <music21.chord.Chord G3>
    {3.25} <music21.chord.Chord A3>
    {3.5} <music21.chord.Chord B3>
    {3.75} <music21.chord.Chord C4>
```

El archivo midi comienza con metadatos de la instrumentación, el tempo, la clave y la armadura de la obra musical.

Esta nota empieza en el pulso 4 de la obra (indexada en cero). Tiene una duración de 1 pulso (ya que la siguiente nota empieza en el pulso 5) y consiste en un acorde de sol, re y si.

Esta nota empieza en el pulso 6 de la obra. Tiene una duración de un cuarto de pulso (ya que la siguiente nota empieza en el pulso 6.25) y consiste en una sola nota: sol.

Esta nota empieza un cuarto de pulso antes del pulso 8 de la obra. Tiene una duración de un cuarto de pulso y consiste en una sola nota: do.

Figura 11.2. Notación musical.

Octavas

El número que aparece después del nombre de cada nota indica la octava en la que está. Como los nombres de las notas (la a sol, o A a G en cifrado inglés) se repiten, esto es necesario para identificar de manera única la tonalidad de la nota. Por ejemplo, G2 está una octava por debajo de G3 (sería la nota sol con una octava de diferencia).

Ha llegado el momento de convertir las partituras en algo que se parezca más a texto. Empezamos recorriendo cada partitura y extrayendo la nota y la duración de cada elemento de la obra en dos cadenas de texto diferentes, con los elementos separados por espacios. Codificamos la armadura y el compás de la obra como símbolos especiales, con duración cero.

Música monoaural frente a polifónica

En este primer ejemplo trataremos la música como monofónica o monoaural (un solo canal), tomando solamente la nota más alta de cada acorde. En ocasiones quizá nos interese mantener las partes separadas para generar música que sea polifónica por naturaleza, lo cual presenta desafíos adicionales, a los que nos enfrentaremos más tarde en este capítulo.

El resultado de este proceso se muestra en la figura 11.3. Si la comparamos con la figura 11.2, comprobamos que la música sin procesar ha sido transformada en las dos cadenas de texto.

Cadena de notas
```
 START G:major 4/4TS rest B3 B3 B3 A3 G3 F#3 G3 D3 E3 F#3 G
3 A3 B3 C4 D4 B3 G3 F#3 G3 E3 D3 C3 B2 C3 D3 E3 F#3 G3 A3 B
3 C4 A3 G3 F#3 G3 E3 F#3 G3 A2 D3 F#3 G3 A3 B3 C4 A3 B3 ...
```

Cadena de duración
```
 0.0 0.0 0.0 3.75 0.25 1.0 0.25 0.25 0.25 0.25 0.25 0.25 0.
25 0.25 0.25 0.25 0.25 0.25 0.25 0.25 0.25 0.25 0.25 0.25
0.25 0.25 0.25 0.25 0.25 0.25 0.25 0.25 0.25 0.25 0.25 0.25
0.25 0.25 0.25 0.25 0.25 0.25 0.25 0.25 0.25 0.25 0.25 0.25
0.25 0.25 0.25 ...
```

Figura 11.3. Muestras de la cadena de texto de notas y de duración, correspondientes a la figura 11.2.

Lo que vemos en la figura se parece más a los datos de texto con los que hemos trabajado ya antes. Las palabras son las combinaciones de nota-duración, y deberíamos intentar crear un modelo que predijera la siguiente nota y duración, dada una secuencia de notas y duraciones anteriores. Una diferencia esencial entre generación de música y texto es que es necesario crear un modelo capaz de manejar la predicción de nota y duración al mismo tiempo (es decir, en este caso debemos manejar dos flujos de información, en lugar de los flujos únicos de texto que vimos en el capítulo 9).

Tokenización

Para crear el conjunto de datos que entrenará el modelo, primero necesitamos tokenizar cada nota y duración, exactamente como hicimos antes para cada palabra de un corpus de texto. Para ello, utilizamos una capa `TextVectorization`, aplicada a las notas y duraciones por separado, como muestra el ejemplo 11.3.

Ejemplo 11.3. Tokenizando las notas y duraciones.

```python
def create_dataset(elements):
    ds = (
        tf.data.Dataset.from_tensor_slices(elements)
        .batch(BATCH_SIZE, drop_remainder = True)
        .shuffle(1000)
    )
    vectorize_layer = layers.TextVectorization(
        standardize = None, output_mode="int"
    )
    vectorize_layer.adapt(ds)
    vocab = vectorize_layer.get_vocabulary()
    return ds, vectorize_layer, vocab

notes_seq_ds, notes_vectorize_layer, notes_vocab = create_dataset(notes)
durations_seq_ds, durations_vectorize_layer, durations_vocab = create_dataset(
    durations
)
seq_ds = tf.data.Dataset.zip((notes_seq_ds, durations_seq_ds))
```

La figura 11.4 muestra el proceso completo de análisis y tokenización.

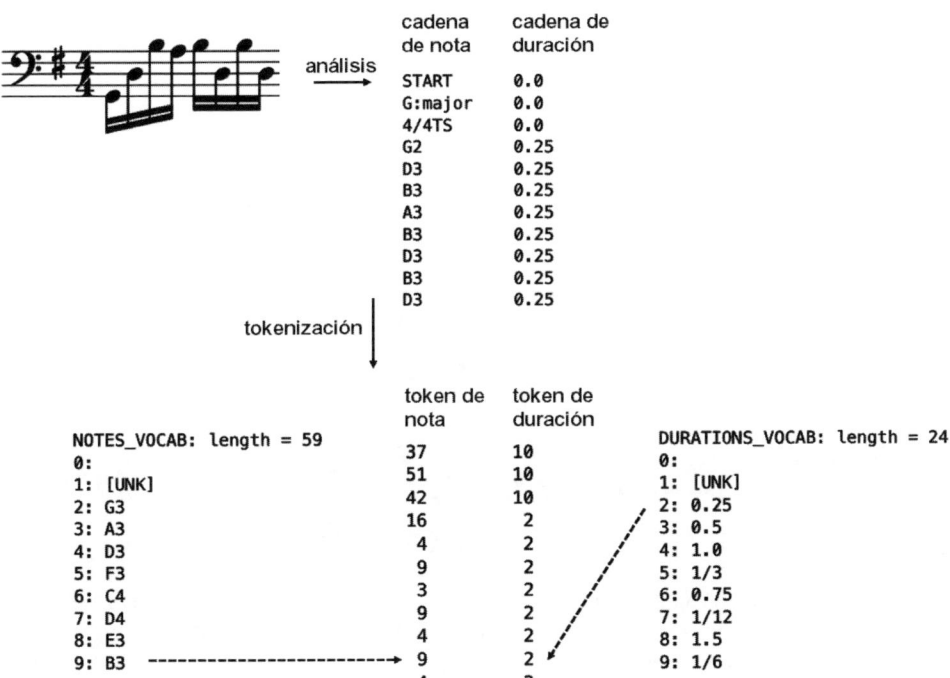

Figura 11.4. Analizando los archivos MIDI y tokenizando las notas y duraciones.

Creación del conjunto de entrenamiento

El paso final del proceso previo es crear el conjunto de entrenamiento que pasaremos a nuestro Transformer.

Para ello, dividimos las cadenas de texto de nota y duración en fragmentos de 50 elementos, utilizando la técnica de ventana deslizante. La salida es simplemente la ventana de entrada desplazada en una nota, de forma que el Transformer es entrenado para predecir la nota y duración del elemento un paso de tiempo en el futuro, dados los elementos anteriores de la ventana. En la figura 11.5 se observa un ejemplo de esto (usando una ventana deslizante de solo cuatro elementos a modo de demostración).

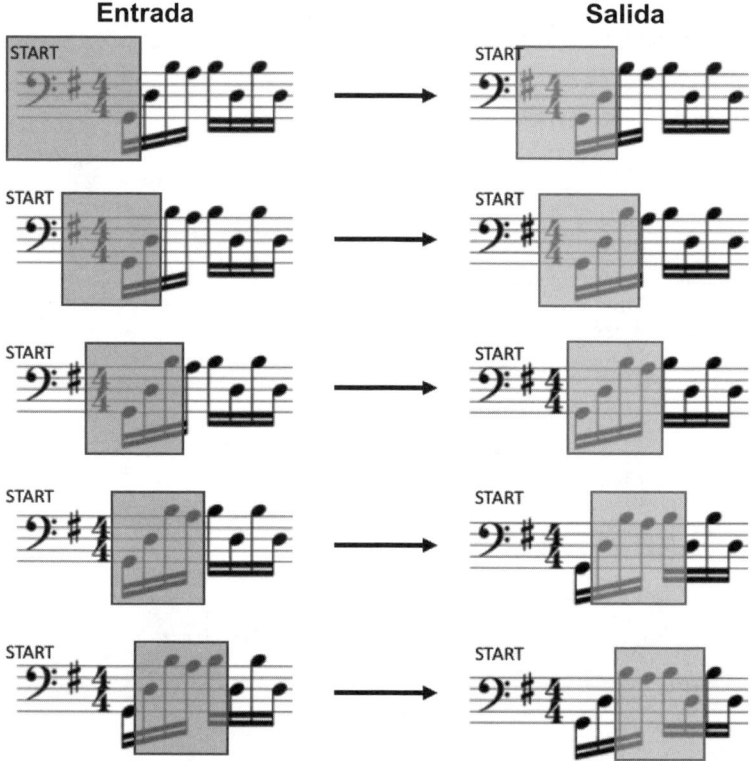

Figura 11.5. Las entradas y salidas del modelo Transformer musical (en este ejemplo se emplea una ventana deslizante de anchura 4 para crear los fragmentos de entrada, que después se desplazan en un elemento para crear la salida deseada).

La arquitectura que usaremos para nuestro Transformer es la misma empleada para generar texto en el capítulo 9, con algunas diferencias esenciales.

Codificación posicional de la función seno

Antes que nada, vamos a introducir un tipo distinto de codificación para las posiciones de token. En el capítulo 9 utilizábamos una capa `Embedding` para codificar la posición de cada token, asignando de manera efectiva cada posición de entero a un vector diferente, que era aprendido por el modelo. Por lo tanto, teníamos que definir la longitud máxima (N) que podía tener la secuencia y entrenar con ella. El inconveniente de este método es que así es imposible extrapolar a secuencias más largas de la longitud máxima. Habría que recortar la entrada a los últimos N tókenes, lo cual no resulta ideal si estamos intentando generar contenidos largos.

Para evitar este problema, podemos utilizar un tipo distinto de incrustación llamado codificación posicional de la función seno. Es similar a la incrustación empleada en el capítulo 8 para codificar las varianzas de ruido del modelo de difusión. En este caso, se utiliza la siguiente función para convertir la posición de la palabra (pos) de las secuencias de entrada en un vector único de longitud d:

$$PE_{pos,\,2i} = \sin\left(\frac{pos}{10,000^{2i/d}}\right)$$

$$PE_{pos,\,2i+1} = \cos\left(\frac{pos}{10,000^{(2i+1)/d}}\right)$$

Para una i pequeña, la longitud de onda de esta función es corta, de ahí que el valor de la función cambie rápidamente a lo largo del eje de posición. Valores más grandes de i crean una longitud de onda también más grande. Cada posición tiene, por tanto, su propia codificación única, que es una combinación específica de las distintas longitudes de onda.

 Conviene tener en cuenta que esta incrustación se define para todos los valores de posición posibles. Es una función determinista (es decir, no aprendida por el modelo) que utiliza funciones trigonométricas para definir una codificación única para cada posición posible.

El módulo NLP de Keras tiene una capa integrada que se encarga de implementar esta incrustación, por lo tanto, podemos definir nuestra capa `TokenAndPositionEmbedding`, como muestra el ejemplo 11.4.

Ejemplo 11.4. Tokenizando las notas y duraciones.

```
class TokenAndPositionEmbedding(layers.Layer):
    def __init__(self, vocab_size, embed_dim):
        super(TokenAndPositionEmbedding, self).__init__()
        self.vocab_size = vocab_size
        self.embed_dim = embed_dim
        self.token_emb = layers.Embedding(input_dim=vocab_size, output_dim=embed_dim)
        self.pos_emb = keras_nlp.layers.SinePositionEncoding()
```

```
def call(self, x):
    embedding = self.token_emb(x)
    positions = self.pos_emb(embedding)
    return embedding + positions
```

La figura 11.6 muestra cómo se suman las dos incrustaciones (de token y de posición) para producir la incrustación global para la secuencia.

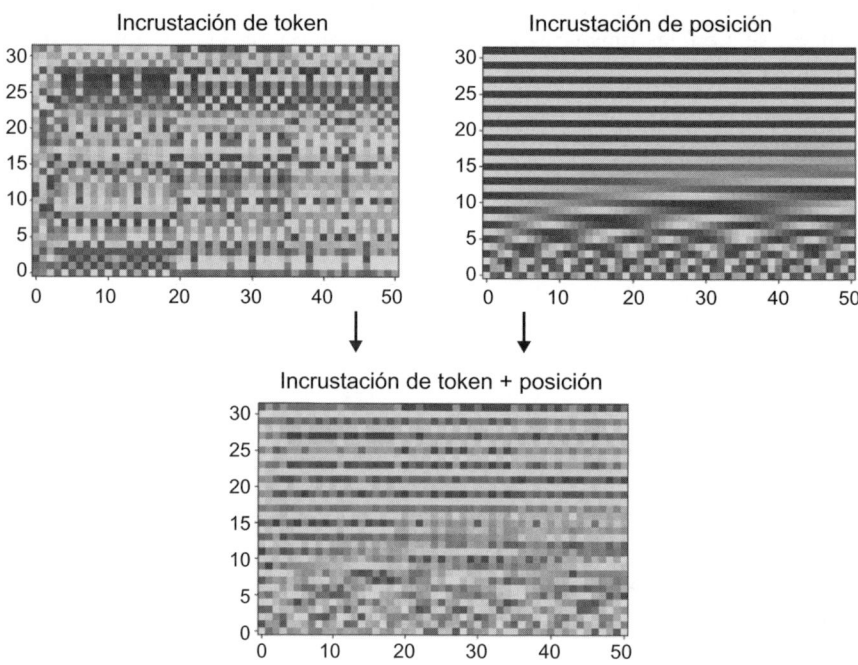

Figura 11.6. La capa TokenAndPositionEmbedding *suma las incrustaciones de token a las de posición sinusoidal para producir la incrustación global para la secuencia.*

Entradas y salidas múltiples

Ahora tenemos dos flujos de entrada (notas y duraciones) y dos flujos de salida (notas y duraciones predichas). Por lo tanto, debemos adaptar la arquitectura de nuestro Transformer para que tenga esta circunstancia en cuenta.

Hay muchas formas de manejar el flujo dual de entradas. Una de ellas sería crear tókenes que representen cada par nota-duración, y tratar después la secuencia como un solo flujo de tókenes. Sin embargo, este sistema tiene el inconveniente de no permitir representar pares nota-duración que no se hayan visto en el conjunto de entrenamiento (por ejemplo, quizá hemos visto una nota G2 (sol2) y una duración de 1/3 de forma independiente, pero nunca juntos, de forma que no habría un token para G2:1/3).

En lugar de ello, elegimos incrustar los tókenes de nota y duración por separado y emplear después una capa de concatenación para crear una sola representación de la entrada que pueda utilizar el bloque Transformer. De forma similar, la salida del bloque Transformer se pasa a dos capas densas distintas, que representan las probabilidades de nota y duración predichas. La arquitectura general se muestra en la figura 11.7. Las formas de la salidas de las capas se muestran con un tamaño de lote b y una longitud de secuencia l.

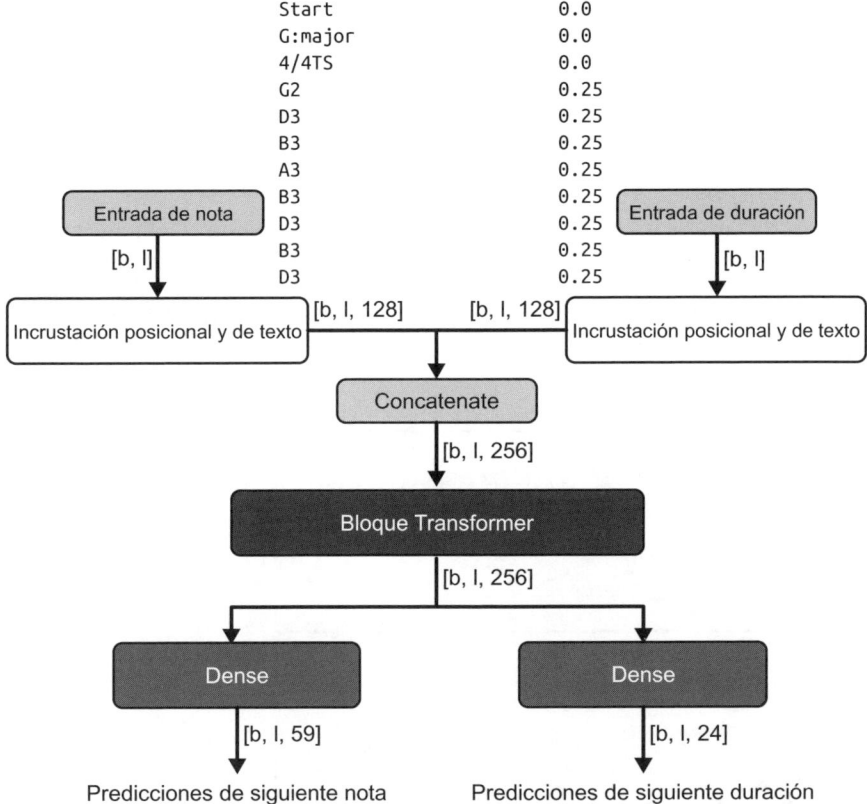

Figura 11.7. La arquitectura del Transformer generador de música.

Un método alternativo sería entrelazar los tókenes de nota y duración en un solo flujo de entrada y dejar que el modelo aprenda que la salida debe ser un solo flujo, en el que los tókenes de nota y duración se alternen. Esto lleva aparejada la complejidad adicional de asegurarse de que la salida se pueda seguir analizando cuando el modelo no ha aprendido todavía cómo entrelazar los tókenes correctamente.

 No hay forma correcta o errónea de diseñar un modelo; parte de la diversión reside en experimentar con distintas configuraciones y ver cuál funciona mejor.

Análisis del Transformer generador de música

Empezaremos generando música desde cero, alimentando la red con un token de nota START y un token de duración de 0.0 (le estamos diciendo al modelo que asuma que está empezando por el principio de la obra). Después podemos generar un fragmento musical empleando la misma técnica iterativa usada en el capítulo 9 para generar secuencias de texto, de la siguiente manera:

1. Dada la secuencia actual (de notas y duraciones), el modelo predice dos distribuciones, una para la siguiente nota y otra para la siguiente duración.

2. Tomamos muestras de ambas distribuciones, empleando un parámetro temperature para controlar la cantidad de variación que queremos en el proceso de muestreo.

3. La nota y duración elegidas se añaden a las secuencias de entrada respectivas.

4. El proceso se repite con las nuevas secuencias de entrada para tantos elementos como deseemos generar.

La figura 11.8 muestra ejemplos de música generada desde cero por el modelo a distintos *epochs* del proceso de entrenamiento. Utilizamos una temperatura de 0.5 para las notas y duraciones.

Figura 11.8. Algunos ejemplos de fragmentos generados por el modelo cuando se generan solo con un token de nota START y un token de duración 0.0.

La mayor parte de nuestro análisis de esta sección se centrará en las predicciones de notas, más que en las duraciones, pues, en el caso de las *suites* para violonchelo de Bach, las complejidades armónicas son más difíciles de capturar y, por lo tanto, más dignas de investigación. No obstante, también es posible aplicar el mismo análisis a las predicciones rítmicas del modelo, lo cual puede ser especialmente relevante para otros estilos de música que se podrían utilizar para entrenar este modelo (como, por ejemplo, una pista de percusión).

Vale la pena mencionar varios detalles con respecto a los fragmentos generados en la figura 11.8. Primero, vemos que la música es cada vez más sofisticada a medida que progresa el entrenamiento. Para empezar, el modelo juega sobre seguro ciñéndose al mismo grupo de notas y ritmos. En el *epoch* 10, el modelo ha empezado a generar pequeñas tiras de notas y, llegados al *epoch* 20, está produciendo ritmos interesantes y está firmemente establecido en una determinada clave (mi♭ mayor).

Segundo, analizamos la distribución de notas a lo largo del tiempo trazando la distribución predicha en cada paso de tiempo como un mapa de calor. La figura 11.9 muestra este mapa para el ejemplo desde el *epoch* 20 de la figura 11.8.

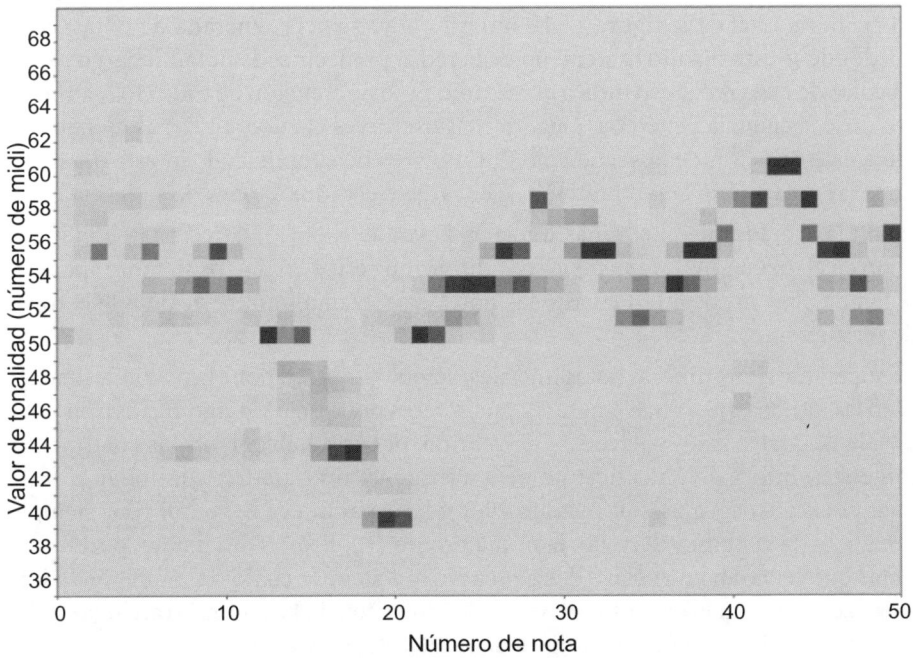

Figura 11.9. La distribución de posibles notas siguientes a lo largo del tiempo (en el epoch 20): cuanto más oscuro es el cuadrado, más seguro está el modelo de que la siguiente nota está en esta tonalidad.

Hemos de mencionar algo interesante en este momento: el modelo ha aprendido sin duda qué notas pertenecen a qué claves en particular, porque hay espacios en la distribución de las notas que no pertenecen a la clave en cuestión. Por ejemplo, hay un espacio gris en la fila de la nota 54 (que corresponde a sol♭/fa♯). Es muy poco probable que esta nota aparezca en una obra musical en la clave de mi♭ mayor. El modelo establece la clave al principio del proceso de generación, y a medida que la obra avanza, elige notas que son más propensas a aparecer en esa clave atendiendo al token que la representa.

También vale la pena destacar que el modelo ha aprendido el característico estilo de Bach de bajar a una nota menor en el violonchelo para terminar una frase y subir de nuevo para iniciar la siguiente. Observamos que, más o menos en la nota 20, la frase termina en un mi♭ menor (habitual en las *suites* de violonchelo de Bach), para después volver a un rango más alto y sonoro del instrumento para el comienzo de la frase siguiente, que es exactamente lo que predice el modelo. Hay un gran recuadro gris entre el mi♭ menor (número de tonalidad 39) y la siguiente nota, que se predice que esté en torno al número de tonalidad 50, en lugar de seguir retumbando en las profundidades del instrumento.

Finalmente, deberíamos revisar si nuestro mecanismo de atención está funcionando como era de esperar. El eje horizontal de la figura 11.10 muestra la secuencia generada de notas; el eje vertical indica dónde se está fijando la atención de la red al predecir cada nota a lo largo del eje horizontal. El color de cada recuadro indica el máximo peso de atención de todos los cabezales de cada punto de la secuencia generada. Cuanto más oscuro es el cuadrado, más atención se está aplicando a esta posición de la secuencia. Por motivos de simplicidad, en este diagrama solo mostramos las notas, pero la red también se encarga de las duraciones de cada nota.

Vemos que, para la armadura y el compás iniciales y para el silencio, la red elige poner casi toda su atención en el token START. Esto tiene sentido, porque estos artefactos siempre aparecen al comienzo de una obra musical (en cuanto las notas empiezan a fluir, básicamente el token START deja de ser atendido).

A medida que superamos las primeras notas iniciales, vemos que la red pone la máxima atención más o menos en las últimas dos a cuatro notas, y pocas veces pone un peso significativo en notas ubicadas más allá de cuatro. Esto vuelve a tener sentido, pues probablemente las cuatro notas anteriores contengan información suficiente para averiguar cómo podría continuar la frase. Es más, algunas notas vuelven a prestar más atención a la armadura de re menor (por ejemplo, E3, o la séptima nota de la obra, y B2, o si♭, la nota número 14). Esto es fascinante, porque son las notas exactas que se basan en la clave de re menor para atenuar cualquier ambigüedad. La red debe mirar hacia atrás en la armadura para indicar que en ella haya un si♭ (en lugar de un si natural) pero no un mi♭ (se tiene que utilizar un mi natural en su lugar).

También hay ejemplos de los puntos en los que la red ha elegido ignorar una cierta nota o un silencio cercano, puesto que ello no añade ninguna información adicional a su comprensión de la frase musical. Por ejemplo, la penúltima nota (la2) no está especialmente atenta a las tres notas si2 anteriores, pero lo está un poco más a las cuatro notas la2 anteriores. Es más interesante que el modelo mire la nota la2 que cae en el pulso, en lugar de la nota si2 que queda fuera, que es tan solo una nota de paso.

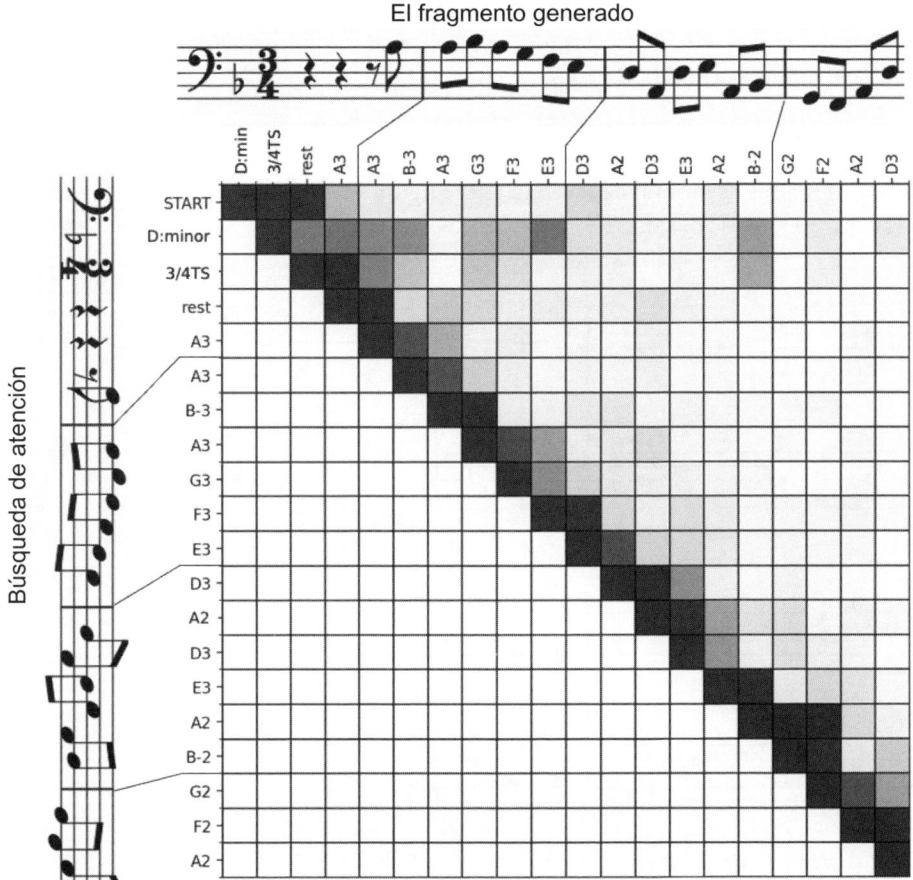

Figura 11.10. El color de cada recuadro de la matriz indica la cantidad de atención dada a cada posición del eje vertical, en el momento de predecir la nota en el eje horizontal.

Conviene recordar que no le hemos explicado al modelo a qué armaduras están asociadas o pertenecen las notas (lo ha averiguado él solo simplemente estudiando la música de J. S. Bach).

Tokenización de la música polifónica

El Transformer que hemos estado explorando en esta sección funciona bien para música de un solo canal (monoaural) pero, ¿se podría adaptar a música de varios canales (polifónica)?

El desafío reside en cómo representar los distintos canales musicales como una sola secuencia de tókenes. En la sección anterior decidimos dividir las notas y las duraciones de las notas en dos entradas y salidas distintas de la red, pero también vimos que podíamos haber entrelazado estos tókenes en una sola secuencia. Por tanto, utilizaremos la misma idea para manejar la música polifónica. Presentaremos para ello dos métodos distintos: la tokenización de cuadrícula y la tokenización basada en eventos, tal y como se explica en el artículo de 2018 titulado «*Music Transformer: Generating Music with Long-Term Structure*».[1]

Tokenización de cuadrícula

Veamos los dos compases de la coral de J. S. Bach de la figura 11.11. Hay cuatro partes (soprano [S], alto [A], tenor [T], bajo [B]), escritas en distintos sistemas.

Figura 11.11. Los primeros dos compases de una coral de J. S. Bach.

Imaginémonos dibujar esta música en una cuadrícula, en la que el eje y representa la altura de la nota y el eje x representa el número de semicorcheas que han pasado desde el inicio de la pieza. Si el cuadrado de la cuadrícula está lleno, entonces hay una nota reproduciendo ese punto en el tiempo. Las cuatro partes están dibujadas en la misma cuadrícula. Esta cuadrícula se conoce como rollo de pianola (*piano roll* en inglés), porque se parece al rollo de papel con agujeros perforados que se utilizaba como mecanismo de grabación antes de que se inventaran los sistemas digitales.

Es posible organizar la cuadrícula en una serie de tókenes pasando primero por las cuatro voces, y después por los pasos de tiempo en secuencia. Esto produce una sucesión de tókenes S_1, A_1, T_1, B_1, S_2, A_2, T_2, B_2, etc., en los que el subíndice indica el paso de tiempo (ver figura 11.12).

Después entrenaríamos nuestro Transformer con esta sucesión de tókenes, para predecir el siguiente a partir de los anteriores. Decodificamos de nuevo la secuencia generada en una estructura de cuadrícula retrotrayendo la secuencia en el tiempo en grupos de cuatro notas (una para cada voz). Esta técnica funciona sorprendentemente bien, a pesar de que la misma nota se suele dividir en varios tókenes con tókenes de otras voces en medio.

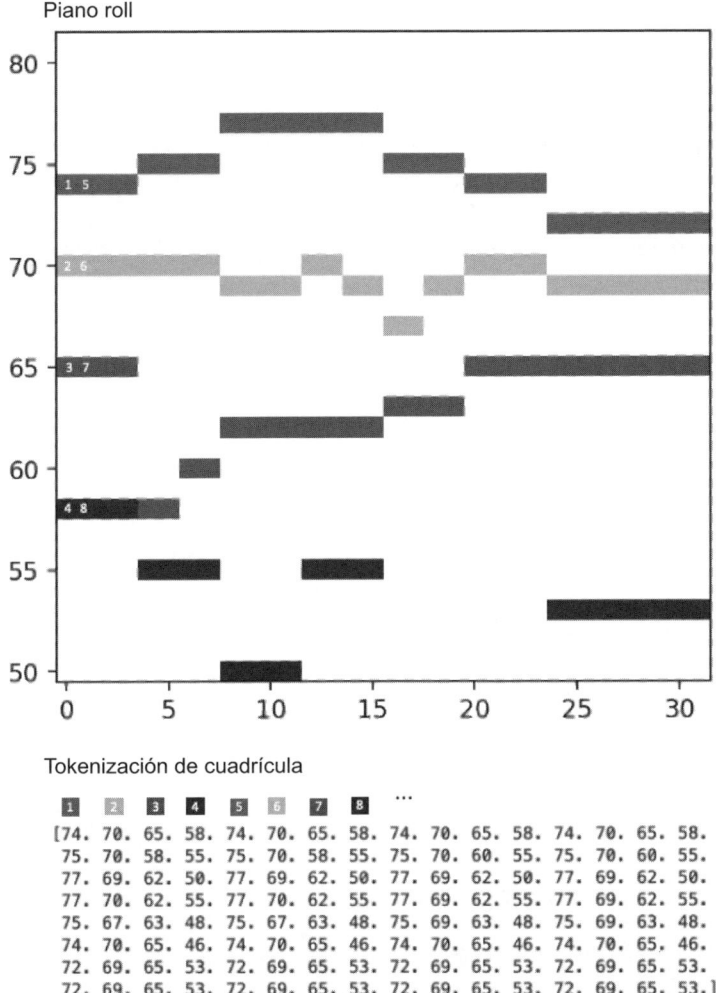

Piano roll

Tokenización de cuadrícula

1 **2** **3** **4** **5** **6** **7** **8** ...
```
[74. 70. 65. 58. 74. 70. 65. 58. 74. 70. 65. 58. 74. 70. 65. 58.
 75. 70. 58. 55. 75. 70. 58. 55. 75. 70. 60. 55. 75. 70. 60. 55.
 77. 69. 62. 50. 77. 69. 62. 50. 77. 69. 62. 50. 77. 69. 62. 50.
 77. 70. 62. 55. 77. 70. 62. 55. 77. 69. 62. 55. 77. 69. 62. 55.
 75. 67. 63. 48. 75. 67. 63. 48. 75. 69. 63. 48. 75. 69. 63. 48.
 74. 70. 65. 46. 74. 70. 65. 46. 74. 70. 65. 46. 74. 70. 65. 46.
 72. 69. 65. 53. 72. 69. 65. 53. 72. 69. 65. 53. 72. 69. 65. 53.
 72. 69. 65. 53. 72. 69. 65. 53. 72. 69. 65. 53. 72. 69. 65. 53.]
```

Figura 11.12. Creando la tokenización de cuadrícula para los primeros dos compases de la coral de Bach.

Sin embargo, hay algunas desventajas. Primero, vemos que el modelo no tiene forma de decir la diferencia entre una nota larga y dos notas adyacentes más cortas de la misma altura, porque la tokenización no codifica de manera explícita la duración de las notas, solo si la nota está presente en cada paso de tiempo.

Segundo, este método requiere que la música tenga un ritmo regular que pueda dividirse en fragmentos de tamaño razonable. Por ejemplo, usando el sistema actual, no es posible codificar tresillos (un grupo de tres notas tocadas en un solo pulso). Podemos dividir la música en 12 pasos por negra en lugar de 4, lo que triplicaría el número de tókenes necesarios para representar el mismo fragmento musical, añadiendo sobrecarga al proceso de entrenamiento y afectando, por tanto, a la capacidad de observación del modelo.

Por último, no resulta obvio cómo se podrían añadir otros componentes a la tokenización, como dinámica (lo alta o baja que está la música en cada parte) o cambios de tempo. Nos hemos quedado con la estructura de cuadrícula bidimensional del rollo de pianola, que ofrece un método cómodo para representar la tonalidad y la sincronización, pero no necesariamente fácil para incorporar otros componentes que hagan que la música sea interesante de escuchar.

Tokenización basada en eventos

Un método más flexible es la tokenización basada en eventos. Se trata de una especie de vocabulario, que describe literalmente cómo se crea la música como una secuencia de eventos, empleando un abundante conjunto de tókenes.

Por ejemplo, en la figura 11.13 utilizamos tres tipos de tókenes:

- NOTE_ON<altura> (empieza reproduciendo una nota de una determinada tonalidad).
- NOTE_OFF<altura> (deja de reproducir una nota de una determinada tonalidad).
- TIME_SHIFT<paso> (avanza en el tiempo un determinado paso).

Este vocabulario se emplea para crear una secuencia que describe la construcción de la música como un conjunto de instrucciones.

Tokenización de eventos

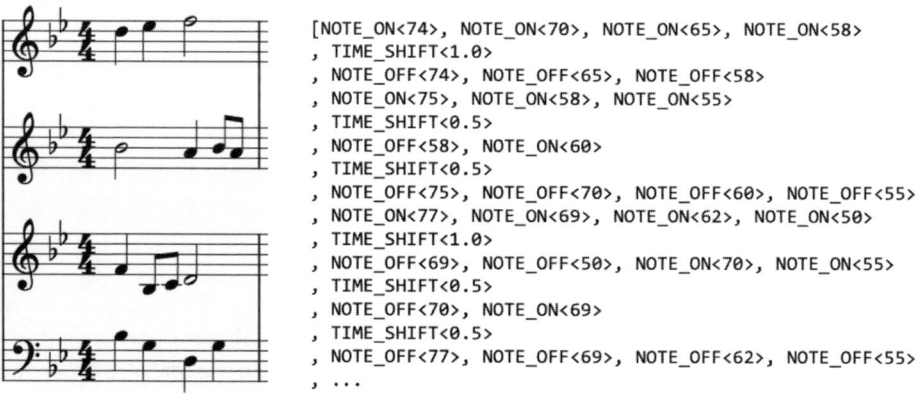

Figura 11.13. Una tokenización de eventos para el primer compás de la coral de Bach.

Podríamos incorporar fácilmente otros tipos de tókenes a este vocabulario, para representar cambios dinámicos y de tempo para notas posteriores. Este método ofrece, además, un modo de generar tresillos sobre un fondo de negras, separando las notas de los tresillos con tókenes

TIME_SHIFT<0.33>. En general, es una estructura más expresiva para la tokenización, aunque también puede ser más compleja para que el Transformer aprenda patrones inherentes a la música del conjunto de entrenamiento, porque por definición está menos estructurada que el método de la cuadrícula.

 Animo al lector a intentar la implementación de estas técnicas polifónicas y entrenar un Transformer con el nuevo conjunto de datos tokenizado, aplicando todo el conocimiento que hemos adquirido hasta ahora en este volumen. También recomendaría revisar la guía de investigación de la generación musical del Dr. Tristan Behrens, disponible en GitHub (https://github.com/AI-Guru/music-generation-research), que ofrece una amplia visión general de distintos artículos sobre el tema de la generación de música con aprendizaje profundo.

En la siguiente sección vamos a cambiar por completo el enfoque de la generación de música, utilizando redes GAN.

MuseGAN

Quizá el rollo de pianola que aparece en la figura 11.12 parezca más bien una obra de arte moderno, lo que suscita la pregunta: ¿Se podría tratar realmente este *piano roll* como una imagen y utilizar métodos de generación de imágenes en lugar de técnicas de generación de secuencias?

Como veremos en breve, la respuesta a esta pregunta es sí; es posible tratar la generación de música directamente como un problema de generación de imágenes. Es decir, en lugar de usar Transformers, podemos aplicar las mismas técnicas convolucionales que funcionan tan bien para problemas de generación de imágenes, en particular las redes GAN.

MuseGAN se presentó en el artículo «*MuseGAN: Multi-Track Sequential Generative Adversarial Networks for Symbolic Music Generation and Accompaniment*»[2] de 2017. Sus autores explican que es posible entrenar un modelo para generar música polifónica, multipista y de varios compases utilizando una novedosa estructura GAN. Es más, indican también que, dividiendo las responsabilidades de los vectores de ruido que alimentan al generador, son capaces de mantener un detallado control sobre las características avanzadas temporales y basadas en pistas de la música.

Empecemos con el conjunto de datos de corales de J. S. Bach.

 **Código para este ejemplo**

El código para este ejemplo se puede encontrar en el notebook de Jupyter ubicado en notebooks/11_music/02_musegan/musegan.ipynb en la página web del libro.

El conjunto de datos de corales de Bach

Para comenzar con este proyecto, primero debemos descargar los archivos MIDI que utilizaremos para entrenar el modelo MuseGAN. Emplearemos un conjunto de datos de 229 corales de J. S. Bach para cuatro voces.

Se pueden descargar los datos ejecutando el código de descarga incluido en la página web del libro, como muestra el ejemplo 11.5. Se guardan los archivos MIDI en la carpeta /*data*.

Ejemplo 11.5. Descargando los datos de las corales de Bach.

```
bash scripts/download_bach_chorale_data.sh
```

El conjunto de datos está formado por un array de cuatro números por cada paso de tiempo: las tonalidades de las notas MIDI de cada una de las cuatro voces. Un paso de tiempo aquí es igual a una semicorchea. Así, por ejemplo, en un solo compás de 4 tiempos de negra, hay 16 pasos de tiempo. El conjunto de datos se divide automáticamente en datos de entrenamiento, validación y prueba. Para entrenar el MuseGAN utilizaremos el conjunto de entrenamiento.

Para empezar, debemos dar a los datos la forma correcta para pasarlos a la red GAN. En este ejemplo generaremos dos compases de música, de modo que extraeremos únicamente los primeros dos compases de cada coral. Cada compás está formado por 16 pasos de tiempo y en las cuatro voces puede haber un total de 84 tonalidades.

Desde ahora nos referiremos a las voces como pistas, para mantener la misma terminología que el artículo original.

Así, los datos transformados tendrán esta forma:

```
[BATCH_SIZE, N_BARS, N_STEPS_PER_BAR, N_PITCHES, N_TRACKS]
```

donde:

```
BATCH_SIZE = 64
N_BARS = 2
N_STEPS_PER_BAR = 16
N_PITCHES = 84
N_TRACKS = 4
```

Para que los datos tengan esta forma, codificamos con el método *one-hot* los números de altura en un vector de longitud 84 y dividimos cada secuencia de notas en dos compases de 16 pasos de tiempo cada uno. Estamos suponiendo que cada coral del conjunto de datos tiene cuatro tiempos en cada compás, lo que es razonable, e incluso aunque este no fuera el caso, ello no afectaría de manera negativa al entrenamiento del modelo.

La figura 11.14 muestra cómo se convierten dos compases de datos sin procesar en el conjunto de datos de rollo de pianola transformado que emplearemos para entrenar la red GAN.

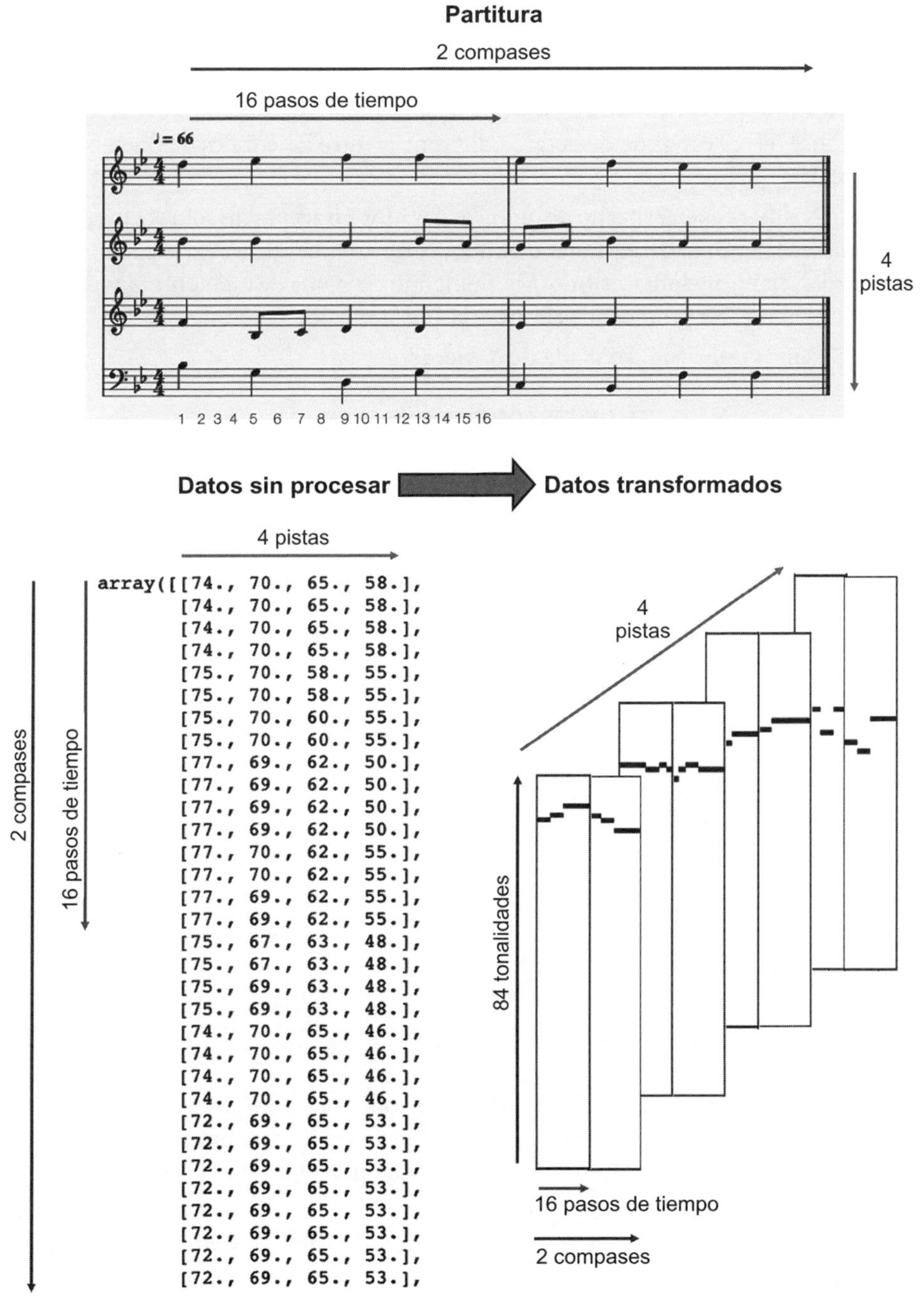

Figura 11.14. Convirtiendo dos compases de datos sin procesar en datos de rollo de pianola, que utilizaremos para entrenar la red GAN.

El generador de MuseGAN

Como todas las redes GAN, MuseGAN consiste en un generador y un crítico. El generador intenta engañar al crítico con sus creaciones musicales, y el crítico intenta evitar que esto ocurra, asegurándose de ser capaz de detectar la diferencia entre las corales de Bach falsas del generador y las reales.

En lo que MuseGAN difiere es en el hecho de que el generador no acepta un solo vector de ruido como entrada, sino que tiene cuatro entradas distintas, correspondientes a cuatro características de la música: acordes, estilo, melodía y ritmo. Manipulando cada una de estas entradas de forma independiente cambiamos las propiedades avanzadas de la música generada.

En la figura 11.15 vemos una vista detallada del generador.

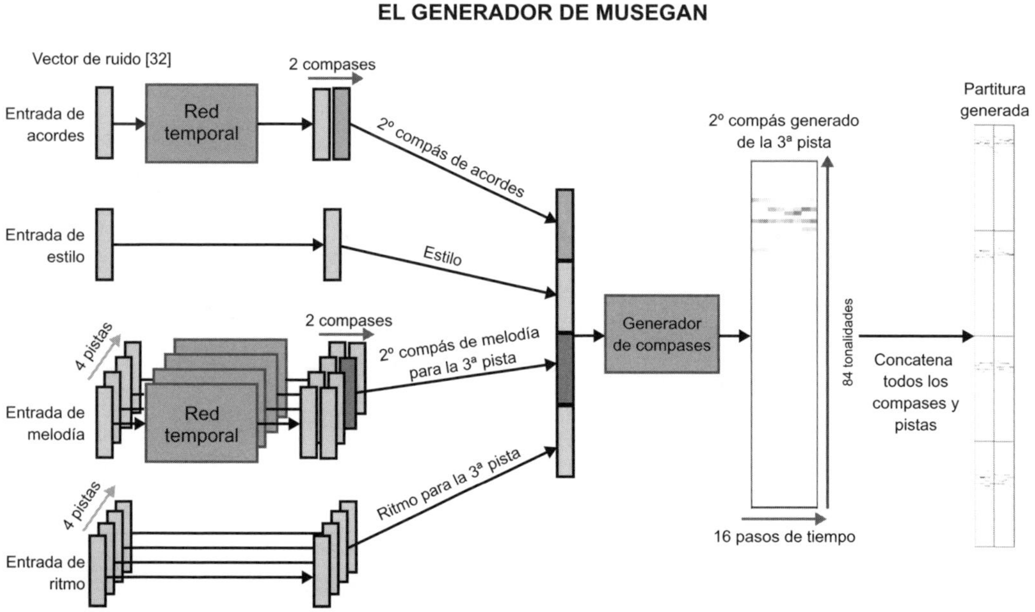

EL GENERADOR DE MUSEGAN

Figura 11.15. Diagrama detallado del generador MuseGAN.

El diagrama muestra que las entradas de acordes y melodía se pasan primero por una red temporal, la cual produce un tensor con una de sus dimensiones igual al número de compases que se van a generar. Las entradas de estilo y ritmo no se alargan temporalmente de esta manera, porque permanecen constantes a lo largo de la pieza.

A continuación, para generar un compás para una determinada pista, las salidas relevantes de las partes de acordes, estilo, melodía y ritmo de la red se concatenan para formar un vector más largo. Este vector se pasa después a un generador de compases, que produce finalmente el compás buscado para la pista en cuestión.

Concatenando los compases generados para todas las pistas, creamos una partitura que el crítico puede comparar con cualquier partitura real.

Veamos ahora cómo crear una red temporal.

La red temporal

La tarea de una red temporal (una red neuronal formada por capas de transposición convolucionales) es transformar un solo vector de ruido de entrada de longitud Z_DIM = 32 en otro distinto para cada compás (también de longitud 32). El ejemplo 11.6 muestra el código Keras necesario para crear esto.

Ejemplo 11.6. Creando la red temporal.

```
def conv_t(x, f, k, s, a, p, bn):
    x = layers.Conv2DTranspose(
                filters = f
                , kernel_size = k
                , padding = p
                , strides = s
                , kernel_initializer = initializer
                )(x)
    if bn:
        x = layers.BatchNormalization(momentum = 0.9)(x)

    x = layers.Activation(a)(x)
    return x

def TemporalNetwork():
    input_layer = layers.Input(shape=(Z_DIM,), name='temporal_input') ❶
    x = layers.Reshape([1,1,Z_DIM])(input_layer) ❷
    x = conv_t(
        x, f=1024, k=(2,1), s=(1,1), a = 'relu', p = 'valid', bn = True
    ) ❸
    x = conv_t(
        x, f=Z_DIM, k=(N_BARS - 1,1), s=(1,1), a = 'relu', p = 'valid', bn = True
    )
    output_layer = layers.Reshape([N_BARS, Z_DIM])(x) ❹
    return models.Model(input_layer, output_layer)
```

❶ La entrada de la red temporal es un vector de longitud 32 (Z_DIM).

❷ Le cambiamos la forma a un tensor de 1 × 1 con 32 canales, de forma que le podamos aplicar operaciones 2D de transposición convolucional.

❸ Aplicamos capas Conv2DTranspose para aumentar el tamaño del tensor a lo largo de un solo eje, de forma que tenga la misma longitud que N_BARS.

❹ Eliminamos la dimensión adicional innecesaria con una capa Reshape.

La razón de utilizar operaciones convolucionales en lugar de requerir dos vectores independientes en la red es que nos gustaría que la red aprendiera cómo debe un compás seguir a otro de una forma consistente. Utilizar una red neuronal para expandir el vector de entrada a lo largo del eje de tiempo significa que el modelo tiene una oportunidad de aprender cómo fluye la música por los compases, en vez de tratar cada compás de forma totalmente independiente del anterior.

Acordes, estilo, melodía y ritmo

Estudiemos ahora con más detalle las cuatro entradas que alimentan al generador:

- **Acordes:** La entrada de acordes es un vector de ruido de longitud Z_DIM. Su tarea es controlar la progresión general de la música con el tiempo, compartida a lo largo de las pistas, de modo que utilizamos una capa TemporalNetwork para transformarlo en otro vector latente distinto para cada compás. Aunque llamemos a estos acordes de entrada, el vector lo controla realmente todo sobre la música que cambia por compás, como por ejemplo el estilo rítmico general, sin especificar ninguna pista en particular.

- **Estilo:** La entrada de estilo es también un vector de longitud Z_DIM. Este vector se avanza sin transformación, así que es el mismo en todos los compases y las pistas. Se puede considerar como el vector que controla el estilo global de la obra (es decir, afecta a todos los compases y pistas de manera consistente).

- **Melodía:** La entrada de melodía es un array de forma [N_TRACKS, Z_DIM], esto es, le proporcionamos al modelo un vector de ruido aleatorio de longitud Z_DIM por cada pista. Cada uno de estos vectores se pasa por una capa TemporalNetwork específica para la pista, en la que los pesos no se comparten entre pistas. El resultado es un vector de longitud Z_DIM para cada compás de cada pista. El modelo utiliza, por tanto, estos vectores de entrada para ajustar el contenido de cada compás y pista de forma independiente.

- **Ritmo:** La entrada de ritmo es también un array de forma [N_TRACKS, Z_DIM], es decir, un vector de ruido aleatorio de longitud Z_DIM para cada pista. A diferencia de la entrada de melodía, estos vectores no se pasan por la red temporal, sino que se alimentan directamente, igual que el vector de estilo. Así, cada vector de ritmo afectará a las propiedades generales de una pista a lo largo de todos los compases.

Resumimos en la tabla 11.1 las responsabilidades de cada componente del generador de MuseGAN.

Tabla 11.1. Componentes del generador de MuseGAN.

	¿La salida difiere según los compases?	¿ La salida difiere según las partes?
Estilo	No	No
Ritmo	No	Sí
Acordes	Sí	No
Melodía	Sí	Sí

La última parte del generador de MuseGAN es el generador de compases. Veamos cómo utilizarlo para combinar todas las salidas de los componentes de acorde, estilo, melodía y ritmo.

El generador de compases

El generador de compases recibe cuatro vectores latentes, uno de cada uno de los componentes de acorde, estilo, melodía y ritmo. Estos vectores se concatenan para producir un vector de longitud 4 * Z_DIM como entrada. El resultado es una representación en rollo de pianola de un solo compás para una sola pista, es decir, un tensor de forma [1, n_steps_per_bar, n_pitches, 1].

El generador de compases no es más que una red neuronal que emplea capas de transposición convolucionales para expandir las dimensiones de tiempo y tonalidad del vector de entrada. Creamos un generador de compases para cada pista, y los pesos no se comparten entre pistas. El código de Keras para crear un BarGenerator aparece en el ejemplo 11.7.

Ejemplo 11.7. Creando el BarGenerator*.*

```python
def BarGenerator():

    input_layer = layers.Input(shape=(Z_DIM * 4,), name='bar_generator_input') ❶

    x = layers.Dense(1024)(input_layer) ❷
    x = layers.BatchNormalization(momentum = 0.9)(x)
    x = layers.Activation('relu')(x)
    x = layers.Reshape([2,1,512])(x)

    x = conv_t(x, f=512, k=(2,1), s=(2,1), a= 'relu', p = 'same', bn = True) ❸
    x = conv_t(x, f=256, k=(2,1), s=(2,1), a= 'relu', p = 'same', bn = True)
    x = conv_t(x, f=256, k=(2,1), s=(2,1), a= 'relu', p = 'same', bn = True)
    x = conv_t(x, f=256, k=(1,7), s=(1,7), a= 'relu', p = 'same', bn = True) ❹
    x = conv_t(x, f=1, k=(1,12), s=(1,12), a= 'tanh', p = 'same', bn = False) ❺

    output_layer = layers.Reshape([1, N_STEPS_PER_BAR , N_PITCHES ,1])(x) ❻

    return models.Model(input_layer, output_layer)
```

❶ La entrada para el generador de compases es un vector de longitud 4 * Z_DIM.

❷ Tras pasarlo por una capa Dense, modificamos la forma del tensor para prepararlo para las operaciones de transposición convolucional.

❸ Primero expandimos el tensor a lo largo del eje de paso de tiempo...

❹ ...y después a lo largo del eje de tonalidad.

❺ La capa final tiene aplicada activación tanh, pues utilizaremos una WGAN-GP (que requiere activación de salida tanh) para entrenar la red.

❻ Cambiamos la forma del tensor para añadir dos dimensiones adicionales de tamaño 1, para prepararlo para su concatenación con otros compases y pistas.

Combinándolo todo

Finalmente, el generador de MuseGAN toma los cuatro tensores de ruido de entrada (acordes, estilo, melodía y ritmo) y los convierte en una partitura multipista y de varios compases. El ejemplo 11.8 muestra el código de Keras necesario para crear el generador de MuseGAN.

Ejemplo 11.8. Creando el generador de MuseGAN.

```
def Generator():
    chords_input = layers.Input(shape=(Z_DIM,), name='chords_input') ❶
    style_input = layers.Input(shape=(Z_DIM,), name='style_input')
    melody_input = layers.Input(shape=(N_TRACKS, Z_DIM), name='melody_input')
    groove_input = layers.Input(shape=(N_TRACKS, Z_DIM), name='groove_input')

    chords_tempNetwork = TemporalNetwork() ❷
    chords_over_time = chords_tempNetwork(chords_input)

    melody_over_time = [None] * N_TRACKS
    melody_tempNetwork = [None] * N_TRACKS
    for track in range(N_TRACKS):
        melody_tempNetwork[track] = TemporalNetwork() ❸
        melody_track = layers.Lambda(lambda x, track = track: x[:,track,:])(
            melody_input
        )
        melody_over_time[track] = melody_tempNetwork[track](melody_track)

    barGen = [None] * N_TRACKS
    for track in range(N_TRACKS):
        barGen[track] = BarGenerator() ❹

    bars_output = [None] * N_BARS
    c = [None] * N_BARS
    for bar in range(N_BARS): ❺
        track_output = [None] * N_TRACKS

        c[bar] = layers.Lambda(lambda x, bar = bar: x[:,bar,:])(chords_over_time)
        s = style_input

        for track in range(N_TRACKS):

            m = layers.Lambda(lambda x, bar = bar: x[:,bar,:])(
                melody_over_time[track]
            )
            g = layers.Lambda(lambda x, track = track: x[:,track,:])(
                groove_input
            )

            z_input = layers.Concatenate(
                axis = 1, name = 'total_input_bar_{}_track_{}'.format(bar, track)
            )([c[bar],s,m,g])
```

```
            track_output[track] = barGen[track](z_input)

        bars_output[bar] = layers.Concatenate(axis = -1)(track_output)

    generator_output = layers.Concatenate(axis = 1, name = 'concat_bars')(
        bars_output
    ) ❻

    return models.Model(
        [chords_input, style_input, melody_input, groove_input], generator_output
    ) ❼

generator = Generator()
```

❶ Define las entradas al generador.

❷ Pasa las entradas de acordes por la red temporal.

❸ Pasa la entrada de melodía por la red temporal.

❹ Crea una red generadora de compases independiente para cada pista.

❺ Recorre todas las pistas y compases, creando un compás generado para cada combinación.

❻ Concatena todo para formar un solo tensor de salida.

❼ El modelo MuseGAN toma cuatro tensores de ruido como entrada y produce una partitura multipista y de varios compases.

El crítico de MuseGAN

En comparación con el generador, la arquitectura del crítico es mucho más directa (como suele ocurrir con las redes GAN).

El crítico intenta distinguir las partituras completas multipista y de varios compases creadas por el generador de los fragmentos reales de las corales de Bach. Es una red neuronal convolucional, que consiste principalmente en capas Conv3D que colapsan la partitura en una sola predicción de salida.

Capas Conv3D

Hasta ahora en este libro solo hemos trabajado con capas Conv2D, aplicables a imágenes de entrada tridimensionales (anchura, altura, canales). Aquí debemos utilizar capas Conv3D, que son similares a las capas Conv2D, pero aceptan tensores de entrada de cuatro dimensiones (n_bars, n_steps_per_bar, n_pitches, n_tracks).

No empleamos capas de normalización por lotes en el crítico porque usaremos la estructura WGAN-GP para entrenar la red GAN, que lo prohíbe.

El código de Keras para crear el crítico aparece en el ejemplo 11.9.

Ejemplo 11.9. Creando el crítico de MuseGAN.

```python
def conv(x, f, k, s, p):
    x = layers.Conv3D(filters = f
                , kernel_size = k
                , padding = p
                , strides = s
                , kernel_initializer = initializer
                )(x)
    x = layers.LeakyReLU()(x)
    return x

def Critic():
    critic_input = layers.Input(
        shape=(N_BARS, N_STEPS_PER_BAR, N_PITCHES, N_TRACKS),
        name='critic_input'
    ) ❶

    x = critic_input
    x = conv(x, f=128, k = (2,1,1), s = (1,1,1), p = 'valid') ❷
    x = conv(x, f=128, k = (N_BARS - 1,1,1), s = (1,1,1), p = 'valid')

    x = conv(x, f=128, k = (1,1,12), s = (1,1,12), p = 'same') ❸
    x = conv(x, f=128, k = (1,1,7), s = (1,1,7), p = 'same')

    x = conv(x, f=128, k = (1,2,1), s = (1,2,1), p = 'same') ❹
    x = conv(x, f=128, k = (1,2,1), s = (1,2,1), p = 'same')

x = conv(x, f=256, k = (1,4,1), s = (1,2,1), p = 'same')
x = conv(x, f=512, k = (1,3,1), s = (1,2,1), p = 'same')

    x = layers.Flatten()(x)

    x = layers.Dense(1024, kernel_initializer = initializer)(x)
    x = layers.LeakyReLU()(x)

    critic_output = layers.Dense(
        1, activation=None, kernel_initializer = initializer
    )(x) ❺

    return models.Model(critic_input, critic_output)

critic = Critic()
```

❶ La entrada para el crítico es un array de partituras multipista y de varios compases, cada una con la forma [N_BARS, N_STEPS_PER_BAR, N_PITCHES, N_TRACKS].

❷ Primero colapsamos el tensor a lo largo del eje del compás. Aplicamos capas Conv3D a lo largo del crítico puesto que estamos trabajando con tensores 4D.

❸ A continuación, colapsamos el tensor a lo largo del eje de la tonalidad.

❹ Por último, colapsamos el tensor a lo largo del eje de paso de tiempo.

❺ El resultado es una capa Dense con una sola unidad y sin función de activación, tal y como requiere la estructura WGAN-GP.

Análisis del modelo MuseGAN

Podemos realizar experimentos con nuestro MuseGAN generando una partitura, y después modificando algunos de los parámetros de ruido de entrada para ver qué efecto tiene en la salida.

La salida del generador es un array de valores del rango [-1, 1] (debido a la función de activación tanh de la capa final). Para convertir esto en una sola nota para cada pista, elegimos la nota que tenga el valor máximo de las 84 tonalidades de cada paso de tiempo. En el artículo original sobre MuseGAN los autores emplean un umbral de 0, pues cada pista puede contener varias notas; no obstante, en esta configuración podemos tomar simplemente el máximo para garantizar exactamente una nota por paso de tiempo y por pista, como es el caso en las corales de Bach.

La figura 11.16 muestra una partitura generada por el modelo a partir de vectores de ruido aleatorios normalmente distribuidos (arriba a la izquierda). Encontramos la partitura más próxima del conjunto de datos (por distancia euclidiana) y verificamos que nuestra partitura generada no sea una copia de una obra musical que ya exista en el conjunto (la partitura más próxima aparece justo debajo, y vemos que no se parece a la generada por nosotros).

Juguemos ahora con el ruido de entrada para modificar nuestra partitura generada. Primero podemos probar a cambiar el vector de ruido de acorde (la partitura de abajo a la izquierda de la figura 11.6 muestra el resultado). Vemos que cada pista ha cambiado, como era de esperar y, además, los dos compases exhiben propiedades diferentes. En el segundo compás, la línea de abajo es más dinámica y la de arriba es más alta en tonalidad que en el primero. Esto es debido a que los vectores latentes que afectan a los dos compases son distintos, porque el vector de acorde de entrada se pasó por una red neuronal.

Cuando se cambia el vector de estilo (arriba a la derecha), ambos compases cambian de manera similar. El fragmento completo ha cambiado su estilo con respecto a la partitura original generada, de una forma consistente (es decir, el mismo vector latente se está utilizando para ajustar todas las pistas y compases).

También tenemos la opción de alterar las pistas individualmente, mediante las entradas de melodía y ritmo. En la partitura situada en la zona central derecha de la figura 11.6 vemos el efecto de cambiar solamente la entrada de ruido de melodía para la línea de arriba. El resto de las partes se mantienen sin cambios, pero las notas de la línea superior cambian de forma significativa. Además, observamos un cambio rítmico entre los dos compases de la línea superior: el segundo compás es más dinámico, conteniendo notas más rápidas que el primero.

Por último, la partitura de abajo a la derecha del diagrama muestra la partitura predicha al alterar el parámetro de entrada de ritmo solo para la línea inferior. Aquí tampoco se ven afectadas las demás partes, pero la línea de abajo es distinta. Es más, el patrón general de la línea inferior sigue siendo similar entre compases, como era de esperar.

Figura 11.16. Ejemplo de una partitura predicha por MuseGAN, que muestra la más cercana real del conjunto de entrenamiento y cómo se ve afectada la partitura generada por el cambio en el ruido de entrada.

Esto demuestra cómo se pueden utilizar los parámetros de entrada para influir de manera directa en las funciones avanzadas de la secuencia musical generada, de una forma muy parecida a como hemos ajustado los vectores latentes de los VAE y GAN en anteriores capítulos para modificar el aspecto de una imagen generada. Un inconveniente del modelo es que el número de compases que se generan se debe especificar de antemano. Para resolverlo, los autores muestran una extensión del modelo, que permite pasar compases anteriores como entrada, facilitando así al modelo la generación de partituras largas, introduciendo de nuevo los compases más recientes predichos como entrada adicional.

Resumen

En este capítulo hemos explorado dos tipos distintos de modelos para la generación de música: un Transformer y un MuseGAN.

El Transformer es similar en diseño a las redes ya vistas en el capítulo 9 para generación de textos. La generación de música y textos comparten muchas funciones en común, y a menudo se utilizan con ambas las mismas técnicas. Hemos ampliado la arquitectura del Transformer incorporando dos flujos de entrada y salida, para nota y duración. Vimos que el modelo era capaz de aprender conceptos como claves y escalas, simplemente aprendiendo a generar con precisión la música de Bach.

Asimismo, hemos explorado cómo adaptar el proceso de tokenización para manejar generación de música polifónica (multipista). La tokenización de cuadrícula se organiza en una representación de la partitura en rollo de pianola, lo cual nos permite entrenar un Transformer con una sola sucesión de tókenes que describen qué nota está presente en cada voz, a intervalos de paso de tiempo discretos y espaciados por igual. La tokenización basada en eventos permite describir cómo crear las distintas líneas de música de una forma secuencial, mediante un solo flujo de instrucciones. Ambos métodos tienen ventajas y desventajas, no en vano el éxito o fracaso del enfoque basado en transformadores para la generación de música suele depender en gran medida de la elección del método de tokenización.

También hemos aprendido que generar música no siempre requiere un método secuencial; MuseGAN usa convoluciones para generar partituras de música polifónica con varias pistas, tratando la partitura como una imagen, en la que las pistas son los canales individuales. La novedad de MuseGAN reside en el modo en que se organizan los cuatro vectores de ruido (acordes, estilo, melodía y ritmo) para posibilitar el control total de las características avanzadas de la música. Aunque la armonización subyacente no sea tan perfecta o variada como la de Bach, es un buen intento para un problema extremadamente difícil de resolver y pone de relieve la potencia de las redes GAN para abordar una gran variedad de problemas.

Referencias

1. «*Music Transformer: Generating Music with LongTerm Structure*», Cheng-Zhi Anna Huang *et al.*, 12 de septiembre de 2018, https://arxiv.org/abs/1809.04281.

2. «*MuseGAN: Multi-Track Sequential Generative Adversarial Networks for Symbolic Music Generation and Accompaniment*», Hao-Wen Dong *et al.*, 19 de septiembre de 2017, https://arxiv.org/abs/1709.06298.

CAPÍTULO 12

Modelos reales

Objetivos del capítulo

En este capítulo conseguiremos:

- Recorrer los fundamentos del aprendizaje por refuerzo.

- Comprender cómo puede utilizarse el modelado generativo dentro de un enfoque al aprendizaje por refuerzo mediante un modelo del mundo real.

- Averiguar cómo entrenar un autocodificador variacional (VAE: *Variational Autoencoder*) para capturar observaciones del entorno en un espacio latente de pocas dimensiones.

- Revisar el proceso de entrenamiento de una red neuronal recurrente y de densidad mixta (MDN-RNN: *Mixture Density Network-Recurrent Neural Network*) que predice la variable latente.

- Utilizar la estrategia de evolución de adaptación de la matriz de covarianza (CMA-ES: *Covariance Matrix Adaptation Evolution Strategy*) para entrenar un controlador que realice acciones inteligentes en el entorno.

- Entender cómo se utiliza la propia red MDN-RNN entrenada como entorno, permitiendo al agente entrenar al controlador dentro de su propia realidad virtual, en lugar de en el entorno real.

Este capítulo presenta una de las aplicaciones más interesantes de los modelos generativos de los últimos años, es decir, su uso dentro de los denominados modelos reales.

Introducción

En marzo de 2018, David Ha y Jürgen Schmidhuber publicaron su artículo «*World Models*».[1] El artículo explicaba cómo es posible entrenar un modelo que aprenda a realizar una determinada tarea experimentando dentro de su propio entorno irreal generado, en lugar de en el entorno real. Es un excelente ejemplo de la aplicación del modelado generativo para resolver problemas prácticos, junto con otras técnicas de machine learning, como el aprendizaje por refuerzo.

Un componente esencial de la arquitectura es un modelo generativo que puede construir una distribución de probabilidad para el siguiente estado posible, dado el estado y la acción actuales. Tras comprender la física subyacente del entorno mediante movimientos aleatorios, el modelo es capaz de entrenarse desde cero en una nueva tarea, totalmente dentro de su propia representación interna del entorno. Con este método se obtuvieron las mejores puntuaciones del mundo en las dos tareas en las que se probó.

En este capítulo exploraremos el modelo del artículo con detalle, poniendo especial atención en una tarea en la que el agente tiene que aprender a conducir un coche lo más rápido posible por una pista de carreras virtual. Aunque utilizaremos como entorno una simulación 2D por ordenador, la misma técnica se podría aplicar a situaciones del mundo real, en las que probar estrategias en un entorno verdadero es caro o resulta inviable.

 En este capítulo haremos referencia a la excelente implementación TensorFlow del artículo «*World Models*» disponible en GitHub (`https://github.com/zacwellmer/WorldModels`). Animo al lector a que lo clone y ejecute él mismo.

Antes de empezar a explorar el modelo, hemos de estudiar con detalle el concepto del aprendizaje por refuerzo.

Aprendizaje por refuerzo

Podemos definir este término de la siguiente manera:

El aprendizaje por refuerzo o reforzado es un campo del machine learning cuya finalidad es entrenar a un agente para que rinda de una forma óptima en un determinado entorno, con respecto a un objetivo concreto.

Aunque los dos tipos de modelado, discriminativo y generativo, pretenden minimizar una función de pérdida en un conjunto de datos de observaciones, el aprendizaje por refuerzo aspira a maximizar la recompensa a la largo plazo de un agente en un determinado entorno. A menudo se describe como una de las tres ramas principales del machine learning, junto con el aprendizaje supervisado (predecir utilizando datos etiquetados) y el aprendizaje no supervisado (estructura de aprendizaje a partir de datos no etiquetados).

Introduzcamos primero un poco de terminología esencial asociada al aprendizaje por refuerzo.

- **Entorno:** El mundo en el que el agente se mueve. Define el conjunto de reglas que gobiernan el proceso de actualización del estado del juego y la asignación de recompensas, dada la acción anterior del agente y el actual estado del juego. Por ejemplo, si estuviéramos enseñando un algoritmo de aprendizaje reforzado para jugar al ajedrez, el entorno consistiría en las reglas que marcan cómo afecta una determinada acción (por ejemplo, que el peón se mueva e2e4) al siguiente estado del juego (las nuevas posiciones de las piezas en el tablero) y especificaría, además, cómo evaluar si una determinada posición es jaque mate y cómo asignar al ganador una recompensa de 1 tras la jugada ganadora.

- **Agente:** La entidad que realiza las acciones en el entorno.

- **Estado del juego:** Los datos que representan una determinada situación con la que el agente puede encontrarse (también llamada estado). Por ejemplo, una determinada configuración del tablero con información adicional del juego, como qué jugador hará el siguiente movimiento.

- **Acción:** Un movimiento factible que puede realizar un agente.

- **Recompensa:** El valor devuelto al agente por el entorno después de que se ha realizado una acción. El agente pretende maximizar la suma a largo plazo de sus recompensas. Por ejemplo, en un juego de ajedrez, dar jaque mate al rey del oponente tiene una recompensa de 1 y cualquier otra jugada tiene una recompensa de 0. Otros juegos tienen recompensas que se entregan a lo largo del episodio (por ejemplo, los puntos de una partida de Space Invaders).

- **Episodio:** Una participación del agente en el entorno; también se denomina *rollout* o lanzamiento.

- **Paso de tiempo:** En un entorno de eventos discretos, todos los estados, acciones y recompensas llevan subíndice para mostrar su valor en un paso de tiempo t.

La relación entre estos conceptos se muestra en la figura 12.1.

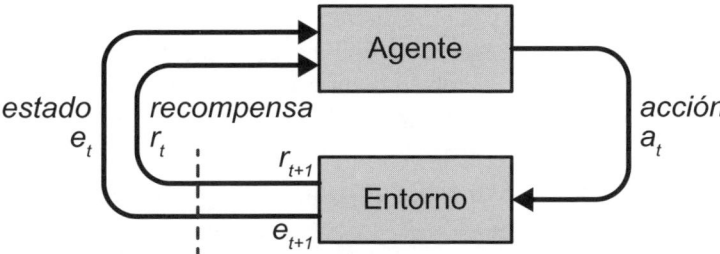

Figura 12.1. Diagrama de aprendizaje por refuerzo.

El entorno se inicializa con un estado de juego actual, e_0. En el paso de tiempo t, el agente recibe el estado de juego actual e_t y lo utiliza para decidir su siguiente mejor acción a_t, que entonces realiza. Dada esta acción, el entorno calcula el siguiente estado e_{t+1} y la recompensa r_{t+1} y las vuelve a pasar al agente, para que el ciclo comience de nuevo. El ciclo continúa hasta que se cumpla el criterio final del juego (por ejemplo, que transcurran un determinado número de pasos de tiempo o que el agente gane o pierda).

¿Cómo diseñamos un agente para maximizar la suma de recompensas en un determinado entorno? Por ejemplo, creando un agente que contenga una serie de reglas para responder a cualquier estado del juego dado. Sin embargo, esto se convierte rápidamente en inviable, a medida que el entorno es cada vez más complejo y no nos permite crear un agente con una habilidad sobrehumana en una cierta tarea, porque estamos codificando las reglas. El aprendizaje por refuerzo implica la creación de un agente capaz de aprender estrategias óptimas por sí mismo en entornos complejos mediante el juego repetido.

Echemos un vistazo al entorno CarRacing que simula la conducción de un coche en una pista.

El entorno CarRacing

CarRacing es un entorno disponible en el paquete Gymnasium (https://gymnasium.farama.org). Gymnasium es una librería de Python para desarrollar algoritmos de aprendizaje reforzado, que contiene varios entornos clásicos de aprendizaje por refuerzo, como CartPole y Pong, además de entornos que presentan desafíos más complejos, como entrenar a un agente para que camine por un terreno desigual o gane un juego de Atari.

Gymnasium

Gymnasium es una bifurcación mantenida de la librería Gym de OpenAI (desde 2021, el desarrollo de Gym ha evolucionado a Gymnasium). En este libro, nos referiremos a los entornos de Gymnasium como entornos Gym.

Todos los entornos ofrecen un método de paso, mediante el cual enviamos una determinada acción; el entorno devolverá el siguiente estado y la recompensa. Llamando repetidamente al método de paso con las acciones elegidas por el agente se produce un episodio en el entorno. También tenemos un método de reinicio, para devolver al entorno a su estado inicial, y un método de renderizado, que permite ver cómo evoluciona el agente en un entorno. Esto resulta útil para depurar y localizar áreas de mejora para el agente.

Veamos cómo se definen los conceptos de estado del juego, acción, recompensa y episodio en el entorno CarRacing.

- **Estado del juego:** Una imagen RGB de 64 x 64 píxeles que representa una vista aérea de la pista y del coche.
- **Acción:** Una serie de tres valores: dirección de giro (-1 a 1), aceleración (0 a 1) y freno (0 a 1). El agente debe fijar los tres valores en cada paso de tiempo.
- **Recompensa:** Una penalización negativa de -0.1 por cada paso de tiempo dado y una recompensa positiva de $1000/N$ si se visita una nueva pista, donde N es el número total de tramos que componen la pista.
- **Episodio:** El episodio termina cuando el coche completa la pista o se sale del margen del entorno, o cuando han transcurrido 3000 pasos de tiempo.

Estos conceptos se muestran en la representación gráfica de un estado del juego de la figura 12.2.

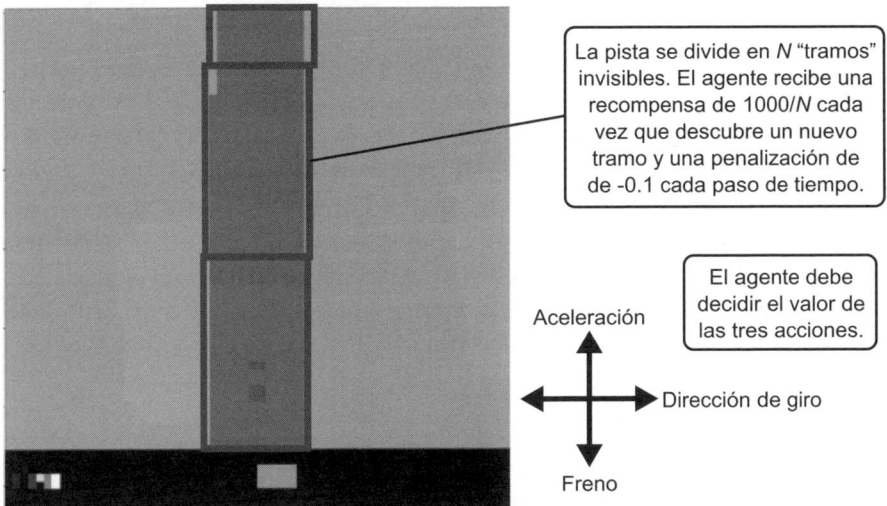

Figura 12.2. Una representación gráfica de un estado del juego del entorno `CarRacing`.

Perspectiva

Nos debemos imaginar al agente flotando por encima de la pista y controlando el coche a vista de pájaro, en lugar de mirando la pista desde el punto de vista del conductor.

Vista general del modelo del mundo real

A continuación veremos una vista general avanzada de la arquitectura completa del modelo real y de su proceso de entrenamiento, antes de estudiar cada componente en detalle.

Arquitectura

La solución consiste en tres partes distintas, según muestra la figura 12.3, entrenadas por separado:

- **V:** Un autocodificador variacional (VAE).
- **M:** Una red neuronal recurrente con una red de densidad mixta (MDN-RNN).
- **C:** Un controlador.

El VAE

Cuando se toman decisiones mientras se conduce, normalmente no se analiza de forma activa cada uno de los píxeles de lo que vemos, sino que se condensa la información visual en un número reducido de entidades latentes, como la rectitud de la carretera, las próximas curvas y nuestra posición con respecto a la carretera, para informar de la siguiente acción.

Ya vimos en el capítulo 3 que un VAE toma una imagen de entrada de muchas dimensiones y la condensa en una variable aleatoria latente, que sigue aproximadamente una distribución gaussiana estándar, mediante la minimización del error de reconstrucción y la divergencia KL. Así nos aseguramos de que el espacio latente es continuo y que podemos tomar fácilmente muestras para generar observaciones nuevas con sentido.

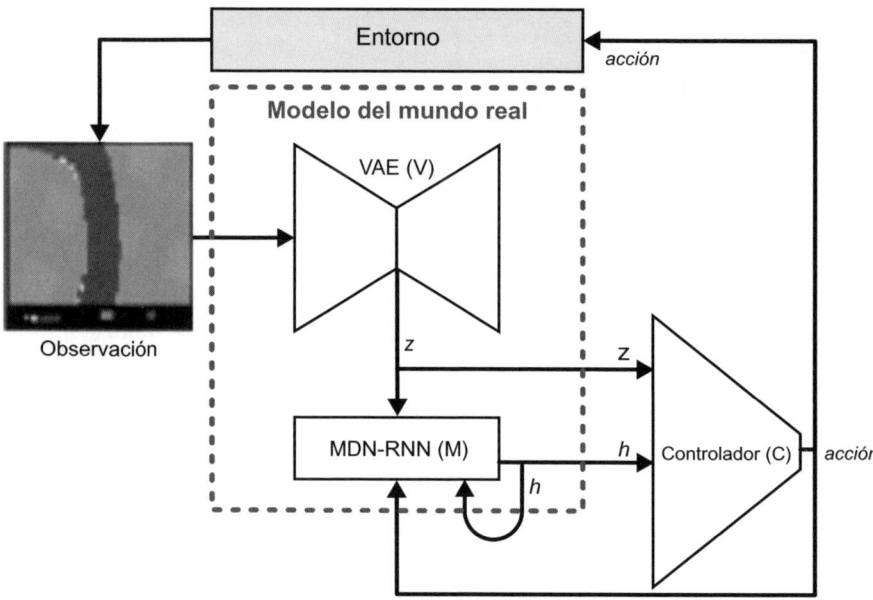

Figura 12.3. Diagrama de la arquitectura del modelo del mundo real.

En el ejemplo de la carrera de coches, el VAE condensa la imagen de entrada de 64 x 64 x 3 (RGB) en una variable aleatoria de 32 dimensiones normalmente distribuida, parametrizada por dos variables, mu y logvar. Aquí, logvar es el logaritmo de la varianza de la distribución. Tomamos muestras de esta distribución para producir un vector latente z, que representa el estado actual. Este vector se pasa a la siguiente parte de la red, MDN-RNN.

La red MDN-RNN

Mientras se conduce, cada observación posterior no es una completa sorpresa para el conductor. Si la observación actual sugiere un giro a la izquierda en la carretera y se gira el volante a la izquierda, lo esperado es que la siguiente observación indique que seguimos en línea con la carretera.

Si no tuviéramos esta habilidad, probablemente el coche serpentearía por la carretera, pues no podríamos ver que una ligera desviación del centro va a ser peor en el siguiente paso de tiempo, a menos que hagamos algo al respecto ahora.

Esta visión de futuro es tarea de la red MDN-RNN, que intenta predecir la distribución del estado latente que viene a continuación, basándose en el estado latente anterior y en la acción también anterior.

En particular, la MDN-RNN es una capa LSTM con 256 unidades ocultas seguida de una red de salida de densidad mixta (MDN), que tiene en cuenta el hecho de que el siguiente estado latente podría obtenerse de una de varias distribuciones normales.

La misma técnica fue aplicada por David Ha, uno de los autores del artículo «*World Models*», a una tarea de generación de texto manuscrito (`https://blog.otoro.net/2015/12/28/recurrent-net-dreams-up-fake-chinese-characters-in-vector-format-with-tensorflow/`), como se observa en la figura 12.4, para describir el hecho de que la siguiente vez que caiga la punta del bolígrafo puede ser en cualquiera de las distintas zonas más oscuras.

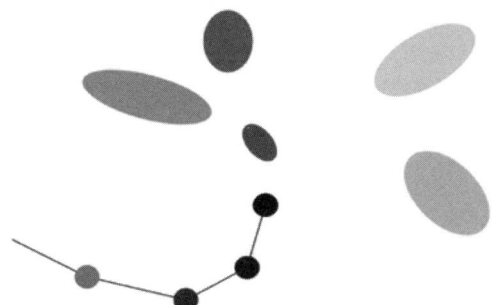

Figura 12.4. MDN para generación de texto manuscrito.

En el ejemplo de la carrera de coches, tenemos en cuenta que cada elemento del siguiente estado latente observado sea extraído de cualesquiera de cinco distribuciones normales.

El controlador

Hasta este punto, no hemos hablado sobre elegir una acción. Esa responsabilidad recae sobre el controlador. El controlador es una red neuronal densamente conectada, en la que la entrada es una concatenación de z (el estado latente actual obtenido de la distribución codificada por el VAE) y el estado oculto de la red RNN. Las tres neuronas de salida corresponden a las tres acciones (girar, acelerar, frenar), y están configuradas para entrar en los rangos adecuados.

El controlador se entrena utilizando aprendizaje por refuerzo, porque no hay conjunto de datos de entrenamiento que nos diga que una determinada acción es buena y otra es mala. En lugar de ello, el agente descubre esto por sí mismo mediante experimentación repetida.

Como veremos más adelante en el capítulo, el quid del artículo «*World Models*» es que demuestra cómo se produce este aprendizaje reforzado dentro del propio modelo generativo del entorno del agente, en lugar de en el entorno Gym. En otras palabras, tiene lugar en la versión irreal del agente del comportamiento del entorno, en lugar de en la versión real.

Para entender los distintos roles de los tres componentes y cómo funcionan combinados, imaginemos un diálogo entre ellos:

- **VAE** (mirando a la última observación de 64 x 64 x 3): Esto parece una recta, con una curva ligera a la izquierda acercándose, con el coche mirando en la dirección de la carretera (z).

- **RNN:** Basándome en esa descripción (z) y en el hecho de que el controlador eligió acelerar mucho en el último paso de tiempo (action), yo actualizaría mi estado oculto (h), de forma que se prevea que la siguiente observación siga siendo una recta, pero con un giro ligeramente más a la izquierda a la vista.

- **Controlador:** Basándome en la descripción del VAE (z) y del estado oculto actual de la RNN (h), mi red neuronal produce [0.34, 0.8, 0] como siguiente acción.

La acción de controlador se pasa entonces al entorno, que devuelve una observación actualizada, y el ciclo comienza de nuevo.

Entrenamiento

El proceso de entrenamiento consiste en cinco pasos, ejecutados en secuencia, que se describen a continuación:

1. Recoger datos de *rollout* aleatorios. Aquí, al agente no le preocupa la tarea en cuestión; lo que hace simplemente es explorar el entorno utilizando acciones aleatorias. Se simulan varios episodios y se almacenan los estados, acciones y recompensas observados en cada paso de tiempo. La idea es crear un conjunto de datos del funcionamiento de la física del entorno, del que después aprende el VAE para capturar los estados eficazmente como vectores latentes. Posteriormente, la MDN-RNN aprende la evolución de los vectores latentes con el tiempo.

2. Entrenar el VAE. Utilizando los datos recogidos aleatoriamente entrenamos un VAE con las imágenes de observación.

3. Recoger datos para entrenar la red MDN-RNN. Una vez hemos entrenado un VAE, lo utilizamos para codificar cada una de las observaciones recogidas en los vectores `mu` y `logvar`, que se guardan junto con la acción y la recompensa actuales.

4. Entrenar la MDN-RNN. Tomamos lotes de episodios y cargamos en cada paso de tiempo las correspondientes variables `mu`, `logvar`, `action` y `reward` generadas en el paso 3. Después muestreamos un vector `z` tomado de los vectores `mu` y `logvar`. Dado el actual vector `z` y las actuales variables `action` y `reward`, la red MDN-RNN se entrena para predecir el vector `z` y la variable `reward` posteriores.

5. Entrenar el controlador. Con un VAE y una RNN entrenadas, ahora podemos entrenar al controlador para producir una acción, dados los actuales vector `z` y estado oculto `h` de la RNN. El controlador utiliza un algoritmo evolutivo, CMA-ES, como optimizador. El algoritmo premia los pesos matriciales generadores de acciones que dan lugar a las puntuaciones altas globales de la tarea, de forma que las generaciones futuras puedan heredar este comportamiento deseado.

Ahora veremos cada uno de estos pasos con más detalle.

Recoger datos de *rollout* aleatorios

El primer paso es recoger datos de lanzamiento del entorno, utilizando un agente que efectúa acciones aleatorias. Quizá esto parezca extraño, puesto que lo que queremos en definitiva es que nuestro agente aprenda cómo realizar acciones inteligentes, pero este paso proporcionará los datos que el agente utilizará para aprender cómo funciona el mundo y cómo influyen sus acciones (si bien aleatorias al principio) en las posteriores observaciones.

Capturamos varios episodios en paralelo poniendo en marcha varios procesos de Python, ejecutando cada uno de ellos una instancia distinta del entorno. Cada proceso se ejecutará en un núcleo diferente, de manera que si la máquina tiene muchos núcleos, se pueden recoger datos mucho más rápido que si tiene pocos.

Los hiperparámetros utilizados por este paso son los siguientes:

- `parallel_processes`: El número de procesos paralelos que se ejecutan (por ejemplo, 8 si la máquina tiene 8 núcleos o más).

- `max_trials`: La cantidad de episodios que debe ejecutar cada proceso en total (por ejemplo, 125, por tanto, 8 procesos crearían 1000 episodios en total).

- `max_frames`: El máximo número de pasos de tiempo por episodio (por ejemplo, 300).

La figura 12.5 muestra un extracto de los fotogramas 40 a 59 de un episodio, cuando el coche se aproxima a una esquina, junto con la acción elegida aleatoriamente y la recompensa. Observamos que la recompensa cambia a 3.22 cuando el coche pasa por nuevos tramos de pista, pero en otro caso es -0.1.

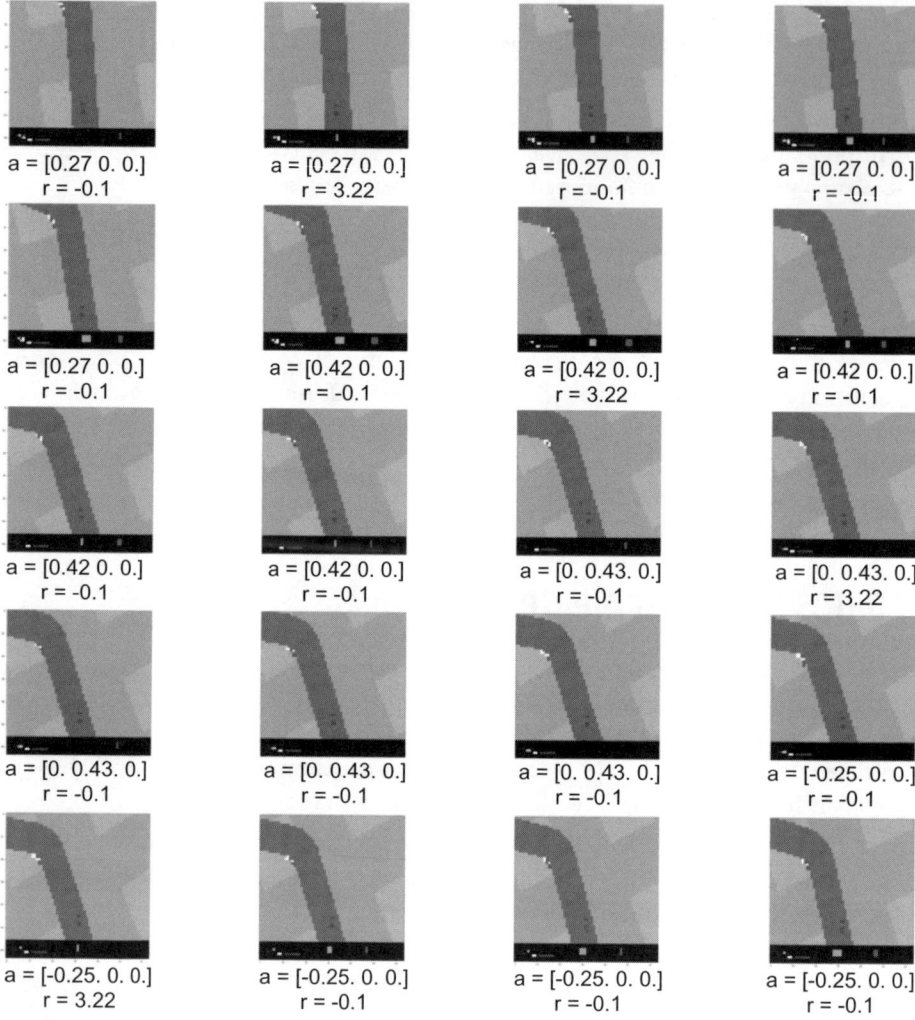

Figura 12.5. Fotogramas 40 a 59 de un episodio.

Entrenando el VAE

Ahora creamos un modelo generativo (un VAE) con estos datos recogidos. Recordemos que el objetivo del VAE es permitirnos colapsar una imagen de 64 x 64 x 3 en una variable aleatoria z normalmente distribuida, cuya distribución está parametrizada por dos vectores, mu y logvar. Cada uno de estos vectores es de longitud 32. Los hiperparámetros de este paso son los siguientes:

- `vae_batch_size`: El tamaño de lote que utilizamos al entrenar el VAE, o el número de observaciones por lote (por ejemplo, `100`).

- `z_size`: La longitud del vector latente `z` y, por tanto, de las variables `mu` y `logvar` (por ejemplo, `32`).

- `vae_num_epoch`: El número de *epochs* de entrenamiento (por ejemplo, `10`).

La arquitectura del VAE

Como ya hemos visto anteriormente, Keras nos permite no solo definir el modelo VAE que será entrenado por completo, sino también submodelos adicionales que definen el codificador y decodificador de la red entrenada por separado. Estos resultarán de utilidad cuando queramos codificar una determinada imagen o decodificar un cierto vector z, por ejemplo. Definiremos el modelo VAE y tres submodelos de la siguiente manera:

- `vae`: Es el VAE completo que se entrena. Acepta una imagen de 64 x 64 x 3 como entrada y produce otra de 64 x 64 x 3 reconstruida.

- `encode_mu_logvar`: Acepta una imagen de 64 x 64 x 3 como entrada y produce los vectores `mu` y `logvar` correspondientes a esta entrada. Ejecutar la misma imagen de entrada mediante este modelo varias veces producirá en cada ocasión los mismos vectores `mu` y `logvar`.

- `encode`: Acepta una imagen de 64 x 64 x 3 como entrada y produce un vector z muestreado. Ejecutar la misma imagen de entrada mediante este modelo varias veces producirá un vector distinto z en cada ocasión, utilizando los valores calculados de `mu` y `logvar` para definir la distribución de muestreo.

- `decode`: Acepta un vector z como entrada y devuelve la imagen de 64 x 64 x 3 reconstruida.

La figura 12.6 muestra un diagrama del modelo y de los submodelos.

Explorando el VAE

Veremos ahora la salida del VAE y de cada submodelo, y a continuación estudiaremos cómo utilizar el VAE para generar observaciones de pista totalmente nuevas.

El modelo VAE

Si le pasamos al VAE una observación, es capaz de reconstruir con precisión la imagen original (figura 12.7), lo que resulta útil para verificar visualmente que el VAE esté funcionando correctamente.

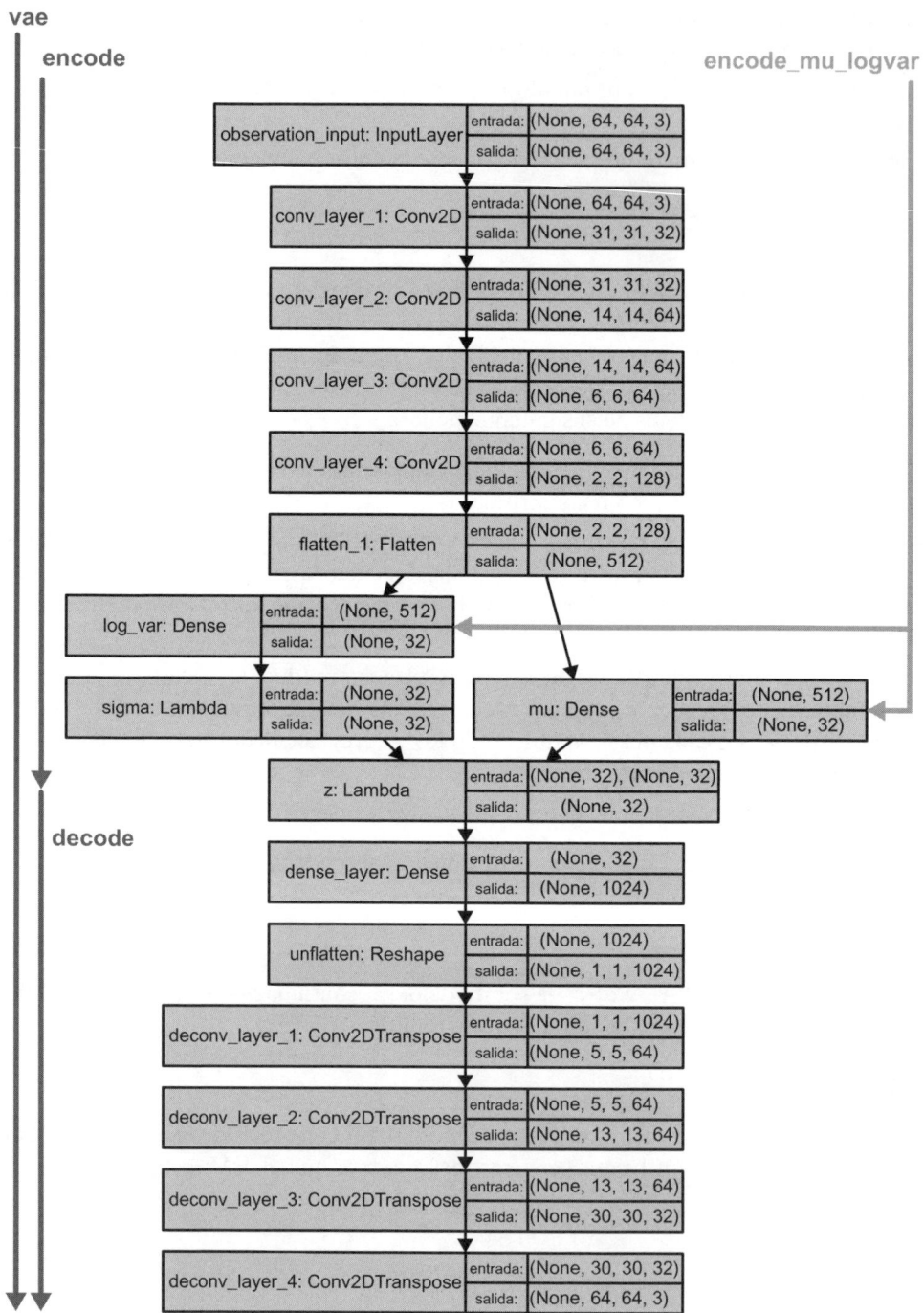

Figura 12.6. La arquitectura del VAE del artículo «World Models».

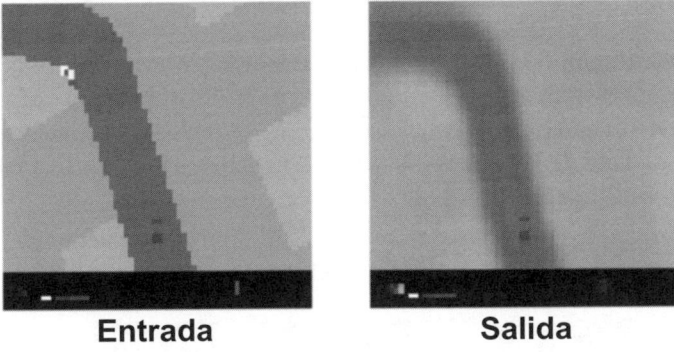

Entrada   **Salida**

Figura 12.7. La entrada y salida del modelo VAE.

Los modelos de codificador

Si le pasamos al modelo encode_mu_logvar una observación, dará como resultado los vectores mu y logvar generados, que describen una distribución normal multivariada. El modelo encode va un paso más allá tomando de esta distribución un determinado vector z como muestra. En la figura 12.8 vemos el diagrama que muestra la salida de los dos modelos de codificador.

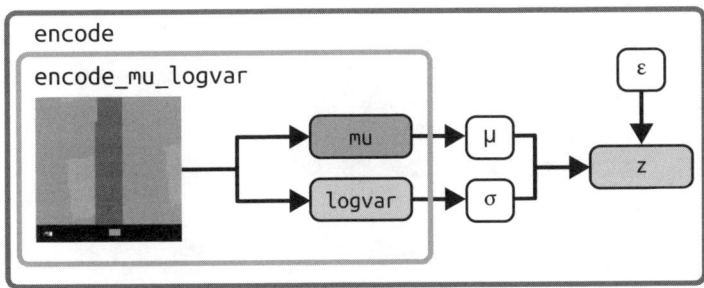

Figura 12.8. La salida de los modelos de codificador.

La variable latente z se obtiene como muestra de la distribución gaussiana definida por mu y logvar, extrayéndola primero de una distribución gaussiana estándar y ajustando y desplazando después el vector obtenido (ejemplo 12.1).

Ejemplo 12.1. Obteniendo una muestra de z de la distribución normal multivariada definida por mu y logvar.

```
eps = tf.random_normal(shape=tf.shape(mu))
sigma = tf.exp(logvar * 0.5)
z = mu + eps * sigma
```

El modelo decodificador

El modelo decode acepta un vector z como entrada y reconstruye la imagen original. En la figura 12.9 se interpolan linealmente dos de las dimensiones de z para mostrar cómo cada dimensión parece codificar un determinado aspecto de la pista (en este ejemplo, z[4] controla la dirección izquierda/derecha inmediata de la pista más próxima al coche y z[7] controla la brusquedad del giro a la izquierda más próximo).

Esto demuestra que el espacio latente que ha aprendido el VAE es continuo, y se puede usar para generar nuevos segmentos de pista que nunca han sido observados por el agente.

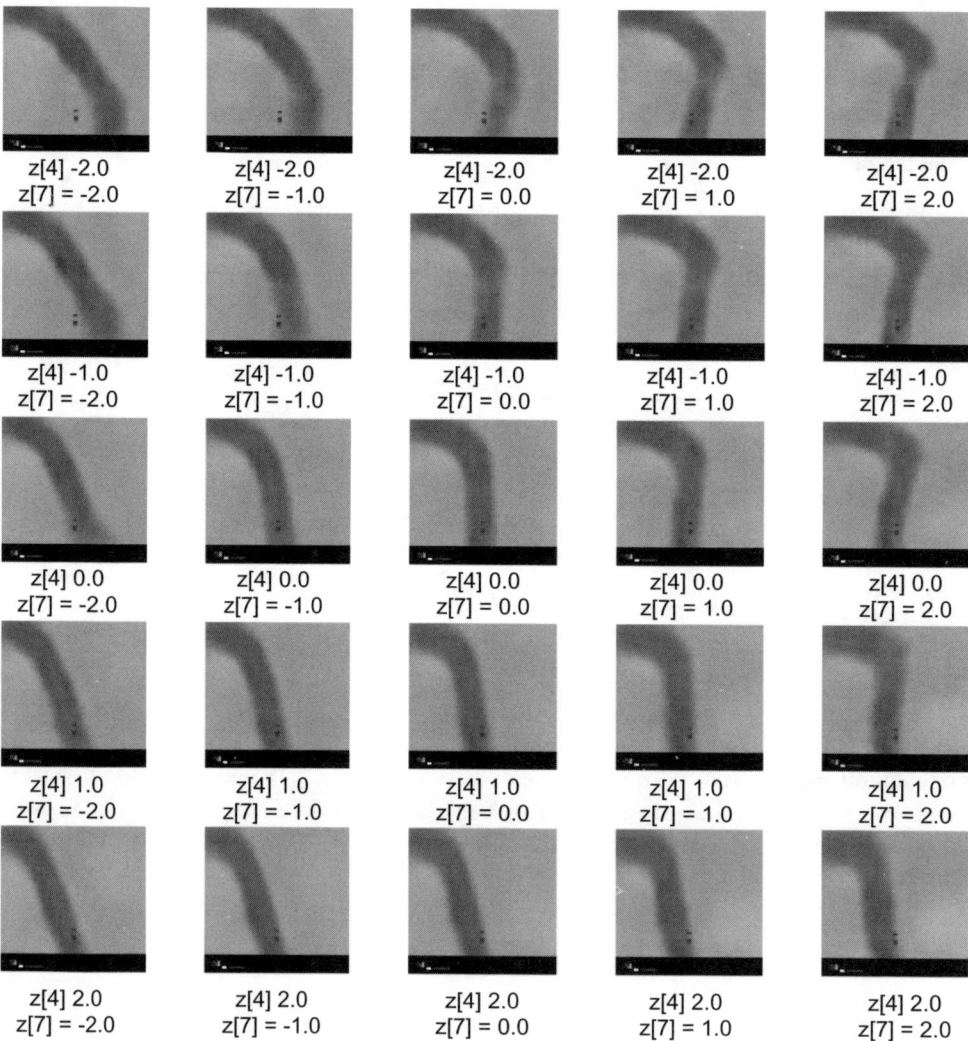

Figura 12.9. Una interpolación lineal de dos dimensiones de z.

Recoger datos para entrenar la red MDN-RNN

Ahora que ya tenemos un VAE entrenado, lo utilizaremos para generar datos de entrenamiento para nuestra red MDN-RNN.

En esta fase, pasamos todas las observaciones de *rollout* aleatorias a través del modelo encode_mu_logvar y almacenamos los vectores mu y logvar correspondientes a cada observación. Estos datos codificados, junto con las variables action, reward y done ya recogidas, se emplearán para entrenar la red MDN-RNN. Este proceso se puede visualizar en la figura 12.10.

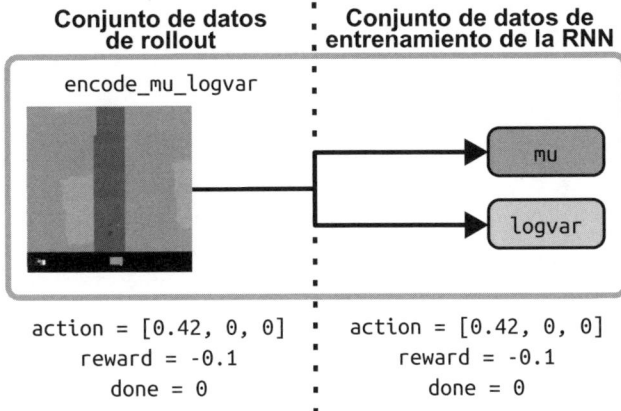

Figura 12.10. Creando el conjunto de datos de entrenamiento de la red MDN-RNN.

Entrenando la red MDN-RNN

Ya podemos entrenar la red MDN-RNN para predecir la distribución del siguiente vector z y de la siguiente recompensa un paso de tiempo en el futuro, dados los actuales vector z, acción y recompensa. Después empleamos el estado oculto interno de la RNN (que se puede considerar la actual comprensión del modelo de la dinámica del entorno) como parte de la entrada al controlador, que en última instancia decidirá la mejor siguiente acción que tiene que tomar.

Los hiperparámetros de esta fase del proceso son los siguientes:

- rnn_batch_size: El tamaño de lote que se utiliza al entrenar la red MDN-RNN, es decir, cuántas secuencias por lote (por ejemplo, 100).
- rnn_num_steps: El número total de iteraciones de entrenamiento (por ejemplo, 4000).

La arquitectura MDN-RNN

La arquitectura de la red MDN-RNN se muestra en la figura 12.11.

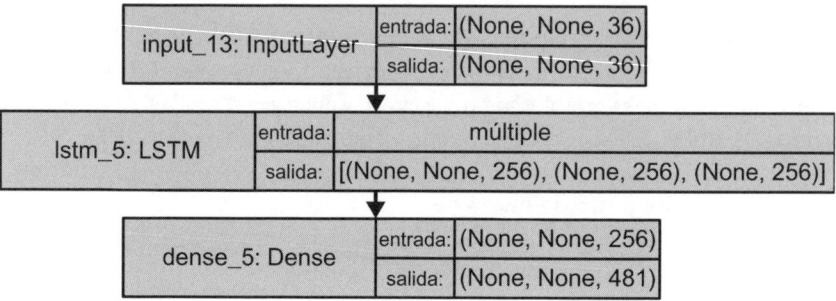

Figura 12.11. La arquitectura MDN-RNN.

La red MDN-RNN consiste en una capa LSTM (la red RNN), seguida de una capa densamente conectada (la red MDN) que transforma el estado oculto de la LSTM en los parámetros de una distribución mixta. Recorramos paso a paso la red.

La entrada de la capa LSTM es un vector de longitud 36, una concatenación del vector z codificado (longitud 32) del VAE, la acción actual (longitud 3) y la recompensa anterior (longitud 1).

La salida de la capa LSTM es un vector de longitud 256 (un valor por cada celda LSTM de la capa). Este vector se pasa a la red MDN, que no es más que una capa densamente conectada que transforma el vector de longitud 256 en un vector de longitud 481.

¿Por qué 481? La figura 12.12 explica la composición de la salida de la red MDN-RNN. El objetivo de una red de densidad mixta es configurar el hecho de que nuestro siguiente vector z se extraiga de una de varias posibles distribuciones con una determinada probabilidad. En el ejemplo de la carrera de coches, elegimos cinco distribuciones normales. ¿Cuántos parámetros necesitamos para definirlas? Para cada una de las cinco mixtas, necesitamos una variable mu y otra logvar (para definir la distribución) y una probabilidad logarítmica de que esta distribución mixta sea elegida (logpi), para cada una de las 32 dimensiones de z. Esto da un total de 5 x 3 x 32 = 480 parámetros. El parámetro adicional es para la predicción de la recompensa.

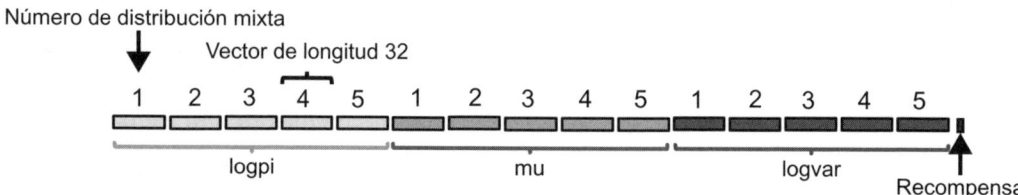

Figura 12.12. La salida de la red de densidad mixta.

Tomando muestras de la red MDN-RNN

Tomamos muestras de la salida de la red MDN para generar una predicción para el siguiente vector z y la siguiente recompensa en el siguiente paso de tiempo, empleando el siguiente proceso:

1. Dividir el vector de salida de 481 dimensiones en las tres variables (logpi, mu, logvar) y el valor de la recompensa.

2. Dimensionar logpi y elevarlo a una potencia, de forma que se pueda interpretar como 32 distribuciones de probabilidad a lo largo de los cinco índices de las distribuciones mixtas.

3. Para cada una de las 32 dimensiones de z, obtener muestras de las distribuciones creadas a partir de logpi (es decir, elegir cuál de las cinco distribuciones se ha de utilizar para cada dimensión de z).

4. Traer los valores correspondientes de mu y logvar para esta distribución.

5. Muestrear un valor para cada dimensión de z desde la distribución normal parametrizada según los parámetros elegidos de mu y logvar para esta dimensión.

La función de pérdida de la red MDN-RNN es la suma de la pérdida de reconstrucción del vector z y la pérdida de la recompensa. La pérdida de reconstrucción del vector z es la log-verosimilitud negativa de la distribución predicha por la red MDN-RNN, dado el valor real de z, y la pérdida de la recompensa es el error cuadrático medio entre la recompensa predicha y la real.

Entrenando el controlador

El último paso es entrenar el controlador (la red que produce la acción elegida) utilizando un algoritmo evolutivo denominado estrategia de evolución de adaptación de la matriz de covarianza o CMA-ES (*Covariance Matrix Adaptation Evolution Strategy*).

Los hiperparámetros de este paso del proceso son los siguientes:

- controller_num_worker: El número de trabajadores que probarán soluciones en paralelo.

- controller_num_worker_trial: El número de soluciones que se darán a cada trabajador para su prueba en cada generación.

- controller_num_episode: El número de episodios con los que se probará cada solución para calcular la recompensa media.

- controller_eval_steps: El número de generaciones entre evaluaciones del mejor juego de parámetros actual.

La arquitectura del controlador

La arquitectura del controlador es muy sencilla. Se trata de una red neuronal densamente conectada sin capas ocultas, que conecta el vector de entrada directamente con el vector de acción.

El vector de entrada es una concatenación del vector z actual (de longitud 32) y el estado oculto actual de la capa LSTM (de longitud 256), lo cual da un vector de longitud 288. Como estamos conectando cada unidad de entrada directamente a las tres unidades de acción de la salida, el número total de pesos que hay que ajustar es 288 x 3 = 864, más tres pesos de sesgo, dando un total de 867.

¿Cómo entrenaríamos esta red? Conviene recordar que no es un problema de aprendizaje supervisado, pues no estamos tratando de predecir la acción correcta. No hay un conjunto de entrenamiento de acciones correctas, ya que no sabemos cuál es la acción óptima para un determinado estado del entorno. Así es como se identifica esto como un problema de aprendizaje por refuerzo. Necesitamos que el agente descubra por sí mismo los valores óptimos de los pesos, experimentando dentro del entorno y actualizando sus pesos según la información recibida.

Las estrategias evolutivas son una elección habitual para resolver problemas de aprendizaje reforzado, debido a su simplicidad, eficacia y capacidad de ampliación. Utilizaremos una estrategia en particular, conocida como CMA-ES.

CMA-ES

Las estrategias evolutivas suelen seguir el proceso explicado a continuación:

1. Crear una población de agentes e inicializar de manera aleatoria los parámetros que cada agente debe optimizar.
2. Repetir en bucle los siguientes pasos:
   a. Evaluar cada agente del entorno, devolviendo la recompensa media con respecto a varios episodios.
   b. Alimentar a los agentes con las mejores respuestas para crear nuevos miembros de la población.
   c. Añadir aleatoriedad a los parámetros de los nuevos miembros.
   d. Actualizar el grupo de población añadiendo los agentes de reciente creación y eliminando los agentes que peor han funcionado.

Esto es similar al proceso mediante el cual los animales evolucionan en la naturaleza (de ahí el nombre de estrategias evolutivas). «Alimentar» en este contexto significa combinar los agentes existentes que mejores puntuaciones poseen, de forma que sea más probable que la siguiente generación produzca resultados de alta calidad, similares a sus padres. Como ocurre con todas las soluciones de aprendizaje por refuerzo, se tiene que encontrar el equilibrio entre la búsqueda codiciosa de soluciones localmente óptimas y la exploración de áreas desconocidas del espacio de parámetros para hallar posibles soluciones mejores. Por esta razón es importante añadir aleatoriedad a la población, para asegurarse de que no estamos limitando demasiado nuestro campo de búsqueda.

CMA-ES no es más que otra forma de estrategia evolutiva. Dicho en pocas palabras, funciona manteniendo una distribución normal, desde la que se pueden obtener muestras de los parámetros de nuevos agentes. En cada generación, actualiza el promedio de la distribución para maximizar la probabilidad de muestrear los agentes con las puntuaciones más altas desde el paso de tiempo anterior.

Al mismo tiempo, actualiza la matriz de covarianza de la distribución para maximizar la probabilidad de muestrear los agentes con las puntuaciones más altas, dado el promedio anterior. Se puede considerar como una forma de descenso de gradiente en ascenso natural, pero con el beneficio añadido de no tener derivadas, lo cual significa que no precisamos calcular o estimar costosos gradientes.

La figura 12.13 muestra una generación del algoritmo demostrado con un ejemplo falso. Aquí tratamos de encontrar el punto mínimo de una función no lineal en dos dimensiones (el valor de la función en las esquinas más oscuras, abajo a la derecha de la imagen es mayor que el valor de la función en las más claras, arriba a la izquierda).

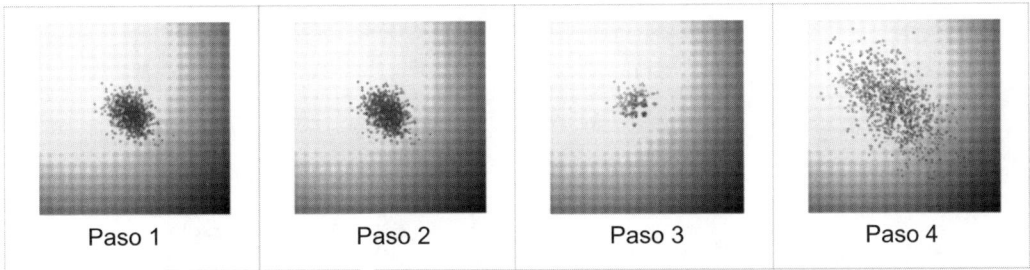

Figura 12.13. Un paso de actualización del algoritmo CMA-ES (fuente: Ha, 2017).[2]

Las etapas son las siguientes:

1. Empezamos con una distribución normal 2D generada aleatoriamente y muestreamos una población de candidatos, mostrada en el centro en el paso 1 de la figura 12.13.

2. A continuación calculamos el valor de la función para cada candidato y aislamos el mejor 25 % (lo llamaremos conjunto de puntos P).

3. Configuramos la media de la nueva distribución normal como la media de los puntos de P. Esto puede considerarse como la etapa de alimentación, en la que solamente usamos los mejores candidatos para generar una nueva media para la distribución. También

configuramos la matriz de covarianza de la nueva distribución normal como la matriz de covarianza de los puntos de P, pero usamos la media existente del cálculo de la covarianza en lugar de la media actual de los puntos de P. Cuanto mayor sea la diferencia entre la media existente y la media de los puntos de P, más amplia es la varianza de la siguiente distribución normal. Esto tiene como efecto la creación natural de impulso en la búsqueda de parámetros óptimos.

4. Después muestreamos una nueva población de candidatos de nuestra nueva distribución normal con una media y una matriz de covarianza actualizadas.

La figura 12.14 muestra varias generaciones del proceso. Observamos que la covarianza se ensancha a medida que la media avanza a grandes pasos hacia el mínimo, pero se estrecha a medida que la media se asienta en el mínimo verdadero.

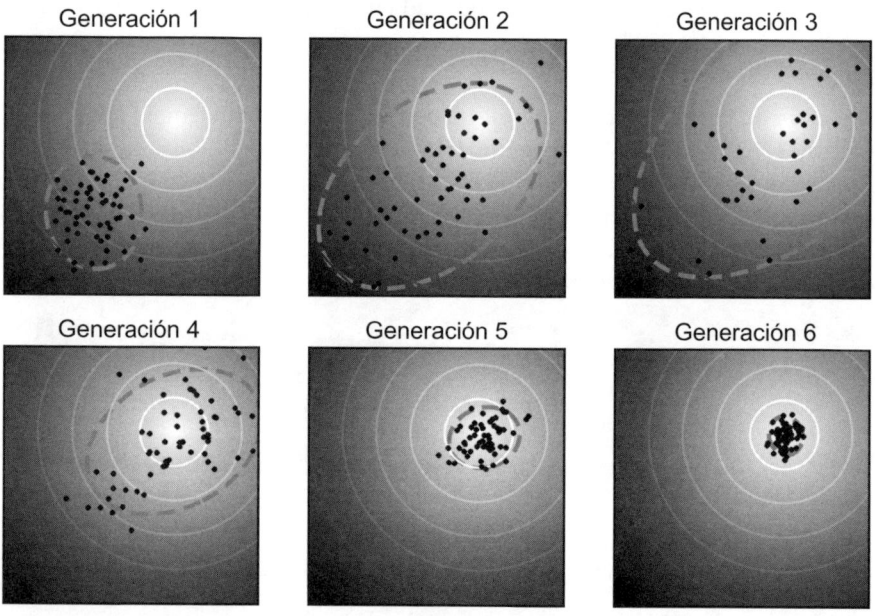

Figura 12.14. CMA-ES (fuente: Wikipedia, `https://en.wikipedia.org/wiki/CMA-ES`*).*

Para la tarea de la carrera de coches, no tenemos una función bien definida para maximizar, sino un entorno en el cual los 867 parámetros que se deben optimizar determinan lo bien que puntúa el agente. Inicialmente, algunos conjuntos de parámetros generarán, de manera totalmente aleatoria, puntuaciones más altas que otros, y el algoritmo moverá gradualmente la distribución normal en la dirección de dichos parámetros que puntúan más alto en el entorno.

Paralelizando CMA-ES

Uno de los grandes beneficios de CMA-ES es que se puede paralelizar fácilmente. La parte del algoritmo que más tiempo necesita es calcular la puntuación de un determinado conjunto de parámetros, pues tiene que simular un agente con estos parámetros en el entorno. No obstante, este proceso se puede paralelizar, porque no hay dependencias entre simulaciones individuales. Hay un proceso maestro que coordina el envío de conjuntos de parámetros que se tienen que probar a muchos procesos de nodo en paralelo. Los nodos devuelven los resultados al proceso maestro, que acumula los resultados y pasa después el resultado global de la generación al objeto CMA-ES. Este objeto actualiza la media y la matriz de covarianza de la distribución normal (figura 12.13), y ofrece al proceso maestro una nueva población para probar. Después el bucle comienza de nuevo. El diagrama de la figura 12.15 lo explica todo.

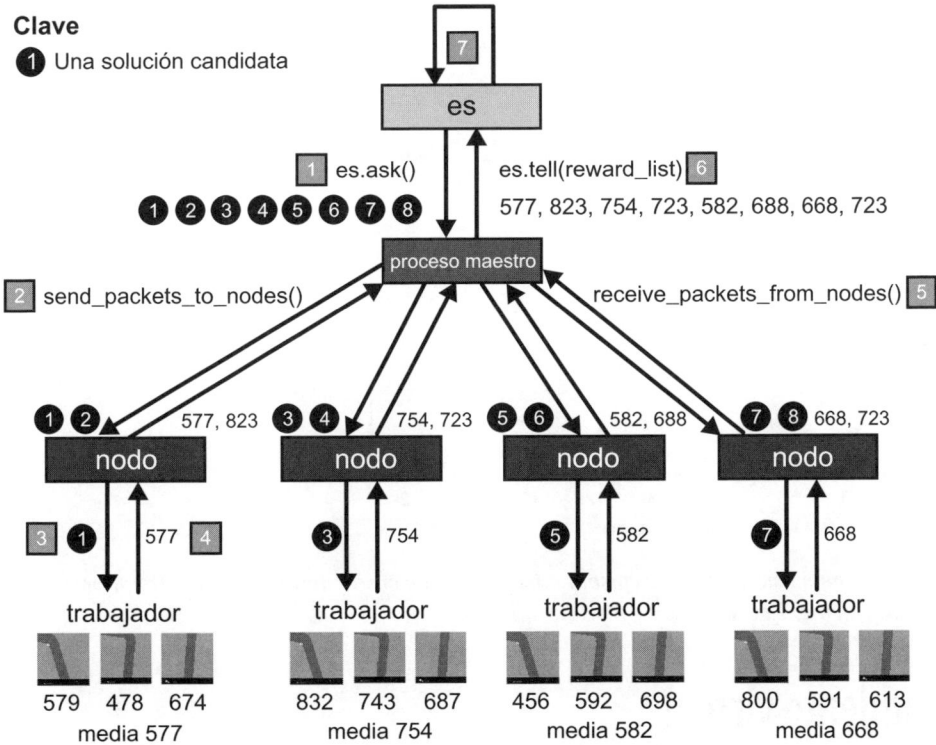

Figura 12.15. Paralelizando CMA-ES; en este caso hay un tamaño de población de ocho y cuatro nodos (por lo tanto t = 2, el número de intentos por los que cada nodo es responsable).

❶ El proceso maestro pide al objeto CMA-ES (es) un conjunto de parámetros para poner a prueba.
❷ El proceso maestro divide los parámetros en el número de nodos disponibles. Aquí, cada uno de los cuatro procesos de nodo obtiene dos juegos de parámetros para poner a prueba.

❸ Los nodos ejecutan un proceso trabajador que recorre cada conjunto de parámetros y ejecuta varios episodios para cada uno. En este caso ejecutamos tres episodios para cada juego de parámetros.

❹ Las recompensas de cada episodio se promedian obteniendo una sola puntuación para cada conjunto de parámetros.

❺ Cada nodo devuelve su lista de puntuaciones al proceso maestro.

❻ El proceso maestro agrupa todas las puntuaciones y envía esta lista al objeto es.

❼ El objeto es usa esta lista de recompensas para calcular la nueva distribución normal según la figura 12.13.

Tras unas 200 generaciones, el proceso de entrenamiento logra una puntuación de recompensa media de más o menos 840 para la tarea de la carrera de coches, como se observa en la figura 12.16.

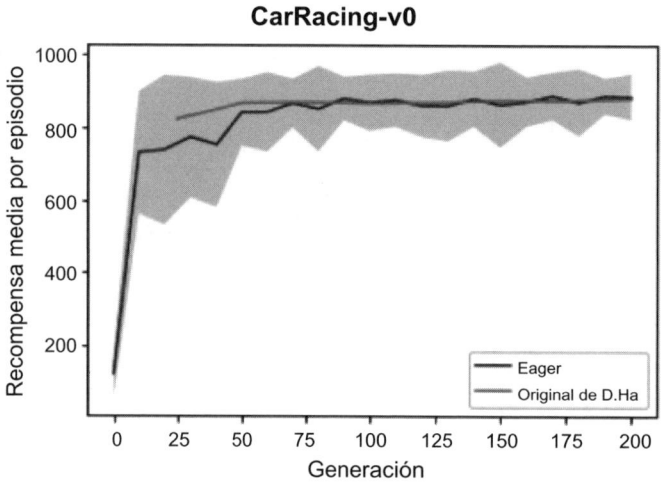

Figura 12.16. Recompensa media por episodio del proceso de entrenamiento del controlador, por generación (fuente: Zac Wellmer, «World Models»).

Entrenamiento virtual

Hasta ahora, el entrenamiento del controlador se ha llevado a cabo utilizando el entorno CarRacing de Gym para implementar el método de paso que mueve la simulación de un estado al siguiente. Esta función calcula el siguiente estado y recompensa, dado el estado actual del entorno y de la acción elegida.

Observamos que el método de paso realiza una función muy parecida a la red MDN-RNN en nuestro modelo. Tomar muestras de la red MDN-RNN produce una predicción para el siguiente vector z y la siguiente recompensa, dado el actual vector z y la acción elegida.

En realidad, la red MDN-RNN se puede considerar como un entorno por derecho propio, pero funcionando en un espacio z en lugar de en el espacio de la imagen original. Resulta increíble que esto signifique que realmente es posible sustituir el entorno real por una copia de la red MDN-RNN y entrenar el controlador completamente dentro de un entorno irreal inspirado en la red MDN-RNN de cómo debería comportarse el entorno.

En otras palabras, la red MDN-RNN ha aprendido bastante de la física general del entorno real a partir del conjunto de datos de movimiento aleatorio original, que se puede utilizar como representante del entorno real cuando se entrena el controlador. Esto es muy importante, porque significa que el agente puede entrenarse solo para aprender una nueva tarea pensando en cómo puede maximizar la recompensa en su entorno irreal, sin tener que probar nunca estrategias en el mundo real. Por tanto, puede hacer bien la tarea la primera vez, aunque en realidad nunca la haya intentado.

Comparamos a continuación las arquitecturas para entrenar en el entorno real y en el virtual: la figura 12.17 muestra la arquitectura del mundo real y en la figura 12.18 se ilustra la configuración de entrenamiento en el entorno virtual.

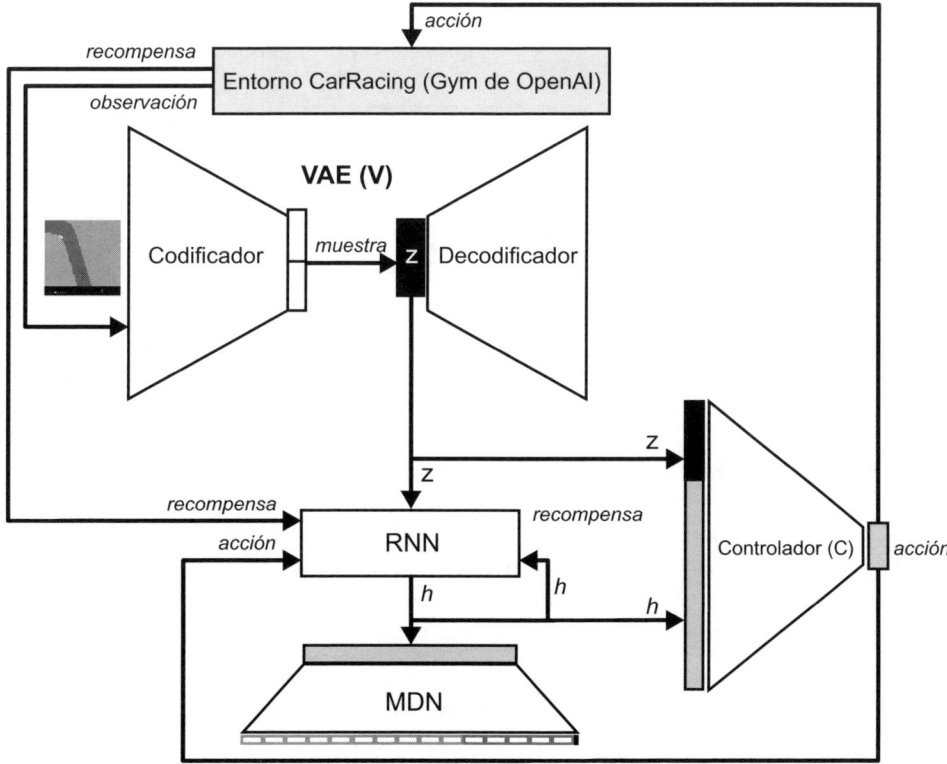

Figura 12.17. Entrenando el controlador en el entorno Gym.

Vemos que en la arquitectura virtual, el entrenamiento del controlador se realiza por completo en el espacio z sin la necesidad de tener que volver a decodificar los vectores z de nuevo en imágenes reconocibles de la pista. Por supuesto que podemos hacerlo para inspeccionar visualmente el rendimiento del agente, pero no es necesario para el entrenamiento.

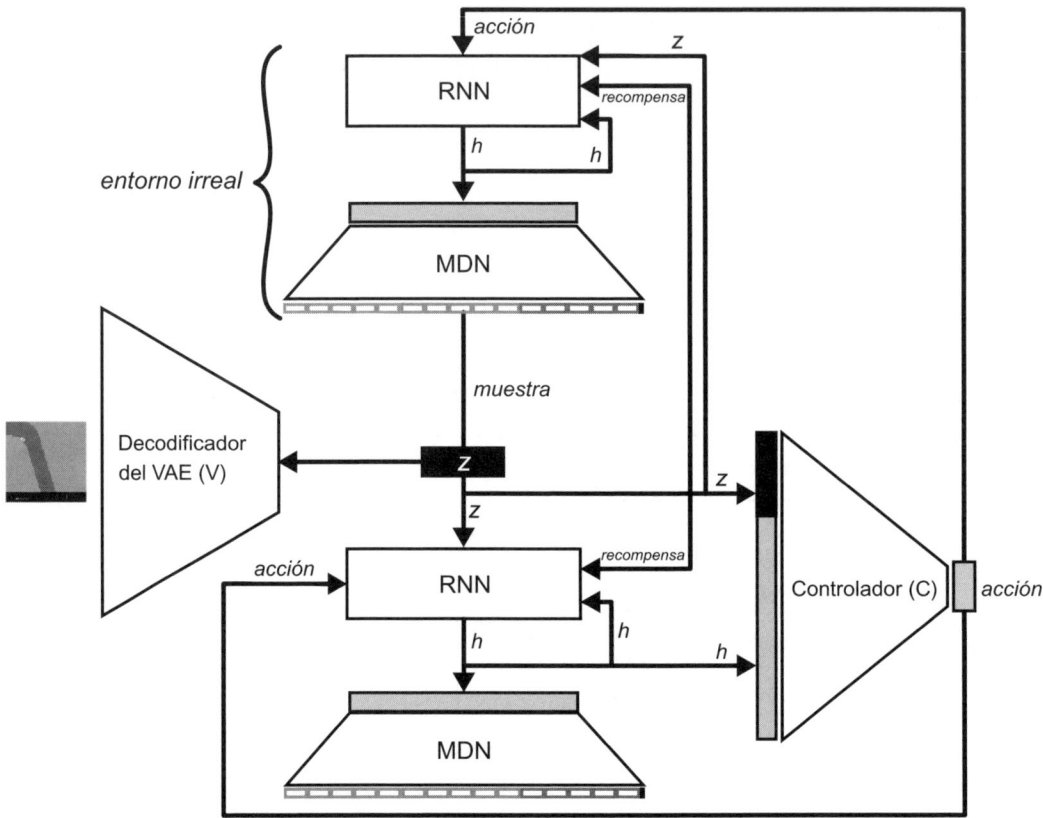

Figura 12.18. Entrenando el controlador en el entorno virtual de la red MDN-RNN.

Uno de los desafíos de entrenar agentes por completo dentro del entorno virtual de la red MDN-RNN es el sobreajuste. Ocurre cuando el agente encuentra una estrategia que da recompensas en el entorno irreal, pero no generaliza bien al entorno real, debido a que la red MDN-RNN no captura del todo el comportamiento del entorno real bajo ciertas condiciones.

Los autores del artículo original destacan este desafío y explican que incluir un parámetro temperature para controlar la incertidumbre del modelo puede aliviar el problema. Aumentar este parámetro magnifica la varianza cuando se muestrea z mediante la red MDN-RNN, dando lugar a *rollouts* más volátiles al entrenar en el entorno irreal. El controlador recibe recompensas más altas por estrategias más seguras, que encuentran estados bien entendidos y tienden, por tanto, a generalizar mejor en el entorno real. Sin embargo, la temperatura aumentada tiene que estar equilibrada frente al hecho de no hacer que el entorno sea tan volátil que el controlador no pueda aprender estrategia alguna, porque no hay suficiente consistencia en la evolución del entorno virtual con el tiempo.

En el artículo original, los autores muestran esta técnica aplicada con éxito a un entorno distinto: DoomTakeCover, basado en el juego de ordenador Doom.

La figura 12.19 muestra cómo afecta el cambio del parámetro temperature a la puntuación virtual y a la verdadera del entorno real.

Temperatura τ	Puntuación virtual	Puntuación real
0.10	2086 ± 140	193 ± 58
0.50	2060 ± 277	196 ± 50
1.00	1145 ± 690	868 ± 511
1.15	918 ± 546	1092 ± 556
1.30	732 ± 269	753 ± 139
Política aleatoria	N/A	210 ± 108
Líder de Gym	N/A	820 ± 58

Figura 12.19. Utilizando la temperatura para controlar la volatilidad del entorno virtual (fuente: Ha y Schmidhuber, 2018).

El parámetro de temperatura óptimo de 1.15 logra una puntuación de 1092 en el entorno real, y supera al líder de Gym en el momento de la publicación. Es un logro sorprendente. Recordemos que el controlador nunca ha intentado la tarea en el entorno real. Solamente ha dado pasos aleatorios en el entorno real (para entrenar el VAE y el modelo virtual MDN-RNN) y después ha utilizado el entorno virtual para entrenar al controlador.

Un beneficio clave del uso de modelos generativos del mundo real como método de aprendizaje por refuerzo es que cada generación de entrenamiento en el entorno virtual es mucho más rápida que en el entorno real. Esto se debe a que la predicción del vector z y la recompensa por parte de la red MDN-RNN es más rápida que el cálculo del vector z y la recompensa por parte del entorno de Gym.

Resumen

En este capítulo hemos visto cómo un modelo generativo (un VAE) se utiliza dentro de una configuración de aprendizaje por refuerzo para permitir a un agente aprender una estrategia efectiva, probando políticas dentro de sus propios entornos irreales generados, en lugar de dentro del entorno real.

El VAE está entrenado para aprender una representación latente del entorno, que se utiliza después como entrada para una red neuronal recurrente que pronostique futuras trayectorias dentro del espacio latente. Sorprendentemente, el agente emplea este modelo generativo como pseudoentorno para probar políticas de forma iterativa, utilizando una metodología evolutiva, que generaliza bien al entorno real.

Para más información sobre el modelo, en la página web `https://worldmodels.github.io` se puede encontrar una excelente explicación, escrita por los autores del artículo original.

Referencias

1. «*World Models*», David Ha y Jürgen Schmidhuber, 27 de marzo de 2018, `https://arxiv.org/abs/1803.10122`.

2. «*A Visual Guide to Evolution Strategies*», David Ha, 29 de octubre de 2017, `https://blog.otoro.net/2017/10/29/visual-evolution-strategies`.

CAPÍTULO 13

Modelos multimodales

Objetivos del capítulo

En este capítulo conseguiremos:

- Saber qué se entiende por modelo multimodal.

- Explorar el funcionamiento interno de DALL.E 2, un modelo de texto a imagen a gran escala de OpenAI.

- Entender el papel integral de CLIP y modelos de difusión como GLIDE en la arquitectura general de DALL.E 2.

- Analizar las limitaciones de DALL.E 2, tal y como han sido resaltadas por los autores del artículo.

- Explorar la arquitectura de Imagen, otro modelo de texto a imagen a gran escala, en esta ocasión de Google Brain.

- Conocer el proceso de difusión latente empleado por Stable Diffusion, un modelo de texto a imagen de código abierto.

- Comprender las similitudes y diferencias entre DALL.E 2, Imagen y Stable Diffusion.

- Investigar DrawBench, una colección de pruebas para evaluar modelos de texto a imagen.

- Conocer el diseño arquitectónico de Flamingo, un novedoso modelo de lenguaje visual de DeepMind.

- Desentrañar los distintos componentes de Flamingo y conocer la contribución de cada uno en el modelo como un todo.

- Explorar parte de las capacidades de Flamingo, incluidas las guías conversacionales mediante *prompts*.

Hasta ahora, hemos analizado problemas de aprendizaje generativo centrados únicamente en una modalidad de datos: textos, imágenes o música. Hemos visto que las redes GAN y los modelos de difusión son capaces de generar imágenes de última tecnología y que los

Transformers están liderando la generación de textos e imágenes. Sin embargo, como humanos, no tenemos dificultades para cruzar modalidades, por ejemplo, escribir una descripción de lo que está ocurriendo en una fotografía, crear arte digital para representar un mundo de fantasía ficticio en un libro o adecuar la banda sonora de una película a las emociones de una escena en particular. ¿Es posible entrenar a las máquinas para que hagan lo mismo?

Introducción

El aprendizaje multimodal implica entrenar modelos generativos para convertir entre dos o más tipos distintos de datos. Algunos de los modelos generativos más impresionantes introducidos en los últimos dos años han sido multimodales por naturaleza. En este capítulo exploraremos su funcionamiento en detalle y explicaremos que el futuro de los modelos generativos estará marcado por los grandes modelos multimodales.

Estudiaremos cuatro modelos distintos de lenguaje de visión: DALL.E 2 de OpenAI, Imagen de Google Brain, Stable Diffusion de Stability AI, CompVis y Runway, y Flamingo de DeepMind.

 El objetivo de este capítulo es explicar de manera concisa el funcionamiento de cada modelo, sin entrar en el detalle de todas y cada una de las decisiones de diseño. Para más información, los artículos individuales sobre cada modelo explican a fondo todas las opciones de diseño y las decisiones de la arquitectura.

La generación de texto a imagen se centra en producir imágenes de vanguardia a partir de un *prompt* de texto. Por ejemplo, dada la entrada «Una cabeza de brécol hecha de plastilina, sonriendo al sol», sería estupendo que el modelo fuera capaz de producir una imagen que coincidiera exactamente con el mensaje de texto, como muestra la figura 13.1.

Sin duda, se trata de un problema muy complejo. La comprensión de textos y la generación de imágenes son difíciles de resolver por derecho propio, como hemos visto en anteriores capítulos del libro. El modelado multimodal de este tipo presenta un desafío adicional, porque el modelo debe aprender también cómo cruzar el puente entre los dos dominios y asimilar una representación compartida que le permita convertir con precisión un bloque de texto en una imagen de alta fidelidad sin perder información.

Además, para tener éxito, el modelo debe combinar conceptos y estilos que quizá nunca haya visto antes. Por ejemplo, ningún fresco de Miguel Ángel contiene personas llevando puestos cascos de realidad virtual, pero nos gustaría que nuestro modelo fuera capaz de crear una imagen así si se lo pidiéramos. Del mismo modo, sería deseable que el modelo dedujera con precisión cómo se relacionan entre ellos los objetos de la imagen generada, según el *prompt* de texto. Por ejemplo, una imagen de «un astronauta montado en un donut en el espacio» tendría un aspecto muy distinto a otra de «un astronauta comiéndose un donut en un espacio lleno de gente». El modelo tiene que aprender cómo se da significado a las palabras según el contexto y cómo convertir relaciones textuales explícitas entre entidades en imágenes que impliquen el mismo significado.

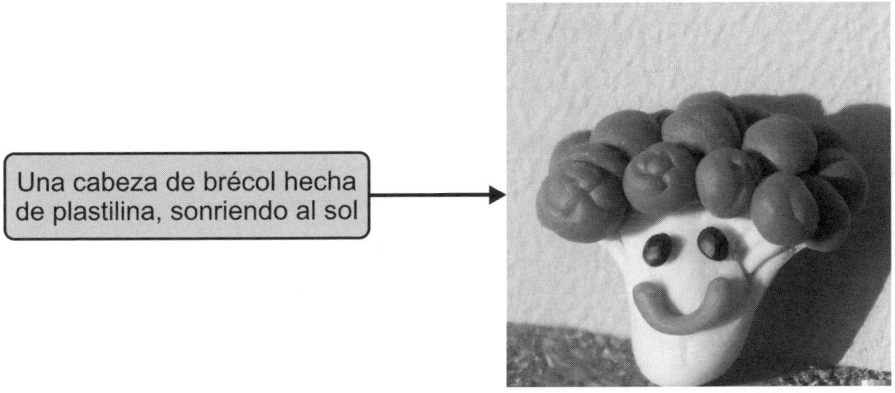

Una cabeza de brécol hecha de plastilina, sonriendo al sol

Figura 13.1. Un ejemplo de generación de texto a imagen realizada por DALL.E 2.

DALL.E 2

El primer modelo que exploraremos es DALL.E 2, diseñado por OpenAI para generación de texto a imagen. La primera versión de este modelo, DALL.E,[1] se lanzó en febrero de 2021 y suscitó una nueva ola de interés por los modelos generativos multimodales. En esta sección, investigaremos el funcionamiento de la segunda iteración del modelo, DALL.E 2,[2] presentada poco más de un año después, en abril de 2022.

DALL.E 2 es un modelo extremadamente impresionante, que ha hecho avanzar nuestra comprensión de la capacidad de la IA para resolver este tipo de problemas multimodales. No solo tiene ramificaciones académicamente hablando, sino que también nos obliga a formular grandes preguntas relacionadas con el papel de la inteligencia artificial en procesos creativos que previamente estaban pensados como privativos de los humanos. Empezaremos explorando el funcionamiento de DALL.E 2, partiendo de ideas fundamentales ya estudiadas anteriormente en este libro.

Arquitectura

Para entender cómo funciona DALL.E 2, primero debemos examinar su arquitectura general (véase la figura 13.2).

Se compone de tres partes: el codificador de texto, el prior y el decodificador. El texto se pasa primero por el codificador de texto para producir un vector de incrustación de texto. El prior lo transforma a continuación para crear un vector de incrustación de imagen. Este último se pasa por el decodificador, junto con el texto original, para producir la imagen generada. Para tener una visión completa de cómo funciona DALL.E 2 en la práctica, iremos paso a paso por cada uno de sus componentes.

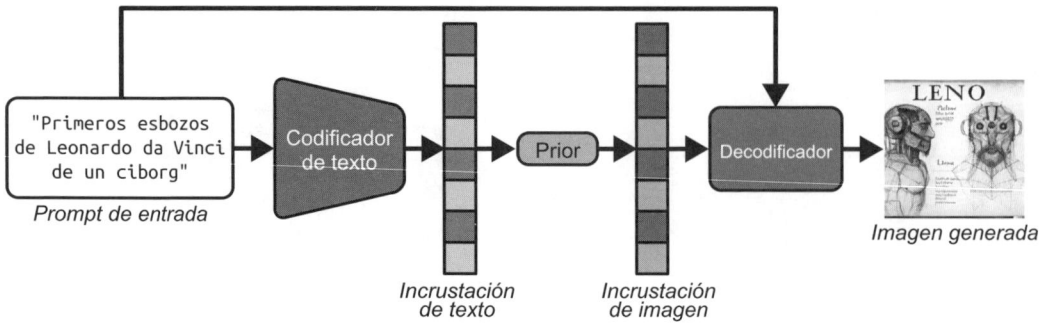

Figura 13.2. La arquitectura DALL.E 2.

El codificador de texto

El objetivo del codificador de texto es convertir el *prompt* de texto en un vector de incrustación, que represente el significado conceptual del mensaje dentro de un espacio latente. Como hemos visto en capítulos anteriores, convertir texto discreto en un vector del espacio latente continuo es esencial para todas las tareas posteriores, porque ello permite seguir manipulando el vector, dependiendo de nuestro objetivo final.

En DALL.E 2, los autores no entrenan el codificador de texto desde cero, sino que aprovechan un modelo existente llamado CLIP (*Contrastive Language-Image Pre-training*, preentrenamiento contrastivo de imagen-lenguaje), también creado por OpenAI. Por tanto, para entender el codificador de texto, primero hemos de comprender cómo funciona CLIP.

CLIP

CLIP (https://openai.com/research/clip)[3] se presentó en un artículo publicado por OpenAI en febrero de 2021 (pocos días después del artículo sobre el primer DALL.E) que lo describía como «una red neuronal que aprende eficazmente conceptos visuales a partir de la supervisión mediante lenguaje natural».

Este modelo utiliza una técnica llamada aprendizaje contrastivo para emparejar imágenes con descripciones de texto. El modelo se entrena con un conjunto de datos de 400 millones de pares texto-imagen extraídos de Internet (la figura 13.3 muestra algunos ejemplos). A modo de comparación, en ImageNet hay 14 millones de imágenes comentadas a mano. Dada una imagen y una lista de posibles descripciones de texto, su tarea es encontrar la que coincide con la imagen.

La idea del aprendizaje contrastivo es sencilla. Entrenamos dos redes neuronales: un codificador de texto, que convierte texto en una incrustación de texto, y un codificador de imagen, que convierte una imagen en una incrustación de imagen. Después, dado un lote de pares texto-imagen, comparamos todas las combinaciones de incrustaciones de texto e imagen utilizando la similitud del coseno, y entrenamos las redes para maximizar la puntuación entre pares texto-imagen coincidentes y minimizarla entre pares de texto-imagen incorrectos. Este proceso se muestra en la figura 13.4.

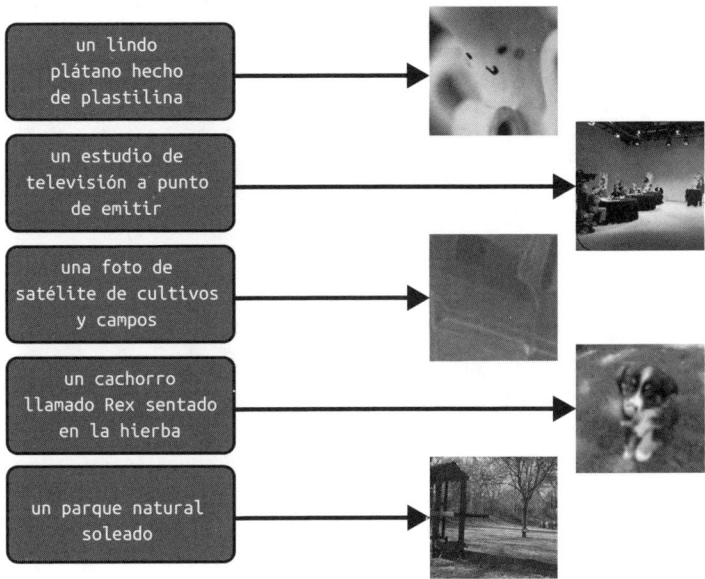

Figura 13.3. Ejemplos de pares texto-imagen.

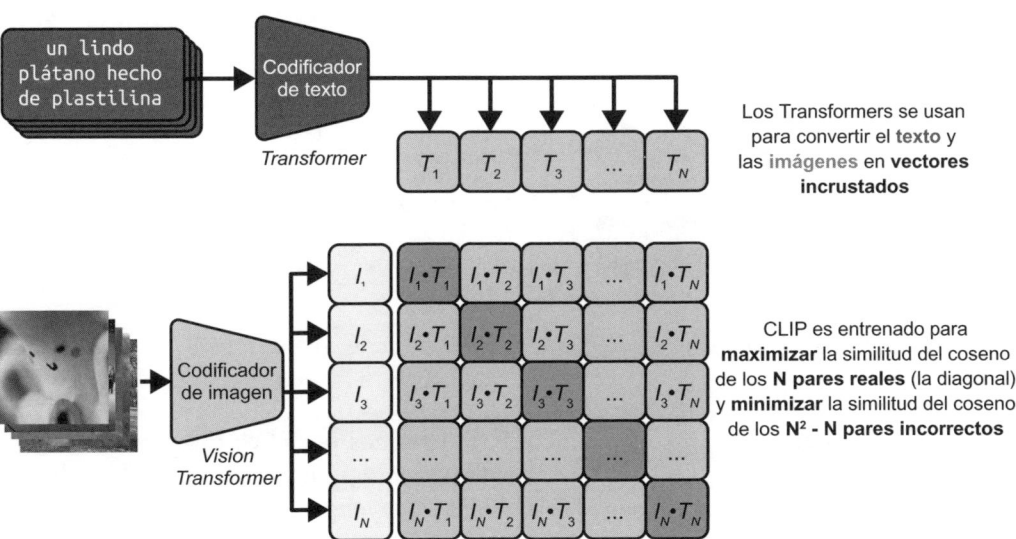

Figura 13.4. El proceso de entrenamiento de CLIP.

CLIP no es generativo

Tengamos en cuenta que CLIP no es un modelo generativo, es decir, no puede producir imágenes o texto. Se parece más a un modelo discriminativo, porque el resultado final es una predicción de la descripción de texto de un determinado conjunto que más se aproxima a una determinada imagen (o viceversa, de la imagen que más coincide con una descripción de texto dada).

Tanto el codificador de texto como de imagen son Transformers, mientras el de imagen es un Vision Transformer (ViT), introducido en la sección «ViT VQ-GAN» del capítulo 10, que aplica el mismo concepto de atención a las imágenes. Los autores probaron otras arquitecturas de modelo, pero descubrieron que esta combinación producía los mejores resultados.

Lo que hace que CLIP sea especialmente interesante es la forma en la que se utiliza para predicciones *zero-shot* en tareas a las que nunca ha sido expuesto. Por ejemplo, supongamos que queremos usar CLIP para predecir la etiqueta de una determinada imagen del conjunto ImageNet. Primero convertimos las etiquetas ImageNet en sentencias utilizando una plantilla (por ejemplo, «una foto de un <etiqueta>»), como muestra la figura 13.5.

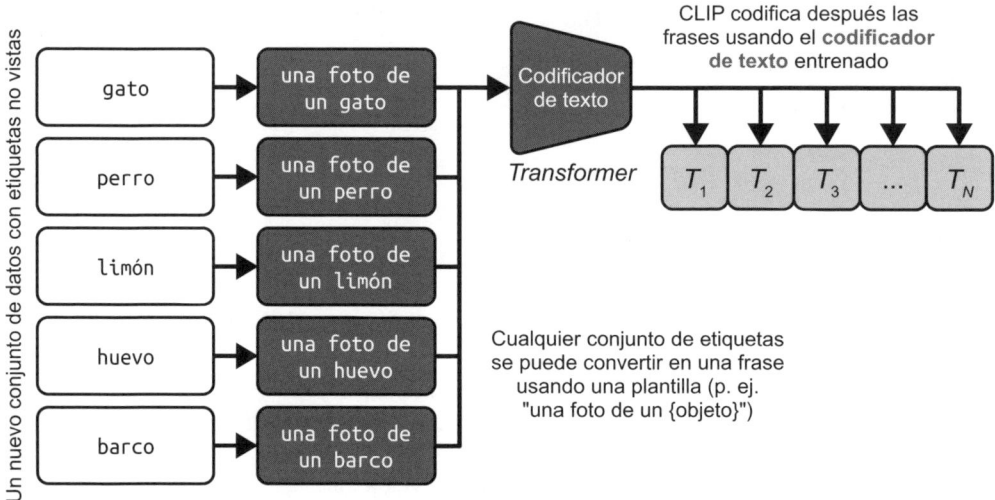

Figura 13.5. Convirtiendo etiquetas de un nuevo conjunto de datos en textos, para producir incrustaciones de texto CLIP.

Para predecir la etiqueta de una cierta imagen, la pasamos por el codificador de imagen de CLIP y calculamos la similitud del coseno entre la incrustación de la imagen y todas las posibles incrustaciones de texto para hallar la etiqueta que tenga la puntuación más alta (ver la figura 13.6).

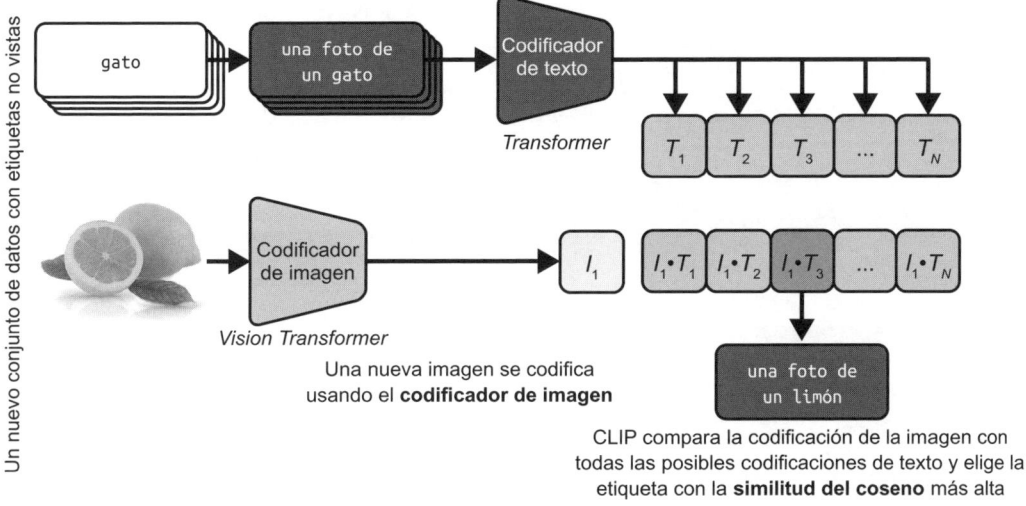

Figura 13.6. Utilizando CLIP para predecir el contenido de una imagen.

Vemos que no es necesario reentrenar ninguna de las redes neuronales CLIP para que sea fácilmente aplicable a tareas nuevas. Utiliza el lenguaje como dominio común mediante el cual se puede expresar cualquier conjunto de etiquetas.

Con este método, es posible demostrar que CLIP trabaja bien con una amplia gama de desafíos de etiquetado de conjuntos de datos de imágenes (figura 13.7). Otros modelos entrenados con un conjunto de datos específico para predecir una serie de etiquetas fallan a menudo al ser aplicados a distintos conjuntos de datos con las mismas etiquetas, porque están optimizados para los conjuntos de datos individuales en los que fueron entrenados. CLIP es mucho más robusto, pues ha adquirido una profunda comprensión conceptual de las descripciones de texto y de las imágenes, en lugar de destacar en la limitada tarea de asignar una sola etiqueta a una determinada imagen de un conjunto de datos.

Como hemos mencionado, CLIP se mide según su habilidad discriminativa, por tanto, ¿cómo nos ayuda a crear modelos generativos como DALL.E 2?

La respuesta es que podemos tomar el codificador de texto entrenado y utilizarlo como parte de un modelo más grande como DALL.E 2, con pesos congelados. El codificador entrenado es simplemente un modelo generalizado para convertir texto en una incrustación de texto, lo que debería resultar útil para tareas posteriores, como la generación de imágenes. El codificador de texto es capaz de capturar una rica comprensión conceptual del texto, pues ha sido entrenado para ser tan parecido como sea posible a su equivalente de incrustación de imagen, que solamente se produce a partir de la imagen emparejada. Por lo tanto, es la primera parte del puente que debemos ser capaces de cruzar desde el dominio de texto al de imagen.

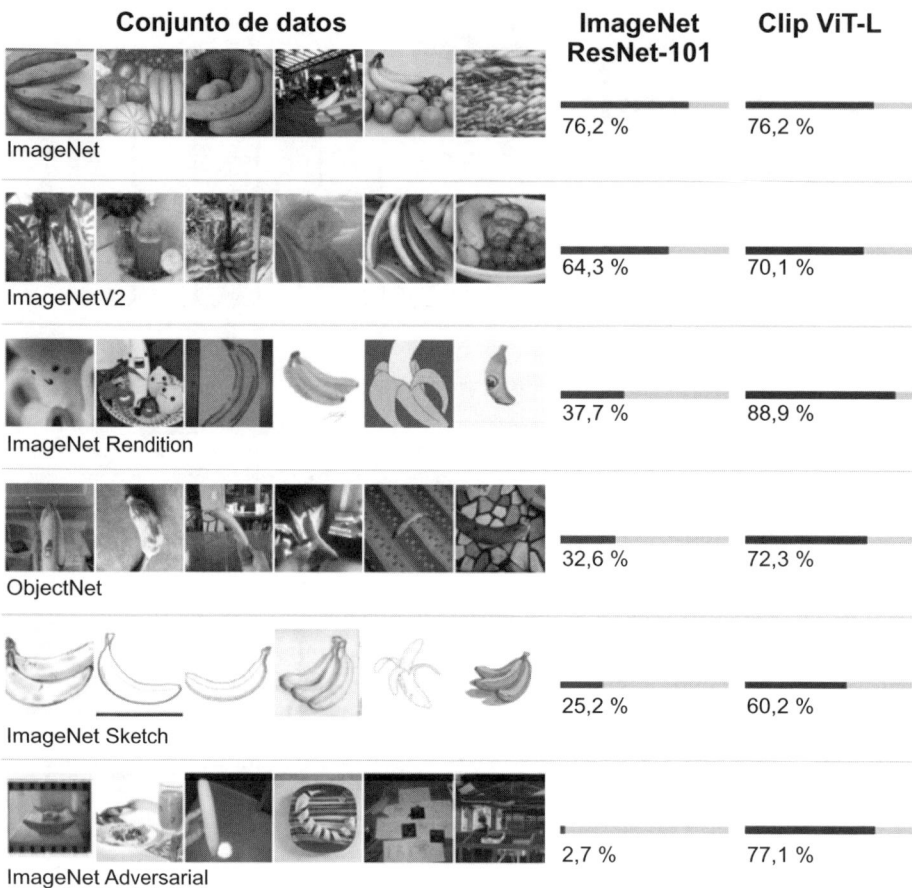

Conjunto de datos	ImageNet ResNet-101	Clip ViT-L
ImageNet	76,2 %	76,2 %
ImageNetV2	64,3 %	70,1 %
ImageNet Rendition	37,7 %	88,9 %
ObjectNet	32,6 %	72,3 %
ImageNet Sketch	25,2 %	60,2 %
ImageNet Adversarial	2,7 %	77,1 %

Figura 13.7. CLIP funciona bien en una amplia gama de conjuntos de datos de etiquetado de imágenes (fuente: Radford et al., 2021).

El prior

La siguiente etapa del proceso implica convertir la incrustación de texto en una incrustación de imagen de CLIP. Los autores de DALL.E 2 probaron dos métodos para entrenar el modelo del prior:

- Un modelo autorregresivo.
- Un modelo de difusión.

Descubrieron que el método de difusión superaba al modelo autorregresivo y era más eficaz computacionalmente hablando. En esta sección, revisaremos ambos y veremos en qué difieren.

Prior autorregresivo

Un modelo autorregresivo genera resultados secuencialmente, ordenando los tókenes de salida (por ejemplo, palabras o píxeles) y condicionando el siguiente token según los anteriores. Hemos visto en capítulos anteriores cómo se utiliza esto en redes neuronales recurrentes (por ejemplo, redes LSTM), Transformers y PixelCNN.

El prior autorregresivo de DALL.E 2 es un Transformer codificador-decodificador. Se entrena para reproducir la incrustación de imagen de CLIP dada una incrustación de texto de CLIP, como muestra la figura 13.8. El modelo autorregresivo tiene algunos componentes adicionales mencionados en el artículo original, que aquí omitiremos por motivos de brevedad.

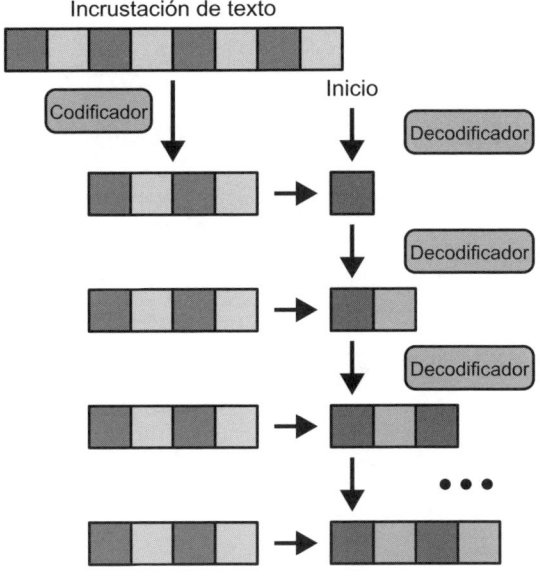

Figura 13.8. Un diagrama simplificado del prior autorregresivo de DALL.E 2.

El modelo se entrena con el conjunto de datos de pares texto-imagen de CLIP. Se puede considerar como la segunda parte del puente que necesitamos para saltar del dominio de texto al de imagen: estamos convirtiendo un vector del espacio latente de la incrustación de texto al de la incrustación de imagen.

El codificador del Transformer codifica la incrustación del texto de entrada para producir otra representación que se pasa al decodificador, junto con la incrustación de imagen de salida actual generada. La salida se genera un elemento cada vez, comparando el siguiente elemento predicho con la incrustación de imagen de CLIP real.

La naturaleza secuencial de la generación significa que el modelo autorregresivo es menos eficiente computacionalmente hablando que el otro método probado por los autores, que repasaremos a continuación.

Prior de difusión

Como vimos en el capítulo 8, los modelos de difusión se están convirtiendo rápidamente en la elección preferida por los profesionales del modelado generativo, junto con los Transformers. En DALL.E 2 se utiliza como prior un Transformer solo decodificador, entrenado mediante un proceso de difusión.

En la figura 13.9 se muestra el proceso de entrenamiento y generación. De nuevo se trata de una versión simplificada; el artículo original contiene todos los detalles de cómo está estructurado el modelo de difusión.

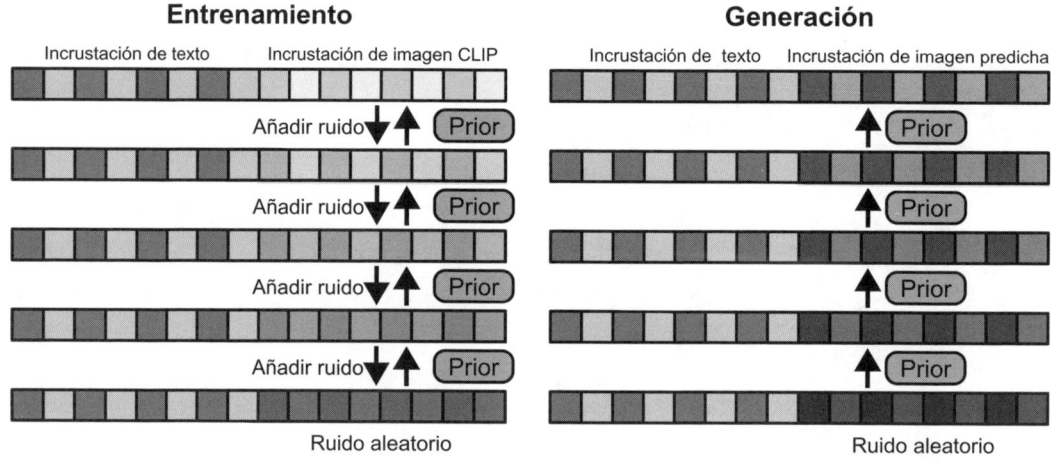

Figura 13.9. Un diagrama simplificado del entrenamiento de difusión del prior y del proceso de generación de DALL.E 2.

Durante el entrenamiento, cada par de incrustaciones de texto e imagen de CLIP se concatenan primero en un solo vector. Después, se añade ruido a la incrustación de imagen durante más de 1000 pasos de tiempo, hasta que es indistinguible del ruido aleatorio. El prior de difusión se entrena entonces para predecir la incrustación de imagen con el ruido eliminado en el paso de tiempo anterior. El prior tiene acceso a la incrustación de texto en todo el proceso, de modo que es capaz de condicionar sus predicciones según esta información, transformando gradualmente el ruido aleatorio en una incrustación de imagen de CLIP predicha. La función de pérdida es el error cuadrático medio promedio en todos los pasos de eliminación de ruido.

Para generar nuevas incrustaciones de imagen, muestreamos un vector aleatorio, anteponemos la incrustación de texto relevante y la pasamos varias veces por el prior de difusión entrenado.

El decodificador

La parte final de DALL.E 2 es el decodificador. Es la parte del modelo que genera la imagen final condicionada según el *prompt* de texto y la incrustación de imagen predicha producida por el prior.

La arquitectura y el proceso de entrenamiento del decodificador se han tomado de un artículo anterior de OpenAI, publicado en diciembre de 2021, que presentaba un modelo generativo llamado GLIDE (*Guided Language to Image Diffusion for Generation and Editing*, difusión guiada de lenguaje a imagen para generación y edición).[4]

GLIDE es capaz de generar imágenes realistas a partir de *prompts* de texto, de una forma muy parecida a cómo lo hace DALL.E 2. La diferencia es que GLIDE no utiliza incrustaciones de CLIP, sino que trabaja directamente con el *prompt* de texto sin procesar, entrenando el modelo entero desde cero (ver la figura 13.10).

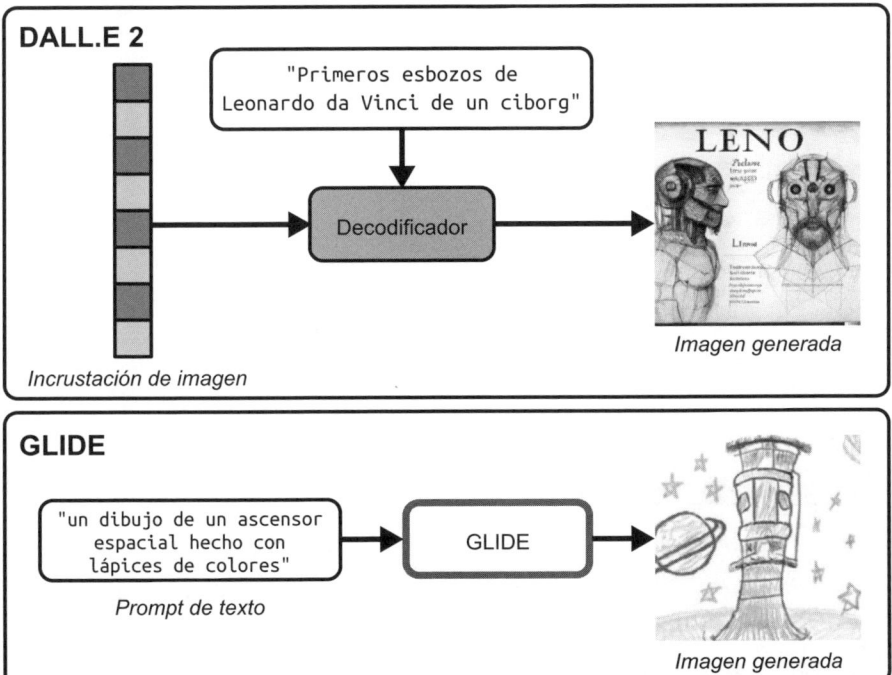

Figura 13.10. Una comparación entre DALL.E 2 y GLIDE; GLIDE entrena el modelo generativo completo desde cero, mientras que DALL.E 2 utiliza las incrustaciones de CLIP para transmitir la información desde el prompt de texto inicial.

Veamos en primer lugar cómo funciona GLIDE.

GLIDE

GLIDE está entrenado como un modelo de difusión, con arquitectura U-Net para la parte eliminadora de ruido y arquitectura Transformer para el codificador de texto. Aprende a deshacer el ruido añadido a una imagen, guiado por el *prompt* de texto. Por último, se entrena un modelo de sobremuestreo o *upsampler* para dimensionar la imagen generada a 1024 x 1024 píxeles.

GLIDE entrena el modelo de 3500 millones de parámetros desde cero, repartidos en 2300 millones para la parte visual del modelo (U-Net y sobremuestreo) y 1200 millones para el Transformer. Se entrena con 250 millones de pares de texto-imagen.

El proceso de difusión se muestra en la figura 13.11. Se utiliza un Transformer para crear una incrustación del *prompt* de texto de entrada, que se emplea después para guiar a la U-Net a lo largo del proceso de eliminación de ruido. Ya exploramos la arquitectura U-Net en el capítulo 8; es la elección de modelo perfecta cuando el tamaño global de la imagen debe mantenerse igual (por ejemplo, para transferencia de estilo, eliminación de ruido, etc.).

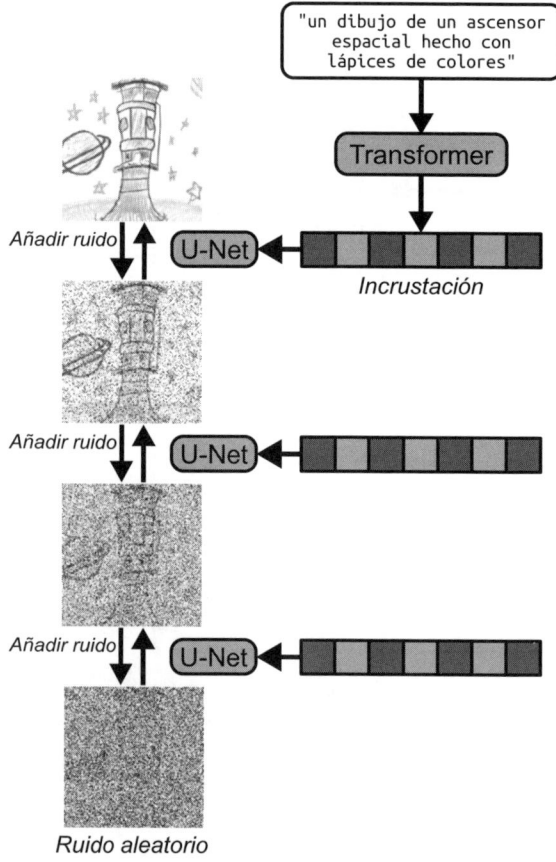

Figura 13.11. El proceso de difusión de GLIDE.

El decodificador de DALL.E 2 sigue utilizando las arquitecturas de eliminación de ruido de U-Net y de codificación de texto del Transformer, pero cuenta, además, con las incrustaciones de imagen predichas de CLIP para condicionarlas. Esta es la diferencia principal entre GLIDE y DALL.E 2, como muestra la figura 13.12.

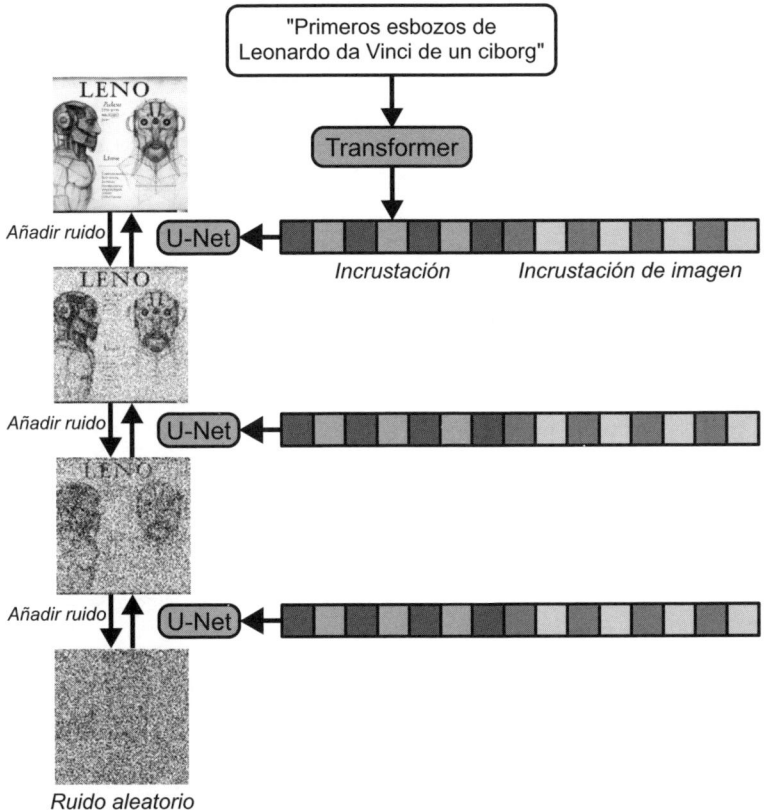

Figura 13.12. El decodificador de DALL.E 2 condiciona de manera adicional la incrustación de imagen producida por el prior.

Como con todos los modelos de difusión, simplemente muestreamos un poco de ruido aleatorio y lo pasamos varias veces por el eliminador de ruido de la U-Net, condicionado por la codificación de texto e incrustación de imagen del Transformer. El resultado es una imagen de 64 x 64 píxeles.

Modelo de sobremuestreo

La parte final del decodificador es el modelo de sobremuestreo, que se compone de dos modelos de difusión distintos. El primero transforma la imagen de 64 x 64 a 256 x 256 píxeles, y el segundo lo transforma de nuevo, de 256 x 256 a 1024 x 1024 píxeles, como muestra la figura 13.13.

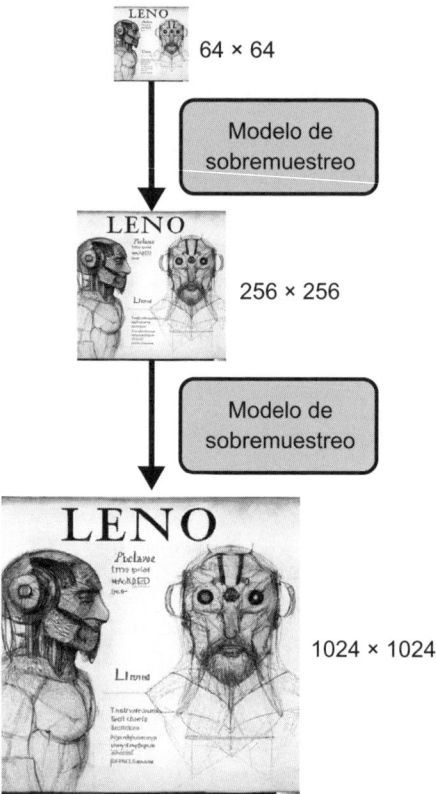

64 × 64

Modelo de
sobremuestreo

256 × 256

Modelo de
sobremuestreo

1024 × 1024

Figura 13.13. El primer modelo de difusión de sobremuestreo convierte la imagen de 64 x 64
a 256 x 256 píxeles, mientras que el segundo la convierte de 256 x 256 a 1024 x 1024 píxeles.

El sobremuestreo es útil, porque significa que no necesitamos crear grandes modelos previos para manejar imágenes de muchas dimensiones. Podemos trabajar con imágenes pequeñas hasta las etapas finales del proceso, momento en el que aplicamos los modelos de sobremuestreo. Así ahorramos en parámetros del modelo y aseguramos un proceso de entrenamiento previo más eficiente.

Con esto concluimos la explicación del modelo DALL.E 2. En resumen, DALL.E 2 utiliza el modelo CLIP preentrenado para producir de manera inmediata una incrustación de texto del *prompt* de entrada. Después lo convierte en una incrustación de imagen utilizando un modelo de difusión llamado prior. Por último, implementa un modelo de difusión de estilo GLIDE para generar la imagen de salida, condicionada por la incrustación de imagen predicha y el prompt de entrada codificado por el Transformer.

Ejemplos de DALL.E 2

En el sitio web oficial de DALL.E 2 (`https://openai.com/dall-e-2`) se pueden encontrar ejemplos de más imágenes generadas por este modelo. Es sorprendente cómo el modelo es capaz de combinar conceptos complejos y dispares de una forma totalmente realista y creíble, representando un importante avance para la inteligencia artificial y el modelado generativo.

En el artículo, los autores explican que el modelo también se puede utilizar para fines distintos a la generación de texto a imagen. Una de estas aplicaciones es la creación de variaciones de una imagen, que exploraremos en la siguiente sección.

Variaciones de una imagen

Como ya hemos comentado antes, para generar imágenes utilizando el decodificador de DALL.E 2 tomamos como muestra una imagen formada por puro ruido aleatorio, y después reducimos gradualmente la cantidad de ruido mediante el modelo de difusión eliminador de ruido, condicionado por la incrustación de imagen suministrada. Seleccionar distintas muestras de ruido aleatorio iniciales dará como resultado imágenes también diferentes.

Para generar variaciones de una imagen, tan solo tenemos, por tanto, que establecer su incrustación de imagen para pasarla al decodificador. La obtenemos mediante el codificador de imagen de CLIP original, diseñado explícitamente para convertir una imagen en su incrustación de imagen de CLIP. Este proceso se observa en la figura 13.14.

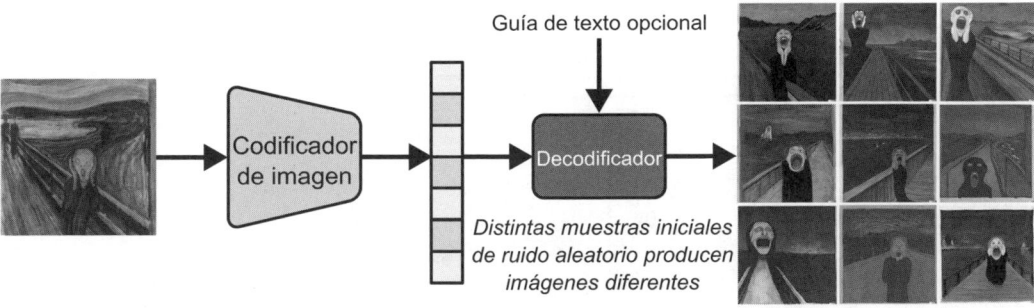

Figura 13.14. DALL.E 2 se puede emplear para generar variaciones de una imagen.

Importancia del prior

Otra vía explorada por los autores es establecer la importancia del prior. El objetivo del prior es proporcionar al decodificador una representación útil de la imagen que se va a generar, utilizando el modelo CLIP preentrenado. No obstante, puede ocurrir que este paso no sea necesario, quizá porque se podría pasar la incrustación de texto directamente al decodificador en lugar de la incrustación de imagen, o bien ignorar las incrustaciones de CLIP por completo y condicionarlo todo solamente al *prompt* de texto. ¿Impactaría esto en la calidad de las generaciones?

Para probarlo, los autores intentaron tres métodos distintos:

1. Pasar al decodificador solamente el *prompt* de texto (y un vector cero para la incrustación de imagen).
2. Pasar al decodificador el *prompt* de texto y la incrustación de texto (como si fuera una incrustación de imagen).
3. Pasar al decodificador el *prompt* de texto y la incrustación de imagen (esto es, el modelo completo).

En la figura 13.5 vemos resultados de ejemplo. Observamos que cuando se priva al decodificador de información de la incrustación de imagen, solo produce una aproximación del *prompt* de texto, perdiendo información importante, como la calculadora. Utilizar la incrustación de texto como si fuera de imagen funciona algo mejor, aunque no es capaz de capturar la relación entre el erizo y la calculadora. Solo el modelo completo incluyendo el prior produce una imagen que refleja con exactitud toda la información contenida en el *prompt*.

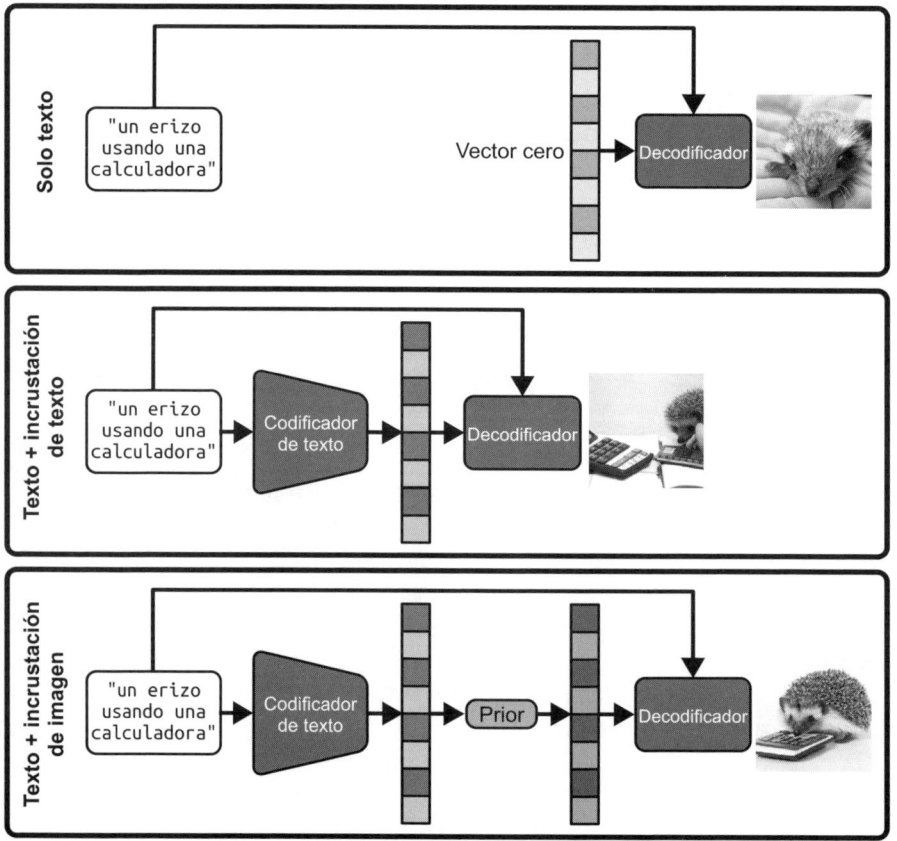

Figura 13.15. El prior ofrece al modelo contexto adicional y ayuda al decodificador a producir generaciones más precisas (fuente: Ramesh et al., 2022).

Limitaciones

En el artículo de DALL.E 2, los autores resaltan también varias limitaciones conocidas del modelo. Dos de ellas (vinculación de atributos y generación de texto) aparecen en la figura 13.16.

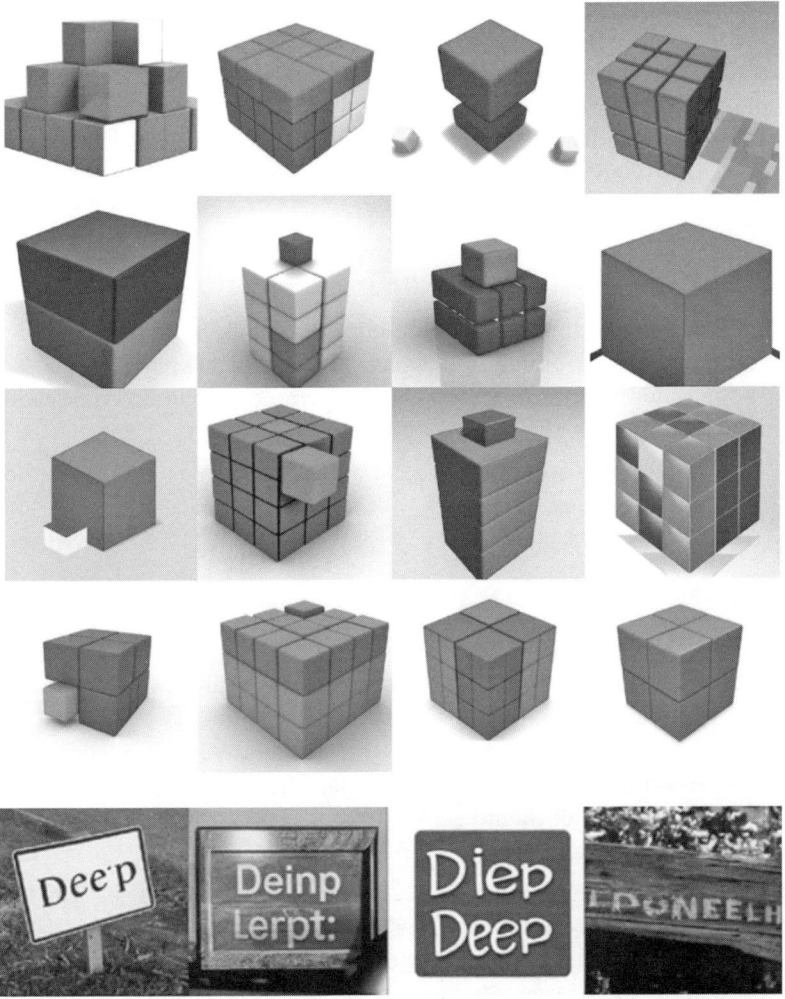

Figura 13.16. Dos limitaciones de DALL.E 2 residen en su capacidad para vincular atributos a objetos y reproducir información textual. El prompt de arriba dice: «Un cubo de color más claro encima de un cubo de color más oscuro», y el prompt de abajo: «Un cartel que dice deep learning» (fuente: Ramesh et al., 2022).

La vinculación de atributos es la capacidad de un modelo de entender la relación entre palabras de un *prompt* de texto, y en particular cómo se relacionan los atributos con los objetos. Por ejemplo, el *prompt* «Un cubo de color más claro encima de un cubo de color más oscuro» debe parecer visualmente distinto a «Un cubo de color más oscuro encima de un cubo de color más claro». A DALL.E esto le cuesta un poco, comparado con modelos anteriores como GLIDE, aunque la calidad global de las generaciones sea mejor y más diversa.

Además, DALL.E 2 no puede reproducir texto con precisión, probablemente debido al hecho de que las incrustaciones CLIP no capturan la ortografía, sino que solamente contienen una presentación avanzada del texto. Estas representaciones se pueden decodificar en texto con éxito parcial (por ejemplo, las letras individuales son en su mayoría correctas), pero no con la suficiente comprensión compositiva como para formar palabras completas.

Imagen

Justo un mes después de que OpenAI lanzara DALL.E 2, el equipo de Google Brain lanzó también su propio modelo de texto a imagen, denominado Imagen.[5] Muchos de los temas básicos ya explorados en este capítulo también se aplican a Imagen: por ejemplo, utiliza un codificador de texto y un decodificador de modelo de difusión.

En la siguiente sección, exploraremos la arquitectura general de Imagen y la compararemos con DALL.E 2.

Arquitectura

La figura 13.17 contiene una vista general de la arquitectura de Imagen.

El codificador de texto congelado es el modelo T5-XXL preentrenado, un enorme Transformer codificador-decodificador. A diferencia de CLIP, este modelo se entrenó solo con texto y no con imágenes, de modo que no es multimodal. No obstante, los autores descubrieron que sigue funcionando de forma excelente como codificador de texto para Imagen y que dimensionar este modelo tiene más impacto en el rendimiento general que dimensionar el decodificador del modelo de difusión.

Al igual que el de DALL.E 2, el modelo de difusión de decodificación de Imagen se basa en una arquitectura U-Net, condicionada por incrustaciones de texto. La arquitectura U-Net estándar ha sufrido varias mejoras arquitectónicas, para producir lo que los autores llaman U-Net eficiente. Este modelo utiliza menos memoria, converge más rápido y las muestras tienen mejor calidad que las de anteriores modelos U-Net.

Los modelos de super-resolución del modelo de sobremuestreo que pasan la imagen generada de 64 x 64 a 1024 x 1024 píxeles son también modelos de difusión, que siguen utilizando las incrustaciones de texto para guiar el proceso de sobremuestreo.

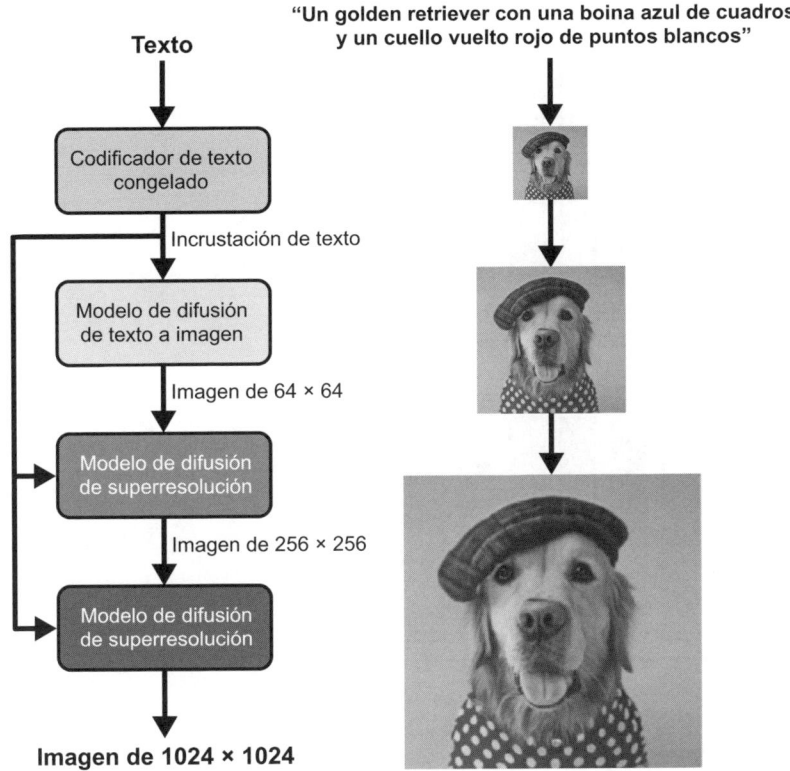

Figura 13.17. La arquitectura de Imagen (fuente: Saharia et al., 2022).

DrawBench

Una contribución adicional del artículo de Imagen es DrawBench (una colección de 200 *prompts* de texto para evaluación de texto a imagen). Los *prompts* de texto abarcan 11 categorías, como por ejemplo *Counting* (capacidad para generar un número determinado de objetos), *Description* (capacidad para generar prompts de texto complejos y largos describiendo objetos) y *Text* (capacidad para generar texto entrecomillado). Por comparar dos modelos, los *prompts* de texto de DrawBench se pasan por cada modelo y los resultados se entregan a un grupo de evaluadores humanos que los valoran según dos mediciones:

- Conformidad: ¿Qué imagen describe con más precisión el texto?
- Fidelidad: ¿Qué imagen es más fotorrealista (parece más real)?

Los resultados de la evaluación humana de DrawBench se representan en la figura 13.18.

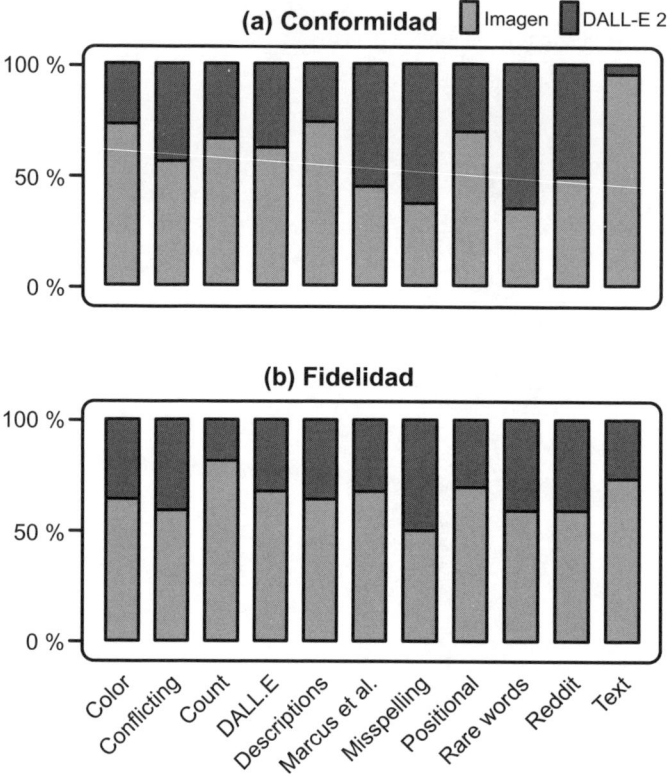

Figura 13.18. Comparación de Imagen y DALL.E 2 en DrawBench según la precisión y la fidelidad de la imagen (fuente: Saharia et al., 2022).

Tanto DALL.E 2 como Imagen son modelos notables que han hecho contribuciones importantes en el campo de la generación de texto a imagen. Mientras Imagen supera a DALL.E 2 en muchas de las pruebas de DrawBench, DALL.E 2 ofrece funcionalidades adicionales no presentes en Imagen. Por ejemplo, como DALL.E 2 utiliza CLIP (un modelo de texto a imagen multimodal), es capaz de aceptar imágenes como entrada para generar incrustaciones de imagen. Esto significa que DALL.E 2 es capaz de ofrecer funciones de edición y variación de imágenes. Esto no es posible con Imagen; el codificador de texto es un modelo de texto puro, de modo que no hay forma de pasar una imagen como entrada.

Ejemplos de Imagen

La figura 13.19 muestra generaciones de ejemplo producidas por Imagen.

| Tres esferas de cristal cayendo al mar. El agua salpica. El sol se está poniendo. | La palabra "Imagen" rodeada de flores y mariposas saliendo de un viejo televisor. | Una fresa salpicando al caer dentro de una taza llena de café bajo un cielo estrellado. |

Figura 13.19. Generaciones de ejemplo de Imagen (fuente: Saharia et al., 2022).

Stable Diffusion

El último modelo de difusión de texto a imagen que exploraremos es Stable Diffusion, lanzado en agosto de 2022 por Stability AI (`https://stability.ai`), en colaboración con el grupo de investigación Computer Vision and Learning de la Universidad de Múnich (`https://ommer-lab.com`) y Runway (`https://runwayml.com`). Es diferente de DALL.E 2 e Imagen en que su código y sus pesos de modelo se han hecho públicos a través de Hugging Face (`https://huggingface.co/stabilityai/stable-diffusion-2-1`), lo que significa que cualquiera puede interactuar con el modelo en su propio hardware, sin tener que usar API propias.

Arquitectura

La principal diferencia arquitectónica entre Stable Diffusion y los modelos de texto a imagen tratados anteriormente es que utiliza difusión latente como modelo generativo subyacente. Los modelos de difusión latente o LDM (*Latent Diffusion Models*) fueron introducidos por Rombach *et al.* en diciembre de 2021, en al artículo «*High-Resolution Image Synthesis with Latent Diffusion Models*».[6] La idea principal del artículo es envolver el modelo de difusión dentro de un autocodificador, de forma que el proceso de difusión trabaje en una representación del espacio latente de la imagen, en lugar de en la propia imagen, como muestra la figura 13.20.

Este descubrimiento significa que el modelo de eliminación de ruido de U-Net se puede mantener relativamente ligero, en comparación con modelos U-Net que funcionan con imágenes completas. El autocodificador gestiona la pesada tarea de codificar el detalle de la imagen en el espacio latente y decodificar de nuevo el espacio latente en una imagen de alta resolución, dejando el modelo de difusión que trabaje meramente en un espacio conceptual latente. Gracias a esto, el proceso de entrenamiento funciona con una importante aumento en velocidad y rendimiento.

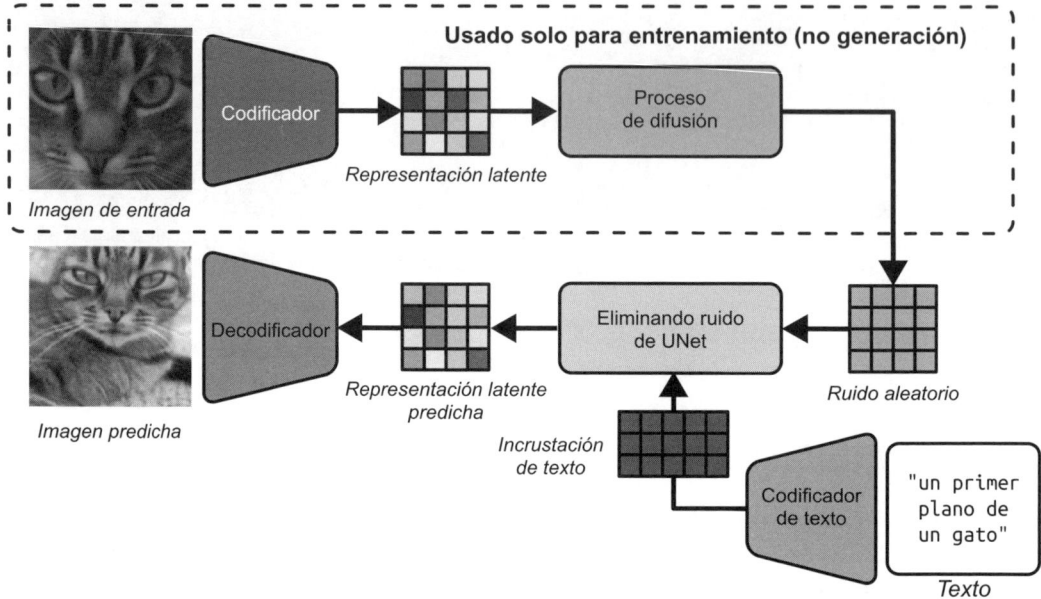

Figura 13.20. La arquitectura Stable Diffusion.

El proceso de eliminación de ruido también puede guiarse de manera opcional por un *prompt* de texto que se ha pasado por un codificador de texto. La primera versión de Stable Diffusion utilizó el modelo CLIP preentrenado de OpenAI (el mismo que en DALL.E 2), pero Stable Diffusion 2 tiene un modelo CLIP entrenado personalizado llamado OpenCLIP (`https://github.com/mlfoundations/open_clip`), que ha sido entrenado desde cero.

Ejemplos de Stable Diffusion

La figura 13.21 muestra algunos resultados de ejemplo de Stable Diffusion 2.1. Es posible probar *prompts* propios en el modelo albergado en Hugging Face (`https://huggingface.co/spaces/stabilityai/stable-diffusion`).

Explorando el espacio latente

Si desea explorar el espacio latente del modelo Stable Diffusion, le recomiendo la guía incluida en el sitio web de Keras (`https://keras.io/examples/generative/random_walks_with_stable_diffusion/`).

"un robot insecto preparando una deliciosa comida"

"una utopía punk de alta tecnología solar en la selva amazónica"

"una pequeña cabaña en lo alto de una montaña nevada al estilo Disney"

Figura 13.21. Resultados de ejemplo de Stable Diffusion 2.1.

Flamingo

Hasta ahora hemos visto tres tipos distintos de modelos de texto a imagen. En esta sección, examinaremos un modelo multimodal que genera texto dada una secuencia de texto y datos visuales. Flamingo, introducido por DeepMind en un artículo de abril de 2022,[7] es una familia de modelos de lenguaje visual (VLM, *Visual Language Model*) que actúa como puente entre los modelos preentrenados solo para visión y solo para lenguaje.

Repasaremos a continuación a fondo la arquitectura de los modelos Flamingo y los compararemos con los modelos de texto a imagen que hemos visto hasta ahora.

Arquitectura

La arquitectura general de Flamingo se observa en la figura 13.22. Por motivos de brevedad, exploraremos los componentes esenciales de este modelo: Vision Encoder, Perceiver Resampler y Language Mode, con el detalle suficiente como para destacar las ideas principales que hacen único a Flamingo. Recomiendo enérgicamente la lectura del artículo de investigación original si se desea una revisión exhaustiva de cada parte del modelo.

Vision Encoder

La primera diferencia entre un modelo Flamingo y los modelos puros de texto a imagen, como DALL.E 2 e Imagen, es que Flamingo puede aceptar una combinación de datos de texto y visuales entrelazados. En este caso, los datos visuales incluyen vídeos, además de imágenes.

La misión del Vision Encoder es convertir los datos visuales contenidos en la entrada en vectores incrustados (similar al codificador de imagen de CLIP). El Vision Encoder de Flamingo es una red preentrenada NFNet (*Normalizer-Free ResNet*, ResNet libre de normalización), tal y como la introdujeron Brock *et al.* en 2021;[8] en particular, una NFNet-F6 (los modelos de NFNet varían entre F0 y F6, aumentando en tamaño y potencia). Es una diferencia fundamental entre el codificador de imagen de CLIP y el Vision Encoder de Flamingo: el primero usa una arquitectura ViT, mientras que el segundo se basa en una arquitectura ResNet.

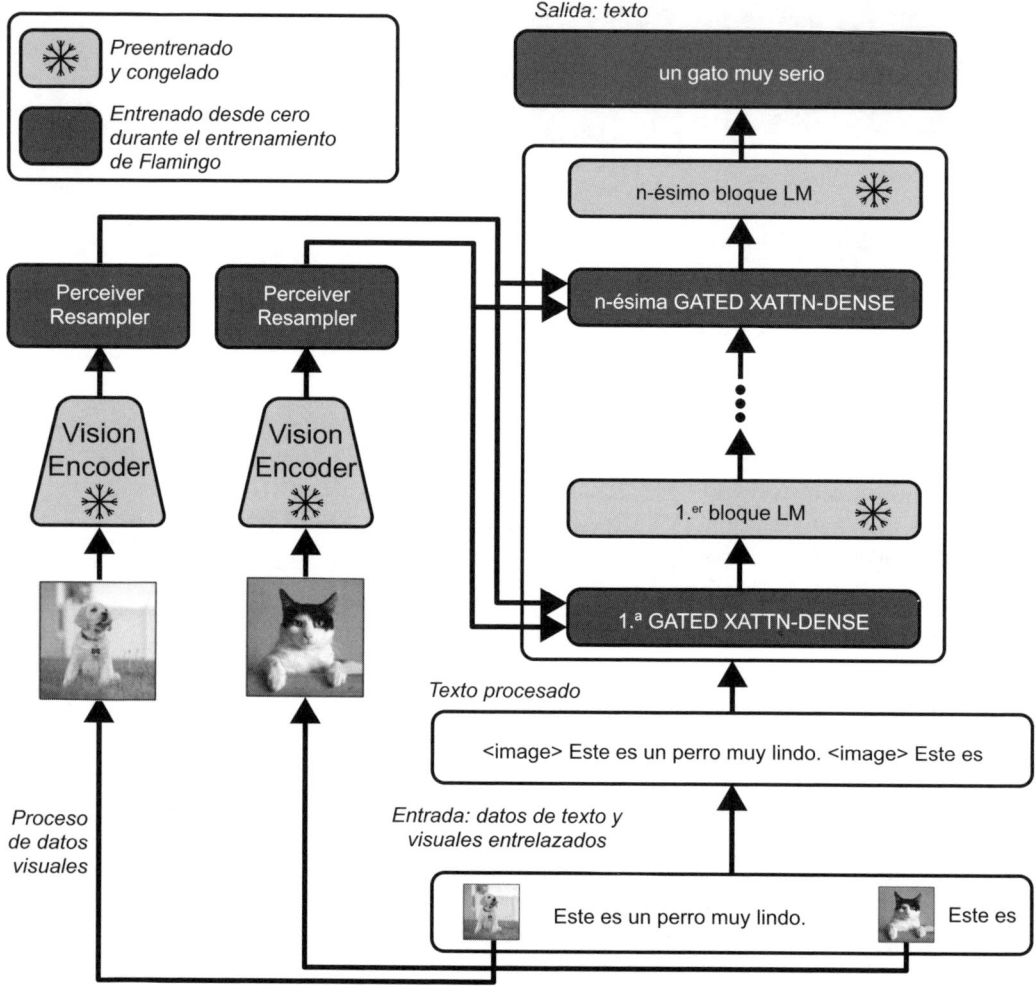

Figura 13.22. La arquitectura Flamingo (fuente: Alayrac et al., 2022).

El Vision Encoder está entrenado con partes imagen-texto, mediante el mismo objetivo contrastivo introducido en el artículo sobre CLIP. Tras el entrenamiento, los pesos se congelan, de modo que cualquier entrenamiento posterior del modelo Flamingo no afecta a los pesos del Vision Encoder.

El resultado del Vision Encoder es una cuadrícula en 2D de características, que después se reduce a un vector unidimensional antes de pasarlo al Perceiver Resampler. El vídeo se maneja muestreando a 1 fotograma por segundo y pasando cada instantánea por el Vision Encoder de manera independiente para producir varias cuadrículas de características; las codificaciones temporales aprendidas se añaden después antes de reducir las características y concatenar los resultados en un solo vector.

Perceiver Resampler

Los requisitos de memoria de un codificador Transformer tradicional (por ejemplo, BERT) se amplían de manera cuadrática con la longitud de la secuencia de entrada, razón por la cual las secuencias de entrada quedan limitadas a un número fijado de tókenes (por ejemplo, 512 en BERT). Sin embargo, la salida del Vision Encoder es un vector de longitud variable (debido a la resolución de imagen de entrada variable y el número variable de fotogramas de vídeo) y, por tanto, es posiblemente muy largo.

La arquitectura del Perceiver está específicamente diseñada para manejar de una manera eficiente largas secuencias de entrada. En lugar de aplicar autoatención sobre la secuencia de entrada completa, funciona con un vector latente de longitud fija y solamente utiliza la secuencia de entrada para atención cruzada. En el Perceiver Resampler de Flamingo en particular, la clave y el valor son una concatenación de la secuencia de entrada y el vector latente, y la consulta es el vector latente solo. La figura 13.23 muestra un diagrama del proceso del Vision Encoder y Perceiver Resampler para datos de vídeo.

La salida del Perceiver Resampler es un vector latente de longitud fija que se le pasa al Language Model.

Language Model

El Language Model consiste en varios bloques apilados, al estilo de un Transformer decodificador, que producen como salida una continuación de texto predicha. En realidad, la mayor parte del Language Model procede de un modelo de DeepMind preentrenado, denominado Chinchilla. El artículo sobre Chinchilla, publicado en marzo de 2022,[9] habla sobre un modelo de lenguaje diseñado para ser mucho más reducido que sus iguales (por ejemplo, 7000 millones de parámetros para Chinchilla comparado con los 17 000 millones para GPT-3), aunque utiliza bastantes más tókenes para el entrenamiento. Los autores muestran que este modelo supera a otros más grandes en diversas tareas, resaltando la importancia de optimizar el equilibrio entre entrenar un modelo más grande y utilizar un número mayor de tókenes durante el entrenamiento.

Una contribución esencial del artículo sobre Flamingo es demostrar cómo se puede adaptar Chinchilla al trabajo con datos de visión adicionales (X) que se intercalan con los datos de lenguaje (Y). Exploremos primero cómo se combina la entrada de lenguaje y la de visión para producir la entrada para el Language Model (figura 13.24).

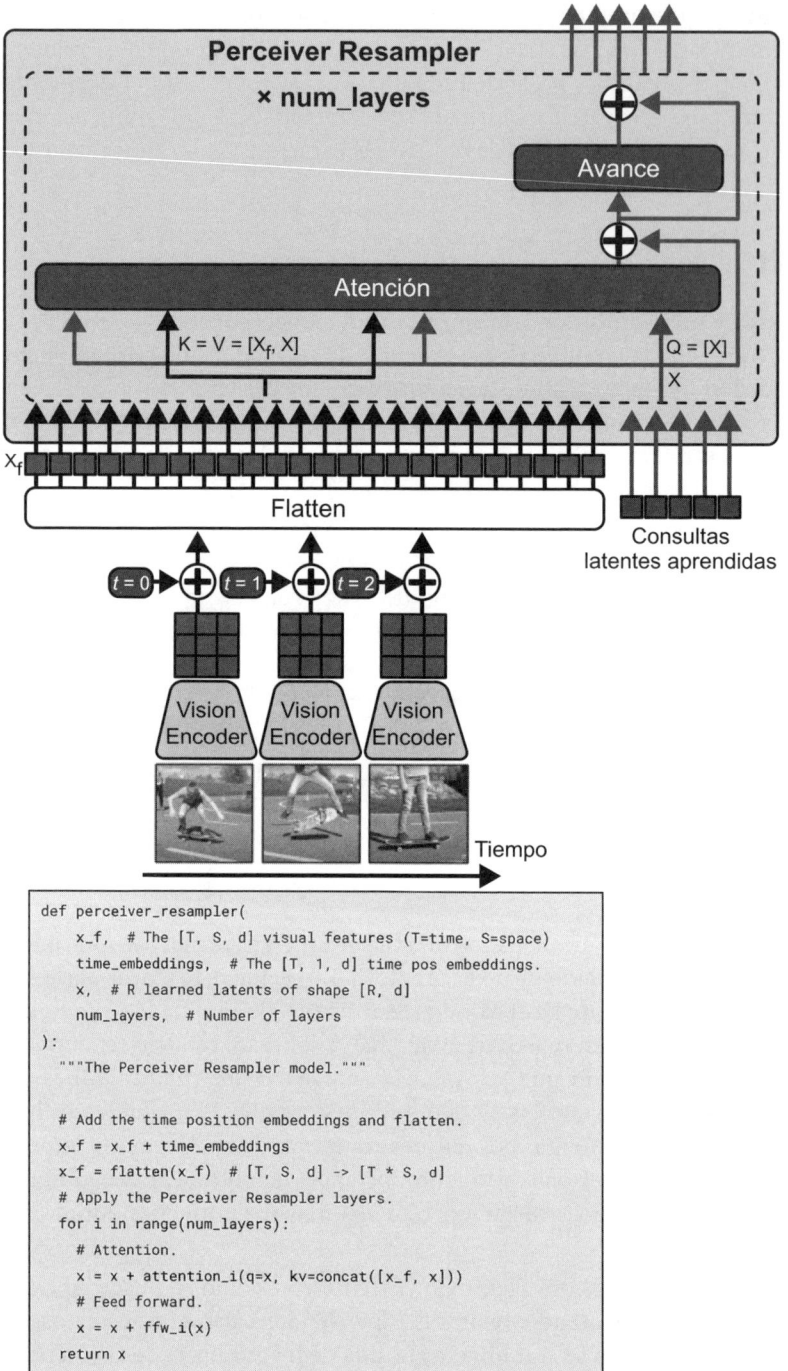

Figura 13.23. El Perceiver Resampler aplicado a entrada de vídeo (fuente: Alayrac et al., 2022).

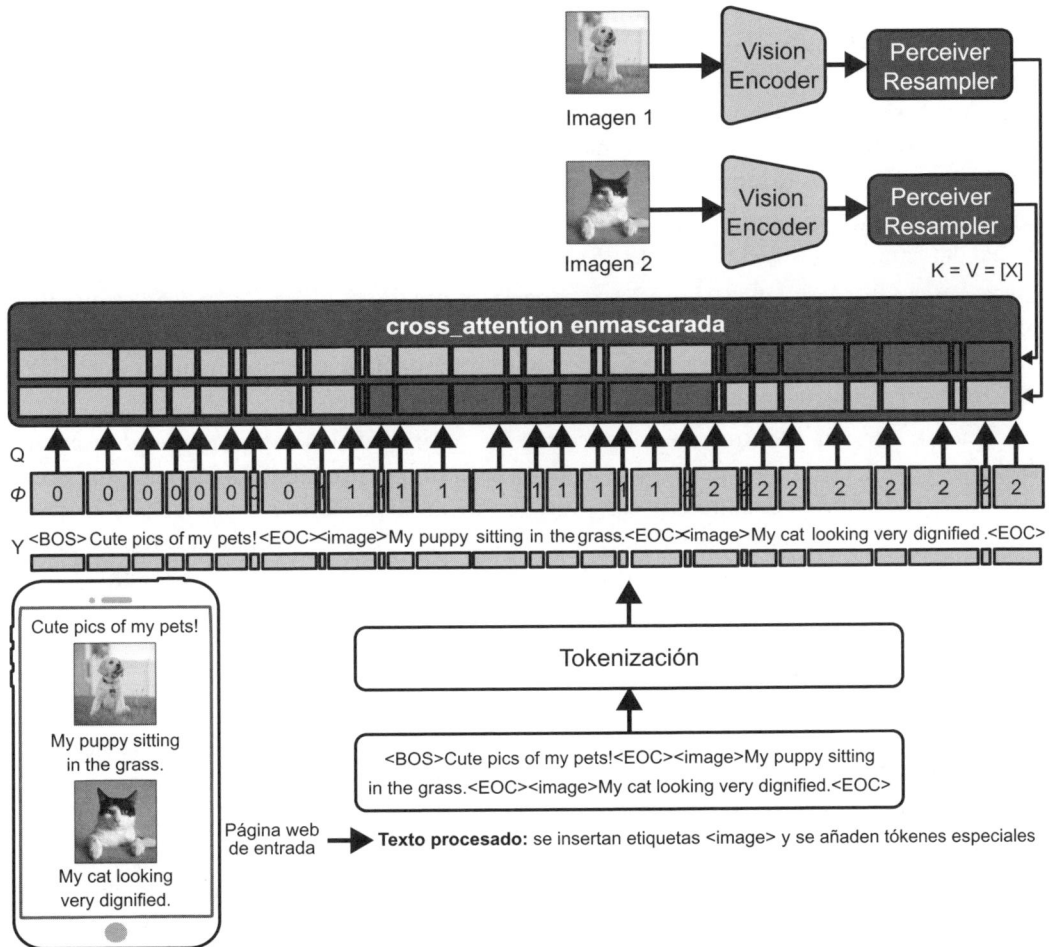

Figura 13.24. Atención cruzada enmascarada (XATTN), combinando datos de visión y texto; las entradas más claras están enmascaradas y las más oscuras no lo están (fuente: Alayrac et al., 2022).

Primero, el texto se procesa reemplazando los datos de visión (por ejemplo, imágenes) con una etiqueta `<image>` y el texto se divide en partes con la etiqueta `<EOC>` (*End Of Chunk*: fin de la parte). Cada fragmento contiene a lo sumo una imagen, que siempre está al comienzo del fragmento (es decir, se supone que el texto posterior está asociado solo a esa imagen). El inicio de la secuencia se marca también con la etiqueta `<BOS>` (*Beginning Of Sentence*: inicio de la frase).

A continuación, la secuencia se tokeniza y a cada token se le asigna un índice (`phi`) correspondiente al índice de la imagen anterior (o 0 si no hay imagen anterior al fragmento). De esta forma, obligamos a los tókenes de texto (`Y`) a atender de manera cruzada a los tókenes de imagen

(X) que corresponden con su determinada parte, mediante enmascarado. Por ejemplo, en la figura 13.24 el primer fragmento no contiene imágenes, por tanto, todos los tókenes de imagen del Perceiver Resampler están enmascarados. La segunda parte contiene la imagen 1, de manera que estos tókenes pueden interactuar con los tókenes de imagen de la imagen 1. Del mismo modo, el fragmento final contiene la imagen 2, por lo que estos tókenes tienen la posibilidad de interactuar con los tókenes de imagen de la imagen 2.

Ahora vemos que este componente de atención cruzada enmascarada encaja en la arquitectura global del Language Model (figura 13.25).

Los componentes de la capa LM son capas congeladas de Chinchilla, no actualizadas durante el proceso de entrenamiento. Las capas GATED XATTN-DENSE se entrenan como parte de Flamingo e incluyen los componentes de atención cruzada enmascarada, que combinan la información de lenguaje y visión, además de posteriores capas de avance (densas).

La capa está cerrada por una puerta, porque pasa la salida de los componentes de atención cruzada y avance por dos puertas tanh distintas, ambas inicializadas a cero. Por tanto, cuando la red se inicializa, no hay contribución de las capas GATED XATTN-DENSE, ya que la información de lenguaje se pasa directamente. La red aprende los parámetros de puerta alpha, para integrar gradualmente información de los datos de visión a medida que el entrenamiento progresa.

Ejemplos de Flamingo

Flamingo tiene distintas aplicaciones, incluyendo comprensión de imagen y vídeo, guías conversacionales mediante *prompts* y diálogos visuales. En la figura 13.26 vemos algunos ejemplos de lo que Flamingo es capaz de realizar.

Observamos que en cada ejemplo, Flamingo combina información del texto y las imágenes en un auténtico estilo multimodal. El primer ejemplo usa imágenes en lugar de palabras, y es capaz de sugerir un libro adecuado para continuar la conversación. El segundo ejemplo muestra fotogramas de un vídeo, y Flamingo identifica correctamente la consecuencia de la acción. Los últimos tres ejemplos demuestran que Flamingo se puede utilizar interactivamente, para proporcionar información adicional mediante diálogo o sondeo con más preguntas.

Es sorprendente ver que una máquina es capaz de responder preguntas complejas en una amplia gama de modalidades y tareas de entrada. En el artículo, los autores cuantifican la capacidad de Flamingo con una serie de pruebas, para descubrir que, en muchas de ellas, Flamingo logra superar el rendimiento de modelos que han sido configurados para enfrentarse específicamente a la tarea en cuestión. Esto demuestra que los grandes modelos multimodales pueden adaptarse rápidamente a una amplia variedad de tareas y preparar el camino para el desarrollo de agentes de IA que no solo se limiten a una tarea, sino que sean realmente generales y puedan ser guiados por el usuario en tiempo de inferencia.

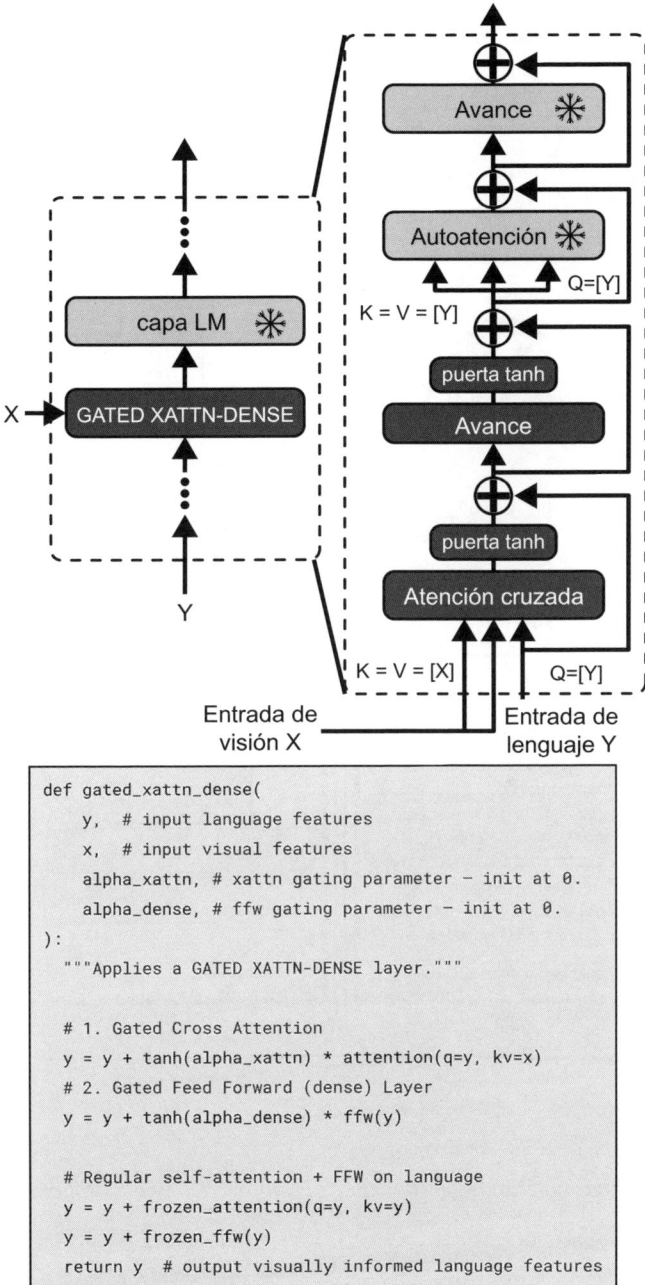

```
def gated_xattn_dense(
    y,  # input language features
    x,  # input visual features
    alpha_xattn, # xattn gating parameter – init at 0.
    alpha_dense, # ffw gating parameter – init at 0.
):
  """Applies a GATED XATTN-DENSE layer."""

  # 1. Gated Cross Attention
  y = y + tanh(alpha_xattn) * attention(q=y, kv=x)
  # 2. Gated Feed Forward (dense) Layer
  y = y + tanh(alpha_dense) * ffw(y)

  # Regular self-attention + FFW on language
  y = y + frozen_attention(q=y, kv=y)
  y = y + frozen_ffw(y)
  return y  # output visually informed language features
```

Figura 13.25. Un bloque Language Model de Flamingo, que comprende una capa de modelo de lenguaje congelada de Chinchilla y una capa GATED XATTN-DENSE *(fuente: Alayrac et al., 2022).*

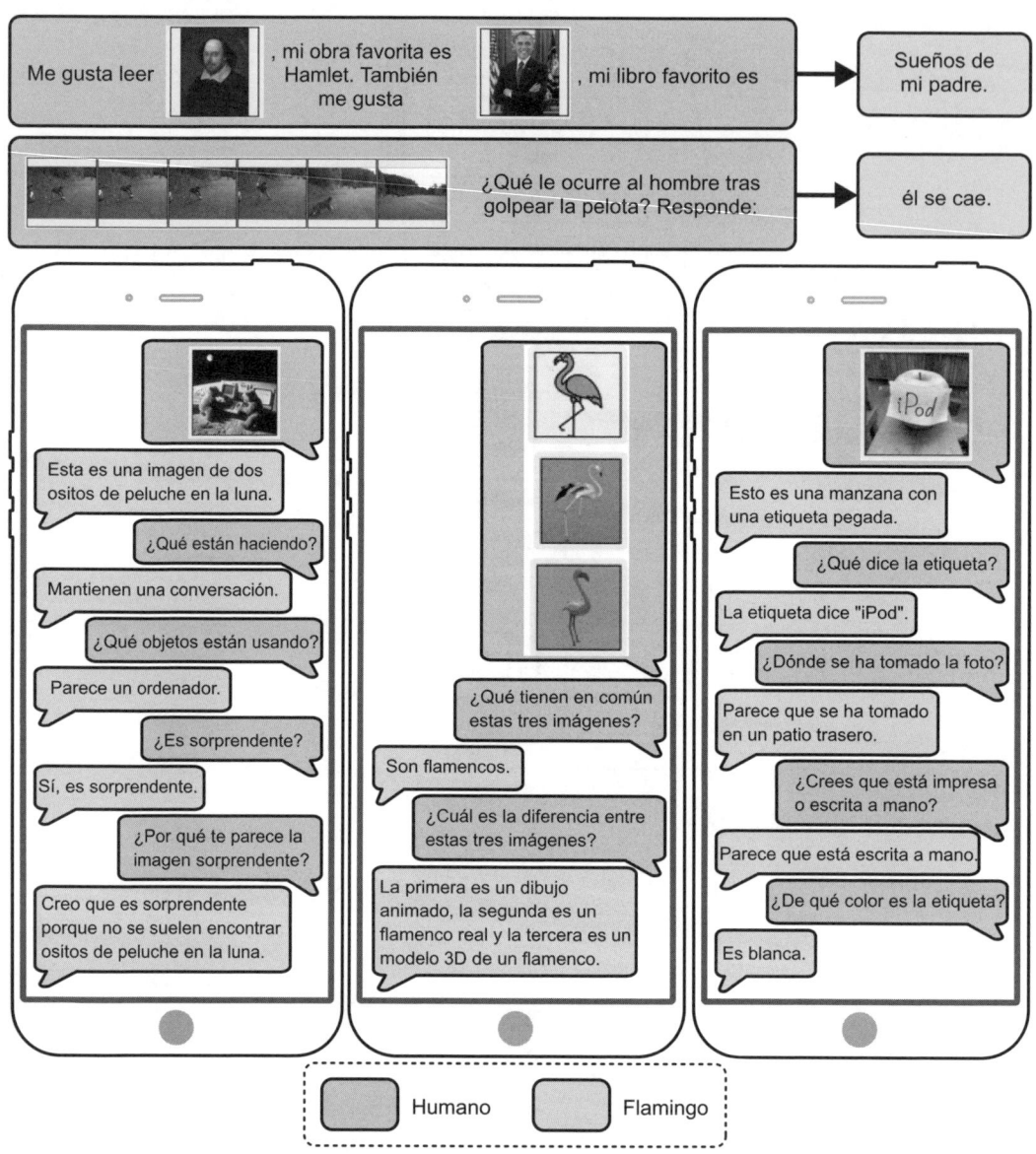

Figura 13.26. Ejemplos de entradas y salidas obtenidas del modelo de Flamingo de 80 000 millones de parámetros (fuente: Alayrac et al., 2022).

Resumen

En este capítulo hemos explorado cuatro modelos multimodales de última generación: DALL.E 2, Imagen, Stable Diffusion y Flamingo.

DALL.E 2 es un modelo de texto a imagen a gran escala de OpenAI, que genera imágenes realistas de diferentes estilos dado un *prompt* de texto. Funciona combinando modelos preentrenados (por ejemplo, CLIP) con arquitecturas de modelo de difusión anteriores (GLIDE). Tiene también capacidades adicionales, como la edición de imágenes mediante *prompts* de texto y la creación de variaciones de una imagen dada. Aunque tiene limitaciones, como renderizado de texto inconsistente y vinculación de atributos, DALL.E 2 es un modelo de IA increíblemente potente, que ha contribuido a impulsar el campo del modelado generativo hacia una nueva era.

Otro modelo que ha superado pruebas anteriores es Imagen, de Google Brain. Este modelo comparte muchas similitudes con DALL.E 2, como un codificador de texto y un decodificador de modelo de difusión. Una de las diferencias principales entre ambos modelos es que el codificador de texto de Imagen está entrenado con datos de texto puros, mientras que el proceso de entrenamiento del codificador de texto de DALL.E 2 implica datos de imágenes (mediante el objetivo de aprendizaje contrastivo CLIP). Los autores demuestran que este método permite obtener los mejores resultados en tareas muy diversas, gracias a su paquete de evaluación DrawBench.

Stable Diffusion es una oferta de código abierto de Stability AI, CompVis y Runway. Es un modelo de texto a imagen, cuyos pesos de modelo y código están a disposición del público, de modo que es posible ejecutarlos en cualquier hardware. Stable Diffusion es especialmente rápido y ligero gracias a que usa un modelo de difusión latente, que opera en el espacio latente de un autocodificador, en lugar de en las imágenes en sí mismas.

Por último, Flamingo de DeepMind es un modelo de lenguaje visual, es decir, acepta una secuencia de datos de texto e imagen entrelazados (imágenes y vídeo) y es capaz de continuar el *prompt* con texto adicional, al estilo de un Transformer decodificador. Su contribución principal es demostrar que la información visual se le puede pasar al Transformer mediante un Visual Encoder y un Perceiver Resampler, que codifican las características de la entrada visual en un número reducido de tókenes visuales. El Language Model es una extensión del modelo Chinchilla de DeepMind, adaptado para combinar información visual.

Los cuatro modelos son notables ejemplos de la potencia de los modelos multimodales. En el futuro, es muy probable que el modelado generativo llegue a ser más multimodal, y los modelos de IA sean capaces de cruzar modalidades y tareas mediante el lenguaje interactivo.

Referencias

1. «*Zero-Shot Text-to-Image Generation*», Aditya Ramesh *et al.*, 24 de febrero de 2021, `https://arxiv.org/abs/2102.12092`.

2. «*Hierarchical Text-Conditional Image Generation with CLIP Latents*», Aditya Ramesh *et al.*, 13 de abril de 2022, `https://arxiv.org/abs/2204.06125`.

3. «*Learning Transferable Visual Models From Natural Language Supervision*», Alec Radford *et al.*, 26 de febrero de 2021, `https://arxiv.org/abs/2103.00020`.

4. «*GLIDE: Towards Photorealistic Image Generation and Editing with Text-Guided Diffusion Models*», Alex Nichol *et al.*, 20 de diciembre de 2021, `https://arxiv.org/abs/2112.10741`.

5. «*Photorealistic Text-to-Image Diffusion Models with Deep Language Understanding*», Chitwan Saharia *et al.*, 23 de mayo de 2022, `https://arxiv.org/abs/2205.11487`.

6. «*High Resolution Image Synthesis with Latent Diffusion Models*», Robin Rombach *et al.*, 20 de diciembre de 2021, `https://arxiv.org/abs/2112.10752`.

7. «*Flamingo: A Visual Language Model for Few-Shot Learning*», Jean-Baptiste Alayrac et al., 29 de abril de 2022, `https://arxiv.org/abs/2204.14198`.

8. «*High-Performance Large-Scale Image Recognition Without Normalization*», Andrew Brock *et al.*, 11 de febrero de 2021, `https://arxiv.org/abs/2102.06171`.

9. «*Training Compute-Optimal Large Language Models*», Jordan Hoffmann *et al.*, 29 de marzo de 2022, `https://arxiv.org/abs/2203.15556v1`.

CAPÍTULO 14

Conclusión

Objetivos del capítulo

En este capítulo conseguiremos:

- Revisar la historia de la IA generativa desde 2014 hasta la actualidad, con una línea temporal de modelos y desarrollos clave.

- Comprender el estado actual de la IAG, incluidos los extensos temas que dominan el panorama.

- Conocer mis predicciones para el futuro de la IA generativa y cómo impactarán en la vida cotidiana, el lugar de trabajo y la educación.

- Ser conscientes de los importantes desafíos éticos y prácticos a los que se enfrenta la IAG en el futuro.

- Leer mis últimas reflexiones sobre el significado más profundo de la IA generativa y sus posibilidades de revolucionar nuestra búsqueda de la inteligencia artificial general.

En mayo de 2018, empecé a trabajar en la primera edición de este libro. Cinco años después, estoy más emocionado que nunca sobre las infinitas posibilidades y el posible impacto de la IA generativa.

En este tiempo hemos asistido a un increíble progreso en este campo, con un potencial aparentemente ilimitado para aplicaciones reales. Me asombra y maravilla lo que hemos sido capaces de lograr hasta ahora, y estoy impaciente por ver el efecto que la IA generativa tendrá en el mundo en los próximos años. El deep learning generativo tiene el poder de dar forma al futuro en modos que ni siquiera podemos empezar a imaginar.

Es más, a medida que he ido investigando contenidos para este libro, me ha quedado cada vez más claro que este campo no se limita a crear imágenes, texto o música. Creo que en el núcleo del deep learning generativo reside el secreto de la propia inteligencia.

La primera sección de este capítulo resume cómo hemos llegado a este punto en nuestro viaje por la IA generativa. Recorreremos una cronología de los avances de la IA generativa desde 2014 en orden cronológico, para observar dónde encaja cada técnica en la historia de la IA generativa hasta la fecha. La segunda sección explica dónde nos encontramos actualmente en términos de IA generativa de vanguardia. Hablaremos de las tendencias actuales en el deep learning generativo y de los modelos actuales disponibles para el público en general. A continuación, exploraremos el futuro de la IA generativa y las oportunidades y retos que nos aguardan. Analizaremos cómo podría ser la IAG dentro de cinco años y su posible impacto en la sociedad y las empresas, y abordaremos algunas de las principales preocupaciones éticas y prácticas.

Cronología de la IA generativa

La figura 14.1 es una línea temporal de los desarrollos más importantes en modelado generativo que hemos explorado juntos en este libro. Los tonos de gris representan los distintos modelos.

El campo de la IA generativa se apoya en desarrollos anteriores en deep learning, como la retropropagación y las redes neuronales convolucionales, que abrieron la posibilidad de que los modelos aprendieran relaciones complejas a través de grandes conjuntos de datos. En esta sección estudiaremos la historia moderna de la IA generativa, a partir de 2014, que ha avanzado a una velocidad vertiginosa.

Para entender mejor cómo encaja todo, podemos dividir esta historia en tres épocas principales:

1. 2014-2017: La era VAE y GAN.
2. 2018-2019: La era Transformer.
3. 2020-2022: La era de los grandes modelos.

2014-2017: La era VAE y GAN

La invención del VAE en diciembre de 2013 quizá pueda considerarse la chispa que encendió la mecha de la IA generativa. Este artículo mostraba cómo era posible generar no solamente imágenes sencillas, como los dígitos MNIST, sino también imágenes más complejas, como rostros, en un espacio latente que podía recorrerse con facilidad. En 2014 se presentó la red GAN, una estructura adversativa totalmente nueva para abordar problemas de modelado generativo.

Los tres años siguientes estuvieron dominados por ampliaciones cada vez más impresionantes de la redes de la familia GAN. Además de los cambios fundamentales en la arquitectura del modelo GAN (DCGAN, 2015), la función de pérdida (GAN de Wasserstein, 2017) y el proceso de entrenamiento (ProGAN, 2017), se abordaron nuevos ámbitos utilizando redes GAN, como la traducción de imagen a imagen (pix2pix, 2016, y CycleGAN, 2017) y la generación de música (MuseGAN, 2017).

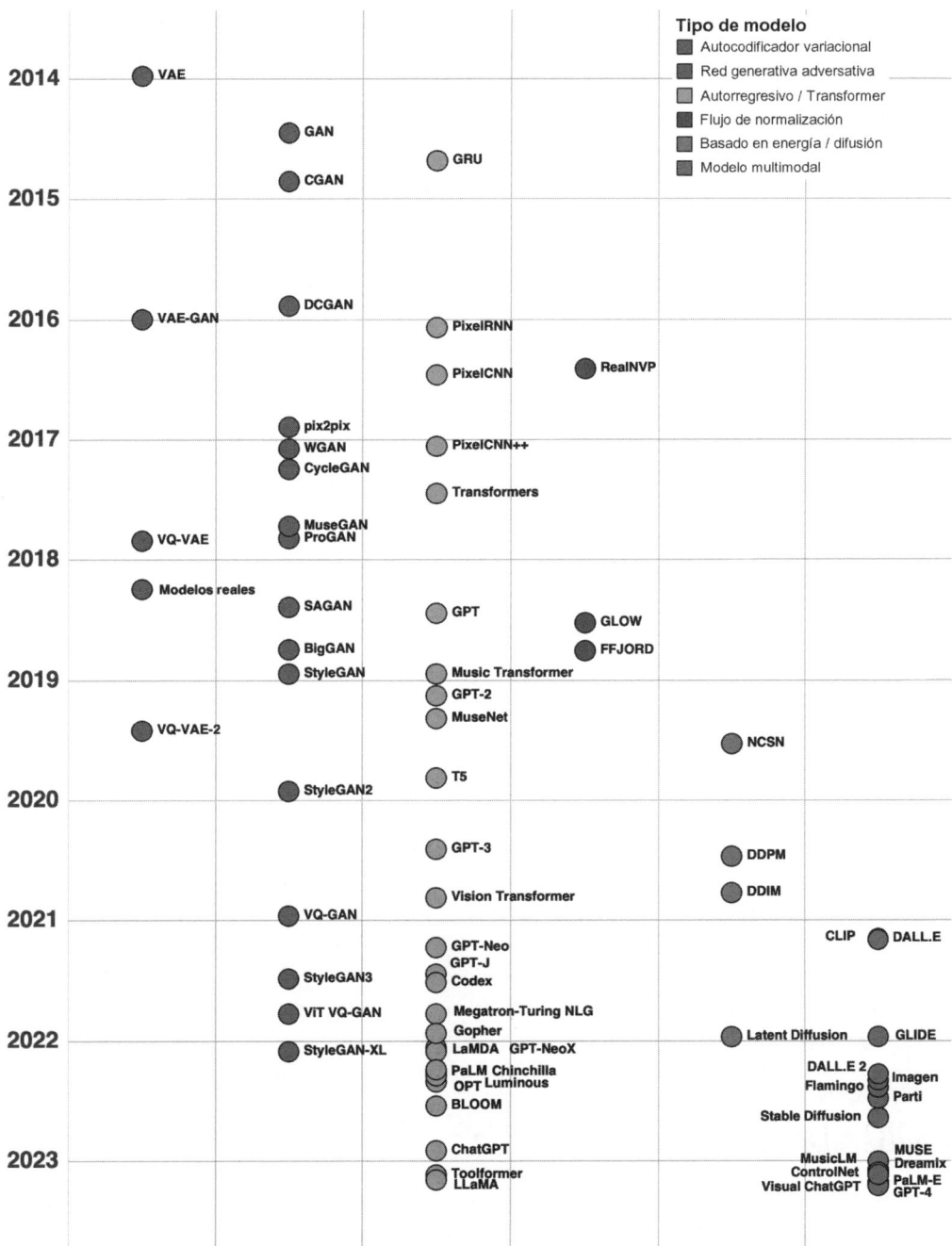

Figura 14.1. Una breve historia de la IA generativa de 2014 a 2023 (nota: algunos desarrollos importantes, como las redes LSTM y los modelos basados en energía, por ejemplo, las máquinas Boltzmann, son anteriores a esta línea temporal).

Durante esta época, se introdujeron también nuevas mejoras VAE, como VAE-GAN (2015) y más tarde VQ-VAE (2017), y asistimos a la llegada de aplicaciones para el aprendizaje por refuerzo en el artículo «*World Models*» (2018).

Los modelos autorregresivos establecidos, como las LSTM y las GRU, siguieron siendo la fuerza dominante en la generación de texto durante este tiempo. Las mismas ideas autorregresivas también se utilizaron para generar imágenes, con PixelRNN (2016) y PixelCNN (2016) como nuevas formas de concebir la generación de imágenes. También se estaban probando otros enfoques para la generación de imágenes, como el modelo RealNVP (2016), que allanó el camino para posteriores tipos de modelos de flujo de normalización.

En junio de 2017 se publicó un artículo pionero titulado «*Attention Is All You Need*», que marcaría el comienzo de la próxima era de la IA generativa, centrada en los Transformers.

2018-2019: La era Transformer

En el corazón de un Transformer reside el mecanismo de atención, que niega la necesidad de las capas recurrentes presentes en modelos autorregresivos más antiguos, como los LSTM. El Transformer saltó rápidamente a la fama con la introducción de GPT (un Transformer solo decodificador) y BERT (un Transformer solo codificador) en 2018. Al año siguiente se construyeron modelos de lenguaje progresivamente más grandes, que sobresalieron en una amplia gama de tareas, al tratarlas como problemas de generación de texto a texto puro, con GPT-2 (2018, 1500 millones de parámetros) y T5 (2019, 11 000 millones de parámetros) como ejemplos destacados.

Los Transformers también empezaban a aplicarse con éxito a la generación de música, con la introducción, por ejemplo, de los modelos Music Transformer (2018) y MuseNet (2019).

Asimismo, durante estos dos años se publicaron varias redes GAN impactantes, que consolidaron la posición de esta técnica como enfoque de vanguardia para la generación de imágenes. En particular, SAGAN (2018) y BigGAN (2018), más grande, incorporaron el mecanismo de atención a la estructura GAN con resultados increíbles, y StyleGAN (2018), y posteriormente StyleGAN2 (2019), demostraron cómo se podían generar imágenes con un asombroso control detallado sobre el estilo y el contenido de una imagen en particular.

Otro campo de la IA generativa que estaba cobrando impulso eran los modelos basados en puntuaciones (NCSN, 2019), que acabarían allanando el camino para el siguiente cambio sísmico en el panorama de la IA generativa: los modelos de difusión.

2020-2022: La era de los grandes modelos

En esta época se introdujeron varios modelos que fusionaban ideas de distintas familias de modelos generativos y potenciaban las arquitecturas existentes. Por ejemplo, el VQ-GAN (2020) introdujo el discriminador GAN en la arquitectura VQ-VAE y el Vision Transformer (2020) mostró cómo era posible entrenar un Transformer para trabajar con imágenes. En 2022 se publicó StyleGAN-XL, una nueva actualización de la arquitectura StyleGAN, que permitía generar imágenes de 1024 x 1024 píxeles.

En 2020 se introdujeron dos modelos que sentarían las bases de todos los futuros modelos de generación de grandes imágenes: DDPM y DDIM. De repente, los modelos de difusión se convirtieron en un rival para las redes GAN en términos de calidad de generación de imágenes, como se indica explícitamente en el título del artículo de 2021 «*Diffusion Models Beat GANs on Image Synthesis*». La calidad de imagen de los modelos de difusión es increíblemente buena, y solo requieren el entrenamiento de una única red U-Net, en lugar de la configuración de doble red de una GAN, lo cual hace que el proceso de entrenamiento sea mucho más estable.

Más o menos por la misma época se lanzó GPT-3 (2020), un enorme Transformer de 175 000 millones de parámetros, capaz de generar texto sobre casi cualquier tema de una forma que parece casi imposible de comprender. El modelo se lanzó a través de una aplicación web y una API, lo que permitió a las empresas crear productos y servicios a partir de él. ChatGPT (2022) es una aplicación web y una API que contiene la última versión de GPT de OpenAI, y permite a los usuarios mantener conversaciones naturales con la inteligencia artificial sobre cualquier tema.

A lo largo de 2021 y 2022, se publicó una avalancha de otros grandes modelos lingüísticos para competir con GPT-3, como Megatron-Turing NLG (2021), de Microsoft y NVIDIA; Gopher (2021) y Chinchilla, de DeepMind (2022); LaMDA (2022) y PaLM (2022), de Google, y Luminous (2022), de Aleph Alpha. También se publicaron algunos modelos de código abierto, como GPT-Neo (2021), GPT-J (2021) y GPT-NeoX (2022), de EleutherAI; el modelo OPT de 66 000 millones de parámetros (2022) de Meta; el modelo Flan-T5 ajustado (2022) de Google, BLOOM (2022), de Hugging Face, y otros. Cada uno de estos modelos es una variación de un Transformer, entrenado con un enorme corpus de datos.

El rápido ascenso de los potentes Transformers para la generación de texto y de los modelos de difusión de vanguardia para la generación de imágenes ha hecho que gran parte del desarrollo de la IA generativa de los últimos dos años se haya centrado en modelos multimodales, es decir, modelos que operan en más de un dominio (por ejemplo, modelos de texto a imagen).

Esta tendencia se estableció en 2021, cuando OpenAI lanzó DALL.E, un modelo de texto a imagen basado en un VAE discreto (similar a VQ-VAE) y en CLIP (un modelo Transformer que predice pares imagen/texto). Le siguieron GLIDE (2021) y DALL.E 2 (2022), que actualizaron la parte generativa del modelo para utilizar un modelo de difusión en lugar de un VAE discreto, con resultados realmente impresionantes. En esta época también aparecieron tres modelos de conversión de texto a imagen de Google: Imagen (2022, que usaba Transformers y modelos de difusión), Parti (2022, que utilizaba Transformers y un modelo ViT-VQGAN), y más tarde MUSE (2023, que empleaba Transformers y redes VQ-GAN). DeepMind también lanzó Flamingo (2022), un modelo de lenguaje visual basado en su gran modelo de lenguaje Chinchilla, que permite el uso de imágenes como parte de los datos del *prompt*.

Otro importante avance en difusión introducido en 2021 fue la difusión latente, en la cual un modelo de difusión se entrena dentro del espacio latente de un autocodificador. Esta técnica impulsa el modelo Stable Diffusion, lanzado como colaboración conjunta entre Stability AI, CompVis y Runway en 2022. A diferencia de DALL.E 2, Imagen y Flamingo, el código y los pesos de modelo de Stable Diffusion son de código abierto, lo cual significa que cualquiera puede ejecutar el modelo en su propio hardware.

El estado actual de la IA generativa

Ahora que llegamos al final de nuestro viaje por la historia de la IA generativa, es importante reflexionar sobre la situación actual de las aplicaciones y los modelos más avanzados. Dediquemos un momento a evaluar nuestros avances y logros clave en este campo hasta la fecha.

Los grandes modelos de lenguaje o LLM

En la actualidad, la IA generativa para texto se centra casi por completo en la construcción de grandes modelos de lenguaje (LLM, *Large Language Models*), cuyo único propósito es modelar directamente el lenguaje a partir de un enorme corpus de texto, es decir, se entrenan para predecir la siguiente palabra, al estilo de un Transformer decodificador.

El método de los grandes modelos lingüísticos se ha adoptado ampliamente por su flexibilidad y su capacidad para sobresalir en una amplia gama de tareas. El mismo modelo se puede utilizar para responder preguntas, resumir textos, crear contenidos y muchos otros ejemplos, pues, en última instancia, cada caso de uso se puede estructurar como un problema de texto a texto, en el que las instrucciones específicas de la tarea (el *prompt*) forman parte de la entrada del modelo.

Tomemos como ejemplo GPT-3 (`https://platform.openai.com/playground`). La figura 14.2 muestra cómo se puede utilizar el mismo modelo para resúmenes de texto y creación de contenido.

Observamos que, en ambos casos, el *prompt* contiene las instrucciones relevantes. La misión de GPT-3 es precisamente continuar el *prompt*, un token cada vez. No dispone de una base de datos de hechos en la que consultar información, o de fragmentos de texto que copiar en sus respuestas. Solamente se le pide predecir qué token es más probable que siga a los existentes y añadir después su predicción al *prompt* para generar el siguiente token, y así sucesivamente.

Resulta increíble que este sencillo diseño baste para que el modelo lingüístico destaque en diferentes tareas, como muestra la figura 14.2. Es más, le proporciona al modelo una increíble flexibilidad para generar texto realista como respuesta a cualquier *prompt* (la imaginación suele ser el único límite).

La figura 14.3 muestra cómo han crecido en tamaño los modelos de lenguaje desde que se publicara el modelo GPT original en 2018. El número de parámetros aumentó de manera exponencial hasta finales de 2021, con los 530 000 millones de parámetros alcanzados por

Megatron Turing NLC. Últimamente se ha puesto más énfasis en la creación de modelos lingüísticos más eficaces que utilicen menos parámetros, porque los modelos más grandes son más costosos y lentos de servir en un entorno de producción.

Escribe un párrafo emocionante e impactante de apertura para un libro de texto sobre IA generativa que termine en puntos suspensivos.

En el amanecer de una nueva era tecnológica, la inteligencia artificial generativa se alza como el faro de la creatividad y la innovación. Un mundo donde las máquinas pueden soñar, crear y asombrar, donde los límites de la imaginación se desdibujan...

Escribe un poema corto de una estrofa con rima sobre el siguiente párrafo:
Hasta hace poco, el modelado discriminativo ha sido la fuerza motriz de la mayoría de los progresos obtenidos en machine learning. Esto es debido a que, para cualquier problema discriminativo, el problema correspondiente de modelado generativo suele ser mucho más difícil de abordar. Por ejemplo, es mucho más sencillo entrenar un modelo para predecir si un cuadro es de Van Gogh que entrenarlo para generar una pintura de estilo Van Gogh desde cero. De forma similar, es mucho más fácil entrenar un modelo para predecir si una página de texto fue escrita por Charles Dickens que crearlo para generar una serie de párrafos con el estilo de este escritor. Hasta hace poco, la mayoría de los desafíos generativos eran simplemente imposibles de alcanzar, y muchos dudaban de que alguna vez pudieran ser resueltos. La creatividad se consideraba una capacidad puramente humana que no podía tener a la inteligencia artificial como rival.

En el mundo del aprendizaje, discriminativo reinaba,
sus avances notables, sus glorias destacaban.
Pero en generativo, un desafío mayor se hallaba,
pintar como Van Gogh, o Dickens escribir, se preguntaban.
Hasta hace poco, la duda pesaba, la incertidumbre abrazaba,
pero hoy, la IA creativa su potencial desplegaba...

Figura 14.2. Salida obtenida de GPT-3; el texto no resaltado es el prompt y el marcado en gris es el resultado producido por GPT-3.

La colección GPT de OpenAI (GPT-3, GPT-3.5, GPT-4, etc.) sigue siendo considerada por muchos como el conjunto de modelos de lenguaje de última generación más potente disponible para uso personal y comercial. Cada uno de ellos está disponible a través de una aplicación web (`https://platform.openai.com/playground`) y una API (`https://openai.com/api`).

Otra incorporación reciente a la familia de los grandes modelos lingüísticos es Large Language Model Meta AI (LLaMA) de Meta,[1] un conjunto de modelos con un tamaño de entre 7000 y 65 000 millones de parámetros, que se entrenan exclusivamente con conjuntos de datos públicos.

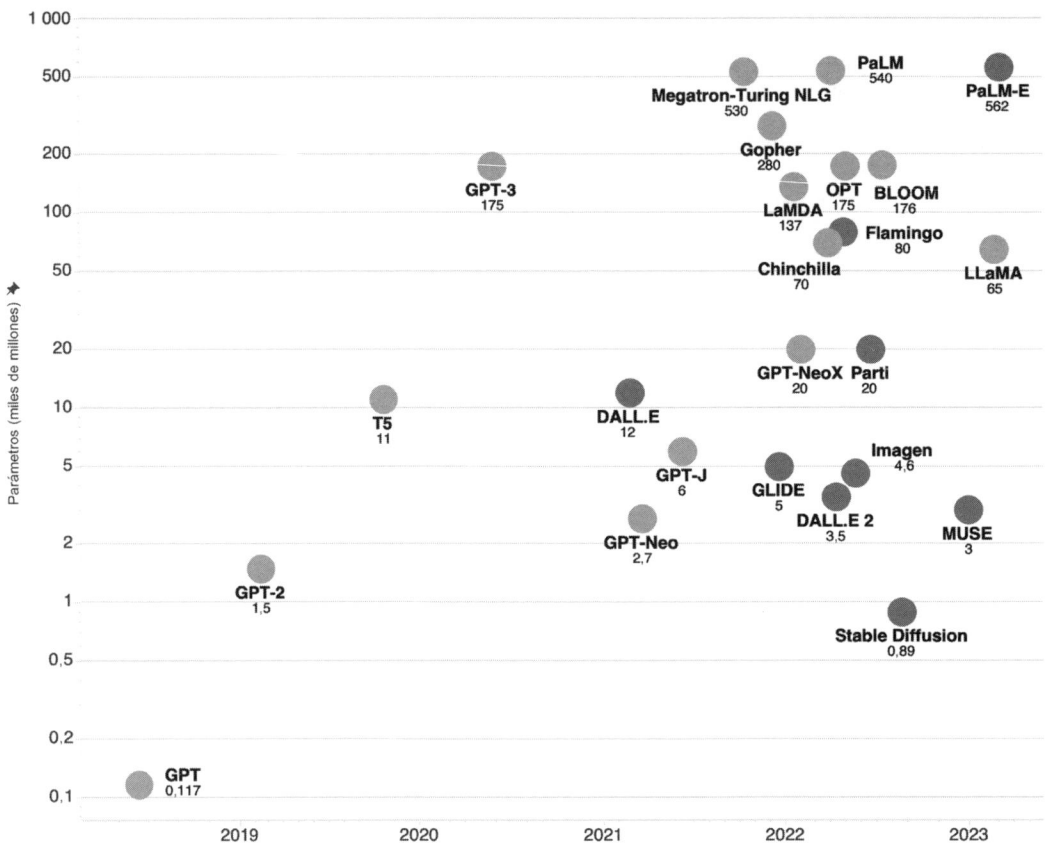

Figura 14.3. El tamaño de los grandes modelos de lenguaje (gris claro) y de los modelos multimodales (gris más oscuro) en número de parámetros a lo largo del tiempo.

En la tabla 14.1 se muestra un resumen de algunos de los modelos LLM más potentes existentes en la actualidad. Algunos, como LLaMA, son familias de modelos de diferentes tamaños; en este caso, se muestra el tamaño del modelo más grande. Los pesos preentrenados de algunos de los modelos son de código abierto, lo cual significa que cualquiera puede utilizarlos y basarse en ellos.

Tabla 14.1. Grandes modelos de lenguaje.

Modelo	Fecha	Desarrollador	Núm. de parámetros	Código abierto
GPT-3	Mayo de 2020	OpenAI	175 000 000 000	No
GPT-Neo	Marzo de 2021	EleutherAI	2 700 000 000	Sí
GPT-J	Junio de 2021	EleutherAI	6 000 000 000	Sí
Megatron-Turing NLG	Octubre de 2021	Microsoft & NVIDIA	530 000 000 000	No
Gopher	Diciembre de 2021	DeepMind	280 000 000 000	No

Modelo	Fecha	Desarrollador	Núm. de parámetros	Código abierto
LaMDA	Enero de 2022	Google	137 000 000 000	No
GPT-NeoX	Febrero de 2022	EleutherAI	20 000 000 000	Sí
Chinchilla	Marzo de 2022	DeepMind	70 000 000 000	No
PaLM	Abril de 2022	Google	540 000 000 000	No
Luminous	Abril de 2022	Aleph Alpha	70 000 000 000	No
OPT	Mayo de 2022	Meta	175 000 000 000	Sí (66 000 millones)
BLOOM	Julio de 2022	Colaboración de Hugging Face	175 000 000 000	Sí
Flan-T5	Octubre de 2022	Google	11 000 000 000	Sí
GPT-3.5	Noviembre de 2022	OpenAI	Desconocido	No
LLaMA	Febrero de 2023	Meta	65 000 000 000	No
GPT-4	Marzo de 2023	OpenAI	Desconocido	No

A pesar de las impresionantes aplicaciones de los grandes modelos lingüísticos, quedan importantes desafíos que superar. En particular, son propensos a inventar hechos y no aplican de manera fiable procesos de pensamiento lógico (véase la figura 14.4).

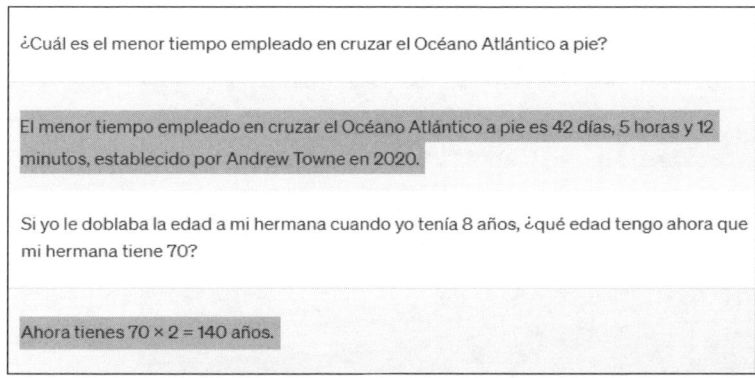

Figura 14.4. Aunque los grandes modelos de lenguaje destacan en algunas tareas, también son propensos a cometer errores relacionados con el razonamiento lógico y fáctico (resultado ofrecido por GPT-3).

Es importante recordar que los LLM solo están entrenados para predecir la siguiente palabra. No tienen ninguna otra conexión con la realidad que les permita identificar de forma fiable falacias fácticas o lógicas. Por lo tanto, debemos ser extremadamente cautelosos a la hora de utilizar estos potentes modelos de predicción de texto en la producción, porque aún no son del todo fiables cuando se utilizan para cualquier cosa que requiera un razonamiento preciso.

Modelos de texto a código

Otra aplicación de los grandes modelos de lenguaje es la generación de código. En julio de 2021, OpenAI presentó un modelo llamado Codex, un modelo de lenguaje GPT perfeccionado con código de GitHub.[2] El modelo era capaz de escribir con éxito soluciones de código novedosas para una serie de problemas, ofreciéndole tan solo un comentario sobre el problema a resolver o un nombre de función. En la actualidad, esta tecnología es la base de GitHub Copilot (`https://github.com/features/copilot`), un programador de pares de IA que puede utilizarse para sugerir código en tiempo real a medida que se escribe. Copilot es un servicio de pago por suscripción, con un periodo de prueba gratuito.

La figura 14.5 muestra dos ejemplos de completación autogenerada. El primer ejemplo es una función que obtiene tweets de un usuario determinado, utilizando la API de Twitter. Dado el nombre de la función y el parámetro, Copilot es capaz de completar el resto de la definición de la función.

```python
1  import tweepy, os # secrets in environment variables
2
3  def fetch_tweets_from_user(user_name):
4      # authentification
5      auth = tweepy.OAuthHandler(os.environ['TWITTER_KEY'], os.environ['TWITTER_SECRET'])
6      auth.set_access_token(os.environ['TWITTER_TOKEN'], os.environ['TWITTER_TOKEN_SECRET'])
7      api = tweepy.API(auth)
8
9      # fetch tweets
10     tweets = api.user_timeline(screen_name=user, count=200, include_rts=False)
11     return tweets
```
> Copilot

```python
1  import datetime
2
3  def parse_expenses(expenses_string):
4      """Parse the list of expenses and return the list of triples (date, value, currency).
5      Ignore lines starting with #.
6      Parse the date using datetime.
7      Example expenses_string:
8          2016-01-02 -34.01 USD
9          2016-01-03 2.59 DKK
10         2016-01-03 -2.72 EUR
11     """
12     expenses = []
13     for line in expenses_string.splitlines():
14         if line.startswith("#"):
15             continue
16         date, value, currency = line.split(" ")
17         expenses.append((datetime.datetime.strptime(date, "%Y-%m-%d"),
18                         float(value),
19                         currency))
20     return expenses
```
> Copilot

Figura 14.5. Dos ejemplos de las habilidades de GitHub Copilot (fuente: GitHub Copilot).

El segundo ejemplo pide a Copilot que analice una lista de gastos, incluyendo, además, una descripción de texto libre en el docstring, que explica el formato del parámetro de entrada e instrucciones específicas relacionadas con la tarea. Copilot es capaz de completar por sí mismo toda la función a partir de la descripción.

Esta extraordinaria tecnología ya está empezando a cambiar la forma en que los programadores abordan una tarea determinada. Una parte importante del tiempo de un programador suele dedicarse a buscar ejemplos de soluciones existentes, leer foros de preguntas y respuestas de la comunidad (como Stack Overflow) y buscar sintaxis en la documentación de los paquetes. Esto significa salir del entorno de desarrollo interactivo o IDE (*Interactive Development Environment*) en el que se está programando, cambiar a un navegador web y copiar y pegar fragmentos de código de la web para ver si resuelven el problema concreto. Copilot elimina la necesidad de hacer esto en muchos casos, pues simplemente permite navegar por las posibles soluciones generadas por la IA desde dentro del IDE, después de escribir una breve descripción de lo que se intenta conseguir.

Modelos de texto a imagen

En la actualidad, la generación de imágenes más avanzada está dominada por grandes modelos multimodales, que convierten un *prompt* de texto en una imagen. Los modelos de texto a imagen son muy útiles, porque permiten a los usuarios manipular fácilmente las imágenes generadas a través del lenguaje natural. Esto contrasta con modelos como StyleGAN, el cual, aunque extremadamente impresionante, carece de una interfaz de texto para describirle la imagen que se desea generar.

Tres importantes modelos de texto a imagen que ahora mismo están disponibles para uso comercial y personal son DALL.E 2, Midjourney y Stable Diffusion.

DALL.E 2 de OpenAI es un servicio de pago por uso disponible a través de una aplicación web y una API (`https://labs.openai.com`). Midjourney (`https://midjourney.com`) ofrece un servicio de conversión de texto en imagen por suscripción a través de su canal de Discord. Tanto DALL.E 2 como Midjourney ofrecen créditos gratuitos a quienes se unan a la plataforma para experimentación temprana.

Midjourney

Midjourney ha sido el servicio empleado para crear las ilustraciones de las historias de la parte II de este libro.

Stable Diffusion es diferente porque es totalmente de código abierto. Los pesos del modelo y el código para entrenarlo están disponibles en GitHub (`https://github.com/Stability-AI/stablediffusion`), por lo que cualquiera puede ejecutar el modelo en su propio hardware. El conjunto de datos utilizado para entrenar Stable Diffusion también es de código abierto.

Denominado LAION-5B (`https://laion.ai/blog/laion-5b/`), el conjunto de datos contiene 5850 millones de pares imagen-texto, y es ahora mismo el mayor conjunto de datos imagen-texto del mundo accesible para todos.

Un corolario importante de este planteamiento es que el modelo básico de difusión estable puede ampliarse y adaptarse a distintos casos de uso. Una excelente demostración de ello es ControlNet, una estructura de red neuronal que permite un control preciso de la salida de Stable Diffusion, añadiendo condiciones adicionales.[3] Por ejemplo, las imágenes de salida pueden condicionarse a un mapa de bordes de Canny (`https://es.wikipedia.org/wiki/Algoritmo_de_Canny`) de una imagen de entrada determinada, como se muestra en la figura 14.6.

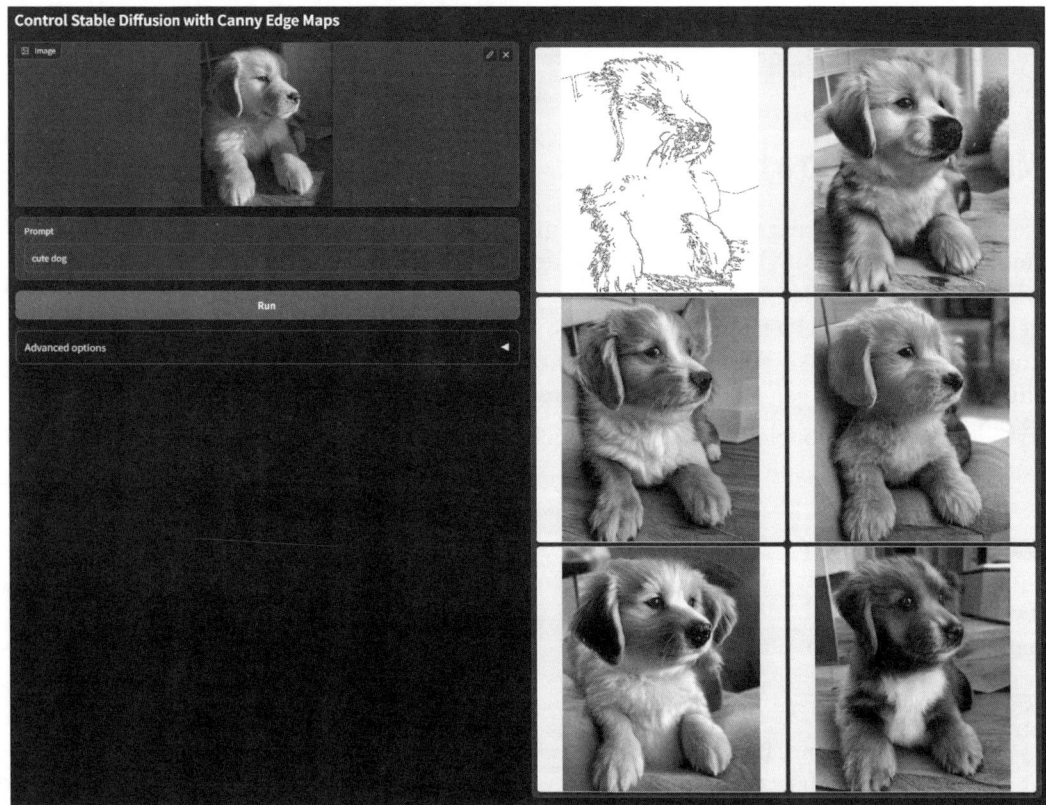

Figura 14.6. Condicionando la salida de Stable Diffusion mediante un mapa de bordes de Canny y ControlNet (fuente: Lvmin Zhang, ControlNet).

ControlNet contiene una copia entrenable del codificador de Stable Diffusion, junto con una copia bloqueada del modelo completo. El trabajo de este codificador entrenable consiste en aprender a manejar la condición de entrada (por ejemplo, el mapa de bordes de Canny), mientras que la copia bloqueada conserva la potencia del modelo original. De este modo, Stable Diffusion se ajusta utilizando solo un número reducido de pares de imágenes. Las convoluciones cero son simplemente convoluciones 1 x 1, en las que todos los pesos y sesgos son cero, de modo que antes del entrenamiento, ControlNet no tiene ningún efecto.

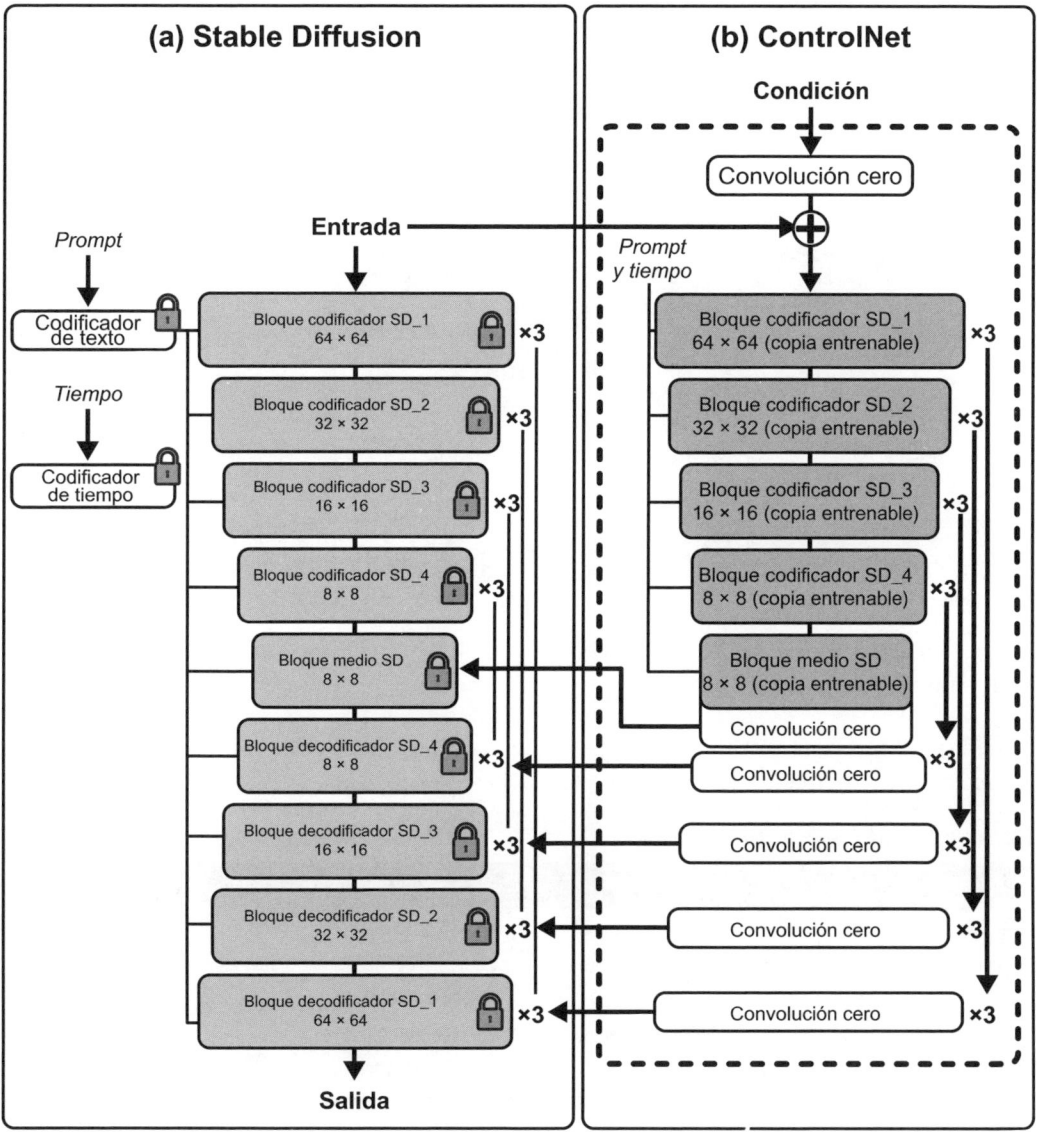

Figura 14.7. La arquitectura de ControlNet, con las copias entrenables de los bloques del codificador de Stable Diffusion marcadas más oscuras (fuente: Lvmin Zhang, ControlNet).

Otra ventaja de Stable Diffusion es que es capaz de ejecutarse en una única GPU de tamaño modesto con solo 8 GB de VRAM, lo cual hace posible su funcionamiento en dispositivos *edge*, en lugar de mediante llamadas a un servicio en la nube. A medida que los servicios de conversión de texto a imagen se incluyen en los productos derivados, la velocidad de generación es cada vez más importante. Esta es una de las razones por las que el tamaño de los modelos multimodales tiende generalmente a la baja (véase la figura 14.3).

En la figura 14.8 se muestran ejemplos de resultados de los tres modelos. Todos estos modelos son excepcionales y son capaces de captar el contenido y el estilo de la descripción dada.

Un unicornio saltando sobre un magnífico río, hermosa pintura al óleo, paisaje natural impresionante, arte galardonado, brillante iluminación, detalles intricados

Stable Diffusion v2.1 Midjourney DALL.E 2

Figura 14.8. Resultados ofrecidos por Stable Diffusion v2.1, Midjourney y DALL.E 2 para el mismo prompt.

La tabla 14.2 ofrece un resumen de algunos de los modelos de texto a imagen más potentes que existen en la actualidad.

Tabla 14.2. Modelos de texto a imagen

Modelo	Fecha	Desarrollador	Núm. de parámetros	Código abierto
DALL.E 2	Abril de 2022	OpenAI	3 500 000 000	No
Imagen	Mayo de 2022	Google	4 600 000 000	No
Parti	Junio de 2022	Google	20 000 000 000	No
Stable Diffusion	Agosto de 2022	Stability AI, CompVis y Runway	890 000 000	Sí
MUSE	Enero de 2023	Google	3 000 000 000	No

Parte de la habilidad de trabajar con modelos de texto a imagen consiste en crear un *prompt* que describa el contenido de la imagen que se desea generar, y utilice palabras clave que animen al modelo a producir un estilo o tipo de imagen concreto. Por ejemplo, adjetivos como impresionante o galardonado pueden utilizarse para mejorar la calidad de la generación. Sin embargo, no siempre ocurre que el mismo mensaje funcione bien en diferentes modelos; depende del contenido del conjunto de datos específico de texto-imagen utilizado para entrenar el modelo. El arte de descubrir las instrucciones que funcionan bien para un modelo concreto se conoce como ingeniería de *prompts*.

Otras aplicaciones

La IA generativa está encontrando rápidamente aplicación en diversos ámbitos novedosos, desde el aprendizaje por refuerzo hasta otros tipos de modelos multimodales de texto a X.

Por ejemplo, en noviembre de 2022 Meta publicó un artículo sobre CICERO (`https://ai.meta.com/research/cicero/`), un agente de IA entrenado para jugar al juego de mesa Diplomacy. En este juego, los jugadores representan a distintos países de Europa antes de la Primera Guerra Mundial y deben negociar y engañarse mutuamente para hacerse con el control del continente. Se trata de un juego muy complejo de dominar para un agente de IA, entre otras cosas porque existe un elemento comunicativo, según el cual los jugadores deben discutir sus planes con otros jugadores para conseguir aliados, coordinar maniobras y sugerir objetivos estratégicos. Para lograrlo, CICERO contiene un modelo de lenguaje capaz de iniciar el diálogo y responder a los mensajes de otros jugadores. El diálogo es coherente con los planes estratégicos del agente, generados por otra parte del modelo para adaptarse a un escenario en constante evolución. Esto incluye la posibilidad de que el agente se tire un farol al conversar con otros jugadores, es decir, que convenza a otro jugador para que coopere con los planes del agente, solo para luego ejecutar una maniobra agresiva contra el jugador en un turno posterior. Sorprendentemente, en una liga anónima en línea de Diplomacy formada por 40 partidas, la puntuación de CICERO fue más del doble de la media de los jugadores humanos, y se situó dentro del 10 % de los mejores participantes que jugaron varias partidas, un excelente ejemplo de cómo la IA generativa combina a la perfección con el aprendizaje por refuerzo.

El desarrollo de grandes modelos de lenguaje incorporados es un área de investigación apasionante, ejemplificada por PaLM-E de Google (`https://palm-e.github.io`). Este modelo combina el potente modelo de lenguaje PaLM con un Vision Transformer para convertir datos visuales y de sensores en tókenes que pueden intercalarse con instrucciones de texto, lo cual permite a los robots ejecutar tareas basadas en *prompts* de texto y en la información continua recibida de otras modalidades sensoriales. El sitio web de PaLM-E muestra las capacidades del modelo, incluido el control de un robot que ordena bloques y busca objetos basándose en descripciones textuales.

Los modelos de texto a vídeo implican la creación de vídeos a partir de la introducción de texto. Este campo, basado en el concepto de modelado de texto a imagen, tiene el reto adicional de incorporar una dimensión temporal. Por ejemplo, en septiembre de 2022 Meta publicó Make-A-Video (`https://makeavideo.studio`), un modelo generativo capaz de crear un vídeo corto a partir de un texto. El modelo también añade movimiento entre dos imágenes estáticas y produce variaciones a partir de un vídeo de entrada. Curiosamente, solo se entrena con datos de texto-imagen emparejados y secuencias de vídeo no supervisadas, en lugar de con pares de texto-vídeo directamente. Los datos de vídeo no supervisados son suficientes para que el modelo aprenda cómo se mueve el mundo; a continuación, utiliza los pares texto-imagen para aprender a cambiar entre las distintas modalidades, que luego se animan. El modelo Dreamix (`https://dreamix-video-editing.github.io/`) es capaz de realizar edición de vídeo, en la que un vídeo de entrada se transforma en función de un determinado *prompt* de texto, conservando otros atributos estilísticos. Por ejemplo, un vídeo en el que se vierte un vaso de leche puede convertirse en otro en el que se vierte una taza de café, conservando el ángulo de la cámara, el fondo y los elementos de iluminación del vídeo original.

Del mismo modo, los modelos de texto a 3D amplían los enfoques tradicionales de texto a imagen a una tercera dimensión. En septiembre de 2022, Google publicó DreamFusion (`https://dreamfusion3d.github.io`), un modelo de difusión que genera elementos 3D a partir de un texto. Lo más importante es que el modelo no requiere elementos 3D etiquetados para entrenarse. En su lugar, los autores utilizan como prior un modelo 2D de conversión de texto a imagen preentrenado (Imagen) y, a continuación, entrenan un campo NeRF (*Neural Radiance Field*, campo de irradiación neuronal) en 3D, tal que sea capaz de producir imágenes buenas cuando se renderiza desde ángulos aleatorios. Otro ejemplo es Point-E de OpenAI (`https://openai.com/research/point-e`), presentado en diciembre de 2022. Point-E es un sistema basado en difusión pura capaz de generar una nube de puntos 3D a partir de un texto dado. Aunque la calidad de los resultados no es tan alta como la de DreamFusion, la ventaja de Point-E es una rapidez mucho mayor que la de los métodos basados en NeRF, pues puede producir resultados en solo uno o dos minutos con una sola GPU, en lugar de requerir varias horas.

Debido a las similitudes entre el texto y la música, no es de extrañar que también haya intentos de crear modelos de texto a música. MusicLM (`https://google-research.github.io/seanet/musiclm/examples/`), publicado por Google en enero de 2023, es un modelo lingüístico capaz de convertir una descripción textual de una pieza musical (por ejemplo, «una relajante melodía de violín acompañada de un distorsionado riff de guitarra») en un audio de varios minutos que refleja fielmente la descripción. Se basa en el anterior AudioLM (`https://google-research.github.io/seanet/audiolm/examples/`), sumándole al modelo la capacidad de guiarse por un *prompt* de texto; el sitio web de Google Research ofrece ejemplos que se pueden escuchar.

El futuro de la IA generativa

En esta sección final, exploraremos el posible impacto que los potentes sistemas de IA generativa pueden tener en el mundo en que vivimos: en nuestra vida cotidiana, en el lugar de trabajo y en el ámbito de la educación. También expondremos los principales retos prácticos y éticos a los que se enfrentará la IAG si ha de convertirse en una herramienta omnipresente que contribuya positivamente a la sociedad.

La IAG en la vida cotidiana

No cabe duda de que en el futuro la IA generativa desempeñará un papel cada vez más importante en la vida cotidiana de las personas, sobre todo los grandes modelos de lenguaje. Con ChatGPT de OpenAI (`https://chat.openai.com/chat`) ya es posible, gracias a la IAG, generar una carta de presentación perfecta para una solicitud de empleo, una respuesta profesional a un correo electrónico de un compañero de trabajo o un post divertido en las redes sociales sobre un tema determinado. Esta tecnología es de verdad interactiva: es capaz de incluir detalles específicos que se le pidan, responder a comentarios y hacer sus propias preguntas si algo no está claro. Este tipo de asistente personal debería ser cosa de ciencia ficción, pero no lo es: ya está aquí, al alcance de cualquiera que decida utilizarlo.

¿Qué repercusiones tendrá la generalización de este tipo de aplicaciones? Es probable que el efecto más inmediato sea un aumento de la calidad de la comunicación escrita. El acceso a grandes modelos de lenguaje con una interfaz fácil de usar permitirá traducir en segundos un esbozo de idea en párrafos coherentes y de alta calidad. Esta tecnología transformará la redacción de correos electrónicos, mensajes en redes sociales e incluso la mensajería instantánea breve. Va más allá de la eliminación de las barreras habituales asociadas a la ortografía, la gramática y la legibilidad; conecta directamente nuestros procesos de pensamiento con un resultado utilizable, eliminando muchas veces incluso la necesidad de entrar en el proceso de construir frases.

La producción de textos de buena factura es solo uno de los usos de los grandes modelos de lenguaje. La gente empezará a utilizar estos modelos para la generación de ideas, el asesoramiento y la recuperación de información. Creo que podríamos llegar a considerar esto como la cuarta etapa de nuestra capacidad como especie para adquirir, compartir, recuperar y sintetizar información. Empezamos adquiriendo información de quienes nos rodeaban, o viajando físicamente a nuevos lugares para transferir conocimientos. La invención de la imprenta permitió que el libro se convirtiera en el principal medio para compartir ideas. Por último, el nacimiento de Internet nos permitió buscar y recuperar información de forma instantánea con solo pulsar un botón. La IA generativa abre una nueva era de síntesis de la información que, en mi opinión, sustituirá a muchos de los usos actuales de los motores de búsqueda.

Por ejemplo, la colección de modelos GPT de OpenAI puede ofrecer recomendaciones personalizadas sobre destinos vacacionales, como se muestra en la figura 14.9, o consejos sobre cómo responder a una situación difícil, o una explicación detallada de un concepto de difícil comprensión. Utilizar esta tecnología es más parecido a preguntar a un amigo que a teclear una consulta en un motor de búsqueda, y por eso la gente está acudiendo a ella con gran rapidez. ChatGPT es la plataforma tecnológica de más rápido crecimiento de la historia, con un millón de usuarios a los cinco días de su lanzamiento. Por poner estos datos en contexto, Instagram tardó 2,5 meses en alcanzar el mismo número de usuarios, y Facebook necesitó 10 meses.

Dame tres sugerencias de destino de vacaciones en Europa que estén fuera del circuito habitual y tengan actividades cercanas de aventura y relax, para una familia con adolescentes. Dame ejemplos de por qué es un destino perfecto.

1. **Eslovenia:**
   * **Aventura:** Eslovenia ofrece una variedad de actividades al aire libre, desde rafting en el río Soča hasta senderismo en el Parque Nacional de Triglav. Los adolescentes pueden disfrutar de emocionantes experiencias en la naturaleza, como el canyoning en las gargantas de Tolmin o la escalada en el Parque Nacional.
   * **Relax:** El lago Bled, con su isla y castillo, proporciona un entorno tranquilo y pintoresco. Además, las aguas termales en localidades como Rogaška Slatina ofrecen la oportunidad perfecta para relajarse después de un día lleno de aventuras.
2. **Azores, Portugal:**
   * **Aventura:** Este archipiélago en medio del Atlántico ofrece una variedad de actividades emocionantes, como el buceo en aguas cristalinas, senderismo en los paisajes volcánicos de la isla de Sao Miguel, y observación de ballenas y delfines en su entorno natural.
   * **Relax:** Las aguas termales naturales en Furnas proporcionan una experiencia relajante única. Además, la atmósfera tranquila de las islas permite a la familia disfrutar de la serenidad lejos de las multitudes turísticas.
3. **Montenegro:**
   * **Aventura:** Montenegro combina la belleza natural del mar Adriático con impresionantes montañas. Los adolescentes pueden disfrutar de actividades como kayak en la bahía de Kotor, senderismo en el Parque Nacional de Durmitor y rafting en el río Tara, uno de los cañones más profundos de Europa.
   * **Relax:** Las playas a lo largo de la costa montenegrina, como la playa de Petrovac, ofrecen un lugar perfecto para descansar. Además, la ciudad amurallada de Kotor brinda un ambiente tranquilo y cultural para pasear y explorar.

Figura 14.9. Resultado producido por GPT-3, dando recomendaciones personalizadas sobre vacaciones.

La IAG en el lugar de trabajo

Además de como uso general, la IAG encontrará aplicación en determinados trabajos en los que se requiere creatividad. A continuación figura una lista no exhaustiva de profesiones que pueden beneficiarse de ella:

* **Publicidad:** La IA generativa puede utilizarse para crear campañas publicitarias personalizadas, dirigidas a grupos demográficos específicos, en función de su historial de navegación y compras.
* **Producción musical:** La IA generativa puede utilizarse para componer y producir pistas musicales originales, lo que permite un abanico ilimitado de posibilidades.

- **Arquitectura:** La IA generativa puede utilizarse para diseñar edificios y estructuras, teniendo en cuenta factores como el estilo y las limitaciones asociadas al diseño o la disposición.

- **Moda:** La IA generativa puede utilizarse para crear diseños de ropa únicos y diversos, teniendo en cuenta las tendencias y las preferencias de los usuarios.

- **Diseño de automóviles:** La IA generativa puede utilizarse para diseñar y desarrollar nuevos modelos de vehículos y encontrar automáticamente variaciones interesantes de un diseño concreto.

- **Producción de cine y vídeo:** La IA generativa puede utilizarse para crear efectos especiales y animaciones, así como para generar diálogos para escenas o argumentos completos.

- **Investigación farmacéutica:** La IA generativa puede utilizarse para generar nuevos compuestos de fármacos, lo que puede ayudar al desarrollo de nuevos tratamientos.

- **Escritura creativa:** La IA generativa puede utilizarse para generar contenidos escritos, como relatos de ficción, poesía, artículos periodísticos, etc.

- **Diseño de juegos:** La IA generativa puede utilizarse para diseñar y desarrollar nuevos niveles y contenidos de juego, creando una variedad infinita de experiencias de juego.

- **Diseño digital:** La IA generativa puede utilizarse para crear arte digital y animaciones originales, así como para diseñar y desarrollar nuevas interfaces de usuario y diseños web.

A menudo se dice que la IA supone una amenaza existencial para los puestos de trabajo en estos campos, pero yo no creo que sea así. Para mí, la IA es sencillamente otra herramienta más al servicio de estas funciones creativas (aunque muy potente), en lugar de un sustituto de la función en sí. Aquellos que decidan adoptar esta nueva tecnología descubrirán que pueden explorar nuevas ideas mucho más rápido y trabajar de forma repetitiva con conceptos de un modo hasta ahora imposible.

LA IAG en educación

Un último ámbito de la vida cotidiana que considero se verá muy afectado es la educación. La IA generativa desafía los axiomas fundamentales de la educación de una forma que no habíamos visto desde los albores de Internet. Internet dio a los estudiantes la capacidad de recuperar información de forma instantánea e inequívoca, lo cual hizo que los exámenes que se limitaban a evaluar la memorización y el recuerdo parecieran anticuados e irrelevantes. Esto provocó un cambio de enfoque, centrado en evaluar la capacidad de los estudiantes para sintetizar ideas de forma novedosa, en lugar de valorar únicamente el conocimiento de los hechos.

Creo que la IA generativa provocará otro cambio transformador en el campo de la educación, que requerirá una reevaluación y un ajuste de los métodos de enseñanza y los criterios de evaluación actuales. Si todos los estudiantes tienen acceso a una máquina de escribir capaz de generar respuestas novedosas a las preguntas, ¿de qué sirve proponerles trabajos de redacción?

Muchos pedirían que se prohibiera el uso de estas herramientas de IA, del mismo modo que se prohíbe el plagio. Sin embargo, no es tan sencillo, porque detectar un texto generado por IA es mucho más difícil que detectar un plagio y aún más difícil de probar sin lugar a dudas. Además, los estudiantes podrían utilizar herramientas de IA para generar un esbozo del ensayo y luego añadir detalles adicionales o actualizar la información incorrecta según sea necesario. En este caso, ¿es el trabajo original del alumno o de la IA?

Evidentemente, se trata de grandes cuestiones que deben abordarse para que la educación y las certificaciones mantengan su integridad. En mi opinión, no tiene sentido resistirse a la proliferación de herramientas de IA en la educación: cualquier enfoque de este tipo está condenado al fracaso, porque se generalizarán tanto en la vida cotidiana, que intentar restringir su uso será inútil. En lugar de ello, debemos encontrar formas de adoptar la tecnología y preguntarnos cómo podemos diseñar trabajos de IA abiertos, del mismo modo que permitimos los trabajos a libro abierto y animamos a los estudiantes a investigar material utilizando Internet y herramientas de IA.

El potencial de la IA generativa para ayudar en el propio proceso de aprendizaje es también inmenso y de gran profundidad. Un tutor que se apoye en IA podría ayudar a un estudiante a aprender un nuevo tema (como se muestra en la figura 14.10), superar un malentendido o generar un plan de estudio totalmente personalizado. El reto de filtrar la verdad de la ficción generada no difiere de lo que ocurre actualmente con la información disponible en Internet, y es una habilidad para la vida que requiere más atención en todos los planes de estudio.

La IA generativa puede ser una herramienta increíblemente poderosa para igualar las condiciones entre quienes tienen acceso a profesores excelentes y a los mejores materiales de aprendizaje y quienes no lo tienen. Me entusiasma ver los avances en este ámbito, porque creo que podría liberar un enorme potencial en todo el mundo.

Ética de la IAG y desafíos a los que se enfrenta

A pesar de los increíbles avances logrados en el campo de la IA generativa, aún quedan muchos retos por superar. Algunos de ellos son prácticos y otros éticos. Por ejemplo, una de las principales críticas a los grandes modelos de lenguaje es que son propensos a generar información errónea cuando se les pregunta sobre un tema desconocido o contradictorio, como se muestra en la figura 14.4. El peligro es que resulta difícil saber si la información contenida en una respuesta generada es realmente precisa. Incluso si le pide al LLM que explique su razonamiento o cite fuentes, puede que se invente referencias o que suelte una serie de afirmaciones que no siguen ninguna lógica unas con respecto a las otras. No es un problema fácil de resolver, porque el LLM no es más que un conjunto de pesos que capturan con precisión la palabra siguiente más probable, dado un conjunto de tókenes de entrada, sin disponer de un banco de información verdadera que utilizar como referencia. Una posible solución a este problema es dotar a los grandes modelos de lenguaje de la capacidad de recurrir a herramientas estructuradas, como calculadoras, compiladores de código y fuentes de información en línea, para tareas que requieran una ejecución o datos precisos. Por ejemplo, la figura 14.11 muestra el resultado producido por un modelo denominado Toolformer, presentado por Meta en febrero de 2023.[4]

Explica a un estudiante de instituto la diferencia entre IA generativa y discriminativa.

¡Claro! Vamos a hablar sobre la diferencia entre modelos de inteligencia artificial generativa y discriminativa.

1. **Modelos Generativos:**
   * **Objetivo:** El propósito principal de un modelo generativo es aprender la distribución de probabilidad conjunta de los datos de entrada y salida. En otras palabras, trata de entender cómo se generan los datos en su conjunto.
   * **Funcionamiento:** Estos modelos intentan capturar la estructura subyacente de los datos y, a partir de esto, pueden generar nuevas muestras que son similares a las que se utilizaron para el entrenamiento.
   * **Ejemplo:** Redes Generativas Adversarias (GANs) son un tipo de modelo generativo popular. Estas redes pueden generar imágenes realistas que no han sido vistas antes durante el entrenamiento.
2. **Modelos Discriminativos:**
   * **Objetivo:** En cambio, los modelos discriminativos se centran en aprender la frontera de decisión entre diferentes clases de datos. Su objetivo principal es discriminar entre clases y asignar nuevas instancias a una categoría específica.
   * **Funcionamiento:** Estos modelos se entrenan para distinguir entre diferentes clases y hacer predicciones basadas en las características observadas.
   * **Ejemplo:** Las Support Vector Machines (SVM) son un ejemplo de modelos discriminativos. Se entrenan para encontrar la mejor separación entre diferentes clases en un espacio de características.

   En resumen, la principal diferencia radica en el enfoque del modelo:

   * **Generativo:** Se centra en entender y modelar la distribución de probabilidad conjunta de los datos.
   * **Discriminativo:** Se centra en aprender la frontera de decisión entre diferentes clases de datos.

   Ambos enfoques tienen aplicaciones únicas y se utilizan en diversas tareas de inteligencia artificial. Los modelos generativos son ideales para la generación de datos nuevos, mientras que los modelos discriminativos son más adecuados para tareas de clasificación y reconocimiento.

Figura 14.10. Resultado producido por GPT-3; un ejemplo de cómo se pueden aplicar en el aprendizaje los grandes modelos de lenguaje.

Toolformer puede llamar explícitamente a interfaces API para obtener información, como parte de su respuesta generativa. Por ejemplo, puede utilizar la API de Wikipedia para obtener información sobre una persona concreta, en lugar de confiar en que esta información esté integrada en los pesos de su modelo. Este enfoque es especialmente útil para operaciones matemáticas precisas, en las que Toolformer puede indicar qué operaciones le gustaría introducir en la API de la calculadora en lugar de intentar generar la respuesta de forma autorregresiva a la manera habitual.

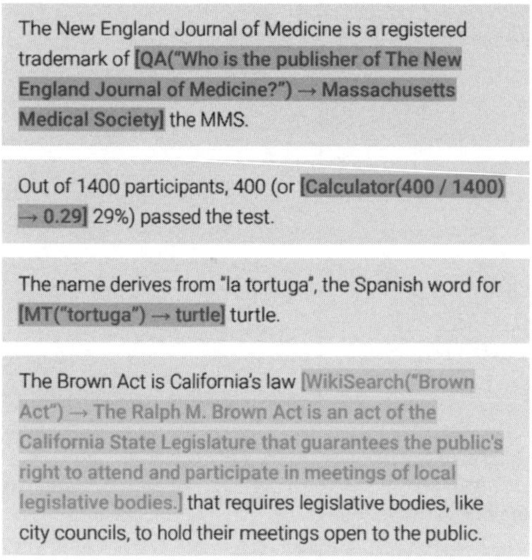

The New England Journal of Medicine is a registered trademark of [QA("Who is the publisher of The New England Journal of Medicine?") → Massachusetts Medical Society] the MMS.

Out of 1400 participants, 400 (or [Calculator(400 / 1400) → 0.29] 29%) passed the test.

The name derives from "la tortuga", the Spanish word for [MT("tortuga") → turtle] turtle.

The Brown Act is California's law [WikiSearch("Brown Act") → The Ralph M. Brown Act is an act of the California State Legislature that guarantees the public's right to attend and participate in meetings of local legislative bodies.] that requires legislative bodies, like city councils, to hold their meetings open to the public.

Figura 14.11. Un ejemplo de cómo Toolformer es capaz de llamar de manera autónoma a varias API para obtener información precisa allí donde es necesario (fuente: Schick et al., 2023).

Otro problema ético importante de la IA generativa se centra en el hecho de que las grandes empresas han utilizado enormes cantidades de datos extraídos de Internet para entrenar sus modelos, sin que los creadores originales hayan dado su consentimiento explícito para ello. A menudo, estos datos ni siquiera se hacen públicos, por lo que es imposible saber si se están utilizando para entrenar grandes modelos de lenguaje o modelos multimodales de texto a imagen. Evidentemente, constituye una preocupación válida, sobre todo para los artistas, quienes pueden alegar que se trata de un uso de su obra por el que no se les paga ningún canon o comisión. Además, el nombre de un artista puede utilizarse como reclamo para generar más obras de arte de estilo similar a las originales, con lo que se degrada la singularidad del contenido y se mercantiliza el estilo.

Stability AI, cuyo modelo multimodal Stable Diffusion se entrena con un subconjunto del conjunto de datos de código abierto LAION-5B, es pionera en la solución a este problema. Han lanzado también el sitio web Have I Been Trained? (`https://haveibeentrained.com`), donde cualquiera puede buscar una imagen o un texto concreto dentro del conjunto de datos de entrenamiento y optar por su no inclusión en el futuro en el proceso de entrenamiento del modelo. Esto devuelve el control a los creadores originales, y garantiza la transparencia de los datos utilizados para crear herramientas tan potentes como esta. Sin embargo, esta práctica no es habitual, y muchos modelos de IA generativa disponibles en el mercado no hacen que sus conjuntos de datos o pesos de modelo sean de código abierto, ni ofrecen ninguna posibilidad de optar por la no inclusión en el proceso de entrenamiento.

En conclusión, aunque la IA generativa es una herramienta poderosa para la comunicación, la productividad y el aprendizaje en la vida cotidiana, en el lugar de trabajo y en el campo de la educación, su uso generalizado tiene ventajas e inconvenientes. Es importante ser consciente de los posibles riesgos de utilizar los resultados producidos por un modelo generativo de IA y asegurarse siempre de hacer un uso responsable. No obstante, sigo siendo optimista sobre el futuro de la IA generativa, y estoy impaciente por ver cómo las empresas y las personas se adaptan a esta nueva y apasionante tecnología.

Reflexiones finales

En este libro hemos hecho un recorrido por la última década de investigación en modelado generativo, empezando por las ideas básicas de los VAE, las redes GAN, los modelos autorregresivos, de flujo de normalización, basados en energía y de difusión, y hemos utilizado estos fundamentos para comprender cómo las técnicas más avanzadas, como VQ-GAN, los Transformers, los modelos reales y multimodales, están traspasando los límites de lo que los modelos generativos son capaces de lograr en una amplia variedad de tareas.

Creo que, en el futuro, el modelado generativo puede ser la clave de una forma más profunda de inteligencia artificial, capaz de trascender cualquier tarea concreta y permitir a las máquinas formular de manera orgánica sus propias recompensas, estrategias y, quizá, una conciencia propia dentro de su entorno. Mis creencias están estrechamente alineadas con el principio de inferencia activa, originalmente promovido por Karl Friston. La teoría subyacente de la inferencia activa podría fácilmente llenar otro libro entero (cosa que hace en el excelente «*Active Inference: The Free Energy Principle in Mind, Brain, and Behavior*», de Thomas *Parr et al.*, publicado por MIT Press, cuya lectura recomiendo encarecidamente), por lo que aquí solo intentaré dar una breve explicación.

Cuando somos bebés, estamos constantemente explorando nuestro entorno, construyendo un modelo mental de posibles futuros sin otro objetivo aparente que desarrollar una comprensión más profunda del mundo. No hay etiquetas para los datos que recibimos, un flujo aparentemente aleatorio de ondas de luz y sonido que bombardean nuestros sentidos desde el momento en que nacemos. Incluso cuando alguien señala una manzana y dice manzana, no hay ninguna razón para que nuestros jóvenes cerebros asocien las dos entradas y aprendan que la forma en que la luz entró en nuestro ojo en ese momento concreto está relacionada de alguna manera con la forma en que las ondas sonoras entraron en nuestro oído. No hay un conjunto de entrenamiento de sonidos e imágenes, ni un conjunto de entrenamiento de olores y sabores, ni por supuesto, de acciones y recompensas; solo hay un flujo interminable de datos extremadamente ruidosos.

Y, sin embargo, aquí está usted ahora, leyendo esta frase, quizá disfrutando del sabor de una taza de café en una ruidosa cafetería. No presta atención al ruido de fondo mientras se concentra en convertir la ausencia de luz en una minúscula porción de su retina en una secuencia de conceptos abstractos que casi no tienen significado por separado pero que, al combinarse, desencadenan una oleada de representaciones paralelas en su mente: imágenes, emociones, ideas, creencias y posibles acciones inundan su conciencia, esperando que usted las reconozca. El mismo flujo ruidoso de datos que carecía de sentido para su cerebro infantil ya no lo es tanto. Todo tiene sentido para usted. Es capaz de ver estructuras por todas partes. Nunca le sorprende la física de la vida cotidiana. El mundo es como es porque su cerebro ha decidido que sea así. En este sentido, su cerebro es un modelo generativo extremadamente sofisticado, dotado de la capacidad de atender a partes concretas de los datos de entrada, formar representaciones de conceptos dentro de un espacio latente de vías neuronales y procesar datos secuenciales a lo largo del tiempo.

La inferencia activa es una estructura que se basa en esta idea para explicar cómo el cerebro procesa e integra la información sensorial para tomar decisiones y actuar. Afirma que un organismo tiene un modelo generativo del mundo que habita, y lo utiliza para hacer predicciones sobre acontecimientos futuros. Para reducir la sorpresa causada por las discrepancias entre el modelo y la realidad, el organismo ajusta sus acciones y creencias en consecuencia. La idea clave de Friston es que la optimización de la acción y la percepción pueden considerarse como dos caras de la misma moneda, pues ambas buscan minimizar una única cantidad conocida como energía libre.

El núcleo de esta estructura es un modelo generativo del entorno (capturado en el cerebro) que se compara constantemente con la realidad. El cerebro no es un observador pasivo de los acontecimientos. En los seres humanos, está unido a un cuello y a unas piernas que pueden colocar sus sensores de entrada principales en una miríada de posiciones relativas a la fuente de los datos de entrada. Por lo tanto, la secuencia generada de futuros posibles no solo depende de su comprensión de la física del entorno, sino también de su comprensión de sí mismo y de cómo actúa. Este bucle de retroalimentación de acción y percepción me parece sumamente interesante, y creo que solo hemos arañado la superficie de lo que es posible con modelos generativos incorporados, capaces de emprender acciones en un entorno determinado según los principios de la inferencia activa.

Esta es la idea central que creo seguirá impulsando el modelado generativo en la próxima década, como una de las claves para desentrañar la inteligencia artificial general.

Con esto en mente, animo al lector a que siga aprendiendo más sobre los modelos generativos con todo el material disponible en Internet y en otros libros. Gracias por tomarse el tiempo de leer este volumen hasta el final. ¡Espero que haya disfrutado tanto leyéndolo como yo escribiéndolo!

Referencias

1. «*LLaMA: Open and Efficient Foundation Language Models*», Hugo Touvron *et al.*, 27 de febrero de 2023, https://arxiv.org/abs/2302.13971.

2. «*Evaluating Large Language Models Trained on Code*», Mark Chen *et al.*, 7 de julio de 2021, https://arxiv.org/abs/2107.03374.

3. «*Adding Conditional Control to Text-to-Image Diffusion Models*», Lvmin Zhang y Maneesh Agrawala, 10 de febrero de 2023, https://arxiv.org/abs/2302.05543.

4. «*Toolformer: Language Models Can Teach Themselves to Use Tools*», Timo Schick *et al.*, 9 de febrero de 2023, https://arxiv.org/abs/2302.04761.

Índice alfabético